Date: 04/14/21

SP 305.3 CAS
Castañeda, Marina,
El machismo invisible /

BESTSELLER

Marina Castañeda Gutman (Ciudad de México, 1956) es autora y conferencista. De formación interdisciplinaria por gusto y convicción, estudió letras, historia, psicología y música en las universidades de Harvard y Stanford y en la École Normale Supérieure de París, entre otras. De 1989 a 2014 se dedicó al ejercicio de la psicoterapia en la Ciudad de México y Cuernavaca, y entre 2014 y 2018 fue agregada cultural en la Embajada de México en Bruselas.

Ha publicado más de 350 artículos sobre temas psicológicos y sociales. También ha impartido cursos y conferencias en todo el territorio nacional. Es invitada frecuente en la radio y la televisión. Su libro sobre la psicología de la homosexualidad ha sido publicado en Francia, Italia, Brasil y Letonia, y en México bajo el título *La experiencia homosexual*. Su segundo libro, *El machismo invisible*, publicado en Brasil y México, se presenta en esta nueva edición Debolsillo (2019) con un capítulo adicional sobre el movimiento #MeToo. En 2006 apareció *La nueva homosexualidad*, sobre algunos aspectos sociales, económicos, jurídicos y culturales de la homosexualidad. En 2010 publicó la novela *Amores virtuales*, un thriller basado en la psicología del internet. Su ensayo sobre el arte de escuchar se publicó en Francia y en México en 2011 bajo el título *Escuchar(nos)*. Con la ilustradora Eva Lobatón publicó en 2013 el cómic *El machismo ilustrado* (reedición, 2017). También es autora de una pieza de teatro, *L'école des machos* (2017), que se ha presentado en Francia y Bélgica.

MARINA CASTAÑEDA

El machismo invisible

DEBOLS!LLO

El machismo invisible

Primera edición en Debolsillo: octubre, 2019

D. R. © 2013, Marina Castañeda

D. R. © 2019, derechos de edición mundiales en lengua castellana:
Penguin Random House Grupo Editorial, S. A. de C. V.
Blvd. Miguel de Cervantes Saavedra núm. 301, 1er piso,
colonia Granada, delegación Miguel Hidalgo, C. P. 11520,
Ciudad de México

www.megustaleer.mx

ISBN: 978-607-318-412-0

Impreso en México – *Printed in Mexico*

El papel utilizado para la impresión de este libro ha sido fabricado a partir de madera procedente
de bosques y plantaciones gestionadas con los más altos estándares ambientales, garantizando
una explotación de los recursos sostenible con el medio ambiente y beneficiosa para las personas.

Penguin
Random House
Grupo Editorial

ÍNDICE

AGRADECIMIENTOS

Quisiera agradecer a los lectores de mi libro anterior, *La experiencia homosexual,* y al público de mis conferencias, programas de radio y televisión sus comentarios y cuestionamientos que me llevaron a reflexionar sobre el tema del machismo.

También quisiera dar las gracias a mis amigos, vecinos y pacientes, que me brindaron sus puntos de vista y experiencias personales en torno al machismo. Sobre todo, a estos últimos por tolerar mis horarios de trabajo reducidos durante la escritura de este libro.

Gracias a mis primeros lectores, quienes con sus críticas siempre positivas me ayudaron a formular y organizar mis ideas: Lourdes Arizpe, con su claridad intelectual y política; Pura López Colomé, con su rigor estilístico y perspicacia literaria; Miriam Morales, con su visión analítica de la sociedad actual; Julia de la Fuente, que participó en la edición de este libro con esmero y eficiencia; y, por supuesto, a Patricia Dunne, que me ayudó, una vez más, a mantener el equilibrio y la serenidad.

Prefacio a la edición de bolsillo

A 17 años de la primera edición de este libro, en 2002, muchas cosas han cambiado: algunas para bien y otras para mal. No tanto en el machismo en sí, sino en su menor o mayor grado de aceptación por la sociedad. Gracias a un gran número de asociaciones de mujeres y organizaciones no gubernamentales, al trabajo incesante de activistas y legisladores de ambos sexos y a la evolución de las costumbres, parece haber un rechazo cada vez más generalizado de la misoginia y del machismo en todas sus formas. En los medios, en las leyes, en la vida diaria, se tolera cada vez menos la violencia contra las mujeres, la notoria desigualdad en sueldos y oportunidades, y la escasa representación de las mujeres en las empresas y en todos los niveles de gobierno —salvo en un puñado de países— así como en los medios, el cine y muchas profesiones. Las mujeres jóvenes, ante todo, se rebelan contra lo que perciben como una flagrante injusticia en su vida familiar o profesional, así como en sus relaciones de pareja. La aparición del movimiento #MeToo en numerosos países, incluido México, ha dado voz a la enorme cantidad de mujeres que han sido víctimas de acoso sexual, logrando atraer la luz pública sobre una forma de dominación masculina que hasta hace poco se sufría en silencio. Sus logros, contradicciones y fracasos son el tema de un nuevo capítulo final en esta edición de bolsillo de *El machismo invisible*.

Sin embargo, en muchas áreas de la realidad las cosas no han cambiado demasiado y en algunas de ellas podríamos hablar de un retroceso. Si bien en Europa han sido electas cada vez más mujeres en los más altos niveles de gobierno, Hillary Clinton, sin duda la más experimentada entre los candidatos para ganar la contienda electoral de 2016 por la presidencia de Estados Unidos, fue derrotada por su contrincante, Donald Trump. Las encuestas que siguieron su derrota en las urnas demostraron el persistente rechazo entre los votantes hacia la idea de una mujer en la máxima jefatura del país más poderoso del planeta. Esto sucedió a pesar de los múltiples ejemplos de misoginia y machismo de Trump a lo largo de su vida, ampliamente difundidos durante su campaña presidencial. Asimismo, casi diario se conocen casos de la gran disparidad de sueldos entre atletas, actores, periodistas y académicos hombres y mujeres, en todos los países.

Entretanto, en muchas naciones europeas, latinoamericanas y asiáticas han surgido jefes de Estado de extrema derecha con un abierto desprecio hacia las mujeres como común denominador. Jefes de Estado y de gobierno como Trump, Jair Bolsonaro en Brasil, Victor Orbán en Hungría y Rodrigo Duterte en Filipinas no sólo realizaron campañas electorales misóginas sino que, tras su ascenso al poder, de inmediato empezaron a echar abajo los derechos reproductivos, las cuotas de representación en los parlamentos y los servicios de salud de las mujeres. Además de su hostilidad hacia la democracia liberal, la inmigración y la diversidad sexual, se caracterizan todos por un profundo desprecio hacia las mujeres. Una de sus metas principales es restablecer el dominio masculino en todas sus modalidades, tanto en el ámbito privado como en el público, y forzar a las mujeres a retomar su condición sumisa de esposas y madres dedicadas al hogar. Los ejemplos van desde el grito de guerra de Trump contra Hillary Clinton durante la campaña de 2016 ("Hay que encerrarla") hasta el permiso otorgado por Duterte a sus tropas en Mindanao en 2016 de violar impunemente, cada uno, a tres mujeres. La eliminación de clínicas para la salud reproductiva y guarderías para sus hijos, la revocación de leyes contra la violación, la prohibición del aborto son medidas adoptadas por todos los jefes de Estado y gobierno de derecha que han llegado al poder en años recientes.[1]

---

[1] Véase https://www.theatlantic.com/magazine/archive/2019/01/authoritarian-sexism-trump-duterte/576382/. Consultado el 17 de mayo de 2019.

Asimismo, numerosas deudas del feminismo histórico persisten. En Estados Unidos, por ejemplo, la Equal Rights Amendment (ERA), una enmienda constitucional que garantizaría la plena igualdad entre hombres y mujeres, aún no ha sido aprobada por el Congreso pese a innumerables intentos. Se trata de una propuesta de ley presentada por primera vez en 1932 y que un siglo después sigue sin lograr ser aprobada en todo el país.

También en Estados Unidos, 50 años después del inicio de la segunda ola del feminismo, las mujeres siguen ganando en promedio 80% de lo que ganan los hombres, y tendrían que trabajar casi dos meses más al año para alcanzar su ingreso. Estas cifras prácticamente no han cambiado en los últimos 10 años.[2] Asimismo, todavía no hay guarderías públicas ni licencia por maternidad a nivel federal, a pesar de que la mayoría de las mujeres trabaja fuera del hogar.

Por otra parte, en varios estados de ese país se están debatiendo medidas para abolir o limitar severamente el derecho al aborto y penalizar a cualquier mujer que interrumpa su embarazo o cuyas acciones pudieran haber provocado la muerte del feto. Los congresos de diversos estados están intentando abolir el aborto completamente, aun en casos de violación o incesto, con la intención de penalizar no sólo a las mujeres sino a los médicos y clínicas que las atiendan. Tales esfuerzos por revocar la decisión Roe vs Wade, que legalizó el aborto a nivel federal en 1973, llegarán muy probablemente a la Suprema Corte, hoy dominada por jueces conservadores gracias a Donald Trump. Esto podría anular una de las grandes conquistas del movimiento feminista, poniendo en riesgo la salud física y emocional de cientos de miles de mujeres. Asimismo, en años recientes se han recortado drásticamente los servicios médicos en Estados Unidos para el monitoreo y cuidado de las mujeres embarazadas. Incluso algún congresista republicano llegó a argumentar que no entendía por qué tendría que pagar impuestos para costear los gastos prenatales y de parto de las mujeres dado que él, como varón, nunca tendría necesidad de cubrir tales costos.

---

[2] Véase https://www.pewresearch.org/fact-tank/2019/03/22/gender-pay-gap-facts/. Consultado el 17 de mayo de 2019.

En México, a pesar de importantes avances, la diferencia de sueldos se sitúa en 16% en promedio, y las mujeres todavía realizan 75% del trabajo del hogar.[3] La violencia contra las mujeres se ha recrudecido en la última década, y en la actualidad las autoridades de varios estados persiguen penalmente a las mujeres que deseen abortar.

Estos ejemplos se refieren a algunos de los aspectos más visibles del machismo. Las cosas se complican todavía más cuando se trata de sus manifestaciones menos patentes, inscritas en las costumbres cotidianas de hombres y mujeres. Por ejemplo: es muy probable que la liberación sexual que inició hace 50 años haya beneficiado mucho más a los primeros que a las segundas. Según diversas encuestas, sobre todo en Estados Unidos, muchas jóvenes se sienten presionadas para tener prácticas sexuales —felación, sexo anal o coito— sin desearlas, con tal de no quedarse sin pareja o parecer pudibundas, hipócritas, inexpertas o incluso frígidas. Asimismo, para no dar la impresión de ser anticuadas y conservadoras, muchas mujeres hoy en día aceptan las reglas del juego (masculinas) de la supuesta liberación sexual: tener relaciones sexuales sin amor ni compromiso alguno, hacerse completamente cargo de la anticoncepción o de un posible embarazo, y aceptar relaciones de pareja a condición de no tener hijos, o bien de corto plazo. Las aplicaciones de ligue en redes sociales no han ayudado: promueven la selección de mujeres jóvenes, guapas y sexis, mientras que los hombres sólo tienen que ser medianamente atractivos para tener acceso a docenas de opciones.

Otra manifestación del machismo persistente, sumamente grave desde un punto de vista demográfico, es que las mismas mujeres ya no quieran tener hijos, aun dentro de relaciones comprometidas y estables. Al darse cuenta de que el matrimonio y la maternidad les exigen dejar sus estudios o trabajo, o bien tener que asumir una doble jornada (laborar tiempo completo, y luego tener que atender tareas domésticas, marido e hijos con poca ayuda de sus compañeros), muchas de ellas prefieren dejar para más

---

[3] Véase https://www.oecd.org/mexico/Gender2017-MEX-en.pdf. Consultado el 17 de mayo de 2019.

tarde (o para nunca) la procreación. Esto sucede incluso en países prósperos, aunque todavía predominantemente machistas, que preservan la división tradicional del trabajo dentro del hogar, como Japón, Italia y España. Cada vez es más evidente que las mujeres ya no están dispuestas a dejar de lado sus propias aspiraciones para dedicarse a ser amas de casa.

El obstáculo es aún, en todos estos casos, la resistencia al cambio por parte de los hombres. Se entiende que los varones no quieran renunciar a los derechos y privilegios que han mantenido, desde hace siglos, por encima de las mujeres. Sobre todo cuando incluso muchas mujeres consideran que su posición de superioridad corresponde a factores biológicos ineluctables, que hacen que manejen mejor, que entiendan mejor el dinero y las cifras, que sean más dotados para la tecnología, que sean más racionales y objetivos, que siempre sepan más que las mujeres y conozcan la verdad de las cosas en cualquier área "importante" de la vida como la economía, la política o el acontecer nacional... todos postulados del machismo invisible que hemos examinado de cerca en ediciones previas de este libro, y que han cambiado poco o nada.

Hoy quizá lo más preocupante para las mujeres no sólo sea esta resistencia al cambio por parte de los hombres, sino que muchos de ellos estén incurriendo en una especie de contrarreacción de retaguardia, al asumir posiciones de víctimas frente a los avances económicos, sociales y culturales de las mujeres en años recientes. Ciertamente, la evolución del capitalismo tardío y de la globalización ha dejado a muchos hombres sin los empleos y oportunidades que daban por seguros hace sólo 20 años. Esto se ha traducido en muchos países en un rechazo hacia la inmigración y la globalización, pero también hacia los avances de las mujeres. Este último rechazo, quizás el más fácil por tenerlo tan a la mano, ha dado lugar a un resentimiento y una hostilidad cada vez más abierta hacia el empoderamiento de las mujeres en todas las áreas de la vida.

Por todo ello, hoy más que nunca resulta necesario dilucidar el funcionamiento del machismo no sólo en sus manifestaciones más flagrantes sino en los pequeños gestos, los hábitos, la comunicación y las actitudes de hombres y mujeres en la vida cotidiana. He argumentado en este libro que tales dinámicas de relación, al estar profundamente arraigadas en las costumbres, parecen tan naturales que se vuelven hasta cierto punto invisibles. Tanto hombres como mujeres las padecen, pero pocos las cuestionan. De ahí la reedición de este texto en formato de bolsillo, con la esperanza de llegar sobre todo a los jóvenes de ambos sexos. Con la misma intención, Eva Lobatón y yo publicamos hace unos años el cómic *El machismo ilustrado* (Taurus, 2013; reedición, 2016). Los años venideros se vislumbran muy difíciles para todas las minorías, sexuales, étnicas, religiosas y nacionales, en el mundo entero —y también para las mujeres, esa mayoría numérica que sigue siendo minoría en lo referente a sus derechos—. Ante un futuro tan incierto, urge que los jóvenes tomen cartas en el asunto, por el bien de todos. Espero que este libro pueda contribuir a su lucha.

Prefacio a la nueva edición

El machismo no sólo sigue vigente, sino que se ha vuelto un tema cada vez más apremiante en las sociedades modernas. No es casual que el presidente del Gobierno español, José Luis Rodríguez Zapatero, haya declarado desde el primer día de su gestión, en 2004, que iba a hacer del combate al machismo una tarea prioritaria de su gobierno. En España, México y muchos otros países, el machismo sigue teniendo un costo muy elevado, tanto en lo económico como en lo social y psicológico. Si bien la violencia contra las mujeres es su manifestación más extrema, también lo que he llamado el machismo invisible domina la vida cotidiana, la comunicación, la salud y la sexualidad de todos y cada uno de nosotros. Asimismo, las distorsiones que causa en la relación entre hombres y mujeres en todos los campos —emocional, sexual, laboral, político— sigue provocando malentendidos y resentimientos de ambos lados, así como una marcada ineficiencia en la división del trabajo, tanto en el hogar como en la sociedad en su conjunto. Cada vez que parece ya obsoleto, cada vez que parece haber sido rebasado, el machismo regresa.

Por ello, este libro se reedita con algunas secciones nuevas e información actualizada. Su contenido esencial, que describe los mecanismos del machismo en la vida cotidiana, sigue siendo el mismo, como sucede en la realidad; sin embargo, en estos años he aprendido mucho gracias a los comentarios de lectores y del público en cursos, conferencias y programas de radio y televisión. Todas esas reacciones, que intentaré resumir a continuación, forman ya parte de la historia de este libro.

En todas las pláticas que he que dado sobre el machismo invisible, el público ha estado constituido por mujeres en su gran mayoría. Pocos hombres asisten a tales eventos, porque si son machistas no les interesan (por tratarse de "cosas de viejas") y si no lo son no lo consideran necesario, porque ya están al tanto de todo lo que pudiera decirse al respecto. En este sentido, aun los hombres más sensibles al tema a menudo resultan ser machistas por su actitud, clásica, de ya saberlo todo.

Los hombres mayores son los que menos captan las sutilezas del machismo invisible. Recuerdo al viejo médico que declaró en un foro público que él jamás había sido machista; al contrario, dijo con una sonrisa satisfecha, su vida transcurría enteramente entre las manos de su esposa y su secretaria. Ellas tomaban todas las decisiones cotidianas y tenían el más absoluto poder sobre él. Y él era feliz así, porque no tenía que ocuparse de cosas molestas: jamás había discutido con su mujer acerca del dinero ni de la administración del hogar, porque simplemente dejaba que ella y la secretaria arreglaran todo. En otras palabras, el doctor habitaba su casa como si fuera un visitante distinguido, dejando que las mujeres se hicieran cargo de todos los detalles desagradables que pudieran distraerlo de su trabajo. Haberles cedido el control de todo significaba, para él, que no era machista; y que las dos mujeres dedicaran su vida a atenderlo le parecía perfectamente natural. Para un hombre así, el machismo sencillamente no existe.

Lo mismo piensan muchas mujeres: las que declaran "mi esposo no es machista: me deja trabajar", o "me deja ver a mis amigas cuando quiera", o "a cada rato me habla, pero es porque se preocupa por mí", como si fueran niñas que requieren el permiso de un hombre para llevar una vida normal. Asimismo, muchas borran de su mente el desequilibrio de poder que experimentan frente a los hombres, al recurrir a la fórmula más clásica del machismo invisible, "es que así es él". O bien suspiran "así son los hombres", como si se tratara de una ley inmutable de la naturaleza; y esta constatación les parece suficiente para justificar la falta de interés, la descalificación, la crítica constante de los hombres con quienes conviven.

En cambio, otras mujeres que asisten a mis conferencias tienen reacciones muy emotivas. Al principio muestran cierta reticencia, porque no quieren identificarse como "feministas". Pero muy pronto reconocen en mis comentarios a ese hombre "muy especial" que es su marido, padre, hermano, hijo, jefe o colega. Surgen risas nerviosas cuando describo el perfil del hombre machista que desde siempre está acostumbrado a ser el centro de atención, que da por sentado que las mujeres están ahí para atenderlo, escucharlo, festejarlo, apoyarlo y obedecerlo, recogiendo el desorden y reparando los desperfectos que vaya dejando a su paso. Se dan cuenta entonces que esos hombres "de carácter fuerte", tan "especiales", son en realidad todos iguales, como si hubieran salido del mismo molde. No tienen nada de singular: antes bien, forman parte de una dinámica más vasta que abarca a hombres y mujeres por igual. Diversas mujeres me han preguntado en broma, al final de alguna plática, dónde conocí a su marido o bien si alguna vez he trabajado con su jefe.

No todas las reacciones son chuscas. Cuando hablo del esquema machista de la comunicación y de cómo los hombres usan el silencio para intimidar o castigar a las mujeres siempre sucede algo extraño entre el público: algunas asistentes empiezan a llorar. Reconocen de pronto a su padre, su marido o incluso a su hijo, a los varones que desde la infancia han aprendido que la manera más eficaz de poner a una mujer en su lugar es retirándole la palabra. Las lágrimas de estas mujeres, en todas mis pláticas, me han demostrado hasta qué punto es hiriente ese silencio frío y deliberado que algunos hombres usan como una arma.

Otra reacción frecuente es la ira. Cuando las mujeres entienden cómo los hombres tienden a cargarles sus propios conflictos, cómo las responsabilizan de sus problemas médicos, sexuales o psicológicos, se dan cuenta que llevan años acumulando el resentimiento. Evocan cómo su marido se niega a cuidarse, obligándolas a hacer la cita con el médico, a acompañarlo a la consulta y a los análisis, a comprarle y luego recordarle sus medicamentos y a vigilar su dieta, transfiriéndoles no sólo la responsabilidad sino todo el trabajo de cuidarse. De pronto, se percatan que jamás funcionan las cosas al revés y que sus hombres no suelen hacer lo mismo para ellas y empiezan a sentirse solidarias entre ellas. Quizás una de mis mayores satisfacciones en estos años haya sido ver surgir esa solidaridad entre mujeres de todas las edades y clases sociales que provoca que se queden platicando animadamente entre ellas cuando yo ya salí del auditorio.

Me ha sorprendido la facilidad con la cual las mujeres reconocen su propia participación en el machismo. Confiesan que en muchas ocasiones y en muchas áreas de la vida han permitido que los hombres las maltraten, con tal de no quedarse solas. Algunas, por comodidad, les han cedido ciertas tareas "masculinas" como hacerse cargo del dinero y los papeles; otras, por flojera, nunca quisieron aprender a usar la computadora, fomentando así una dependencia que ahora les pesa. A menudo reconocen, asimismo, que han educado a sus hijos varones dentro del esquema machista para que no sean "afeminados" y que han enseñado a sus hijas, desde su más temprana infancia, a obedecer y atender a los hombres.

He leído con mucho interés los centenares de correos electrónicos que me han enviado los lectores de *El machismo invisible*. La gran mayoría de ellos proviene de mujeres que me cuentan lo que ha significado el machismo en su matrimonio, el hogar o el trabajo. Muchas de ellas expresan el alivio de entender por fin que el problema no está en ellas sino en esa dinámica de relación que es el machismo. Se dan cuenta de que la depresión, la baja autoestima y la inseguridad que padecen no es por patología propia, sino porque viven con hombres que sistemáticamente las descalifican, las callan, las critican o, peor aún, las ignoran. Escribe una lectora:

Mi relación matrimonial es exactamente igual a las descripciones que hace usted sobre las relaciones machistas. Eso ha contribuido a que mi esposo me manipule y me moldee a su antojo y yo siempre esté hundida en la depresión, porque según él no logro ser lo suficientemente madura ni satisfacer las necesidades básicas de una familia tal y como él lo indica.

En este típico ejemplo del doble vínculo machista, gracias al cual nunca es suficiente lo que haga o deje de hacer una mujer, vemos la causa de numerosos problemas psicológicos que las mujeres padecen muchas veces a ciegas, sin darse cuenta de su verdadero origen.

El machismo se expresa de muchas maneras, no necesariamente tangibles. Como lo escribió una lectora del norte de México:

> [El libro] es consulta obligada para mí cada vez que me siento rechazada o agredida, pues en San Luis y todos los estados del norte del país los hombres son de un machismo y misoginia terribles. La máxima expresión de esa misoginia se da en Ciudad Juárez y sus muertas, pero aquí también te matan lentamente. Las mujeres son verdaderos objetos, no hablan, no opinan, no contradicen al hombre. Es más, a los hombres les molesta que una les sostenga la mirada.

Pero quizá los correos más interesantes sean los que he recibido de hombres. Algunos dicen que no se consideraban machistas, pero que se reconocieron en el libro: jamás se habían percatado de esos hábitos insignificantes que desde siempre habían distorsionado y dificultado su relación con las mujeres. Describen el proceso de reflexión que les ha despertado el texto, y asumen que tienen mucho trabajo por delante. Otros describen cómo ellos mismos han sido víctimas del machismo. Un empresario canadiense escribe, por ejemplo:

> En las citas de negocios, traigo algo que leer porque a quien visito quiere que espere un rato, para mostrarme que es un hombre importante (eso no me afecta porque no tengo nada que probar, ni quiero participar en aquel juego infantil). Por eso él tiene que engañar a su esposa y andar con otras (un hombre con sólo una mujer es un puto, según un amigo). Es interesante que muchos de aquellos asuntos fueron comunes en mi sociedad hasta hace poco y siguen en una forma más hipócrita por el feminismo. Sin embargo, hay una diferencia importante: el machismo aquí es institucionalizado y por eso mucho más difícil de cambiar.

Asimismo, me han escrito hombres gay que sufren a causa machismo y lesbianas que viven algo muy similar en sus relaciones, aunque éstas sean cón otra mujer. La hipótesis central del libro —que el machismo no es un atributo individual en algunos hombres, sino una forma de relacionarse que implica y afecta a todo el mundo— se ve así ratificada. No es necesario ser mujer para ser víctima del machismo, ni son los hombres sus únicos exponentes. De especial interés en este sentido es el siguiente correo electrónico:

Soy un hombre soltero de 22 años, vivo con mi padre divorciado y mi hermana, y la experiencia que he vivido a partir del divorcio de mis papás me ha servido como referencia para sustentar la idea de que el machismo no depende del sexo ni de la genética. Al principio, cuando mi madre se fue de casa, yo adopté inconscientemente el rol que ejercía ella antes de irse y salvarse, es decir, el papel de mujer que se ejerce en una familia con estructuras machistas. He vivido, como en tu libro lo explicas, el machismo en todas las áreas: en la comunicación, en las emociones, en el hogar, etc. Me he dado cuenta de que viví, en dos años, el mismo proceso que mi madre vivió en 28 años de casada. Mi madre, al irse, rompió con la estructura familiar y, por la falta de alternativas y modelos que pudiéramos haber usado para replantear los esquemas familiares y ayudarnos a corregir los errores, caímos todos nuevamente en el esquema machista. Por ejemplo, mi padre, el proveedor, no modificó su rol, es decir, no se vio en la necesidad de cambiarlo. Pero en mi caso no sucedió así, ya que el papel que adopté fue el que mi madre dejó. Yo cubrí todo lo referente al ámbito doméstico y de esta forma volvió a darse el círculo en el que nos encontrábamos todos desde el principio, desde años atrás. Mi experiencia fue la misma que la de muchas mujeres descritas en tu libro, incluyendo a mi madre y a mi hermana, llevándome a un desgaste emocional y físico, tratando de entender por qué, a pesar de todo mi esfuerzo para que todo estuviera bien en el hogar, no era suficiente, nunca estaba cien por ciento bien a ojos de mi padre. Siempre había un error y nunca una satisfacción completa. Las mismas manifestaciones de poder y de control comenzaron a aparecer; el desgaste fue creciendo hasta llevarme a pensar que yo era un inútil, que no podía hacer nunca las cosas bien. Toda propuesta que yo tenía para que las cosas fueran sencillas y más eficientes nunca era escuchada, llevándome a una frustración cada vez mayor, exactamente igual que como sucedió con mi madre. Se establecieron, pues, los roles del hombre y la mujer en el hogar, sólo que esta vez yo fui la mujer.

Este correo, como muchos otros, ilustra con toda claridad las dinámicas del machismo y cómo de él emanan los roles de género y la división del trabajo. Para hacer una analogía: en el ajedrez, las piezas no se mueven de forma arbitraria, sino según las reglas del juego establecidas con anterioridad. Los roles preexisten a hombres y mujeres individuales y pueden incluso llegar a intercambiarse, como sucedió en este caso.

El concepto central de este libro, que el machismo es una forma de relación que crea roles de género sumamente rígidos, limitantes e ineficientes, ha ayudado a muchos lectores a entender su situación en la vida y, en algunos casos, a cambiarla. En años recientes, se ha vuelto aún más urgente desenmascarar, comprender y combatir el machismo bajo todas sus formas, debido a sus enormes costos psicológicos, sociales y económicos. Cada vez más gobiernos y organizaciones internacionales se han percatado del daño que causa y han visto que no tiene cabida ya en el mundo moderno. El hecho de que la mitad de la población sea relegada a un papel secundario en el hogar, el trabajo y en la toma de decisiones repercute sobre el bienestar de todos. El costo del machismo ha cobrado una relevancia cada vez mayor en los análisis de productividad y competitividad, en las investigaciones sobre la salud y la educación, en la reflexión sobre la democracia y la representación política, en todos los países occidentales.

También se ha vuelto cada vez más evidente que la tradicional división del trabajo entre hombres y mujeres, tanto en el empleo como en el hogar, no tiene sentido ni es económicamente eficiente. Que las niñas y mujeres tengan un menor acceso a la educación equivale a desperdiciar un inmenso capital humano; que las mujeres tengan menos poder de compra que los hombres priva a las empresas de un nicho de mercado que apenas comenzó a abrirse, en los países más desarrollados, en las últimas décadas; que los varones sólo sepan "cosas de hombres" y las mujeres "cosas de viejas" reduce a todos a mitades de seres humanos y tiene un costo social altísimo, fomentando además desilusiones y resentimientos que se reflejan en los elevados índices de divorcios en el mundo occidental. Para que todo esto cambie, no basta con mejorar la condición de las mujeres; es necesario cambiar todas las reglas del juego. Y, para ello, es indispensable el acuerdo y la participación de los hombres.

Sin embargo, en casi todos los países, los hombres se han resistido a cambiar. Incluso podemos hablar ahora de un *machismo reactivo* por parte de los varones que siempre fueron machistas pero que ahora están, además, resentidos por los indudables avances en el estatus socioeconómico de las mujeres. Esta resistencia se percibe tanto en el ámbito doméstico como en el laboral y en la vida pública. En el hogar, los hombres siguen negándose a una división igualitaria del trabajo, defendiendo su tiempo libre, sus privilegios y pasatiempos como si las mujeres no tuvieran el mismo derecho a ellos: las encuestas en todo el mundo industrializado muestran que los hombres siguen dedicando mucho menos tiempo que las mujeres a las labores domésticas y al cuidado de los hijos. En el campo laboral, el llamado techo de cristal sigue impidiendo que las mujeres lleguen a los puestos ejecutivos más altos, y en la vida pública, la representación popular sigue siendo, mayoritariamente, un asunto de hombres. Por todo esto, he considerado esencial actualizar el capítulo final de este libro que versa sobre los costos económicos y sociales de la exclusión, discriminación o violencia contra las mujeres, consecuencias de la cultura del machismo descrita con detalle en los demás capítulos.

Sería un error pensar que el machismo está desapareciendo entre los jóvenes, a pesar de las múltiples encuestas en las que reportan actitudes diferentes. Una maestra de nivel superior en Jalisco me escribe:

Comprendí lo devaluadas que están muchas mujeres en esta localidad, al hacer la siguiente prueba. A mis alumnos los evalué con sólo dos preguntas; la primera consistía en que anotaran todo lo que habían aprendido en la unidad y la segunda pregunta consistía en que anotaran qué calificación se merecían. Los resultados me llenaron de rabia, te soy sincera, hubo hombres que contestaron muy poco y se notaban sus pocos conocimientos, pero se ponían una calificación de 100; y las mujeres, muchas de ellas que contestaron impecablemente, con dibujos, diagramas y demás, se pusieron una calificación menor a 90 o me dijeron que lo que fuera mi voluntad. Para mí fue un impacto muy grande.

Autodevaluación de las mujeres, sobreestimación de sí mismos entre los varones son una manifestación más del machismo invisible. Además, nuestra vida pública en los últimos años ha sido dominada por confrontaciones, en ocasiones risibles y en otras muy desafortunadas, entre hombres "montados en su macho". La rivalidad política, en todo lugar y en todo momento, suele incluir antagonismos personales. Pero cuando se les sobreponen las posturas características del machismo, como no reconocer nunca los errores o la derrota, descalificar por completo al adversario, tomar decisiones arbitrarias y unipersonales en contra del interés común y dar por sentado que uno siempre tiene la razón, podemos preguntarnos si se trata de una diferencia política o de una lucha entre adolescentes que intentan demostrar su hombría a toda costa. Hemos presenciado muchos enfrentamientos de este tipo en años recientes, trátese de Vicente Fox, Manuel López Obrador, Roberto Madrazo, Mario Marín, o incluso mujeres como Elba Esther Gordillo. Luchas de poder normales en cualquier democracia, sobre todo incipiente, pero agravadas por la soberbia y el rechazo al diálogo característicos del machismo.

Esta nueva edición de *El machismo invisible* intenta llenar algunos huecos de la edición anterior. He incluido en ella, por ejemplo, una sección que establece la distinción básica entre machismo y misoginia. Ambas cosas no van necesariamente de la mano ni se limitan a los hombres. En una sociedad machista, hay muchas mujeres misóginas; en cambio, hay machistas que aprecian y quieren mucho a las mujeres (mientras no les falten al respeto). Otra nueva sección incorpora algunos datos sobre la violencia contra las mujeres, ligándola con el machismo reactivo pero también con otros fenómenos económicos y sociales. Finalmente, he incluido dos cuestionarios amplios, dirigidos especialmente a los hombres y las mujeres que piensan haberse liberado del machismo pero que a veces dejan de percibir aquellos pequeños detalles de la vida cotidiana que hacen toda la diferencia.

Introducción

Todo ensayo sobre el machismo escrito por una mujer parecerá una autobiografía; la inmensa mayoría de las mujeres, cuando habla de este tema, está hablando de sí misma. Como muchas mujeres de mi generación, yo crecí en un ámbito familiar en el que la primacía de los varones era incuestionable; donde, como por arte de magia, los deseos de mi padre y hermanos se volvían deberes imperativos para las mujeres de la casa: las sirvientas en primer término y luego mi madre y yo. Pasé la adolescencia preguntándome por qué no podía tener amigos varones, constatando asombrada que los muchachos a mi alrededor habían cambiado de especie al llegar a la pubertad: ya no podía jugar o hablar con ellos de manera natural y espontánea, porque ellos eran hombres y yo una "mujercita". Después de una larga temporada de estudios en Estados Unidos y Francia, me acostumbré a una relación más fluida e igualitaria entre los sexos. Al regresar a México, a los 27 años, tuve que aprender las reglas del juego del machismo en todas las áreas de la vida, especialmente en el ámbito del trabajo. No ha sido fácil. A lo largo de toda mi trayectoria profesional he tenido que cederles la palabra a hombres mucho menos preparados que yo para ganar su atención y aceptación. En la vida diaria he aprendido a convivir con mis amigos varones que siempre tienen que tener la razón, con jardineros que hacen caso omiso de mis indicaciones, mecánicos que intentan engañarme, recordándome una y otra vez que su trato condescendiente no tiene nada que ver con mi persona, sino con mi género. Como tantas mujeres puedo decir: el machismo no sólo lo conozco, lo he vivido.

Afortunadamente, también he tenido la oportunidad de conocer hombres progresistas, en diversos contextos y países. Sin embargo, lo que me ha permitido, más que nada, dialogar honestamente con muchos de ellos es mi profesión como psicoterapeuta. Uno de los grandes privilegios de los psicólogos es la posibilidad de acercarse a muchas vidas, acumular muchas experiencias ajenas de una manera muy personal. Además, el intercambio terapéutico es particularmente auténtico y profundo: más que otras formas de comunicación, se basa en la verdad de cada persona. Gracias a ese diálogo he podido apreciar facetas de la masculinidad que de otra manera jamás habría visto.

Por supuesto, los hombres que buscan una consulta psicológica son, de por sí, excepcionales. Es gracias a ese filtro que he conocido de cerca a hombres inteligentes y sensibles, quienes han compartido conmigo todas esas cosas de las cuales supuestamente carece el sexo masculino: sus sentimientos, su inseguridad, su introspección, su aguda percepción de las mujeres, su manera de vivir el sexo, el amor y la amistad. Esta experiencia profesional también me ha permitido estudiar los inmensos problemas que crea el machismo: las barreras en la comunicación, las expectativas cruzadas, los roles que aprisionan a hombres y a mujeres por igual.

He observado que estas dinámicas permanecen en gran parte ocultas para las personas que las padecen. Las reglas del juego del machismo no sólo son invisibles, sino un tabú, como muchos temas en nuestra sociedad. Somos víctimas de toda una serie de prejuicios que nos impiden tener una visión clara de la relación entre los sexos; carecemos de los elementos para hablar siquiera de muchos asuntos que constituyen, no obstante, parte esencial de nuestra experiencia personal y social. Me di cuenta de ello a raíz de la publicación de mi libro sobre la homosexualidad.[1] Entonces, tuve la oportunidad de participar en un gran número de programas de

---

[1] Castañeda 1999.

radio y televisión, cursos y seminarios sobre este asunto tan controvertido. Gracias a las preguntas y comentarios del público, vi que un enorme interés por el tema coexistía con un conjunto de prejuicios inamovibles. Poco a poco fui entendiendo que debajo de la homofobia existe una serie de creencias acerca de lo que significa ser hombre y mujer, y la relación que debe privar entre ellos, que le impide a la gente reflexionar y hablar no sólo de este tema, sino de la vida sexual y sentimental en general. El siguiente paso era claro: estudiar esas creencias profundas, tan arraigadas que resultan prácticamente invisibles. Mi reflexión sobre la homosexualidad me llevó, así, muy lógicamente, a interesarme en el machismo, otro tema tabú y de mucho mayor alcance.

LOS TÉRMINOS DEL DEBATE

El machismo es difícil de definir, pero casi todos lo reconocemos. Las mujeres, sobre todo, lo experimentan en muchas ocasiones, aunque a veces creen que se trata de un problema personal de sus parejas, colegas o jefes. Tratan de justificarlos: "es un poco brusco", "es muy exigente" o bien, "tiene un carácter muy fuerte". Con frecuencia, apelan a teorías psicológicas para explicarse las conductas de los hombres: "es que tuvo un papá muy distante", "su mamá fue muy dura con él y por eso desconfía de las mujeres", o "tiene problemas de comunicación". Y a veces concluyen, con una mezcla de humor y resignación: "es que así son los hombres".

Quienes originan todos estos comentarios no captan cuál es el problema. Piensan que están siempre en lo correcto y se preguntan por qué las mujeres no ven las cosas como ellos. Incluso exclaman con una risa perpleja: "es que nadie entiende a las mujeres". Si se les habla del machismo, responden con sorpresa auténtica: "¡Pero si yo no soy machista! Al contrario, creo que las mujeres deben estudiar y trabajar, y yo a mi esposa la dejo hacer todo lo que quiera". Y, después de una pausa, añaden: "claro, mientras no me falte al respeto" o "mientras no descuide la casa".

Comencemos por el principio. El machismo no significa necesariamente que el hombre golpee a la mujer, ni que la encierre en su casa. Se trata, mejor dicho, de una actitud más o menos automática hacia los demás; no sólo hacia las mujeres, sino también hacia los demás hombres, los niños, los subordinados. Puede manifestarse sólo con la mirada, los gestos o la falta de atención. Pero la persona que está del otro lado lo percibe con toda claridad y se siente disminuida, retada o ignorada. No hubo violencia, regaño ni disputa, pero se estableció, como por arte de magia, una relación desigual en la que alguien quedó arriba y alguien abajo. En este libro veremos cómo ocurre esta situación, desmenuzaremos las diferentes facetas del machismo, así como sus expresiones más comunes.

El machismo se puede definir como un conjunto de creencias, actitudes y conductas que descansan sobre dos ideas básicas: por un lado, la polarización de los sexos, es decir, una contraposición de lo masculino y lo femenino según la cual no sólo son diferentes sino mutuamente excluyentes; por otro, la superioridad de lo masculino en las áreas consideradas importantes por los hombres. De aquí que el machismo involucre una serie de definiciones acerca de lo que significa ser hombre y ser mujer, así como toda una forma de vida basada en ello.

Solemos pensar que el machismo sólo se da entre hombres y mujeres, sobre todo en la relación de pareja. Pero es mucho más que eso: constituye toda una constelación de valores y patrones de conducta que afecta todas las relaciones interpersonales, el amor y el sexo, la amistad y el trabajo, el tiempo libre y la política... Este conjunto incluye la pretensión del dominio sobre los demás, especialmente sobre las mujeres; la rivalidad entre los hombres; la búsqueda de múltiples conquistas sexuales; la necesidad constante de exhibir ciertos rasgos supuestamente viriles —valor, indiferencia al dolor, etc.— y un desprecio más o menos abierto hacia los valores considerados femeninos. Asimismo, el alcoholismo, la violencia y la delincuencia probablemente puedan vincularse con el machismo, aunque por el momento no tengamos los elementos para establecer una relación causal exacta.

Podríamos pensar que el machismo está desapareciendo poco a poco, merced a los grandes cambios socioeconómicos y culturales de las últimas décadas. La industrialización, la urbanización, la anticoncepción, la disminución de las tasas de fertilidad, el número cada vez mayor de mujeres que estudian y trabajan y el feminismo han tenido un impacto indudable en las relaciones tradicionales entre los sexos. De hecho, muchos hombres proclaman, con orgullo y perfecta sinceridad, que no son machistas. Sin embargo, su discurso queda desmentido por las realidades de su vida cotidiana; por ejemplo, cuando uno de ellos afirma que "le permite" a su mujer trabajar o salir con sus amigas, no se percata, como tampoco ella en muchos casos, que esta formulación sigue siendo esencialmente machista.

El machismo está tan profundamente arraigado en las costumbres y en el discurso que se ha vuelto casi invisible cuando no despliega sus formas más flagrantes, como el maltrato físico o el abuso verbal. No obstante, sigue presente en casi todos los aspectos de la vida cotidiana de hombres y mujeres. En este libro no intentaré describir sus formas más obvias: la violencia, la discriminación o la explotación de las mujeres, fenómenos económicos y sociales ampliamente estudiados desde el siglo xix. Más bien, examinaré las modalidades más sutiles que asume en las costumbres, los gestos y las palabras del diario acontecer, en la comunicación, el amor, la familia y la amistad. El machismo actual opera tras lo aparente, en detalles que tal vez parezcan anodinos pero que revelan un juego de poder importante, detalles pequeños que conllevan consecuencias grandes. ¿Cuántas relaciones personales, cuántas decisiones profesionales, cuántos proyectos de vida, de hombres y mujeres, no se ven determinados, en mayor o menor grado, por el machismo?

La oposición entre hombres y mujeres

Comencemos por aclarar que la postura machista no sólo implica una supuesta superioridad masculina en todas las áreas importantes para los hombres. Tampoco se limita a postular una serie de diferencias entre los sexos, cosa que sencillamente daría lugar a una visión complementaria de lo masculino y lo femenino. No. El machismo plantea una diferencia psicológica radical entre hombres y mujeres, a partir de la cual establece roles exclusivos en todos los ámbitos. En este enfoque, las personas son aptas o no en ciertas áreas de estudio u ocupaciones, e incluso al experimentar ciertas emociones, con base en su sexo y no en sus características individuales. Por ejemplo, según esta visión, los hombres no son capaces de cuidar a un bebé y las mujeres no pueden ser buenas ingenieras o directoras de orquesta.

Además, el machismo alienta una lucha de poder entre los sexos, en cuyos terrenos los hombres y mujeres, lejos de ayudarse, se estorban: no se permiten vivir en libertad, actuar en forma espontánea ni desarrollarse a plenitud, porque unos y otras tienen ideas y expectativas sumamente rígidas acerca de cómo debe ser su contraparte. Ellos intentan moldearlas a su gusto y desconfían de ellas si no lo logran; ellas, por su parte, los vigilan, los critican continuamente e intentan, a su vez, reformarlos. Cualquiera diría que los hombres y las mujeres no son aliados sino rivales: viven tratando de enmendarse, limitarse y controlarse unos a otros. Más que diferentes, a menudo quedan atrapados en posiciones antagónicas. En esta dinámica, el machismo empobrece a unos y otras por igual, y se convierte en un juego interpersonal en el cual nadie gana y todos pierden.

No es necesario ser hombre para ser machista: muchas mujeres también lo son en una amplia variedad de contextos y roles —como madres, hermanas, hijas, amigas, jefas y colegas—. Se ha insistido en que todo hombre machista tuvo una madre que lo crió. Pero las madres no son las únicas responsables; infinidad de mujeres en todos los ámbitos —muchas veces sin darse cuenta— promueven y alimentan el machismo a lo largo del ciclo vital. Por ello, hemos de hablar de una responsabilidad compartida y muchas veces invisible para quienes la cargan.

Permítaseme una precisión más: además de implicar, en su expresión más sencilla, un dominio de los hombres sobre las mujeres, el machismo también conlleva el imperio de ciertos valores que se consideran masculinos. De aquí que, paradójicamente, una mujer feminista pueda perfectamente ser machista. No faltan las mujeres de este tipo en nuestra sociedad; incluso es posible que las más sobresalientes de nuestra vida pública tengan actitudes o conductas francamente machistas, algunas sin percibirlo y otras con plena conciencia de ello, porque su trabajo o su papel en la sociedad así lo requieren. Con mucha frecuencia, la que desee darse a respetar se ve obligada a asumir actitudes machistas. Como me dijo en alguna ocasión una amiga arquitecta: "la única forma de tener autoridad en este país es volviéndote autoritaria".

El machismo, una forma de relacionarse

Pero no caigamos en la falacia de suponer que las personas en sí son, o no, machistas. El machismo no es sólo un atributo personal sino, básicamente, *una forma de relacionarse*. Más que en soledad, el machismo se exhibe en contacto con otras personas, en un contexto interpersonal. Por tanto, con miras a definir los términos, si bien de manera preliminar, digamos que el machismo no engloba sólo una serie de valores y convicciones, ni de conductas; tampoco es meramente un atributo personal de los individuos. Expresa una relación basada en cierto manejo del poder que refleja desigualdades reales en los ámbitos social, económico y político.

Esta formulación nos permite entender por qué, en una sociedad machista, *todo el mundo es machista*. El machismo es una forma de relación que todos aprendimos desde la infancia y funge, en consecuencia, como *la moneda vigente para todo intercambio personal*. Quizá no nos agrade, como puede no agradarnos nuestra moneda nacional; pero si queremos vivir en nuestro país, trabajar y relacionarnos con los demás, es la única moneda reconocida en todas las transacciones y en todas las circunstancias. El machismo seguirá siendo la forma dominante de intercambio en tanto no desarrollemos otras maneras de relacionarnos. Asimismo, en una sociedad machista todos resultamos víctimas del machismo, incluyendo a los hombres, lo perciban o no. Por consiguiente, para que el machismo siga existiendo es necesario que *toda* la sociedad participe en él; y para que desaparezca es necesario que *toda* la sociedad cambie de actitud, a través de una reflexión profunda. Este libro aspira a contribuir a ello o, por lo menos, sumarse al necesario debate.

Esto significa que los individuos machistas no hacen una sociedad machista, sino que la sociedad machista crea individuos machistas. El machismo no es un atributo personal innato; antes bien, como toda relación de poder, crea *roles y personajes que parecen naturales*. Así como el sistema social y económico de la esclavitud crea amos y esclavos, el sistema del machismo crea hombres y mujeres machistas, que aprenden los roles necesarios para que éste funcione y se perpetúe. El padre autoritario, el patrón paternalista, el esposo mujeriego, el hermano prepotente, la esposa abnegada, la madre sacrificada... todos éstos son roles aprendidos desde la infancia muy temprana. En este sentido también, el machismo no encarna meramente un problema individual, sino social.

LA CONTRAPARTE FEMENINA

Todos los roles masculinos asociados con el machismo tienen su contraparte femenina. Hallamos el ejemplo más común en la mujer psicológicamente insegura cuya identidad depende del marido, que duda de sí misma, busca constantemente la atención y la aprobación de su esposo, padre o hermano, le tiene miedo y acepta sus reglas del juego sin cuestionarlas, "para no causar problemas". La contraparte femenina del machismo es uno de sus pilares centrales; sin la mujer sumisa y dependiente, en términos económicos y/o emocionales, tal conducta no parecería tan natural ni se expresaría de manera tan espontánea. Sin embargo, en esta obra nos limitaremos a analizar la parte masculina de la ecuación, porque ya existe una gran variedad de libros sobre la situación de la mujer en una sociedad machista.

Por otro lado, las mujeres no son las únicas víctimas del machismo. Los hombres también están insertos, o aprisionados, en un sistema de valores que ya no cumple su función. Las antiguas características de la virilidad, entre ellas la fuerza física, la autoridad moral, el liderazgo familiar, ya no se respetan como antes. Hoy, el padre autoritario se enfrenta a hijos adolescentes que se burlan de él, a una esposa que también trabaja y gana dinero, a empleados que cuestionan sus órdenes. Las formas del machismo persisten, pero su poder real ya no; en muchos casos, ha perdido su sustancia y no es más que una apariencia hueca. Al defender sus privilegios, muchos hombres están librando una batalla extenuante, sin darse cuenta de que la guerra ya terminó.

EL MACHISMO INCONGRUENTE

No todo el mundo está en contra del machismo. A mucha gente le conviene la oposición entre los sexos, y está de acuerdo con la distribución de roles y los planteamientos tradicionales asociados a esta postura. Muchísimas personas, de ambos sexos, son machistas por convicción, porque creen que el dominio de los hombres y de los valores masculinos es deseable, necesario, o sencillamente inevitable. Probablemente que la mayor parte de la población lo considere natural. Incluso, quizás el machismo todavía "funcione" para muchas parejas y familias, en diversos lugares de trabajo y contextos sociales. Si la gente es feliz así, está en todo su derecho.

Lo que causa muchos problemas en las relaciones personales y sociales es la incongruencia surgida cuando el machismo supuestamente se ha superado pero sigue operando bajo la superficie: cuando los hombres consideran, con toda sinceridad, que no son machistas, pero reproducen costumbres que demuestran lo contrario; cuando las mujeres creen que han logrado cierta autonomía e igualdad en sus relaciones mas se topan diariamente con reacciones machistas, en la interacción con sus padres, hermanos, esposos, colegas o patrones. En estas situaciones, en las que el discurso y la acción se contraponen y existe un doble juego, podemos hablar de un *machismo invisible*, involuntario e incluso inconsciente, tan dañino como el más tradicional y evidente. El propósito de este libro consiste en levantar el velo de éste que se manifiesta en las conductas, actitudes y expectativas de los hombres y de las mujeres que piensan haberse liberado de él.

¿Por qué tantas mujeres todavía le temen a sus esposos?, ¿por qué les ocultan tantas cosas importantes, prefiriendo compartirlas con sus amigas o sus hijas?, ¿por qué tantos hombres declaran que no entienden a las mujeres?, ¿por qué tantas veces, cuando enfrentan problemas, prefieren buscar el apoyo de sus congéneres antes que el de sus compañeras?, ¿por qué prevalecen el desconocimiento y la desconfianza entre los sexos?, ¿por qué siguen presentándose las mismas pautas, perfectamente conocidas por los terapeutas de pareja, en las que la mujer busca una mayor comunicación y el hombre desea, más que nada, que se le deje en paz?, ¿por qué esta persecución mutua, en la cual ambos se culpan por sus propias carencias o limitaciones?, ¿y por qué ese afán de reformarse recíprocamente, ese eterno esfuerzo del hombre por cambiar a la mujer y viceversa?

En este libro ofreceré algunas respuestas y propondré diversas maneras posibles de vencer las barreras de la incomunicación, la desconfianza y el temor imperantes en ambos géneros. Asimismo, examinaré algunos mecanismos del poder que van más allá del conflicto entre los sexos y que afectan todas las relaciones interpersonales.

El ejemplo de México

El campo de este análisis es principalmente México, contemplado como un ejemplo de lo que sucede en otros países latinos. Sin duda alguna el machismo también existe en muchas otras regiones del mundo. Tal vez en forma más virulenta en buena parte de Asia y de África y, sin duda, aunque de una manera menos evidente en los países industrializados, pero todas estas fases o facetas del machismo están relacionadas y muestran características comunes. Gran parte de la caracterización que hago de este fenómeno sería igualmente válida en otras regiones, aunque el machismo sigue siendo particularmente ubicuo en las sociedades latinas. Además, presenta en ellas dos características importantes. Por un lado, en la sociedad mexicana, por ejemplo, pocos cuestionan sus actitudes y conductas inherentes, y se presenta como algo natural. El machismo existe en casi todas las sociedades, pero en los países industrializados hombres y mujeres lo detectan y lo cuestionan con mayor facilidad. Por otro lado, el machismo en nuestro país va más allá del sexismo (del hecho de prejuzgar a las personas con base en su sexo); engloba además un desbordante culto a la masculinidad bajo todas sus formas. Por todo ello, México brinda la posibilidad de examinar el machismo en sus expresiones más puras prácticamente en condiciones de laboratorio.

La valoración del machismo también experimenta un cambio en nuestro país, en especial entre las clases medias y altas con cierto nivel de educación. Existe una incipiente conciencia de las manifestaciones y del significado de esta postura (sobre todo por parte de las mujeres), así como del daño que causa. Sin embargo, estamos lejos de comprenderlo plenamente y, más aún, de poder revertirlo. La visión de género, tan desarrollada ya en algunos países, es todavía un enfoque poco conocido en nuestra sociedad. Por ejemplo, muchas mujeres acuden a psicoterapia creyendo que sus problemas personales o de pareja son de orden individual, sin percatarse de su índole social. La verdadera raíz de muchos problemas presuntamente psicológicos es el machismo invisible. Espero que este libro sirva, entre otras cosas, para aclarar ese vínculo oculto.

NO HAY EXPERTOS EN EL TEMA

Hay muchas maneras de abordar el machismo, el cual, como todo fenómeno generalizado, tiene componentes económicos, históricos, sociales, culturales, psicológicos... Se trata de un tema interdisciplinario que atañe a diversos campos del conocimiento y tipos de observación. Por ello, hablar del machismo implica una serie de dificultades metodológicas: ¿quién puede analizarlo "objetivamente"?, ¿quiénes son los "expertos"?, ¿los economistas o los antropólogos?, ¿los hombres o las mujeres?, ¿los machistas?, ¿las feministas? Todo acercamiento será necesariamente parcial.

He intentado resolver el dilema, sin conseguirlo del todo, entrevistando a una amplia gama de personas: mexicanos, extranjeros, homosexuales y heterosexuales, hombres y mujeres de diferentes edades. He interrogado a personas que pueden analizar el machismo desde fuera, como los extranjeros; que lo han cuestionado, igual que las mujeres mexicanas que han vivido en otros países o que intentan revertirlo en sus propias vidas, como algunas parejas que he conocido. Me ha parecido especialmente interesante hablar con hombres que están explorando otras definiciones de la masculinidad, como muchos hombres gay. Las mujeres que han podido tomar una distancia frente al machismo y observarlo desde fuera —por ejemplo, mujeres separadas o lesbianas— también me han brindado un punto de vista valioso. Todas las anécdotas y conversaciones que cito en este libro como ejemplos ilustrativos son verídicas: provienen de personas reales que me han autorizado a contar sus historias. Sólo he alterado sus datos biográficos y nombres, para resguardar su identidad.

Mexicanos que han vivido en otros países, extranjeros, homosexuales, mujeres separadas, lesbianas... ¿En verdad son las personas más indicadas para hablarnos del machismo? En cierta medida, sí. No porque sean "expertas" en términos académicos, sino sencillamente por su capacidad de contemplar el fenómeno desde fuera. No están tan involucradas, no tienen tanto que perder; pueden darse el lujo de observar nuestra sociedad desde una distancia crítica. Quienes viven al margen de la sociedad, fuera de la norma, siempre tienen cosas interesantes que decirnos. Ahora bien, las conclusiones a que lleguemos podrán aportarnos una perspectiva nueva, mas no necesariamente "objetiva". En realidad, creo que nadie puede ser completamente "objetivo" o "imparcial" al hablar del machismo: ni los hombres, porque son hombres, ni las mujeres, porque son mujeres.

Cabe aclarar que, siendo mujer, no pretendo ser "imparcial" respecto al machismo. Sin embargo, no asumiré una posición pro-mujer, a expensas de los hombres, ni tampoco antihombre, sino a favor de los dos. Ellos también padecen el machismo y la meta es, precisamente, superar el antagonismo tradicional entre los sexos. Asimismo, no creo en las culpas unilaterales: tanto las mujeres como los hombres resultan responsables del estado lamentable de la relación entre los sexos, y deberán hacer cambios profundos si desean ser verdaderos aliados en la vida. Aquí no se postula ni se propone que las mujeres deban ser iguales a los hombres, sobre todo si eso implica que se vuelvan machistas como ellos. Una cosa es la igualdad ante la ley y el acceso a las mismas oportunidades y derechos, y otra muy distinta pretender una similitud que no existe y que no tendría razón de ser.

El enemigo a vencer no es la masculinidad, sino cierta definición de la masculinidad y, por ende, de la feminidad, que es la base del machismo. El problema no es el hombre, sino la oposición radical entre lo masculino y lo femenino. Esta oposición daña a hombres y mujeres, a niños y niñas por igual. Obstaculiza las relaciones sexuales, amorosas, familiares, laborales y sociales. El machismo corroe todos los vínculos, afecta todas las decisiones y limita el potencial de todos los miembros de nuestra sociedad.

Machismo y transición democrática

El machismo no es, por tanto, un asunto exclusivamente personal; también juega un papel central en nuestra vida pública. Atraviesa la estructura y el funcionamiento de nuestras instituciones; inyecta sus valores a nuestro debate político y social; tiene un impacto enorme en las dinámicas poblacionales del país, la educación y la división del trabajo. Permea todas las relaciones familiares, sociales, laborales, económicas. Es una de las múltiples facetas del autoritarismo. Aunque no sea, por supuesto, la causa de éste, ni tampoco exclusivo de los regímenes autoritarios, sí puede dificultar el desarrollo de una democracia plena. La transición democrática en México requerirá cambios profundos en nuestras instituciones políticas y formas de gobernar, pero también una transformación radical en nuestra manera de relacionarnos. Podemos pensar que el discurso y las costumbres del autoritarismo seguirán perpetuándose en tanto no erradiquemos el machismo. Los valores de la democracia —entre ellos, la inclusión, el respeto a la diversidad, el debate abierto y el análisis crítico— dependen de relaciones sociales basadas en la equidad, no en la subordinación. Por consiguiente, lo que está en juego va mucho más allá de la relación entre los sexos. Incluso, el hecho de que las mujeres participen cada vez más en la vida pública no bastará para cambiar las cosas si las formas tradicionales del poder asociadas con el machismo siguen en pie.

Por último, en un proceso de transformación económica, política y social, no podemos desligar lo privado de lo público. Como afirmaron las feministas de los años sesenta y setenta, no es posible cambiar las relaciones sociales si no cambiamos las relaciones íntimas; y no podremos lograr este objetivo si no cuestionamos las bases de nuestra identidad como hombres y mujeres.

Un enfoque psicológico

Si bien el machismo es ante todo un fenómeno social de grandes alcances, también resulta susceptible de un análisis psicológico. He aquí el propósito de este libro. Éste no es un ensayo sociológico, histórico, económico o político, enfoques que los especialistas en estos campos han estudiado ampliamente. A esta obra aporto mis estudios en los campos de la historia, las letras y la psicología desde un punto de vista interdisciplinario. Asimismo, mi experiencia de vida en varios países me ha permitido observar y asimilar tanto diferentes costumbres como diversas maneras de pensar, y me ha dado la oportunidad de tener amistades cercanas de muy diversos países. Ante todo, este libro se basa en mi experiencia profesional: en los últimos catorce años, mi principal área de trabajo ha sido la psicología, que me brinda el privilegio de conocer la intimidad de muchas personas: sobre todo, conocerla desde su punto de vista. Y un fenómeno interpersonal como el machismo debe observarse desde todos los ángulos, en la medida de lo posible; una opinión personal, por interesante que sea, no puede ofrecernos una visión cabal de un fenómeno tan complejo.

Sin embargo, al escribir esta obra no me basé únicamente en mi experiencia clínica, sino en la totalidad de mis vivencias. Como todos los mexicanos, yo me desenvuelvo, pienso y me relaciono con los demás dentro de una sociedad machista, la cual puedo experimentar y observar como cualquiera. Pero mi formación me permite hacerlo con cierta distancia crítica. Una de las tareas del psicólogo consiste en detectar modos de pensar y de sentir, pautas de comunicación, formas de relación que suelen permanecer ocultos por ser habituales e involuntarios. Nuestro trabajo, entre otras cosas, radica en hacer consciente lo inconsciente, explícito lo implícito, y cuestionar lo que hacemos, pensamos y sentimos de una manera supuestamente natural. Lo que aporto a este ensayo es una forma de pensar, a la par de mi experiencia personal y profesional.

En el primer capítulo, examinaré las bases ideológicas del machismo, es decir, los argumentos que esgrimen quienes lo practican para justificar sus actos y creencias. En el segundo presentaré algunas de las explicaciones más plausibles del machismo, desde un enfoque psicológico, histórico y antropológico. Estos capítulos iniciales resultarán prescindibles para los lectores poco interesados en argumentos teóricos, quienes podrán avanzar directamente al tercero. A partir de ahí, describiré las manifestaciones más comunes del machismo en el área interpersonal: en la comunicación y en las relaciones amorosas y familiares. Detallaré algunas de sus trampas, de sus contradicciones y del doble discurso que nos aprisiona a todos. Analizaré la división del mundo afectivo en áreas masculinas y femeninas, en la cual ciertas emociones se permiten y otras no, según el sexo de las personas. Hablaré de los roles que adoptan los hombres y las mujeres en la familia, en el amor, el sexo y la amistad. Desglosaré lo que sucede con el manejo del dinero en una sociedad machista, y cómo se han unido el machismo y el consumismo para producir una visión utilitaria de las relaciones humanas. Exploraré la autoimagen y los proyectos de vida que hombres y mujeres suelen erigir sobre las premisas sesgadas de una visión machista del mundo. Finalmente, consideraré los costos económicos y sociales del machismo y propondré algunas maneras de alcanzar un mejor equilibrio entre hombres y mujeres.

Éste es sin duda un libro ambicioso. Sin embargo me atrevo a pensar que la mayoría de mis lectores reconocerán de inmediato las dinámicas que en él se describen. Este ensayo logrará su cometido si las personas que lo leen detectan en él pasajes de sus propias vidas. No pretendo descubrir tierras desconocidas, sino ofrecer un mapa alternativo de un territorio sobradamente familiar. Mi lector ideal es el que no aprenderá nada nuevo; antes bien, reconocerá algunos lugares por los que ya ha transitado y podrá pensar en ellos, espero, de una manera distinta.

I

Algunos mitos del machismo

¿Por qué los hombres tienen que aprender a ser hombres, por qué se le dice al joven una y otra vez: "tienes que ser hombre" y se le obliga a mostrar ciertas conductas y actitudes, "para que aprendas a ser hombre"?, ¿por qué no se da naturalmente la masculinidad, como sucede en el caso de la maduración física?, ¿por qué los varones, aun adultos, se retan entre ellos, buscando descubrir cuál es "más hombre"?, ¿por qué es tan insultante para un hombre ser comparado con las mujeres o ser considerado afeminado?

Pareciera que los varones deben probar su hombría repetidamente, como si pertenecer al sexo masculino no fuera suficiente para ser hombre. Para las mujeres, las cosas son menos arduas: ellas no necesitan demostrar continuamente su feminidad, ni se ven obligadas a superar pruebas para ser aceptadas como tales. El sexo biológico y las funciones biológicas naturales son suficientes. Pero para los hombres no es así. Ellos no son hombres con la misma naturalidad que las mujeres son mujeres. En esta asimetría básica se esconden muchas claves para entender la compleja relación entre los sexos.

Si no basta pertenecer al sexo masculino, ¿en qué consiste esa hombría adicional que niños y jóvenes necesitan aprender para "volverse hombres"?, ¿cuál es la diferencia entre ser varón y ser un "verdadero hombre" o entre ser un hombre cualquiera y un auténtico macho?, ¿qué se tiene que hacer para ganarse esa apelación tan codiciada (la cual, por cierto, sólo pueden otorgar los hombres y no las mujeres)? Es en ese *extra* que deben poseer los "verdaderos hombres" donde encontraremos la intricada esencia del machismo.

Tradicionalmente, ¿en qué ha consistido ese extra? Según el teórico de la masculinidad Robert Connell, el machismo es "un ideal masculino que hace hincapié en la dominación sobre las mujeres, la competencia entre los hombres, la exhibición de agresividad, la sexualidad depredadora y el doble juego".[2] Si esto es así, podemos preguntarnos: ¿por qué tantos hombres han adoptado este modelo?, ¿por qué intentan demostrar su hombría cultivando este ideal y no algún otro? En este capítulo analizaremos las respuestas más comunes a esta pregunta, o sea, las explicaciones que se han popularizado acerca de las causas del machismo. Veremos que algunas se basan en ideas falsas que han sido refutadas por la ciencia, en tanto que otras son científicamente válidas pero aun así no pueden justificar el machismo.

TEORÍAS ESENCIALISTAS Y CONSTRUCTIVISTAS

¿Por qué tantos hombres cultivan el machismo como modelo de la masculinidad?, ¿por qué deben demostrar su hombría siendo machistas y no de otra manera? Estas cuestiones son el punto de partida para nuestro análisis. Al respecto se han suscitado diferentes respuestas a lo largo del último siglo desde diversos enfoques. A grandes rasgos, estas teorías pueden dividirse en dos categorías: algunas parten de la biología y argumentan que los hombres son machistas por razones innatas y básicamente invariables. En este enfoque esencialista, que incluye explicaciones surgidas de la biología, la etología, la teoría de la evolución y el psicoanálisis, muchas de las conductas y actitudes relacionadas con el machismo son "naturales" en el hombre y emanan de la anatomía misma.

Otras explicaciones del machismo, derivadas de los estudios de género, la antropología y la etnografía, la sociología y la historia, se

---

[2] Connell 1995: 31.

basan en factores sociales, económicos y culturales para afirmar que el machismo no es innato, ni es dado por la biología, sino que es aprendido. Existen diversas maneras de ser hombre y cada sociedad tiene su propio ideal masculino —que no es necesariamente machista o no lo es del mismo modo—, según sus condiciones económicas y sociales. En este enfoque, llamado constructivista, el hombre no nace, se hace; y el machismo es sólo un tipo de masculinidad entre otros posibles, basado en una relación de poder económica, social y política, que se transmite de generación en generación. No se trata, pues, de una característica "natural" del hombre.

Este libro se ubica en un enfoque constructivista. Sin embargo, es importante examinar con detalle la visión esencialista del machismo, que lo presenta como un componente "natural" de la condición masculina. En el México actual —como en muchos otros lugares—, los hombres siguen justificando sus conductas machistas con base en un supuesto imperativo biológico, "porque así somos los hombres". ¿Cuántos hombres hoy día no han apelado a una supuesta "naturaleza masculina" para justificar su agresividad, su necesidad de múltiples conquistas sexuales, sus celos, su incapacidad para comunicar sus emociones? A su vez, muchas mujeres siguen explicándoles a sus hijas que es necesario soportar a los hombres y perdonarles sus excesos o sus deslices, "porque así son". Como lo veremos en este capítulo, esta visión esencialista, tan difundida que ni siquiera la cuestionamos, se basa en viejos mitos y teorías pseudocientíficas sin sustento real. No obstante, persiste en nuestras costumbres y en todas nuestras relaciones. De ella se nutren los grandes mitos del machismo.

LOS RITOS DE INICIACIÓN A LA MASCULINIDAD

La pregunta "¿qué significa ser un verdadero hombre?" ha recibido diferentes respuestas en distintas épocas. En la mayoría de las sociedades conocidas, ser "hombre entre los hombres" ha consistido en detentar el poder político, tener muchas mujeres o muchos hijos, poseer gran riqueza o vastas extensiones de tierra, haber combatido en la guerra, escalado montañas o cazado tigres... En muchas sociedades de caza y recolección, estudiadas en lugares como Nueva Guinea, Micronesia o Brasil,[3] los niños o adolescentes varones deben pasar por diversos ritos de iniciación consistentes en terribles pruebas: son expuestos a los elementos; tienen que cazar fieras salvajes; sufren atroces torturas físicas o mentales; se les practican sangrías o se les inducen vómitos; se les obliga a sostener relaciones sexuales con los hombres mayores... Los jóvenes sometidos a tales tormentos deben pasarlos sin quejarse ni mostrar su sufrimiento, como prueba de su virilidad. En estos ritos se observa un cierto modelo de la masculinidad, en el cual el verdadero hombre oculta su miedo, su dolor y resiste estoicamente las difíciles pruebas de la virilidad.

Otra característica de estos ritos de iniciación, aparte de su extrema dureza, consiste en separar a los jóvenes o niños de sus madres y de la comunidad de mujeres, en cuyo seno habían crecido. Una parte fundamental de "volverse hombre" en estas sociedades es alejarse de la influencia femenina. Según el antropólogo Gilbert Herdt, que estudió las costumbres de los sambia en Papúa Nueva Guinea: "Hay que separar traumáticamente a los muchachos, limpiarlos de las sustancias femeninas contaminantes, para que su masculinidad pueda desarrollarse".[4] Vemos aquí otro componente de cierta virilidad: el hombre es más hombre en cuanto más se aleja de lo femenino. También está implícita en estos ritos la posibilidad de alcanzar la masculinidad de una vez por todas: el adolescente que pasa la prueba de la iniciación es definitivamente reconocido como hombre.

En cambio, en la actualidad, en el mundo occidental industrializado, ya no practicamos estos ritos de iniciación. Los varones ya no demuestran su hombría cazando fieras, ni luciéndose en el campo de batalla, ni conquistando tierras lejanas. Ya no tenemos marcadores tan claros de la masculinidad. Los hombres de nuestras sociedades deben buscar otras maneras de probar su virilidad, de manera permanente. Ser un verdadero hombre hoy ya no es lo mismo que antes. Pero entonces, ¿qué es?

---

[3] Para una descripción de diferentes ritos ligados con la masculinidad, véase Gilmore 1994.

[4] Herdt 1982: 55. Citado en Gilmore 1994: 159.

Una definición de la hombría que los jóvenes de nuestra era, en muchas sociedades, comparten con sus padres, sus abuelos y sus bisabuelos, es su necesidad de dominar a las mujeres para demostrar su masculinidad. El sometimiento de la mujer sigue siendo prueba de virilidad en Perú y en Patagonia, en Texas y en Tokio, en una cantina mexicana y en una orquesta sinfónica alemana. Lo que ha cambiado, al menos en las clases medias y altas del mundo industrializado, es la forma como se realiza.

Ahora los hombres urbanos, educados, de ingresos medios o altos, ya no le pegan sistemáticamente a sus mujeres, ni las encierran, ni las obligan a tener relaciones sexuales contra su voluntad, ni prohíben a sus hijas estudiar una carrera. Por ello, mucha gente piensa que el machismo está desapareciendo, y tienen razón, hasta cierto punto.

No obstante, esas conductas arcaicas no han desaparecido por completo. Además, muchos hombres siguen intimidando a las mujeres con la pura *amenaza* de golpearlas, castigarlas, violarlas o encerrarlas, pasando así de la violencia física a la intimidación psicológica. Sin embargo, la disminución de la coerción física no refleja necesariamente un cambio en ellos, ni una aceptación de su igualdad con la mujer; refleja, más bien, un cambio en las mujeres, que ya no se dejan someter tan fácilmente. También es cierto que la sociedad en su conjunto ya no aprueba con la misma naturalidad el machismo en sus formas tradicionales, y que hoy día muchos hombres, lejos de jactarse de ser machistas, más bien lo niegan.

LA SOBREVALORACIÓN DE LOS VALORES MASCULINOS

El machismo presenta muchas facetas. La dominación del hombre sobre la mujer no implica sólo que un individuo del sexo masculino imponga su voluntad a un individuo del sexo femenino. Implica también una sobrevaloración de ciertos rasgos y aptitudes considerados "masculinos", por encima de los rasgos y aptitudes considerados "femeninos". En la visión polarizada de los sexos hay una división de la experiencia humana en dos campos mutuamente excluyentes: como lo veremos en este libro, hay emociones, empleos, funciones familiares y sociales supuestamente propias del hombre o de la mujer, entre las cuales las "masculinas" se consideran diferentes y superiores a las "femeninas". Por ello, podríamos decir que los ritos de iniciación ya no son necesarios en el mundo moderno: el machismo actual —expresado en términos psicológicos, más que físicos— los ha reemplazado con un sistema de valores equivalente.

Algunos estudiosos han intentado aislar y describir estos valores comparando datos socioeconómicos y encuestas de diferentes países y han establecido dos modelos que sintetizan las características de muchas sociedades. Han descubierto así que ciertas creencias y costumbres van de la mano. Por ejemplo, en los países donde es notoria una fuerte diferenciación en los roles sexuales, también hay una gran diferencia de poder entre los sexos; prevalece una moral sexual conservadora y rígida —entre otros, se desaprueban la masturbación y la homosexualidad—; la castidad es preciada en la mujer, mas no en el hombre; se piensa que ella debe ser pasiva en la relación sexual; el sexo se asocia más con el poder que con el amor; las tareas domésticas —como la compra y la preparación de los alimentos— son consideradas femeninas; el padre es el modelo para el hijo y la madre para la hija; se observa una clara demarcación entre profesiones masculinas y femeninas; los jóvenes realizan estudios en diferentes áreas según el sexo, etcétera.

En cambio, en las sociedades donde impera una mayor igualdad social y económica entre hombres y mujeres se cuenta con más información y aceptación de la sexualidad —incluyendo la masturbación, la homosexualidad y la contracepción—; el sexo está más relacionado con el amor que con el poder; la mujer juega un papel más activo en la relación sexual; los hombres participan en las tareas domésticas, incluyendo la compra y la preparación de los alimentos; los dos padres son considerados modelos para los hijos de los dos sexos; no existe una distinción entre profesiones masculinas y femeninas, y los jóvenes realizan estudios similares.[5]

---

[5] Véase Hofstede *et al.*, 1998.

Estos dos modelos de sociedad no pretenden ser descripciones exactas; sólo nos muestran que ciertos valores y conductas se encuentran generalmente asociados y van de la mano con la concepción que se tenga de la masculinidad y la feminidad. Vemos así que la definición de estos términos tiene un sinfín de implicaciones y consecuencias en todas las áreas de la vida; no se circunscriben al terreno cultural, económico o político. El conflicto actual entre hombres y mujeres gira, en gran parte, alrededor de estas definiciones. Hombres y mujeres intentan imponer su propia visión de cómo deben ser los unos y las otras, en un esfuerzo por moldearse mutuamente. Muchos hombres insisten en seguir dominando a las mujeres y siguen imponiéndoles una posición subordinada en todos los ámbitos. A su vez, muchas de ellas se esfuerzan por cambiarlos para que sean menos machistas. Esta lucha es especialmente intensa en países como México, donde el machismo persiste como una creencia profunda para muchos hombres, al mismo tiempo que se difunden en la sociedad formas alternativas de ser hombre o mujer a través de la televisión, el cine, el deporte, las artes...

Lo que está en juego, entonces, es la definición misma de lo que significa ser hombre y ser mujer. El machismo depende de estas definiciones e involucra toda una concepción del mundo que se transmite de generación en generación a través de la familia, la escuela y la sociedad en general. Ante todo, descansa sobre una visión muy particular de lo que significa ser "un verdadero hombre" y en toda una serie de justificaciones de por qué los hombres son como son. Es por ello que nuestro análisis comenzará con la creencia —basada en gran parte en argumentos pseudocientíficos— de que los hombres son machistas por razones biológicamente dadas, como parte intrínseca de su naturaleza.

La visión esencialista del machismo

¿Cuáles son los fundamentos para pensar que existe una masculinidad biológicamente dada y que ciertas características "típicas" de los hombres son naturales? ¿En qué se basan los hombres —y mu-

51

chas mujeres— cuando defienden la superioridad de ellos? La idea
de una "naturaleza del hombre", muy diferente y por supuesto superior a la de la mujer, data de los antiguos griegos. Pero aquí sólo
abordaremos algunos de los argumentos que se han esgrimido en
la era moderna, por ser los que más se utilizan hoy en día para justificar el machismo.

EL HOMBRE ES MÁS FUERTE QUE LA MUJER

La fuerza física siempre ha sido el principal argumento a favor de
los hombres, en su intento por dominar a las mujeres. Y es cierto
que el hombre promedio es 10 por ciento más alto que la mujer,
pesa 20 por ciento más y tiene 30 por ciento más fuerza, sobre todo
en la parte superior del cuerpo. También cuenta con una cantidad
mayor de glóbulos rojos y, por consiguiente, con mejor oxigena-
ción, así como mucha más testosterona, lo cual ayuda a crear y a
mantener músculo.[6] Pero la diferencia física entre los sexos está
disminuyendo: en deportes como la natación, las carreras y el pati-
naje, las mejores atletas de hoy han alcanzado un desempeño superior al de los mejores atletas masculinos de hace unas décadas. En
el maratón, por ejemplo, los tiempos de las mujeres se han reducido 32 por ciento desde 1964 y los de los hombres apenas 4.2 por
ciento. El desempeño de las mujeres está mejorando dos o tres
veces más rápido que el de los hombres, y si la tendencia continúa,
en unas décadas las maratonistas alcanzarán a los maratonistas.[7]

Asimismo, es importante recordar que la fuerza menor en las
mujeres nunca les ha impedido realizar labores pesadas. Es más, en
muchas sociedades en vías de desarrollo son ellas quienes cargan el agua, el forraje y la leña y realizan las tareas agrícolas al igual
que los hombres. Esta igualdad laboral se acentuó con la Revolución Industrial: en la Gran Bretaña del siglo XIX, las mujeres traba-
jaron en las minas, y en el XX, sobre todo durante las guerras, juga-
ron un papel central en la fuerza de trabajo industrial. Su incursión

---

[6] Angier 2000: 313-323.
[7] Park 1999.

en profesiones "masculinas" no es nada nuevo, aunque ha sido especialmente evidente desde la Segunda Guerra Mundial. Y a partir de la revolución de la información y el crecimiento enorme del sector servicios en las economías avanzadas, la menor fuerza física de las mujeres se ha vuelto cada vez menos relevante en términos de su actividad laboral. La historia del último siglo demuestra que pueden trabajar en cualquier campo con un desempeño similar al de los hombres. Y, si bien en México muy pocas laboran en profesiones tradicionalmente masculinas como la ingeniería y la medicina, no debemos olvidar que en la antigua Unión Soviética más de la mitad de los ingenieros y los médicos eran mujeres.

EL ESTUDIO DE LOS ANIMALES

La idea de ciertos rasgos "naturales" en los hombres se sustentó durante buena parte del siglo XX en la etología, que es la observación de los animales en su entorno natural. Entre otras cosas, los estudiosos de las conductas animales siempre se han interesado por las diferencias entre hembras y machos, y su manera de relacionarse entre ellos: los papeles de cada uno en el cortejo y la reproducción, la división del trabajo en la alimentación, la defensa y la crianza de los hijos, el liderazgo dentro de la pareja o del grupo. De tal forma, en diversas especies se han observado conductas "naturales" como la territorialidad, la agresividad, la dominación del macho sobre la hembra, la rivalidad entre los machos, la poligamia masculina e, incluso, el tamaño mayor de los machos, para concluir que estas conductas y rasgos también son naturales entre los seres humanos.

Huelga decir que, al menos hasta las últimas décadas del siglo XX, la mayoría de los etólogos eran hombres, sin duda debido a las dificultades relacionadas con este campo del conocimiento, que implica pasar largos periodos en lugares inhóspitos e incluso peligrosos. De hecho, los primeros etólogos formaron parte de los grandes viajes de exploración y colonización de los siglos XVIII y XIX; expediciones, por supuesto, sin participación femenina alguna. Pero, en la segunda mitad del siglo XX, las mujeres comenzaron a incursionar poco a poco en la etología: por ejemplo, Dian Fossey

—quien pagó con la vida su interés por los gorilas africanos— y la gran Jane Goodall, que se ha dedicado al estudio y a la protección de los chimpancés en su hábitat natural. Mujeres como ellas, y también algunos hombres, empezaron a cuestionar lo que antes se sabía sobre las costumbres de los animales salvajes. Y entonces se vio que lo que parecía "natural" no lo es tanto, ni en ellos ni en los humanos.

Así se descubrió que los machos, si bien son más grandes que las hembras en las especies mamíferas, no siempre las dominan. Incluso el dimorfismo sexual, o sea, la diferencia de tamaño entre los sexos, es menor en los humanos que en otros primates. Por otra parte, entre los chimpancés, que son los primates más cercanos a nosotros, es la hembra dominante la que toma las decisiones del grupo, determina quién forma parte de éste o no y dirige sus desplazamientos. Casi todos los primates, así como muchas sociedades humanas tradicionales, son matrilocales: cuando crecen, las hijas se quedan en el grupo y los hijos se van. Por tanto, las hembras representan la continuidad, la estabilidad y la identidad grupales; en este sentido, son las líderes de sus comunidades. Incluso en muchas especies de monos las hembras son más pequeñas que los machos, pero, cuando se pelean, ganan las primeras.[8] Asimismo, ellas escogen a sus parejas masculinas y no a la inversa. Por ejemplo, la hembra chimpancé busca activamente a los machos durante su estro, copulando con ellos hasta cincuenta veces al día.[9]

Asimismo se ha descubierto que muchas conductas animales supuestamente "naturales" son en realidad el resultado de su confinación en espacios reducidos, como los zoológicos, los laboratorios o las reservas territoriales protegidas, con recursos alimenticios limitados. La observación de los animales en este tipo de espacios artificiales distorsionó durante mucho tiempo nuestra comprensión de sus costumbres. Por ejemplo, un proyecto de investigación en el campo de la sociobiología —del cual hablaremos más adelante— consistió en observar el comportamiento sexual de un grupo de patos silvestres en un jardín botánico, cerca de la Uni-

---

[8] Angier 2000: 325-326.
[9] Kimmel 2000: 29.

versidad de Washington.[10] El autor, David Barash, descubrió que algunos machos (los que se habían quedado sin hembra durante la época de apareamiento de esta especie, que es monógama) montaban a las hembras ya apareadas sin pasar por el cortejo habitual. Dedujo que se trataba de una forma de violación y concluyó que ésta es una conducta natural en todos los animales, incluyendo al hombre. No sólo extrapoló sus observaciones a los humanos sin tomar en cuenta los múltiples factores que nos distinguen de los patos, sino que hizo caso omiso del entorno de esta población específica de patos. Consideró que sus conductas eran instintivas, sin tomar en cuenta cómo podría afectarlos el hecho de encontrarse en un medio semiurbano, cerca de una gran ciudad, como si ése fuera su hábitat natural.

Cuando los etólogos se percataron de este tipo de distorsión y examinaron más de cerca a los animales en su hábitat auténticamente natural, descubrieron que algunos rasgos considerados innatos en realidad dependen de las circunstancias. Observaron, por ejemplo, que la territorialidad —es decir, la defensa de un territorio considerado propio— depende en buena parte de la escasez de espacio o de alimento. También descubrieron que los machos no siempre ostentan conductas agresivas entre ellos. Más bien, los animales evitan la agresión al establecer jerarquías; en cierto sentido, los comportamientos dominantes sirven para *evitar* el conflicto, para sentar un orden social en el cual todos tienen un rango y una función perfectamente definidos. La agresividad y la territorialidad dependen no de una violencia inherente a los animales sino, en buena parte, del contexto en el que viven. Además, la enorme variedad de formas de relación entre machos y hembras en el mundo animal nos demuestra que no existe en este aspecto ninguna ley universal. Pero el argumento definitivo en contra de la etología como acercamiento a lo humano es otro: el comportamiento de los animales no tiene por qué ser modelo, ni servir de justificación para los seres humanos; la gran obra de la civilización ha consistido, precisamente, en superar lo que pudiera considerarse como instintivo o "natural" en la especie.

---

[10] Barash 1977: 788. Citado en Fausto-Sterling 1992: 159.

La biología también ha intentado explicar por qué los hombres muestran conductas machistas. Algunos estudiosos han puesto énfasis en las dificultades intrínsecas a la condición masculina desde la vida intrauterina: el desarrollo del feto masculino es más complicado y más precario que el del femenino. La razón principal es que el futuro varón debe luchar para ser del sexo masculino; lograrlo no es fácil ni automático. Hasta la sexta semana de su desarrollo, los embriones XX y XY son idénticos y presentan a la vez los ductos femeninos y masculinos del sistema reproductivo. A partir de la sexta semana, la presencia del cromosoma Y en el futuro varón inhibe el desarrollo del sistema reproductivo femenino y activa la producción de la testosterona, encaminando así al embrión hacia el sexo masculino.

Pero la tendencia natural del embrión es ser del sexo femenino; para que el futuro bebé se convierta en varón es necesario que se inhiba ese proceso natural. Elisabeth Badinter opina: "Podría decirse que, desde su concepción, el embrión masculino 'lucha' para no ser femenino".[11] Esto explica que los embriones masculinos sufran más accidentes intrauterinos, y que los niños presenten más problemas de salud que las niñas durante el primer año de vida.[12] Además, la expectativa de vida masculina es mucho menor que la femenina, en todo el mundo. En México, la diferencia es de seis años en promedio (en 1999 los hombres tenían una esperanza de vida de 71 años, y las mujeres de 77 años[13]). Lejos de ser el sexo fuerte, los varones son más frágiles, físicamente hablando, durante todo el ciclo vital: mueren más hombres que mujeres, en una proporción de tres a uno, por actos de violencia o accidentes, mueren más por las consecuencias del tabaquismo y el alcoholismo, y por problemas cardiacos. Estas diferencias reflejan, por supuesto, distintas maneras de vivir, de pensar y de actuar, pero también sugieren, de alguna manera, que la condición masculina es más difí-

---

[11] Badinter 1992. Versión castellana: *ídem*, 1993: 51.
[12] Ruffié 1986: 81. Citado en Badinter 1992: 52.
[13] Aguayo Quezada 2000: 62.

cil que la femenina en el plano biológico, desde la concepción hasta la muerte. El sexo débil es el hombre, no la mujer; y es, por lo tanto, un error justificar el machismo diciendo que los hombres constituyen el sexo fuerte.

TEORÍAS HORMONALES DE LA MASCULINIDAD

Otra explicación de por qué los hombres son machistas y por qué son diferentes de las mujeres en el aspecto psicológico, se relaciona con las hormonas. Durante mucho tiempo se pensó que hombres y mujeres tenían hormonas distintas y que eso bastaba para explicar sus diferentes aptitudes, necesidades, gustos, etc. Pero, en los veinte ocurrió un descubrimiento que alarmó a mucha gente: la existencia de hormonas masculinas y femeninas *en los dos sexos*, aunque en cantidades distintas. Y las cosas comenzaron a complicarse, porque entonces fue necesario hablar ya no de contrastes *absolutos*, sino de diferencias *relativas*. La investigación se centró, por lo tanto, en los desiguales niveles hormonales para explicar —y corregir médicamente en muchos casos— toda conducta que se apartara de los parámetros definidos como "normales" de la masculinidad y la feminidad.

Por ejemplo, durante mucho tiempo se pensó que la homosexualidad era causada por un desequilibrio hormonal: demasiado estrógeno en los varones homosexuales y demasiada testosterona en las lesbianas.[14] Esta "explicación" de la homosexualidad resultó ser totalmente falsa: los niveles hormonales de homosexuales y heterosexuales son idénticos. Asimismo, durante largo tiempo se consideró que las mujeres que estudiaban o trabajaban —o querían hacerlo— sufrían de una "masculinización" hormonal, peligrosa para ellas y para la sociedad en general. Fue hasta la década de los setenta que estas especulaciones hormonales se desecharon en forma definitiva, sencillamente porque nunca pudieron verificar-

---

[14] Para conocer las teorías hormonales de la homosexualidad y su refutación científica, Vernon A. (comp.), 1997 y Mondimore 1996; versión en castellano: *ídem*, 1998.

se. Pero lo que la ciencia desacreditó ha continuado vigente en la visión popular de los sexos, en parte por lo atractiva que resulta su lógica simplista: si hombres y mujeres tienen una psicología diferente, es sin duda porque tienen hormonas diferentes. Veamos más en detalle cómo se presentan los argumentos a favor y en contra de esta posición.

Testosterona y agresividad

Según este enfoque, la masculinidad y la feminidad se reducen a un asunto de hormonas: los rasgos personales y las conductas sociales de los hombres se deben a la testosterona, y los de las mujeres a la falta de ésta y a la presencia del estrógeno. De este modo, el origen de la agresividad "natural" del hombre —que incluye la competencia con sus congéneres, la dominación de la mujer, la violencia— es su elevado índice de testosterona (diez veces más alto en promedio que el de las mujeres), en tanto que la pasividad y la sumisión de ellas derivan, lógicamente, de una deficiencia de hormonas masculinas y de un alto nivel de hormonas femeninas.

Estas diferencias también se reflejan, según esta teoría, en el área sexual: por su alto nivel de andrógenos (hormonas masculinas), los hombres tienen más necesidades sexuales, buscan "conquistas" sexuales múltiples, y toman más la iniciativa en el acto sexual. En cambio, las mujeres son sexualmente pasivas y sienten mucho menos deseo sexual. Asimismo, es gracias a las hormonas que ellos son más activos y emprendedores en el mundo del trabajo: actúan con mayor iniciativa en los negocios; son más innovadores, ambiciosos y competitivos, y tienen una aptitud "natural" para enfrentar los retos y los riesgos. Buena parte de la ideología empresarial descansa sobre estos clichés de la masculinidad y los talleres de liderazgo apelan precisamente a esas cualidades "naturales" en los hombres.

El enfoque hormonal presenta varios problemas que resumiré con brevedad. En primer lugar, los estudios de la agresividad en el hombre han presentado un grave problema metodológico: cuando hablamos de agresividad, ¿a qué nos referimos exactamente? El término se ha vuelto sinónimo de muchas cosas dispares y se utiliza indistintamente para hablar del enojo, la ambición, la competencia, el crimen, la guerra: atributos de una supuesta "naturaleza" masculina biológicamente dada. Pero esta visión confunde fenómenos complejos que ocurren en una multiplicidad de niveles: emociones, maneras de pensar y de hablar, conductas personales y colectivas. Por ejemplo, la afirmación de que la guerra está relacionada con la agresividad "natural" de los hombres hace caso omiso de un hecho mil veces comprobado: siempre ha sido necesario forzarlos a entrar en batalla mediante el adoctrinamiento, el entrenamiento, la disciplina y las amenazas. Los hombres no van naturalmente a la guerra y ésta no depende de la testosterona, sino de la historia.

En segundo lugar, la investigación reciente no ha logrado establecer una correlación entre la testosterona y la agresividad, al menos no en el sentido esperado. Los hombres que van a la guerra no presentan altos niveles de testosterona, sino todo lo contrario: una investigación realizada con soldados estadounidenses en Vietnam mostró que, antes de entrar en batalla, más bien presentaban niveles bajos.[15] Lo mismo sucede con los hombres que están por lanzarse de un avión en paracaídas. ¿Por qué? Porque el estrés y el miedo bajan los niveles de testosterona. Incluso los hombres más competitivos y ambiciosos a menudo presentan niveles bajos, por el estrés que caracteriza su estilo de vida. Asimismo se ha demostrado que la testosterona no causa el enojo; por el contrario, éste provoca que suba el nivel de aquélla. Un dato curioso es que si dos hombres con niveles similares de testosterona se enfrentan en un partido de tenis, al final del juego puede comprobarse que el ganador subió de nivel, en tanto que el perdedor bajó.

La castración o remoción quirúrgica de los testículos aporta igualmente una perspectiva interesante sobre la testosterona y la agresión. Los emperadores chinos tenían a su servicio a centenares de eunucos que fungían como guardianes de las mujeres, consejeros y soldados, menesteres en los cuales se mostraban singularmente agresivos. La castración química, practicada en algunas partes de

---

[15] Rose 1969: 117-148. Citado en Fausto-Sterling 1992: 147.

Estados Unidos en casos de delitos sexuales —en especial el abuso sexual infantil—, ha resultado contraproducente: puestos en libertad, estos hombres ya no violan, pero sí matan a sus víctimas. La falta de testosterona los vuelve incapaces de desempeñarse sexualmente, pero deja intacto su nivel de agresividad. Todo esto demuestra con claridad que la testosterona, si bien es característica del sexo masculino, de ninguna manera *causa* la agresividad, ni está estrictamente correlacionada con ella. Más bien, fluctúa según los estados de ánimo, el momento del día, las circunstancias, las estaciones, la edad y las particularidades del individuo.

Asimismo, no debemos olvidar que las mujeres también tienen testosterona y que los niveles de esta hormona varían en ellas constantemente al igual que en los hombres. Las diferencias individuales juegan un papel muy importante: existen mujeres con un nivel de testosterona más alto que algunos hombres. También se han observado variaciones importantes en los primates no humanos: entre los macacos de la India, por ejemplo, en ocasiones los machos dominantes tienen el nivel más bajo de testosterona.[16]

Por último, como han señalado muchos biólogos, las hormonas no originan conductas. Pueden exacerbar una predisposición psicológica o un trastorno físico, pero son menos importantes que el contexto, las circunstancias y los hábitos en la determinación de cualquier conducta.

LOS HOMBRES NECESITAN MÁS SEXO

Otra idea muy popular basada en las hormonas sostiene que la sexualidad de los hombres es más fuerte e imperiosa que la de las mujeres: necesitan relaciones más frecuentes y sus impulsos en esta área son menos controlables que los de ellas. Responsable de esto es, por supuesto, la testosterona. Pero los hombres con mucha actividad sexual no presentan niveles de testosterona más altos que sus pares menos afortunados, ni es verdad que los más "dotados" para el sexo, los que alcanzan mayor éxito con las mujeres, tengan

---

[16] *Ibid.*: 146.

niveles más altos de esta hormona mágica. Lo que sí es cierto es que ellos, independientemente de su estatus hormonal, albergan más pensamientos y fantasías sexuales que ellas. Lo más probable es que esto se deba a la educación y la cultura general: todos aprendimos que los varones son más activos en este aspecto que las mujeres, quienes supuestamente son más reservadas. Pero los estudios de la sexualidad en otros países, donde estos estereotipos no son tan comunes, demuestran que las mujeres del mundo industrializado están adoptando conductas sexuales cada vez más "masculinas": sostienen con mayor frecuencia relaciones premaritales y extramaritales, practican la masturbación y tienen más parejas sexuales que antes, a lo largo del ciclo vital.[17] Estas tendencias, independientemente del valor moral que les asignemos, demuestran que no existe una sexualidad femenina predeterminada.

Otro acercamiento al comportamiento sexual de hombres y mujeres consiste en comparar los niveles de actividad sexual de los homosexuales varones y las lesbianas. Se trata de dos grupos muy interesantes, ya que nos permiten observar cómo se conducen las mujeres sin ninguna presencia masculina y cómo son los hombres sin las mujeres. Se sabe que los gays presentan mucha más actividad sexual que las lesbianas: ya sean solteros o vivan en pareja, sus relaciones sexuales son más variadas y mucho más frecuentes. Algunos autores han afirmado que esto se debe a una diferencia biológica entre los sexos. Según esta teoría, los hombres homosexuales son libres de vivir su sexualidad de una manera totalmente autónoma y espontánea, sin tener que adaptarse a los requerimientos emocionales y eróticos de las mujeres, como deben hacerlo los heterosexuales y, por lo tanto, revelan la "verdadera" sexualidad masculina.

Asimismo se sabe que las lesbianas son, entre todas las parejas posibles (hombre-mujer, hombre-hombre y mujer-mujer), las de menor actividad sexual, y algunos estudiosos opinan que ello refleja una sexualidad menos fuerte en las mujeres en general. Pero estos datos están cambiando: conforme las lesbianas en los países industrializados tienen más acceso a lugares de encuentro para ellas, en los cuales pueden relacionarse libremente, están presen-

---

[17] Véase, por ejemplo, Michael *et al.*, 1995 y Spira *et al.*, 1993.

tando niveles de actividad sexual cada vez más elevados. En algunos sitios ya cuentan con el equivalente de los *dark rooms*, espacios dedicados al sexo anónimo que, desde los ochenta, adquirieron gran popularidad entre los hombres gay. Por tanto, empezamos a ver en las lesbianas patrones de conducta sexual cada vez más parecidos a los del otro sexo. Este hecho, independientemente de que sea deseable o no, nos muestra que existen menos diferencias biológicamente dadas entre la sexualidad masculina y la femenina de lo que generalmente pensamos.

Si estudiamos la anatomía del placer, no hay razón alguna para suponer que las mujeres son menos aptas para el sexo que los hombres. Todo lo contrario. Es en el cuerpo de la mujer, y no en el del hombre, donde encontraremos el único órgano dedicado exclusivamente al placer sexual: el clítoris. Las funciones del miembro masculino son varias: la micción, el acto sexual y la eyaculación. El clítoris, en cambio, está reservado únicamente para el placer; no tiene otra función. Además es mucho más sensible que el pene: si éste contiene la elevada cifra de cuatro mil fibras nerviosas, su contraparte femenina puede jactarse del doble: ocho mil fibras[18] —muchas más aún que la lengua o los labios— dedicadas por entero a la sensibilidad sexual. Por supuesto, esto no le da ventaja alguna a las mujeres: existen muchas mujeres anorgásmicas. Pero sí desacredita la vieja idea de que las mujeres no están "hechas" para el placer sexual.

Sin embargo, todas las comparaciones que podamos hacer hoy en día entre la sexualidad masculina y la femenina se encontrarán con el mismo problema: en tanto exista la doble moral que se aplica casi universalmente a hombres y mujeres, no podremos saber cómo es en realidad la sexualidad de nadie. Casi todas las sociedades del mundo valoran la sexualidad masculina y elogian la promiscuidad y la competencia sexual en los hombres; en cambio, la sexualidad femenina es desalentada y reprimida, incluso severamente castigada en algunos países cuando se expresa fuera de los parámetros sociales vigentes. Se admira al hombre con muchas "conquistas" sexuales y se le atribuye una gran virilidad; en cambio,

---

[18] Angier 2000: 63.

una mujer que vive su sexualidad con libertad es menospreciada por hombres y mujeres, quienes la califican de poco femenina. En tanto la actividad sexual enaltezca a los hombres y degrade a las mujeres, no tendremos criterios "objetivos" para comparar la sexualidad masculina y la femenina, porque ni ellos ni ellas están actuando con plena libertad.

EL ENFOQUE SOCIOBIOLÓGICO[19]

Desde la publicación de *El origen de las especies* de Charles Darwin en 1859, la teoría de la evolución se ha utilizado en muchas ocasiones para sustentar los roles tradicionales de hombres y mujeres, así como una visión polarizada de los sexos en la cual existen no sólo diferencias sino una oposición irreductible entre ellos. En particular, la sociobiología, que en los noventa revivió bajo el nombre de "psicología evolutiva", ha intentado en los últimos treinta años encontrar explicaciones biológicas para toda la conducta humana.

La sociobiología, muy popular en Estados Unidos, se ha convertido en el sustento teórico de una enorme cantidad de libros sobre las diferencias psicológicas entre hombres y mujeres.[20] Según este enfoque, tales diferencias se explican a través de dos ideas centrales. La primera destaca las "estrategias reproductivas" de hombres y mujeres, que se contraponen irremediablemente: si la meta reproductiva de ellos es propagar su semilla todas las veces que puedan y con el mayor número posible de mujeres, la meta de éstas es, a la inversa, tratar de apresar a un solo hombre y mantenerlo en casa para ayudarla a criar a los hijos. La segunda idea principal de la sociobiología apela a la evolución de la especie, durante la cual —gracias a la selección natural— los hombres se fueron especializando como cazadores y guerreros mientras que las mujeres se quedaban en casa cuidando a los críos. Examinaremos estas dos ideas luego de haber presentado algunas de las premisas básicas de la sociobiología y su campo derivado, la psicología evolutiva.

---

[19] Gran parte de esta sección se basa en los capítulos correspondientes de *Myths of Gender*.

[20] Véase, por ejemplo, el *best-seller* estadounidense de Gray, 1992.

El punto de partida del estudio de la sociobiología es la diferencia entre las células reproductivas masculinas y femeninas. El hecho de que una mujer produzca un huevo gigante una vez al mes mientras los hombres producen millones de espermatozoides cada día se utiliza para explicar un sinfín de características supuestamente masculinas y femeninas. Por ejemplo, según esta óptica, se piensa que las mujeres son cautelosas y selectivas en sus conductas sexuales porque el embarazo representa para ellas una inversión física y emocional mayúscula, mientras que los hombres son indiscriminativos y promiscuos porque no tienen nada que perder, y mucho que ganar, al embarazar a muchas mujeres. Asimismo, la mujer se considera receptiva y pasiva porque el huevo "espera" ser fecundado, y porque durante el acto sexual ella no tiene que hacer nada más que "recibir" al órgano masculino. El hombre, en cambio, es activo y emprendedor porque tiene que montar a la mujer y porque los espermatozoides deben "luchar" para llegar al huevo.

Vemos así cómo las diferencias entre las células reproductivas masculinas y femeninas se usan para dar pie a una serie de generalizaciones sobre la psicología masculina y femenina, en una extrapolación científicamente absurda. Pero ésta no es la única simplificación en la cual incurre la sociobiología. También afirma, haciendo caso omiso de toda la psicología moderna, que el único propósito de la sexualidad humana es la reproducción, es decir, la transmisión de la información genética al mayor número posible de descendientes.

HOMBRES POLÍGAMOS, MUJERES MONÓGAMAS

En esta óptica, la promiscuidad masculina es natural: los varones tienen la necesidad biológica de múltiples relaciones sexuales. Son polígamos, y las mujeres, monógamas. Estas últimas están genéticamente programadas para casarse, y los hombres, para huir del matrimonio. De ahí, también, la infidelidad en unos y la fidelidad en las otras; la importancia del sexo para ellos y del amor para ellas; el espíritu aventurero y emprendedor de ellos y tanto la timidez como la cautela de ellas... ¿Cuán ciertas son las supuestas bases biológicas de estos comportamientos?

La explicación sociobiológica de la promiscuidad conlleva una serie de implicaciones sorprendentes acerca de la naturaleza de hombres y mujeres y de la relación entre ellos. Por ejemplo, según este enfoque, la violación obedece a un imperativo biológico y es, por tanto, un fenómeno *natural* en el hombre. En efecto, si la meta principal de toda sexualidad masculina es embarazar al mayor número posible de mujeres, entonces la violación constituye una táctica reproductiva, biológicamente justificada. El argumento es impecable, si hacemos caso omiso de la gran cantidad de violaciones a niñas y ancianas —incapaces de embarazarse—, de la violencia a veces mortal que suele acompañar a este acto —la cual cancela toda posibilidad de procreación—, y de la violación homosexual —que no puede llevar a la reproducción—. Hoy se sabe que la violación responde más a una necesidad de dominar y humillar a la víctima que a una supuesta estrategia reproductiva.

Se han realizado estudios para calcular las probabilidades que tiene un hombre de tener muchos hijos si es monógamo o si, por el contrario, sostiene relaciones con gran número de mujeres. Y se ha encontrado —como dato interesante— que el embarazo es mucho más difícil de lo que uno pensaría. Hagamos caso omiso de la contracepción, que evidentemente reduce las probabilidades de un embarazo. Aun así, e incluso si el hombre realiza el acto sexual con una mujer durante la ovulación de ésta, sólo existe 35 por ciento de probabilidades para que ocurra la concepción. Además, aunque se dé el embarazo, hay 30 por ciento de probabilidades de que sobrevenga un aborto espontáneo. O sea, las probabilidades de que un hombre que se acuesta indiscriminadamente con muchas mujeres tenga un hijo como resultado de una de esas relaciones son muy pocas: cerca de 1 o 2 por ciento en cada ocasión, si recordamos que las mujeres no siempre están ovulando. Si tiene relaciones diarias con una misma persona, sus probabilidades serán más o menos similares: las parejas que desean hijos tardan unos tres o cuatro meses, en promedio, para concebir uno. De cien encuentros sexuales, nacerá un bebé.[21] Esto quiere decir que ninguno de los dos comportamientos —fidelidad y promiscuidad— representa ventaja alguna desde el punto de vista de la reproducción.

---

[21] Angier 2000: 368-369.

Por otra parte, es interesante observar las costumbres sexuales de los primates, nuestros familiares más cercanos en el mundo animal, porque en ellos no se puede decir que las hembras sean tímidas o reservadas de manera alguna. Las hembras chimpancés tienen tanta iniciativa sexual como los machos, y un estudio genético realizado en África occidental mostró que la mitad de los hijos de un grupo de chimpancés no eran de los machos locales, sino de machos de otros grupos. Esto significa que las hembras buscaban activamente amoríos externos, a pesar de la vigilancia de los machos y del peligro que corrían al aparearse con machos ajenos al grupo.[22] La fidelidad no es, por lo tanto, un atributo natural de las hembras —ni animales ni humanas.

HOMBRES CAZADORES, MUJERES AMAS DE CASA

De acuerdo con esta visión cavernícola de la evolución humana, desde el principio de la especie se dio una división del trabajo que todos hemos visto representada en los museos de historia natural, el cine, la televisión y las caricaturas: el hombre prehistórico, lanza en mano, va a la caza de tigres, bisontes y mastodontes, mientras la mujer se queda en la cueva amamantando al bebé y preparando la cena. Esta división de las tareas refleja las diferencias físicas entre los sexos: ellos son más fuertes y valientes mientras que ellas, más débiles y dependientes, se ven restringidas por sus funciones biológicas, como el embarazo, el parto y la lactancia.

El único problema con esta visión idealizada de nuestros antecesores es que no corresponde a lo que nos dice la investigación reciente. Por ejemplo, se sabe, gracias al estudio de sitios prehistóricos, que la mayor parte de la alimentación de nuestros antepasados no era de origen animal, sino vegetal, y que, por tanto, dependía mucho más de la recolección que de la caza. En las sociedades de caza y recolección analizadas en la era moderna se ha observado que hasta el 70 por ciento de las calorías consumidas por la comunidad proviene *no* de los animales cazados por hombres, sino de las

---

[22] *Ibid.*: 365.

plantas recolectadas por mujeres. Asimismo, aunque la caza sea importante para muchos grupos, siempre es aleatoria: no se puede depender de ella. La alimentación cotidiana depende más bien de la recolección. Además se ha descubierto que la caza no siempre involucra sólo a los hombres. En algunas sociedades es más bien comunal; se realiza no con armas sino con redes, por lo general tejidas por las mujeres y en ella participan hombres, mujeres, niños y ancianos.[23] La idea de los hombres naturalmente cazadores y las mujeres amas de casa corresponde, por tanto, más a una ficción que a la realidad histórica.

CRÍTICAS AL ENFOQUE SOCIOBIOLÓGICO

El enfoque sociobiológico, que postula un imperativo biológico para toda conducta humana, presenta muchas dificultades. En primer lugar, da por sentado que toda conducta universal (o muy generalizada) es innata y natural, y que está genéticamente programada en nosotros. Sin embargo hay muchas conductas universales que son evidentemente aprendidas: por ejemplo, enterrar, incinerar o momificar a los muertos, o crear recipientes para la comida y la bebida. Lo universal en la especie humana no es necesariamente innato.

En segundo lugar, no existe razón alguna para tomar a la naturaleza animal —si es que existe— como modelo o fundamento para la conducta humana. Si nos guiáramos por el estado natural de la especie, tendríamos que regresar a una forma de vida preindustrial o incluso prehistórica; tendríamos que rechazar la medicina, por ejemplo, y regresar a los buenos viejos tiempos en los cuales las mujeres tenían diez hijos, morían con gran frecuencia al dar a luz, y la gente fallecía mucho más joven por "causas naturales", como solían ser todas las enfermedades infecciosas. La historia de la civilización ha consistido en ir más allá, precisamente, del estado "natural" de la especie, si es que algún día existió tal estado.

---

[23] *Cf.* Park 1999.

En tercer lugar, la diversidad de esquemas reproductivos, de composición de parejas, familias y comunidades en el reino animal, no nos permite hablar de una "naturaleza animal" universal. Asimismo, la enorme variabilidad histórica de los grupos humanos nos muestra que la relación entre hombres y mujeres depende mucho más de la cultura que de la biología.

En cuarto lugar, la sociobiología simplifica fenómenos psicológicos y sociales complejos, reduciéndolos a una causa única. Gracias a la psicología y a todas las ciencias sociales —amén de la literatura y las artes— sabemos que la sexualidad humana involucra gran cantidad de motivaciones, conscientes e inconscientes, que van mucho más allá de la mera reproducción. Sabemos también que los seres humanos somos perfectamente capaces de resistir nuestros impulsos y de planificar nuestras conductas con base en la razón, el compromiso, los sentimientos, la ética, la convivencia social, la conveniencia económica y otros tantos factores de la vida emocional y social.

La justificación del machismo

Sin embargo, el enfoque sociobiológico ha obtenido muchos seguidores en determinadas esferas académicas, científicas y políticas. Es una perspectiva que congenia espléndidamente con el machismo, porque le otorga una base pseudocientífica a sus expresiones más extremas, como la promiscuidad, la posesividad, los celos, la violación... ¿Cuántos hombres no hablan de su sexualidad como si se tratara de un imperativo biológico inapelable?, ¿cuántos no rehúyen sus compromisos y responsabilidades argumentando que son incapaces de controlar sus impulsos sexuales?, ¿cuántos no han justificado sus ocasionales (o muy frecuentes) relaciones extra pareja con la idea de que el hombre es naturalmente promiscuo?

Todas estas explicaciones esencialistas del machismo presentan algunas características comunes. En primer término, implican que los rasgos descritos son "naturales" y, por tanto, innatos, universales e irremediables. El conflicto entre hombres y mujeres, la dominación de éstas por aquéllos, la división sexual del trabajo, etc., son considerados parte inherente a la condición humana, al igual que rasgos biológicos como tener cinco dedos y una cabeza. Por otra parte, implican que todos ellos son atributos "deseables" porque constituyen un orden natural, una jerarquía de los sexos, cuya transgresión llevaría al caos y a la disolución de la familia y de la sociedad. Asimismo, la visión esencialista presupone que estas pautas de conducta tienen en todas partes y en todo momento el mismo significado y el mismo propósito. Por último, postula que todo comportamiento común debe ser de orden genético y que existe gracias a la selección natural. Sin embargo, aquí veremos que las relaciones entre hombres y mujeres nada tienen de universales: que ciertos patrones generalizados no poseen el mismo significado y que muchos comportamientos humanos han prevalecido no por razones genéticas sino históricas.

En segundo término, el uso de criterios biológicos, como el sexo o el color de la piel, para asignar funciones o rangos sociales a las personas ha sido la base para el racismo, el antisemitismo, el colonialismo y otras injusticias históricas. La biología siempre ha sido el arma privilegiada de los conservadores a ultranza que pretenden mantener un statu quo de dominación. Basta recordar que en los siglos XIX y XX, médicos y pensadores se basaron en la ciencia de su época para argumentar que las mujeres no debían estudiar ni trabajar fuera del hogar, porque tales actividades podían afectar adversamente su salud física y mental. Incluso, al observar que las más educadas tenían menos hijos, se llegó a pensar que la actividad intelectual podía inhibir la función reproductiva y que esto, a su vez, les causaría graves enfermedades físicas y psicológicas. La naturaleza débil y excesivamente sensible de la mujer no era capaz de resistir el contacto con el mundo social y laboral, terreno "natural" y exclusivo de los hombres. Hoy sabemos, por el contrario, que las mujeres que trabajan fuera del hogar presentan mejores índices de bienestar psicológico: al igual que sucede con los hombres, tener una ocupación laboral y generar un ingreso aumenta su autoestima, las ayuda a desarrollar sus aptitudes y mejora su estado de ánimo. Entonces, la depresión es menos frecuente en las mujeres que trabajan fuera del hogar, *no más* frecuente, como se pensó durante mucho tiempo.

En tercer lugar, la visión esencialista de los géneros siempre los presenta como antagónicos o, en el mejor de los casos, como "complementarios". Pero la noción misma de complementariedad implica una serie de diferencias invariables y claramente demarcadas. Por ejemplo, suele hablarse en esos términos de la racionalidad masculina y la emotividad femenina, como si las mujeres no fueran racionales, ni los hombres emotivos. Según la visión complementaria de los sexos existe una naturaleza masculina y otra femenina, esencialmente diferentes. Este enfoque ignora los conocimientos generados por la historia, la antropología y la psicología en el último siglo; se trata de un acercamiento premoderno a la conducta humana que ha sido invalidado y sencillamente no es aplicable en el siglo XXI.

Además, al atribuirle características fijas a hombres y mujeres, la visión esencialista aprisiona a ambos sexos en roles polarizados. Dentro de esta lógica, los hombres sensibles son "afeminados" y dejan de ser verdaderos hombres, mientras las mujeres asertivas son "masculinas" y dejan de ser auténticas mujeres. La única mujer genuina es la madre dedicada a sus hijos; el único hombre de verdad es el varón emprendedor que rechaza toda debilidad humana, en sí mismo y en los demás. Hombres duros e implacables, mujeres sensibles e irracionales: la visión esencialista de los sexos los condena a desempeñar papeles opuestos y estereotipados, definidos con tanta rigidez que toda variación es objeto de crítica, agresión o burla.

EL RECHAZO A LA DIFERENCIA

Acude a consultarme una mujer de 35 años, sumamente preocupada por su hijo Alberto, de cuatro años. Desde los dos años, a Betito le gusta pasearse envuelto en una toalla, como si ésta fuera una falda. Su video favorito es *La Cenicienta* y curiosamente no se identifica con el príncipe, sino con la heroína. Le encanta jugar a las muñecas y prefiere pasar su tiempo con las niñas. Para sus papás, todo ello significa que Alberto es homosexual. Su pediatra les recomendó que vinieran a verme, como especialista en la homosexualidad. Han consultado ya a varios psicólogos, quienes los alarmaron aún más, diciéndoles que es probable que su hijo sea en efecto homosexual, pero que no tiene nada de malo serlo —una posición ciertamente liberal, pero basada en el desconocimiento.

Primera: no existe manera alguna de pronosticar cuál va a ser la orientación sexual de un niño. No hay evidencia alguna que demuestre que los niños "afeminados" (o las niñas "marimachas") vayan a ser homosexuales: la inmensa mayoría de los homosexuales fueron niños "normales" en términos de su identificación de género.[24]

Segunda: la confusión de género no es lo mismo que la orientación sexual. La homosexualidad es totalmente distinta del transexualismo, fenómeno rarísimo que se presenta sólo en uno de cada treinta mil niños y en una de cada cien mil niñas.[25] En el transexualismo, el niño considera que es niña; no sólo le atraen los juegos de las niñas, sino que se ve él mismo como tal. Orina como niña, piensa que un día será mujer y siente rechazo por su propia anatomía. La transexualidad es un trastorno en la relación que el individuo sostiene con su propio cuerpo. En cambio, el homosexual está perfectamente consciente de su sexo biológico y lo acepta; le gusta su cuerpo tal como es y no busca cambiar de sexo. Las lesbianas tampoco se consideran hombres, ni aspiran a serlo. La homosexualidad es una manera de *relacionarse con los demás* que no conlleva ninguna confusión de género.

Por último, no sólo no existe manera de saber si un niño va a ser o no homosexual —o bisexual, o asexual, o monje benedictino—, sino que no es posible hacer nada al respecto. No hay forma de "prevenir" ni de cambiar una u otra forma de la sexualidad humana. Lo único que está al alcance de los padres de un niño, de cualquier niño, es brindarle su amor y apoyo incondicionales. Sea lo que sea el futuro adulto en términos de su orientación sexual, siempre será mejor para él haber tenido unos padres cariñosos y solidarios, que unos padres críticos y represivos.

Pero a los padres de Alberto, ya convencidos de que su hijo es homosexual, los ha invadido el terror. Están considerando prohibirle sus juegos "afeminados" y mandarlo a una escuela de niños, en

---

[24] Para una presentación en castellano de la investigación reciente en estos temas, véase Mondimore 1999 y Castañeda 1999.

[25] Mondimore 1996: 184.

lugar de a la escuela mixta a la que acude actualmente. Ya no le permiten ver el video de *La Cenicienta*. Por supuesto, el niño percibirá todo esto como un castigo injusto y arbitrario: le van a retirar todo lo que le gusta en la vida. Yo le pido a su mamá que no lo castiguen así, que consideren sus juegos "afeminados" como cualquier otro juego y que lo dejen desarrollar su personalidad con libertad. Le ruego que no lo sometan a ningún tratamiento hormonal o psicológico y que lo traten como a un niño normal. Le recuerdo que en toda la cultura actual se están transformando los roles tradicionales de hombres y mujeres, y que las formas de la masculinidad y la feminidad están cambiando. Le pregunto qué pasaría si tuviera una hija en lugar de un hijo y si a ella le gustara jugar al futbol y vestirse de pantalón. Contesta que no le preocuparía en absoluto y que incluso le daría gusto que fuera una chica activa y libre. Pero no ha pensado en estos términos respecto a su hijo porque la masculinidad, en nuestra sociedad, sigue siendo rígidamente tradicional.

Vemos aquí uno de los muchos dobles discursos que existen para juzgar la feminidad y la masculinidad. Nos parece bien que las niñas evolucionen y que puedan crecer más libres que antes, pero los niños siguen atrapados en los estereotipos de una masculinidad inamovible, supuestamente dictada por la biología. Es injusto, es lamentable que los niños no puedan jugar a las muñecas, ni tomar clases de ballet, ni desarrollar libremente su sensibilidad. En este cuento, la Cenicienta nunca despertará; seguirá atrapada para siempre en el destino que le ha sido impuesto desde su más temprana infancia.

MACHISMO Y MISOGINIA

Mucha gente considera que el machismo comprende cierta dosis de misoginia, es decir, odio a las mujeres o a lo femenino. Pero éste no es necesariamente el caso y es importante hacer algunas distinciones. Muchos hombres que podríamos calificar de machistas según los criterios de este libro —en la comunicación, el manejo de las emociones, la constante necesidad de demostrar su hombría— dirían que no lo son, porque quieren a las mujeres. Y sin duda es así. Podríamos, sin embargo, decir lo siguiente: en efecto, aprecian todas esas cosas asociadas habitualmente con la feminidad, como la ternura, la sensibilidad, la intuición e incluso la dependencia emocional, pero sólo en las mujeres; es decir, les gusta lo femenino, pero sólo mientras se encuentre en una mujer. Despreciarían los mismos rasgos en un hombre, por considerarlos poco varoniles. No se puede decir, por tanto, que rechacen lo femenino, ni que odien a las mujeres; en ese sentido, no son misóginos. En cambio, sí son machistas, porque sostienen las definiciones tradicionales y polarizadas acerca de cómo deben ser los hombres y las mujeres, que constituyen una de las bases del machismo. Por ende, es perfectamente posible e incluso muy común que los hombres y las mujeres machistas no sean misóginos. De hecho, las personas más machistas, sobre todo las de mayor edad, suelen ser las que más valoran la feminidad tradicional, aunque sólo en las mujeres.

La misoginia es enteramente otra cosa: consiste en el desprecio hacia todo lo femenino, lo "mujeril", hállese en hombres o en mujeres. El verdadero misógino odia todo lo relacionado con la feminidad, desde el cuerpo (voz, cabello, menstruación, genitales…) hasta los intereses, los temas de conversación, los hábitos de las mujeres. Ahora bien, en una sociedad machista existen no sólo hombres, sino también mujeres misóginas que desprecian a sus congéneres y se sienten mucho más identificadas con los varones, por considerarlos más fuertes, independientes, racionales, objetivos, francos, etc. Muchas mujeres, siendo todo lo demás igual, prefieren consultar a un médico hombre, tratar con un abogado hombre, contratar a un arquitecto hombre y tener amigos hombres, porque en el fondo dudan de la capacidad y la honestidad de sus congéneres. La misoginia no es privativa de los hombres, como tampoco lo es el machismo: se encuentra también en las mujeres y está relacionada con la devaluación social de todo lo femenino.

En un nivel psicológico, observamos la misoginia en muchos varones que han sufrido desilusiones amorosas o sexuales, o que crecieron con una madre controladora y castrante, o demasiado dependiente, o que vive el papel de la eterna víctima. Tales hombres, comprensiblemente, acaban por temer y rechazar a las mujeres en general y aportan a sus relaciones con ellas toda la desconfianza y el odio que han acumulado hacia su madre. Éste también es el caso de aquellos hombres que crecieron con un padre misógino, que les transmitió su propio rechazo y resentimiento hacia las mujeres. Si además fue un marido golpeador, aprendieron desde chicos que la única forma de convivir con una mujer es sometiéndola a través del maltrato, a través de la fuerza si es necesario y manteniendo siempre una buena dosis de desconfianza. Para tales hombres, que realmente temen y odian a las mujeres, lo más importante es "no dejarse", nunca permitir que una mujer se "aproveche" de ellos.

Otro tipo de misoginia es la de muchos hombres gay que, también por machismo, sobrevaloran lo masculino y desprecian lo femenino. Suelen mantener poca relación con las mujeres: no les gusta su presencia, no les interesa su amistad , no confían en ellas ni quieren trabajar con ellas. Son el equivalente simétrico de las lesbianas que rechazan a los hombres y que se las ingenian para tener con ellos el menor contacto posible. Aunque suene exagerado, esto es algo que existe desde hace muchos años en San Francisco, donde hay empresas, negocios y asociaciones profesionales constituidas casi exclusivamente por mujeres, gracias a las cuales una lesbiana puede trabajar y vivir sin tener relación alguna con el otro sexo. En el caso de los hombres gay, he conocido a individuos, parejas y grupos de amigos que viven prácticamente sin mujeres y que incluso para su servicio doméstico contratan exclusivamente a varones. Curiosamente, no todos ellos son machistas; he conocido a algunos hombres gay que, por principio, apoyan los derechos de las mujeres y la equidad de género, pero prefieren vivir sin ellas.

Vemos así que machismo y misoginia no necesariamente van de la mano. No todos los machistas son misóginos, ni todos los misóginos son machistas. Tampoco es necesario ser hombre para ser misógino. Sin embargo, la misoginia se da más en aquellas sociedades que mantienen roles de género muy rígidos, que definen de una manera extrema y polarizada cómo deben ser los hombres y las mujeres —ambas cosas, características del machismo—. Asimismo es más frecuente cuando, gracias al machismo, existe desconocimiento y desconfianza entre hombres y mujeres, por ejemplo cuando niños y niñas crecen y son educados por separado, con poca comunicación y amistad, también típica situación de la cultura machista.

II
EXPLICACIONES PSICOLÓGICAS
Y SOCIALES

LA TRADICIÓN PSICOANALÍTICA

Desde la obra pionera de Sigmund Freud, la psicología ha explorado con profundidad el desarrollo psicosexual de los varones. Tanto el psicoanálisis como sus críticos han tomado como punto de partida la diferencia anatómica de los sexos: según la célebre formulación de Freud, "anatomía es destino", y la forma de ser de hombres y mujeres se basa necesariamente en sus diferencias biológicas. Sin embargo, el fundador del psicoanálisis fue mucho más cauteloso en este sentido que gran número de sus seguidores al reconocer que, en términos psicológicos, no existe una demarcación absoluta entre lo femenino y lo masculino. Por el contrario, Sigmund Freud siempre hizo hincapié en la bisexualidad psíquica de hombres y mujeres, declarando: "Todos los individuos humanos, en virtud de su disposición bisexual [...] combinan en sí características tanto femeninas como masculinas, de modo que la masculinidad y la feminidad puras no pasan de ser construcciones teóricas de contenido incierto".[26]

Pese a esta importante aclaración, no cabe duda de que, para Freud y sus seguidores, la identidad masculina y la femenina tienen

---

[26] Freud 1925: 2902.

sus raíces en la diferencia anatómica. Pero el desarrollo de esa identidad no es automática ni fácil, está colmada de parteaguas y dificultades. Freud fue quien primero postuló que el sexo biológico no basta para hacer a un hombre o una mujer: tiene que ocurrir un largo y complicado proceso, además de la maduración física. A continuación resumiré las etapas más importantes de la formación de la masculinidad, según diversos autores de la tradición psicoanalítica, así como algunos de los retos correspondientes a cada una de ellas.

Separarse de la madre

En la primera infancia, los niños de ambos sexos deben aprender a qué género pertenecen, proceso que se cumple en los dos primeros años de vida y que resulta mucho más complicado para los varones que para las niñas. Recordemos que la infancia temprana se ve profundamente marcada por la cercana relación del bebé con su madre, por razones biológicas —el amamantamiento— y culturales —en casi todas las sociedades, la madre es la principal cuidadora de los hijos—. Esta convivencia estrecha tiene consecuencias significativas para los bebés de los dos sexos: sabemos que aprenden por identificación y por imitación, y que mantienen con su primer objeto de amor —la madre— una unión tan íntima que suele hablarse de una relación simbiótica entre ambos.

En este contexto, ¿cómo es que el niño aprende a ser niño y la niña, niña? Para ella, la cuestión es sencilla: para aprender a ser niña, lo único que necesita hacer es imitar a su mamá. Pero el niño, para volverse varón, necesita hacer lo contrario: distinguirse de su madre, demostrar que no es como ella. A medida que crecen, los varones se ven obligados a demostrar dos cosas: que ya no son bebés y que no son niñas. Para hacerlo, deben contraponerse a lo que sería su tendencia natural: identificarse con mamá y vivir a su lado para siempre. El hecho de definirse no identificándose con su madre sino *contraponiéndose* a ella marcará todas las relaciones interpersonales del futuro hombre: las que sostendrá con las mujeres, con sus congéneres y, por supuesto, consigo mismo.

Como destaca Carol Gilligan en su clásico estudio sobre las diferencias psicológicas entre niños y niñas, *In a Different Voice*, en sus relaciones los varones tenderán a señalar la diferencia, a poner distancia, en lugar de buscar una cercanía que podría amenazar su autonomía y su identidad como hombres. Una identificación excesiva con la mujer representaría para ellos un retorno angustiante a la fusión con la madre y, por tanto, una pérdida de su identidad individual. Por tal razón los hombres suelen tener problemas con la intimidad que en efecto implica cierta identificación emocional con el otro (o la otra). Los hombres se definen en oposición a los demás, marcando bien sus límites; muestran un sentido más agudo de su espacio personal y una mayor necesidad de defender su autonomía. De ahí también la rivalidad y la competencia entre varones, que forman parte de su propia definición como seres independientes, y su dificultad para expresar sus emociones, aunque en los capítulos siguientes veremos que esto también se debe a factores culturales. En cambio, las mujeres buscan en sus relaciones interpersonales precisamente esa cercanía empática, esa identificación que vivieron con la madre y que es parte central de su identidad femenina.

Todo el complicado proceso de identificación y separación que deben realizar los niños de los dos sexos, y que repetirán a lo largo de su vida, ocupa sus tres primeros años. En esta etapa preedípica, deberán ir superando su unión simbiótica con la madre. Se trata de una fase problemática por la ambivalencia que la caracteriza: el niño se vuelve cada vez más autónomo, pero su bienestar físico y emocional sigue dependiendo de los cuidados maternos. Hay amor, pero a la vez rabia y resentimiento. Niños y niñas pasan por este proceso, pero para los primeros es más difícil, por el desafío adicional que representa diferenciarse radicalmente de la madre.

LA ETAPA EDÍPICA Y EL TEMOR A LA CASTRACIÓN

El siguiente paso de la construcción de la identidad masculina, según la tradición psicoanalítica, es la etapa edípica. Para la edad de tres años el niño ya dejó de identificarse con su madre. Ya puede, por tanto, entrar en relación con ella, y la primera forma que asume esta relación es el deseo: la quiere poseer, tenerla toda para él. Así entra de manera fatal en rivalidad con el padre: desea sustituirlo, matarlo simbólicamente, así como el rey Edipo mató a su padre y se casó con su madre. Se trata, a todas luces, de una causa perdida: el niño nunca podrá poseer a su madre ni tenerla toda para él. Varios obstáculos impiden la realización de sus deseos; aparte de la realidad misma, el principal es el temor a la castración.

Ya en su temprana infancia se dio cuenta de la diferencia anatómica de los sexos: descubrió que las niñas no tienen pene. Pensando, como era natural, que todo mundo posee uno (como él), llegó a la conclusión lógica de que a ellas les falta como resultado de un terrible castigo. Las percibe, por tanto, como seres castrados y deficientes. Ahí se origina su temor a perder ese órgano tan preciado, que le da placer y lo coloca por encima de las niñas. Según Freud, la "terrible convulsión emocional" que implica este descubrimiento y el temor consecuente "determinarán permanentemente sus relaciones con la mujer: el horror ante esa criatura mutilada, o bien el triunfante desprecio de la misma".[27]

Según el enfoque freudiano, en la fase edípica este temor cobra una importancia central: el niño teme que su rivalidad con el padre, mucho más poderoso que él, pueda llevar al terrible castigo de la castración. Esto, finalmente, lo orilla a renunciar a la posesión de su madre. Su amor imposible es reprimido e idealmente se trasladará más tarde a otras mujeres. Por su parte, el temor al padre castrador se resolverá mediante la identificación con él: puesto que no puede vencer al progenitor, su mejor opción es apropiarse de su poder haciendo todo lo posible por ser como él. De tal forma, en la óptica freudiana, la resolución del Edipo implica que el niño se ha desidentificado con la madre y separado de ella; que ha sobrepasado el temor a la castración renunciando a su madre e identificándose con el padre, y que estará preparado para transferir su deseo a otras mujeres. El género masculino y la orientación heterosexual quedan consolidados. Por supuesto, todo este proceso queda

---

[27] *Ibid.*: 2899.

reprimido en el inconsciente; es por ello que nadie recuerda haber pasado por él.

Pero la renuncia a la madre no es nada fácil: el niño deberá perderla sin dejar de quererla, manteniendo a la vez la distancia y la cercanía indispensables para su sobrevivencia y su bienestar. El proceso se complica aún más en las sociedades en las cuales el cuidado de los hijos se asigna en su totalidad a la madre, mientras que el padre es una figura lejana o ausente. En una situación así, será más problemático que el niño se separe debidamente de su madre y logre escapar de su dominio. Asimismo, en estas sociedades la madre, dada la ausencia emocional o física de su marido, ocupa una mayor parte de su tiempo e invierte más energía emocional en sus hijos, dificultándoles todavía más la tarea de separación que deben llevar a cabo.

Por otra parte, según la tradición psicoanalítica, el niño tiene que identificarse con su padre sin perder su identidad propia y orientarse psíquicamente, mas no eróticamente, hacia los hombres. Si lo deseable es lo masculino, entonces en efecto es posible la orientación homosexual; y aquí vemos la primera semilla de la homofobia, es decir, el rechazo a tal orientación en uno mismo y en los demás. Por cnde, el proceso de identificarse como varón es muy complicado, incluso más difícil que el proceso equivalente en las niñas. Podríamos decir que nunca termina por completo y que muchos hombres sienten la necesidad de seguir demostrando su masculinidad en la edad adulta. Una forma privilegiada de hacerlo será distanciándose radicalmente, cada vez que puedan, del mundo afectivo de la feminidad. Y aquí vemos un posible origen del machismo, que también se define por oposición a lo femenino.

LA ADOLESCENCIA

La siguiente etapa crucial para la construcción de la identidad masculina es la adolescencia. En esta fase el joven deberá identificarse con el rol masculino que le corresponde: aprender a ser hombre según las normas de su entorno social. En el esquema tradicional, se identificará ante todo con su padre, pero si éste es un padre distante o ausente, lo hará con los modelos masculinos promovidos por el entorno cultural —los atletas, actores o estrellas de rock del momento—. Desde luego, en este caso tendrá como modelo masculino no a un hombre de carne y hueso, sino a un hombre idealizado, difícil de emular en su lejana perfección. Esto significa que el adolescente asimilará una imagen estereotipada, caricaturesca incluso, de la masculinidad. No es lo mismo querer ser como su propio padre, con todas sus limitaciones, que querer ser un Enrique Iglesias apuesto, exitoso, millonario y siempre rodeado de mujeres aduladoras. Es importante recordar que las mujeres no son las únicas atrapadas por los dictados de la moda: los hombres también, sobre todo los jóvenes, quienes están cada vez más deslumbrados por modelos imposibles de alcanzar.

La edad adulta

Ya en la edad adulta los hombres encuentran diferentes maneras de continuar demostrando su masculinidad, según los valores de la sociedad en la que viven y el grado de polarización de los géneros. En muchas sociedades, ser hombre es una labor de demarcación: lo masculino es lo contrario de lo femenino. En este esquema, el "verdadero hombre" deberá demostrar constantemente que no tiene nada de femenino y que está muy por encima de las preocupaciones y actividades "típicas" de las mujeres. En algunas culturas esto significa que se les prohibirá llorar, lavar los trastos o besar a sus hijos varones. La conquista sexual, la agresividad, cierto manejo de las emociones, ciertas formas de relacionarse con los demás, el consumismo y muchas otras conductas serán los frentes de una batalla interminable por reafirmar la masculinidad.

Críticas feministas al psicoanálisis

Desde los inicios del siglo xx diversas mujeres psicoanalistas criticaron las teorías de Freud, en particular su visión de los sexos. Por ejemplo, Karen Horney encontró detrás del temor a la castración por el padre un "terror de la vagina", que es en realidad el temor que siente el niño ante la omnipotencia de su madre. En 1932 escribió: "Creo probable que el terror masculino hacia la mujer (la madre) es más profundo, pesa más, y por lo general se reprime con más energía que el terror al hombre (al padre) [...]".[28] Horney también cuestionó, desde los años veinte, la teoría según la cual las niñas tienen una irremediable envidia del pene y planteó que, a la inversa, los varones sufren de una envidia del útero, es decir, de la capacidad procreadora femenina. Entonces, la inseguridad de los hombres no nace del temor a la castración, sino de su incapacidad para reproducirse. El machismo, o rechazo a todo lo femenino, derivaría igualmente de esta envidia primaria.[29]

Asimismo, varias psicoanalistas han cuestionado la sobrevaloración de los valores masculinos y la subvaloración de los femeninos en la obra de Freud. Para el psicoanalista vienés, la meta del desarrollo psicosexual es la autonomía, la separación de la madre y la identificación con el padre. Según Nancy Chodorow,[30] esta posición presupone que el valor máximo en la vida es la autonomía individual tal y como la viven los hombres, y no la conexión afectiva y la empatía que caracterizan al universo femenino. Pero, ¿qué sucedería si viviéramos en un mundo donde la intimidad y la cooperación fueran los valores más preciados, en términos sociales? En esas circunstancias, las mujeres tendrían una enorme ventaja sobre los varones, y éstos serían considerados víctimas de un desarrollo deficiente, como seres humanos extremadamente limitados en sus relaciones interpersonales.

Chodorow, Gilligan y otras feministas sostienen que en la separación preedípica de la madre, en el hecho de desarrollar su identidad en contra de la madre, los niños pierden su capacidad primaria para la intimidad, para la comunicación afectiva cercana y empática. En esta pérdida está el origen oculto del machismo, de la actitud de superioridad que toman los hombres con respecto a las mujeres. Es por ella que los hombres necesitan reafirmar constan-

---

[28] Horney 1967a: 138.
[29] Véase Horney 1967b.
[30] Chodorow 1978.

temente su identidad masculina mostrando rechazo a todo lo femenino. Como manifiesta Chodorow en su obra clásica *The Reproduction of Mothering*:

La masculinidad es más problemática que la feminidad. Sin embargo, la masculinidad no se convierte en un problema debido a la existencia de una biología masculina intrínseca, ni tampoco a que los roles masculinos sean inherentemente más difíciles que los femeninos. La masculinidad se vuelve un problema como resultado directo de la experiencia del niño en el seno de la familia, como resultado de haber sido criado por una mujer. Las madres representan regresión y falta de autonomía para niños y niñas. Pero esto también está asociado, en el niño, con su identidad de género. Depender de su madre, estar ligado a ella, e identificarse con ella representan para él lo no masculino; un niño tiene que rechazar la dependencia, negar su vínculo y su identificación con ella. El aprendizaje del rol masculino es mucho más rígido que el correspondiente al femenino. Un niño reprime en sí mismo las cualidades que considera femeninas, rechaza y devalúa a las mujeres y a todo lo que asocie como femenino en el mundo social.[31]

Chodorow propone además que una causa principal de la separación forzada de la madre es la división del trabajo, según la cual la crianza de los hijos es una tarea exclusivamente femenina. Si los hombres participaran más en ella, los niños no tendrían que separarse de sus madres de una manera tan radical, oponiéndose a ella, sino que contarían con un modelo masculino con el cual identificarse desde un principio. Así podrían tomar lo bueno de las dos partes, en lugar de eliminar de su vida psíquica la identificación femenina de sus primeros años, con todo lo que ello implica.

Teorías del aprendizaje

Pero siendo las cosas como son, los niños se ven forzados a conquistar su identidad masculina de otras maneras. En la infancia se sepa-

---

[31] Chodorow 1978: 181.

ran de lo femenino y en la adolescencia se identifican con los modelos masculinos que tengan a la mano. Pero éstos no son meramente familiares, sobre todo si el padre es una figura lejana o ausente. Niños y jóvenes son blanco de un inmenso aparato ideológico y publicitario que les inculca formas de vivir, de pensar y de sentir supuestamente masculinas. Aprenden a ser hombres —y las mujeres aprenden a ser mujeres— a través de sus interacciones familiares, culturales y sociales. Mucho antes de la edad de la razón, niños y niñas asimilan los roles prescritos por su sociedad. La teoría del aprendizaje sostiene que, desde su nacimiento, los bebés reciben por parte de su familia y de la sociedad un trato muy diferente, según su sexo.

Consideremos un ejemplo experimental de gran interés: un equipo de investigadores toma un video de un bebé llorando. Éste se muestra a un primer grupo de personas, a quienes se dice que se trata de un varón y se les pide que adivinen por qué llora. Su respuesta es que está enojado. El experimento se repite con un segundo grupo, diciéndoles que el bebé es niña, y los miembros del grupo consideran que llora porque está asustada.[32] De esta manera, se demuestra cómo la percepción del llanto del bebé cambia diametralmente de acuerdo con el género que se le atribuye. Como este ejemplo hay muchos otros que de igual forma mostrarían cómo niños y niñas son criados de maneras radicalmente diferentes. A los niños se les inculcan sus roles respectivos a través de muchos detalles de la vida cotidiana, en los cuales no nos detenemos porque nos parecen naturales. La ropa, los juguetes, los juegos y la atención que reciben de los adultos varían enormemente. Se sabe, por ejemplo, que los maestros le otorgan más atención a un niño que llora, grita o patalea que a una niña en el mismo caso. No cabe duda de que esto refuerza estas conductas en los varones y tiende a aminorarlas en las niñas.[33]

Se ha observado también que los padres, más que las madres, moldean la conciencia de género en sus hijos. Las madres tienden a ser más flexibles, al permitir que sus hijas practiquen juegos o de-

---

[32] Valian 2000: 24.
[33] *Ibid.*: 50-53.

portes supuestamente "masculinos" y que sus hijos jueguen, por ejemplo, con muñecas. Pero los padres toman un papel más activo, sobre todo con sus hijos varones: tienden a reprimirlos mucho más cuando tienen conductas consideradas "femeninas", como pintarse o jugar con muñecas.[34] Asimismo, los hombres les dan un trato físico más rudo a los niños que a las niñas, mucho más que las mujeres, quienes tienden a ser más cautelosas con sus hijos de los dos sexos. Todo ello nos lleva a pensar que para los hombres es más importante mantener clara la distinción entre los roles de niños y niñas, lo cual no debe sorprendernos demasiado si consideramos que tienen más que ganar en mantener el estado actual de las cosas.

Éstas son, pues, unas primeras causas del machismo, en el orden psicológico. Hay otras, que examinaremos más adelante. Sin embargo, conviene hacer ya hincapié en un hecho importante: la vida psicológica temprana no marca un destino inamovible. Si bien todo hombre nace con la necesidad de separarse de su madre para asumir con plenitud una identidad masculina, no todos se vuelven machistas. Si bien todos los niños reciben un trato diferente acorde con su sexo, esto no significa que todos los varones resultarán machistas. Entran en juego muchos otros elementos familiares, culturales, sociales y económicos; el machismo no es sólo un fenómeno psicológico, ni un atributo personal, sino el resultado de una vasta red de influencias.

LA TEORÍA DE CARL JUNG

Muchos psicólogos creen que existe una "esencia" femenina y otra masculina, independientes de cualquier contexto familiar o social. En particular, los seguidores de Carl Jung (1875-1961) piensan que en el "inconsciente colectivo" hay ciertas categorías universales que se revelan en los sueños, los cuentos, los mitos y los ritos que han existido a lo largo de la historia. Una de ellas sería la polaridad entre lo masculino y lo femenino, vistos como principios eternos e invariables en la vida psíquica de la humanidad. En la visión de

---

[34] *Ibid.*: 28.

Jung lo masculino es, ante todo, el logos, la razón, en tanto que lo femenino es el Eros, la conexión afectiva con los demás. El hombre es movimiento, descubrimiento, conocimiento; la mujer es la emoción, la intuición, el inconsciente... Pero todos los humanos poseen elementos del otro sexo y son, por tanto, psíquicamente bisexuados; una tarea central del desarrollo individual es alcanzar un equilibrio sano entre ambos polos, masculino y femenino.

Sin embargo, en el enfoque jungiano, los polos de este equilibrio siguen siendo valores absolutos; la masculinidad y la feminidad poseen características fijas, y lo único que varía en el individuo es la proporción que pueda tenerse de cada lado, como sucede con las hormonas masculinas y femeninas. Por consiguiente, en su esencia los dos géneros no sólo son distintos, sino diametralmente opuestos: por ejemplo, si lo masculino es racional, entonces lo femenino es irracional, los géneros contraponiéndose siempre en los extremos de todas las facultades humanas. Esta polaridad, que sin duda existe en muchos mitos, cuentos y rituales, no refleja la complejidad de la vida real ni toma en cuenta la historia de la humanidad. Pero esto no ha impedido que la psicología popular de los últimos años la retome pretendiendo darnos explicaciones fáciles y soluciones rápidas a problemas inmensamente complicados.

Menciono el enfoque jungiano no porque me adhiera a él, sino porque su influencia en el pensamiento *New Age* ha sido enorme. La mayor parte de la literatura estadounidense actual sobre las diferencias psicológicas y espirituales entre hombres y mujeres deriva de la teoría jungiana. Por ejemplo, el *best-seller* de Robert Bly, *Iron John*, plantea la necesidad para el hombre contemporáneo de recuperar una masculinidad primaria, agresiva y espontánea. La forma de hacerlo será, por supuesto, alejarse de las mujeres y de todo lo femenino, y cultivar ritos guerreros y tribales para desarrollar una supuesta "masculinidad profunda". Otro libro, *Los hombres son de Marte, las mujeres son de Venus*, de John Gray, propone que

hombres y mujeres difieren en todas las áreas de sus vidas. No sólo se comunican de manera distinta, sino que piensan, sienten, perciben, reaccionan, responden, aman, necesitan y aprecian todo de manera diferente. Casi parecen ser de planetas distintos; hablan diferentes idiomas y necesitan una alimentación diferente.[35]

En este caso, la intención del autor no es separar a hombres y mujeres, como propone *Iron John*, sino mejorar la comunicación interplanetaria entre ellos.

Estas ideas, además de ser sumamente simplistas, ignoran por completo el carácter histórico y social de toda definición de lo masculino y lo femenino. Si adoptamos el concepto de un "eterno femenino", ¿nos basaremos en las duquesas francesas del siglo XVII, las obreras americanas del siglo XX, las campesinas chinas del XII, o las amas de casa mexicanas de hace cincuenta años? Y si buscamos una "esencia masculina" universal, ¿la encontraremos entre los cavernícolas, los legionarios del Imperio romano, los cortesanos de Luis XIV, o los habitantes urbanos de la Suecia actual? El reto no es sólo definir lo que queremos decir, sino reflexionar también en qué tipo de masculinidad y de feminidad queremos cultivar en nosotros mismos y en las generaciones futuras. ¿Qué modelos de masculinidad y de feminidad desearíamos que siguieran nuestros hijos? ¿Cómo nos gustaría que se relacionaran entre ellos, en lo que al amor, la amistad y el trabajo respecta? Estos cuestionamientos requieren algo más que apelar a una vaga "esencia" masculina y femenina: nos exigen reflexión y precisión.

TEORÍAS ADLERIANAS DEL MACHISMO

Uno de los seguidores más importantes de Freud, el vienés Alfred Adler (1870-1937), desarrolló una teoría de la sobrecompensación para explicar diversos rasgos físicos y psicológicos, incluyendo la hipermasculinidad. Partiendo de su experiencia clínica como médico, observó que el desarrollo deficiente de un órgano provoca su mal funcionamiento. La persona afectada deberá luchar permanentemente contra esta "inferioridad orgánica", llegando en algunos casos a una sobrecompensación: por ejemplo, el tartamudo se

---

[35] Gray 1992: 5 (traducción mía).

convertirá, como Demóstenes, en un brillante orador. El mismo mecanismo opera a nivel psicológico: los sentimientos de inferioridad que pueda albergar un niño débil, inseguro o dependiente —por razones orgánicas o circunstanciales— serán "reparados", en algunos casos durante toda la vida, recurriendo a la sobrecompensación. Por ejemplo, el niño que le teme a las alturas se dedicará al alpinismo.

Ahora bien, todos los niños son débiles y dependientes, y se perciben como "inferiores" frente a los adultos; por tanto, afirma Adler, "en última instancia, en la niña como en el varón todo, querer es un querer compensar un sentimiento de inferioridad".[36] El psicoanalista llamó a este mecanismo la "protesta viril", porque en una sociedad dominada por los valores masculinos se consideran características femeninas la debilidad y la pasividad, y masculinas la voluntad y la actividad, así como la ambición, la fuerza y el poder. Todo el mundo aspira al poder. Pero algunas personas, debido a sus sentimientos de inferioridad —justificados o no—, llegan demasiado lejos en sus intentos de compensación. En esta forma exagerada de la protesta viril, el hombre persigue una hipermasculinidad ficticia, adoptando una serie de actitudes y gestos que ahora asociaríamos con el machismo. En palabras de Adler:

> La avanzada de este repertorio [...] está constituida por los rasgos de carácter neurótico (ambición, susceptibilidad, desconfianza, hostilidad, egoísmo, pugnacidad, etc.), con los cuales el individuo enfrenta la vida y a sus semejantes, siempre alerta, en ansiosa vigilia, calculando si logrará portarse como "todo un hombre" o meramente "como una mujer.[37]

Para Adler, las actitudes propias de la hipermasculinidad siempre surgen de un sentimiento de ser inferior o del temor a ser visto como tal. La idea de la protesta viril se ha vuelto parte de la psicología popular: con frecuencia escuchamos que alguien es prepotente para cubrir su inseguridad o bravucón por cobarde, o que un hombre que se ufana de sus conquistas sexuales probablemen-

---

[36] Adler 1912; 1984: 61.
[37] Adler 1912: 73.

te oculta alguna falla mecánica en esta área. Es una idea atractiva por su sencillez, pero que a veces raya en la simpleza.

ACERCAMIENTOS AL MACHISMO MEXICANO

Diversos autores han desarrollado teorías cercanas a las ideas de Adler para explicar algunos aspectos del carácter mexicano, incluyendo los que en nuestra era consideraríamos parte del machismo (aunque estos escritores no siempre hayan utilizado ese término[38]). Pensadores como Samuel Ramos y Octavio Paz,[39] que reflexionaron con profundidad sobre la incipiente identidad nacional en la primera mitad del siglo XX, identificaron el machismo como un componente central del carácter mexicano. El primero, en su clásico ensayo *El perfil del hombre y la cultura en México* (1934), apunta: "Algunas expresiones del carácter mexicano son maneras de compensar un sentimiento inconsciente de inferioridad [...] [S]e observan rasgos de carácter como la desconfianza, la agresividad y la susceptibilidad, que sin duda obedecen a la misma causa".[40] Anota también: "El mexicano es pasional, agresivo y guerrero por debilidad".[41] Y añade:

> Tiene una susceptibilidad extraordinaria a la crítica, y la mantiene a raya anticipándose a esgrimir la maledicencia contra el prójimo. Por la misma razón, la autocrítica queda paralizada. Necesita convencerse de que los otros son inferiores a él. No admite, por lo tanto, superioridad ninguna y no conoce la veneración, el respeto y la disciplina.[42]

Ramos sitúa el origen de este sentimiento de inferioridad en la Conquista y la Colonia, aunque piensa que no se manifiesta plena-

---

[38] Para un repaso histórico de la palabra "machismo" y sus significados, véase Gutmann 2000.

[39] Paz 1991; Ramos 2001; Ramírez 1977. Véanse también los ensayos de Paredes 1967: 65-84 y Mendoza 1962: 75-86.

[40] Ramos 1934: 15-16.

[41] *Ibid.*: 61.

[42] *Ibid.*: 65.

mente hasta la Independencia, cuando el joven país intenta dotar-
se de una identidad nacional propia y, para ese fin, comienza a
imitar las instituciones políticas y culturales del Viejo Mundo. Ahí
surge, dice Ramos, el sentimiento de inferioridad: México "quiso,
de un salto, ponerse a la altura de la vieja civilización europea, y
entonces estalló el conflicto entre lo que se quiere y lo que se
puede".[43] De ahí la vehemencia del nacionalismo fanfarrón y del
machismo bravucón y retador propios de la cultura mexicana.

Octavio Paz también vinculó el machismo con la experiencia
histórica del país, sometido desde siempre a las arbitrariedades del
poder:

> Una palabra resume la agresividad, impasibilidad, invulnerabilidad,
> uso descarnado de la violencia, y demás atributos del "macho": poder.
> La fuerza, pero desligada de toda noción de orden: el poder arbitra-
> rio, la voluntad sin freno y sin cauce.

De manera más específica, relacionó el machismo con la Conquista:

> Es imposible no advertir la semejanza que guarda la figura del
> "macho" con la del conquistador español. Ése es el modelo —más mí-
> tico que real— que rige las representaciones que el pueblo mexicano
> se ha hecho de los poderosos: caciques, señores, feudales, hacenda-
> dos, políticos, generales, capitanes de industria. Todos ellos son "ma-
> chos", "chingones".[44]

Santiago Ramírez, psicoanalista que estudió en profundidad las vicisitudes del carácter mexicano, también ligó el machismo a la experiencia histórica de la Conquista y la Colonia. Pero su análisis se
centra en el mestizaje, esa combinación forzada de las poblaciones
colonizadora e indígena y que "siempre, salvo rarísimas excepciones, se encontró constituido por uniones de varones españoles con
mujeres indígenas".[45] El mestizaje dio lugar a una profunda divi-

---

[43] *Ibid.*: 15
[44] Paz 1991: 98 y 99.
[45] Ramírez 1977: 49.

sión entre los sexos, en la cual "la mujer es devaluada en la medida en que paulatinamente se la identifica con lo indígena; el hombre es sobrevalorado en la medida en que se le identifica con el conquistador, lo dominante y prevalente".[46]

Los hijos mestizos de tales uniones sufren las consecuencias de esta fatídica división: como productos de la violación no son deseados por nadie y como hijos de indígenas son devaluados, aun rechazados, por sus propios padres. Crecen, por tanto, bajo una sombra terrible: "La mayor parte de los mestizos nacieron bajo el estigma del desamparo y del abandono paterno".[47] Ahí empieza, según Ramírez, la perpetua ausencia de padre que caracteriza al mexicano y que constituye la esencia misma del machismo. Este esquema se transmite de generación en generación, porque los hijos abandonados se convierten inevitablemente, a su vez, en padres abandonadores, conformando un ciclo interminable de violencia y desamparo. Como consecuencia, se establece una estructura familiar cuyas dinámicas perpetúan la división entre los sexos y la misoginia.

Señala Ramírez, en un pasaje que vale la pena citar *in extenso*:

El mestizo […] nació producto de una conjunción difícil. Su padre es un hombre fuerte, su cultura y su forma de vida prevalecen, contempla a su hijo más como el producto de una necesidad sexual que como el anhelo de perpetuarse. La participación del padre en el hogar es limitada, se trata más bien de un ser ausente, que cuando eventualmente se presenta es para ser servido, admirado y considerado. Los contactos emocionales con la madre son mínimos, al igual que con el hijo; su presencia va acompañada, las más de las veces, de violencia en la forma o en el modo; se le ha de atender como a un señor, como a Don Nadie, se le deben toda clase de consideraciones sin que él tenga ninguna para con el ambiente que le rodea, frecuentemente se embriaga y abandona el hogar sin tener en consideración a los hijos y a la madre; ésta acepta pasiva y abnegadamente la conducta del padre;

---

[46] *Ibid.*: 50.
[47] *Ibid.*: 50-51.

considera que su sino es servirle y responder a sus necesidades, frecuentemente recae en ella el peso económico del hogar [...] [L]a característica fundamental de este hogar es un padre ausente que aparece eventualmente con violencia y una madre abnegada y pasiva.

Por su parte, el hijo seguirá los mismos esquemas:

Cuando grande trata a la esposa siguiendo la pauta creada en la contemplación del padre; aun cuando su esposa sea tan mestiza como él, se habrá hecho a la idea de la superioridad sustancial del hombre sobre la mujer, lo indígena y lo femenino se han transformado en una ecuación inconsciente. Dado que las significaciones masculinas son sustancialmente pobres, hará alarde de ellas; alarde compulsivo que adquirirá las características del machismo. El machismo del mexicano no es en el fondo sino la inseguridad de la propia masculinidad; el barroquismo de la virilidad.[48]

Todas las explicaciones anteriores poseen la ventaja de tomar en cuenta la historia, la demografía, la sociología de México. Responden de manera convincente a interrogantes válidas. Pero, en mi opinión, también suscitan otras preguntas que no pueden contestar. Si el machismo mexicano se debe a un sentimiento de inferioridad —de los mestizos, de la clase gobernante o del país en su conjunto—, entonces, ¿a qué se debe su prevalencia en otros países cuya historia ha sido distinta o incluso opuesta? Según esta teoría, no debería haber machismo en los países dominantes, por ejemplo, en las potencias coloniales o imperialistas. Sin embargo, éste se encuentra de manera evidente en países como Estados Unidos o su antiguo amo colonial, Gran Bretaña. Si seguimos la tesis de Santiago Ramírez, tampoco debería existir en sociedades homogéneas desde un punto de vista étnico y cultural. En consecuencia, el país menos machista del mundo debería ser Japón, cuya población y cultura son prácticamente homogéneas y cuyos habitantes están convencidos, además, de su vasta superioridad sobre el resto del planeta. Sin embargo, en los estudios transculturales mencionados

---

[48] *Ibid.*: 59-62.

en el capítulo precedente, Japón aparece como uno de los países más machistas del mundo.

En general, los estudios del "carácter nacional" de los países se han reconocido por ser ensayos literarios muy interesantes y sugerentes, pero basados más en apreciaciones personales que en datos verificables. La "psicología de los pueblos" no ha resultado ser una disciplina objetiva ni metodológicamente rigurosa. Las reflexiones de los grandes pensadores aquí citados pueden enriquecer nuestra reflexión sobre el machismo, pero por sí solas no nos darán las respuestas que buscamos.

La investigación feminista

A pesar de sus limitaciones, estos acercamientos nos han permitido ampliar y afinar nuestra comprensión del machismo, como una modalidad particular de la identidad masculina. Sin embargo, en las últimas décadas la reflexión sobre la masculinidad ha logrado sus mayores avances gracias a la investigación feminista y los estudios de género. El proceso empezó cuando los teóricos del feminismo comenzaron, a partir de los años sesenta y setenta, a cuestionar la definición misma de la feminidad, así como los roles tradicionalmente asociados a ella. Desde entonces, los estudios de la mujer (*women´s studies*, en inglés) han intentado explicar por qué y cómo las mujeres aprenden a expresar su feminidad de diferentes maneras según el entorno social, económico, político y cultural. Los investigadores feministas —en los campos de la historia, la antropología y las ciencias— plantean que los atributos "naturales" de la mujer no tienen nada de natural: las mujeres no son inherentemente pasivas, ni sumisas, ni hogareñas, ni irracionales... ni siquiera maternales, según algunos autores, como lo veremos en el capítulo VI.

Los pensadores feministas han argumentado que la biología no basta para explicar los roles tradicionales de la mujer y que más allá de la anatomía se erige una serie de valores y conductas que se desarrollan históricamente. O sea, se es mujer de distinta forma en China, en Francia y en México, y las formas actuales de la feminidad son muy diferentes de las pasadas. Como primero lo expresó Simone de Beauvoir: la mujer no nace, se hace. Una vez establecido este enfoque constructivista, el siguiente paso resultaba lógico: nada más faltaba que se cuestionara de la misma manera la masculinidad —pero esto no se dio con la misma facilidad.

LOS ESTUDIOS DE GÉNERO

Curiosamente, mientras los teóricos del feminismo avanzaban cada vez más en este análisis social e histórico, mucha gente siguió pensando que, a diferencia de las mujeres, los hombres sí tenían una forma de ser inmutable, dada por su naturaleza misma. A lo largo del siglo XX proliferaron los estudios sobre los imperativos biológicos del hombre, que intentaron explicar ciertos rasgos supuestamente innatos como su necesidad de competencia y dominación, su instinto territorial, su tendencia a la violencia, su búsqueda de múltiples conquistas sexuales, su dificultad para sentir y expresar las emociones, etc. En este enfoque esencialista se confundieron diferentes tipos de análisis: biológicos, antropológicos, psicoanalíticos, psicológicos, incluso lingüísticos, y se llegó así a una visión simplista y ahistórica de la masculinidad como un hecho dado e invariable.

En las últimas décadas del siglo XX se formó, principalmente en Estados Unidos y Europa, una nueva disciplina llamada "estudios de género". Se trata de un campo interdisciplinario surgido desde la reflexión feminista que intenta examinar todas las expresiones del género en la vida personal y social. Como parte de esta reflexión aparecieron los llamados "estudios de la masculinidad", que se han dedicado a examinar la construcción de la identidad masculina en diferentes épocas y sociedades, en todos los ámbitos. Estos nuevos acercamientos retomaron los conocimientos anteriores y los complementaron con un enfoque más histórico y sociológico, arribando por fin a una nueva visión de la masculinidad. Por su parte, la teoría del aprendizaje introdujo el concepto de roles aprendidos, según el cual los hombres aprenden a ser hombres de acuerdo con su entorno familiar y social. La antropología contribuyó a esta visión más completa del tema con ejemplos recogidos de otras sociedades con las que los hombres no son agresivos, ni competitivos, ni dominantes frente a las mujeres. Gracias a este nuevo enfoque constructivista se concluyó que existen muchas formas distintas de ser hombre. Por todo ello, podemos afirmar hoy que las conductas y actitudes relacionadas con el machismo no son universales, innatas ni, por supuesto, irremediables.

Sexo y género

Las explicaciones constructivistas del machismo señalan una distinción importante entre el sexo y el género: por una parte, el sexo biológico, dado por la naturaleza, hace que los seres humanos, y los demás animales, sean hembras o machos. Pero esta diferencia anatómica es entendida y vivida de diferentes maneras según las culturas y las circunstancias históricas. Lo que significa ser hombre, lo que significa ser mujer, la masculinidad y la feminidad, constituyen el género: algo que se añade al sexo. Sexo y género no siempre coinciden completamente: puede haber mujeres con rasgos considerados "masculinos" y hombres con rasgos considerados "femeninos", sin que por ello dejen de ser mujeres y hombres. Consecuentemente, hay una distinción entre ser hombre y ser masculino, entre ser mujer y ser femenina. Lo primero es el sexo y es proporcionado por la biología; lo segundo es el género, y es aprendido y transmitido de generación en generación dentro de un contexto familiar y social.

La antropología nos ha mostrado cómo funciona esta distinción entre sexo y género, al brindarnos múltiples descripciones de sociedades muy diferentes de la nuestra. Por ejemplo, hay sociedades en las cuales existen más de dos géneros. Algunos pueblos indígenas norteamericanos, como los navajos, reconocen la existencia de tres géneros: los hombres masculinos, las mujeres femeninas, y los nadle, de sexo indeterminado. Estos últimos adoptan la vestimenta y la conducta de cualquiera de los dos sexos y pueden casarse con hombres o mujeres, según su preferencia. Entre los indios crow, y también en el sureste asiático y el Pacífico sur, existen los *berdache*, personas que adoptan la identidad del otro sexo. Por lo

94

general son hombres que se visten y actúan como mujeres, y son altamente respetados como sabios y líderes espirituales. Los mojave distinguen entre cuatro géneros: los hombres masculinos, los que deciden tomar el papel de mujer, las mujeres y las que toman el papel de hombre. En el Medio Oriente, existen hombres *omani*, que se identifican como mujeres, se relacionan con hombres o con mujeres, y pueden casarse con cualquiera de los dos.[49] Estos ejemplos nos muestran con claridad que el sexo biológico no basta para determinar la masculinidad o la feminidad y que la demarcación entre los géneros es mucho más fluida de lo que podríamos suponer.

LA VISIÓN ANTROPOLÓGICA DE LA MASCULINIDAD

Los estudios de la masculinidad se han sustentado sobre todo en la antropología, es decir, en la observación de sociedades premodernas y generalmente no occidentales. Algunas de ellas siguen viviendo de la caza, la pesca y la recolección, y permanecen relativamente alejadas de la influencia del mundo moderno. Los antropólogos que han estudiado a tales sociedades desde el enfoque del género, como Gilbert Herdt,[50] Thomas Gregor,[51] o David Gilmore,[52] han buscado dos cosas: características comunes en cuanto a la manera de entender y vivir la masculinidad y diferencias locales. Uno de sus propósitos ha sido descubrir cuáles son las características universales de la masculinidad —si es que existen— y cuáles varían según el entorno económico, social y cultural.

David Gilmore encontró algunos puntos comunes en todas las sociedades observadas. En primer lugar: "Todas las sociedades distinguen entre lo masculino y lo femenino; y todas las sociedades proporcionan también papeles sexuales aprobados para los hombres y mujeres en edad adulta".[53] Además,

---

[49] Kimmel 2000: 58-60.
[50] Herdt (ed.), 1982.
[51] Gregor 1985.
[52] Gilmore 1994.
[53] *Ibid.*: 21.

95

aparece una y otra vez la idea de que la verdadera virilidad es diferente de la simple masculinidad anatómica, de que no es una condición natural que se produce espontáneamente por una maduración biológica, sino un estado precario o artificial que los muchachos deben conquistar con mucha dificultad. Esta idea recurrente de que la virilidad es problemática, de que es un umbral crítico que los muchachos deben cruzar mediante pruebas, se encuentra en todos los niveles de desarrollo sociocultural, independientemente de cualquier otro papel alternativo que se pueda reconocer. Se da en los cazadores y pescadores más sencillos, en los campesinos y los sofisticados moradores de las ciudades; se la encuentra en todos los continentes y entornos; y tanto en pueblos guerreros como en los que nunca han matado bajo la influencia de la ira.[54]

Sin embargo, el contenido de esa masculinidad y el sentido que se le otorga varían en gran medida. Y aquí es donde, según la sociedad examinada, aparecen criterios muy diferentes y, en particular, una multiplicidad de formas de demostrar que se es hombre. No todas las sociedades son machistas en el sentido de cultivar en los hombres la agresividad, la competencia, la promiscuidad y la dominación sobre las mujeres. No todas establecen una oposición entre los roles y funciones de hombres y mujeres, ni definen los mismos rasgos como específicamente masculinos y femeninos.

Algunas excepciones a la regla[55]

A manera de ejemplo: la isla de Tahití, anteriormente parte de la Polinesia francesa, ha sido estudiada con gran interés por los antropólogos. Desde su descubrimiento, en 1767, los viajeros extranjeros han observado con asombro la igualdad, e incluso la no diferenciación, entre hombres y mujeres en esa sociedad. No existe demarcación alguna entre lo que deben hacer unos y otras: las mujeres detentan posiciones de poder político, participan en los

---

[54] *Ibid.:* 22-23.
[55] La descripción que sigue es tomada de *ibid.:* 197-213.

mismos deportes y actividades que los hombres, se mueven con libertad y sostienen relaciones sexuales con quien se les antoje. Los hombres habitualmente cocinan y cuidan a los niños y a menudo sostienen relaciones sexuales con el homosexual del pueblo (el mahu, una especie de mujer honoraria, figura ritual muy respetada), con quien adoptan una posición que puede ser pasiva o activa en el acto sexual.

En la sociedad tahitiana (estudiada por muchos etnógrafos, en particular por Robert Levy en los años sesenta[56]) no se tolera ningún tipo de agresión: no hay guerras ni luchas, ni existe un honor masculino que deba defenderse, ni se suscitan actos de venganza. Tampoco se aprueba la competitividad: la actividad económica es básicamente colectiva: colaboran en ella familias enteras, hombres y mujeres por igual. Los tahitianos trabajan lo menos posible, por lo cual muchos observadores extranjeros los han descrito como pasivos y perezosos. Como es de esperarse, entre ellos no existen valores "típicamente" masculinos ni femeninos, ni una división del trabajo acorde al sexo. La falta de distinción entre los roles sexuales se refleja en el idioma tahitiano, que carece de género gramatical. Los pronombres no indican el sexo del sujeto ni del objeto y los nombres propios son los mismos para hombres y mujeres.

Otro ejemplo de una sociedad radicalmente diferente de la nuestra en términos de la división entre los sexos es el pueblo aborigen de los semai, en Malasia central.[57] Esta "población refugiada" —como llaman los antropólogos a las que han sido empujadas hacia áreas inhóspitas (en este caso las montañas) por invasores— se conforma por personas de raza mixta, porque los semai nunca han peleado contra los agresores. Todo tipo de agresividad, incluso en defensa propia, es estrictamente *punan* o tabú. Rehusarse a algo, herir a otra persona con un gesto o palabra es *punan*; se piensa que toda transgresión a la regla será severamente castigada por los dioses. Por tanto, las mujeres se ofrecen a cualquier forastero que se lo pida. Los semai son pacifistas y tímidos en extremo; entre ellos no existe jerarquía ni competitividad, ni conocen el concepto

---

[56] Levy 1973.
[57] Véase Dentan 1979.

de propiedad privada. Excepto para la caza, no hay división del trabajo: hombres y mujeres realizan las mismas actividades, sin distinción de funciones masculinas y femeninas; por ejemplo, las mujeres participan en los asuntos públicos al igual que los hombres, y algunos de ellos son parteros.

La sola existencia de estas excepciones a la regla nos demuestra varias cosas. En primer lugar, la masculinidad y la feminidad pueden vivirse de muy distintas maneras, e incluso pueden llegar a borrarse los límites entre ellos. Eso significa que los rasgos considerados "típicamente" masculinos o femeninos no son universales ni forman parte de la herencia innata de las personas. Los seres humanos ciertamente tenemos muchas características genéticamente programadas, pero el género no es una de ellas. En segundo lugar, las sociedades muy machistas, y aquellas más bien andróginas como la de Tahití, se sitúan en dos extremos de un amplio rango de la masculinidad. Afirma Gilmore: "En lugar de encontrarnos con un código monolítico que puede estar presente o ausente, hemos descubierto un *continuum* de imágenes y códigos masculinos, una escala móvil, un espectro policromático".[58] El "verdadero hombre", por lo tanto, sencillamente no existe.

Sin embargo surge una pregunta ineludible. Las excepciones que hemos descrito —por importantes que sean— son rarísimas. La inmensa mayoría de las sociedades que conocemos, pasadas y presentes, sí efectúan una división drástica entre lo masculino y lo femenino: distinguen entre características, conductas y funciones supuestamente masculinas y femeninas, educan de manera distinta a niños y niñas, y cultivan ideales masculinos y femeninos muy diferentes entre sí. Además, casi todas postulan la superioridad del hombre sobre la mujer, y la justifican y la imponen de diversas maneras. Si esto no tiene razones biológicas (y las sociedades andróginas demuestran que no es así), ¿cómo explicar este sistema casi universal?

David Gilmore, estudioso de la masculinidad, propone una explicación relacionada con la geografía y la historia. Observa que los tahitianos y los semai viven en lugares casi paradisiacos: cuen-

---

[58] Véase Gilmore 1994.

tan con abundantes recursos naturales, y la agricultura, la pesca o la caza son tareas fáciles. No sufren la terrible lucha por la sobrevivencia ni los conflictos por recursos escasos que son la regla general en casi todo el planeta. De ahí, según él, la ausencia del concepto de propiedad privada, de competitividad, de agresividad y de guerras. Por todo ello, en estos lugares los hombres no necesitan cultivar un ideal masculino agresivo y machista.

Pero en otras partes la vida es más ardua: los grupos sociales tienen que luchar por sobrevivir y competir por recursos escasos, y el culto de la virilidad cumple una función social de enorme importancia: condiciona a los hombres para que estén dispuestos a ejecutar las tareas más difíciles o peligrosas requeridas por cualquier sociedad, como domesticar la naturaleza, cazar, o librar batallas. ¿Por qué son los hombres los que deben encargarse de estas actividades? Sencillamente, plantea Gilmore, porque son menos indispensables que las mujeres para la sobrevivencia de la sociedad: en términos de la reproducción, los varones son más prescindibles que las mujeres. Si mueren muchos hombres en una guerra, por ejemplo, la sociedad sigue adelante; pero si mueren muchas mujeres, no.

Esta explicación, presentada aquí de manera resumida, toma en cuenta el entorno material de la masculinidad y la ubica en su relación con la historia y la geografía, la cultura y la biología. Sin embargo, no nos dice —por ejemplo— por qué no son andróginas todas las sociedades que habitan entornos naturalmente generosos. En efecto, Tahití y Malasia serán lugares idílicos, pero distan de ser los únicos. ¿Por qué no predomina este tipo de sociedad en todos los sitios de clima templado o semitropical o en las zonas costeras con abundantes recursos naturales? ¿Será por el crecimiento poblacional que paulatinamente provoca una escasez de recursos y tierras fértiles? Éstas son preguntas indudablemente apasionantes, pero que por desgracia están fuera de los alcances de este libro.

99

Sin embargo, y afortunadamente, no necesitamos ir a Tahití para conocer modelos alternativos de la virilidad. En todas las sociedades existen los homosexuales, que sin dejar de ser hombres biológicamente idénticos a los heterosexuales, presentan maneras muy diferentes de vivir la masculinidad.[59] Por ejemplo, es bastante común que los hombres gay tengan relaciones de amistad importantes con las mujeres; que realicen toda una serie de actividades supuestamente femeninas, como comprar y preparar los alimentos (sencillamente por el hecho de vivir sin mujeres que lo hagan para ellos); y que se permitan desarrollar una sensibilidad que en las sociedades machistas se considera "afeminada". Además, mi experiencia como psicóloga me ha permitido constatar que, en general, los hombres gay están mucho más conscientes de sus emociones, tienen un rango mucho mayor de sentimientos "permitidos" y están mucho más dispuestos a expresar y a trabajar en su vida afectiva. Podemos concluir, por estas razones entre otras, que muchos hombres homosexuales están generando variaciones nuevas sobre el tema de la masculinidad. Están, de hecho, ampliando el alcance y el significado de la identidad masculina.

Todas estas aproximaciones, que han nutrido los estudios actuales de género, nos demuestran que no existe un solo tipo de masculinidad y que ésta no responde a un imperativo biológico, sino a una construcción social. Por consiguiente, el machismo es algo que se aprende, de una manera que *parece* natural e inevitable, pero no lo es. Y parece natural porque la sociedad entera, la familia, la escuela, la cultura en general, lo fomentan tan ubicua y constantemente, desde el nacimiento, que no nos percatamos de su gradual incorporación a nuestro modo de vivir, pensar, sentir, comunicarnos y actuar.

---

[59] Para una síntesis del largo debate sobre las posibles "causas" de la homosexualidad, véase Mondimore 1998 y Castañeda 2000.

Pero, ¿qué sucede si lo anterior no ocurre de manera "natural"? ¿Qué pasa con los niños cuya conducta no es naturalmente "masculina"? ¿Qué sucede si son tímidos, o si no les gustan los deportes y los juegos supuestamente viriles? Entonces entra en operación la inmensa presión de la familia y de los pares para forzarlos a adoptar el papel masculino prescrito por la sociedad. Algunos niños viven esta presión de forma traumática: recuerdan con gran dolor las burlas, las imposiciones y los castigos a los que fueron sometidos por sus padres, hermanos y compañeros.

Escuchemos la historia de un aprendizaje obligado. Eduardo es un hombre de cuarenta años, de voz grave y apariencia viril, con la mirada intensa de quienes han sufrido mucho. Sin embargo es sumamente exitoso, está casado con una mujer que lo ama y tiene cuatro hijos que son su gran orgullo. Habla de su familia con devoción, en especial de su hijo mayor. Su único problema es que Eduardo es homosexual y toda la vida ha tenido que ocultarlo. Para ello, en su adolescencia tomó la determinación de volverse el más "macho" de sus compañeros, y se dedicó a observar e imitar las conductas y actitudes que lo liberarían de cualquier sospecha. Siendo un joven sensible, más bien introvertido, amante de la lectura y la música, tuvo que violentar su naturaleza verdadera para adoptar un estilo de vida deliberadamente machista.

Cuenta Eduardo en qué consistió ese largo aprendizaje del machismo:

Tuve que aprender a ser malhablado. Me costó mucho trabajo, porque en mi casa no se usaban las groserías. Tuve que practicar mucho la palabra "buey", para irla metiendo en todas partes. Tenía que salir natural, sin artificios, para que fuera útil. Lo demás se me daba, pero había que intensificarlo. Por ejemplo, me gustaba el futbol, pero aprendí a ser más rudo de lo que era: era importante a veces lastimar o ser lastimado; ésa era una muestra de machismo. Mi manera de hablar podía denotar algo de feminidad: practiqué para que mi voz fuera más gruesa, más viril.

Luego me dediqué a conquistar a las mujeres —por supuesto, las más cotizadas, las que todos querían—. Las mujeres más fáciles no eran suficientes; tenían que ser cotizadas. Comprendí que debía evitar ser demasiado afín con las mujeres, ser demasiado comprensivo o sensible, y tratar de no relacionarme con ellas de manera demasiado cercana. Era importante tener todo el sexo que pudiera con las mujeres, o por lo menos decirlo [...] pero no demasiado porque, como dice el dicho, se carece de lo que se presume. Entonces, tuve cuidado de no excederme en contar mis conquistas sexuales.

Me costó trabajo ser audaz, porque no lo era naturalmente: era necesario correr peligros, desafiar a la autoridad, ser un poco irresponsable. Por ejemplo, a veces no llevaba la tarea y luego me burlaba del maestro, porque así lo hacían los muchachos más varoniles. Aprendí a pelear y a no mostrar miedo de nada.

Siempre me fue difícil la cuestión de la ropa. Entendí que hay que estar dentro de ciertos límites: no usar ropa demasiado llamativa o cara, o de ciertos colores, ni estar muy a la moda; eso sería afeminado. No hay que exagerar en la cuestión de higiene o el aseo personal: está absolutamente prohibido ponerse crema, por ejemplo. Si un hombre sale de viaje, debe llevar lo mínimo; llevar demasiado equipaje es afeminado. Es importante dar la impresión de ser libre, sin demasiados apegos: "No necesito nada".

En algunas áreas tuve que ir contra mis gustos personales. Por ejemplo, para ser macho es importante tomar mucho y poder aguantar el alcohol... nunca perder el estilo. No puedes, después de algunas copas, pasarte al agua mineral. En la comida hay que evitar la exquisitez: el *foie gras*, cosas así son mariconerías. La cuestión de la música para mí fue muy difícil: desde chico, aprendí a tocar la guitarra clásica; pero no puedes ser macho y tocar música clásica. Entonces me obligué a practicar boleros y canciones rancheras, para poder interpretar en las reuniones un estilo de música aceptable. A un verdadero hombre no debe gustarle la música afeminada.

Aprendí también que llorar está permitido si es por la traición de alguna mujer; pero no por algo menor que te hizo, si te dejó plantado, por ejemplo. No se puede llorar por mandilería, por nimiedades. No se permite llorar por tristeza, por amor o por dolor físico. Un hombre llora de rabia, de coraje, mentando la madre. También puedes reír, pero en forma varonil, fuerte, espontánea, a carcajadas; no puede ser una risa afectada, o mamona, o excesiva. Por ejemplo, se vale reírse de las desgracias de los demás.

Un hombre muy macho no tiene miedo de defender sus derechos, y de llegar a hacer un oso. Por ejemplo, si voy al banco y alguien trata de meterse a la cola delante de mí me siento obligado a hacer algo, sobre todo si estoy con mi mujer. Siento que se está metiendo conmigo; es una falta de respeto... y tengo que hacer algo. Entonces, evito lo más posible los lugares públicos donde no seré tomado en cuenta, para no tener que pelearme y hacer un oso.

Un hombre tiene que estar atento todo el tiempo, detectar cualquier cuestionamiento a su masculinidad, seguir los códigos de su medio. Claro, estos códigos van cambiando: no son los mismos en la adolescencia que en la edad adulta y no son los mismos en todas partes. Tiene que irse adaptando a los códigos vigentes. Ésta ha sido la historia de mi vida.

Tal vez existan hombres para quienes todo esto resulta natural, y que no hayan vivido (o no recuerden) el aprendizaje del machismo. Pero todos los hombres fueron niños alguna vez, con toda la inocencia y la fragilidad que ello implica; y en las sociedades machistas, hacerse hombres constituyó para muchos de ellos un despertar cruel, en el cual tuvieron que despojarse poco a poco de lo mejor de sí mismos.

III
Del machismo en la comunicación

El título de este capítulo es un tanto engañoso: parece indicar que las formas de comunicación que describiremos aquí se limitan a los hombres, y en especial a su comunicación con las mujeres. Sin embargo, como ya mencionamos, no es necesario ser hombre para ser machista; ni el machismo se dirige sólo a las mujeres. Las formas de comunicación que analizaremos se encuentran también entre las mujeres, entre los propios hombres, entre patrones y empleados, entre adultos y niños. Representan un manejo del poder, una manera de usar la comunicación para dominar al otro, de la cual el machismo es sólo una manifestación.

Transferir el trabajo de la comunicación

Es importante recordar que toda comunicación tiene varios niveles. Para empezar, la hay verbal y no verbal. La investigación al respecto señala que la gente tiende a darle mucho más peso a esta última. Si un amigo me dice que está perfectamente bien, pero lo hace con tono enojado, yo concluiré que no está bien, que está molesto. Pero puedo ir más lejos aún y sospechar que está enojado conmigo. Esta última interpretación va más allá del estado de ánimo de mi amigo, se refiere a la relación que existe entre nosotros en este momento; también es posible que refleje mi propia inseguridad. O sea, la frase: "Estoy perfectamente bien" se puede interpretar de varias maneras: una verbal y otra no verbal; una que se refiere a mi amigo, otra a la relación entre nosotros y otra más (creada por mí) que refleja mi propio estado de ánimo.

Si deseo continuar el intercambio, debo decidir a cuál de todas responder, y esto me pone en una situación difícil. Aquí es donde entra en juego una dinámica de poder. Mi amigo me está obligando a leerle el pensamiento, con todos los riesgos que eso implica para mí: puedo equivocarme, reaccionar desatinadamente, y quedar mal cuando el que se expresó de manera ambigua fue él, no yo. El trabajo de esclarecer la comunicación ha recaído sobre mí, lo cual me pone en una situación de desventaja frente a él. En efecto, la incongruencia comunicativa abre un margen de incertidumbre que a menudo favorece a una de las dos personas a expensas de la otra. En otras palabras, puede utilizarse como una maniobra de poder.

En este ejemplo, si la relación es superficial o no es importante para mí o si estoy a mi vez enojada, voy a responder a la comunicación más superficial: "Qué bueno que estés bien". Esta reacción puede reflejar desinterés o molestia de mi parte o marcar una simple cortesía. Pero si me importa la amistad, lo más probable es que responda al mensaje no verbal: "pues yo te veo enojado". Es muy posible, incluso, que trate de aclarar las cosas: "¿estás enojado conmigo?" Pero esta reacción implica cierto riesgo, porque mi amigo puede seguir evadiendo el tema, negando que esté enojado o revertir la situación diciéndome, a su vez, "yo estoy bien, la enojada eres tú".

¿Dónde entra el poder en esta dinámica? Después de todo, yo puedo responder como quiera. El problema está en que mi amigo me está obligando a descifrar su verdadera intención y a asumir el riesgo de responderle sin saber si mi interpretación es la correcta. Si me equivoco o si él niega estar enojado habré dado la impresión de ser quisquillosa o imprudente, o de sentirme insegura en la relación. Deliberadamente o no, me ha forzado a adivinar lo que no dijo; ha cargado sobre mí el trabajo de la comunicación y la expresión de sus propios sentimientos. Esta dinámica no se limita, de manera alguna, a los intercambios entre hombres y mujeres, pero es bastante común entre ellos.

Podríamos afirmar incluso que esta *transferencia del trabajo de la comunicación* es un componente central del machismo invisible. Como veremos en el capítulo V, una de las características del hombre machista es pretender que él siempre está bien, que nada lo afecta y que son los demás, por consiguiente, los que tienen algún problema. A menudo observamos esta dinámica en las parejas, cuando el hombre oculta o niega un sentimiento que no quiere, o no puede, expresar; si la mujer intenta indagar qué es lo que le pasa, la obligará a adivinar sus verdaderos sentimientos y a realizar todo el esfuerzo de la comunicación. La incongruencia comunicativa permite, de tal forma, un manejo del poder que permanece oculto bajo el supuesto carácter de las personas.

MENSAJE Y METAMENSAJE

Tales son los términos utilizados por el antropólogo norteamericano Gregory Bateson[60] para describir los dos niveles presentes en toda comunicación. El mensaje es la información transmitida verbalmente; es lo que diríamos si repitiéramos una conversación a una tercera persona: "Él dijo, y yo contesté, y luego él comentó, y yo respondí..." En cambio, el metamensaje refleja el estado emocional de la persona que habla, así como la relación entre ella y su interlocutor. Es mucho más difícil de describir porque no siempre se expresa en forma verbal, porque depende de códigos culturales no explicitados, y porque muchas veces la gente no lo registra conscientemente. Por ejemplo, si observamos a dos personas que charlan en un idioma extranjero, no podremos entender lo que dicen, pero sí adivinar cuál es su relación y cuál es la naturaleza de su interacción: si están enojadas o aburridas o felices de estar juntas... El metamensaje es lo que se entiende, aunque no se haya dicho explícitamente, y consiste en cosas intangibles como los gestos, el tono de voz y la postura corporal. Si tratáramos de repetirlo, comentaríamos algo como: "Se

---

[60] Bateson 1972.

veía triste". El metamensaje puede o no coincidir con el mensaje; puede interpretarse de muchas maneras. Este estatus equívoco le otorga un papel privilegiado en toda relación de poder.

Metamensaje y poder

¿Qué tienen que ver las dos cosas? El metamensaje, por su inherente ambigüedad, es ideal para expresar el poder sin tener que explicitarlo. Por ejemplo, si un hombre le ordena a su esposa que le traiga una limonada, ella podrá legítimamente reclamarle: "No me hables así, no soy tu sirvienta". Pero si él sencillamente comenta, de paso, en tono molesto: "Hace un calor insoportable en esta casa", es probable que su esposa le pregunte si quiere una limonada y se la traiga. El metamensaje implícito en esta transacción es algo así como: "Si yo me siento incómodo, es tu responsabilidad hacer algo al respecto", que encierra a su vez una idea más general: "Tienes la obligación de atenderme". El resultado final de la comunicación —al dar una orden o hacer un simple comentario— es el mismo, pero, en el segundo caso, la expresión del poder quedó oculta y, por tanto, difícil de cuestionar.

Este tipo de intercambio es tan común que ni siquiera advertimos su dinámica profunda, y muchos considerarían perfectamente natural que se le dé una limonada a alguien que tiene calor. Lo que olvidamos es que, en esta interacción tan espontánea, casi siempre es la mujer quien le trae la limonada al hombre, y no al revés. Si invertimos los papeles, veremos que la cosa no es tan sencilla: ¿qué sucederá si la mujer, cómodamente instalada en su sillón, comenta: "Hace mucho calor"? El hombre probablemente le responderá: "¿Por qué no te sirves una limonada?" Entonces, un comentario casual como: "Tengo calor" puede contener diferentes metamensajes y suscitar distintas reacciones, según quién lo dice y cuál es la relación de poder entre las dos personas. Gracias a la ambigüedad de todo metamensaje, por lo general no es necesario dar órdenes en la vida cotidiana: lo no dicho es mucho más eficaz para inducir a los demás a hacer algo que quizá no harían si uno se los ordenara explícitamente.

Por supuesto, el metamensaje también puede servir para rebelarse ante el poder, en situaciones donde éste no puede cuestionarse abiertamente. La persona que se resiste a obedecer una orden puede acatarla, pero de mala manera. Retomando el ejemplo anterior, la mujer puede servirle a su marido una limonada, pero con gestos bruscos y expresión de disgusto. En los hechos obedece, pero de manera implícita comunica: "Te doy tu limonada, pero no creas que estoy a tus órdenes".

Sería interesante estudiar a fondo la función de los metamensajes en sociedades autoritarias; podemos pensar que en ellas la rebelión tiende a expresarse de modo encubierto. Por ejemplo, la sirvienta (o el alumno, o el empleado) hace lo que tiene que hacer, pero lo hace a medias o de mala manera. Y es difícil reclamarle su actitud porque, después de todo, hizo lo que se le pidió. Sería fascinante saber cuántas cosas dejan de hacerse o quedan mal hechas en nuestra sociedad debido a este tipo de rebelión solapada. Todo ello constituye, por supuesto, un costo económico oculto del autoritarismo.

Metamensaje y jerarquía

Por tanto, el metamensaje sirve, entre otras cosas, para expresar la relación —incluyendo la relación de poder— entre la gente; y aquí entra en escena una dimensión de género. En efecto, los antropólogos y los lingüistas han descubierto que los hombres generalmente intentan establecer, a través de metamensajes más o menos sutiles, no sólo la relación entre ellos y sus interlocutores sino la *jerarquía* que impera entre ellos: quién está arriba y quién abajo; quién recibe y quién pide algo; quién gana y quién pierde en la interacción. Esto sucede aun en las conversaciones más inocuas e informales.

Cuando dos o más hombres conversan, sobre todo si no se conocen, en forma paulatina —y muchas veces inconsciente— establecen cuál será entre ellos la relación de poder. Cada uno observa si el otro está de acuerdo con lo que dice, o si lo contradice constantemente; si le pide su opinión o bien quiere imponer la suya propia; si cede o intenta tener la razón a toda costa. A los pocos minutos, queda claro quién está arriba y quién abajo. Luego se establece una comunicación más fluida, pero primero ocurre esta especie de búsqueda de la jerarquía. Este proceso parece ser más común en hombres que en mujeres, quienes tienden a establecer relaciones igualitarias: generalmente buscan más el acuerdo que el desacuerdo, aunque en realidad no opinen lo mismo. Cuando dos mujeres se conocen, detectan rápidamente qué tienen en común, comparten sus historias, y se interesan más por lo que las une que por lo que las separa; les importa más la conexión horizontal que la relación jerárquica vertical.

Una forma de comunicación que refleja fielmente la relación de poder y que sin embargo permanece inconsciente es la mirada. Se ha observado que la persona más débil en una interacción siempre mira a la más fuerte cuando esta última está hablando: está atenta a ella, trata de captar todos los matices de lo que está diciendo, y no le quita los ojos de encima. Pues bien, cuando se ha estudiado lo que sucede en diferentes tipos de conversación entre hombres y mujeres, se ha descubierto que la mujer mira mucho más al hombre que viceversa, sobre todo cuando el hombre está hablando. Cuando ella habla, el hombre no le pone la misma atención. La mira mucho más mientras él está hablando, para checar si lo está escuchando debidamente. Estos datos, obtenidos a través de una serie de experimentos,[61] nos revelan que la jerarquía entre dos personas puede expresarse de una manera inequívoca, pero inconsciente y prácticamente invisible.

El "yoísmo"

Debido a los requerimientos de la masculinidad descritos en los capítulos anteriores, los hombres generalmente intentan ganarse una posición dominante en cualquier interacción, incluso en las situaciones más amistosas. Un buen ejemplo es el "yoísmo" tan fre-

---

[61] Rhode 1997: 149-152.

cuente en su conversación, sobre todo cuando hay mujeres presentes. El solo hecho de hablar de sí mismos como protagonistas de la historia, muchas veces sin permitir que los demás expresen sus opiniones, es una manera de imponerse como personaje central de la conversación: más allá de la historia que narran, están diciendo, implícitamente: "Yo soy el más importante aquí, por eso todo lo que diga es de interés general, y el papel de ustedes es servirme de público". Parece haber una comunicación cordial entre iguales, pero en realidad hay una imposición de rangos jerárquicos.

Otra forma del yoísmo es desviar la conversación, cuando otra persona está hablando, hacia puntos en los que uno sea de nuevo el personaje central. Por ejemplo, si alguien habla de un viaje que hizo recientemente, el personaje más fuerte irrumpe con sus propios comentarios sobre ese lugar o cuenta un viaje que realizó, o habla de sus propios proyectos de vacaciones. Los comentarios de los demás sólo le sirven de plataforma para introducir sus temas y volver a tomar su posición central en la conversación.

Estamos tan acostumbrados al yoísmo masculino en nuestra cultura que ni siquiera lo notamos. Pero basta con pensar en los muy raros casos en que se exhibe esta conducta en las mujeres, en particular en una reunión mixta, para darnos cuenta de que hay aquí un elemento de género: las mujeres casi nunca acaparan la conversación, a menos que ostenten un rango superior a los demás presentes, por ejemplo, si son personas públicas importantes. En general, el yoísmo es una costumbre masculina, que incluye un elemento de poder porque, al presentarse como personajes centrales, los hombres relegan a los demás al rango secundario de oyentes. Por ello, esta forma de comunicación se observa más en los varones de mayor edad o importancia: el yoísmo es prerrogativa del jefe o del padre, no del empleado o del hijo... y ciertamente no de la hija. Entonces, una mujer que acapare la conversación, que hable de sí misma sin cesar, es considerada "habladora", "latosa", "dominante", etcétera.

Aunque no sea evidente a primera vista, toda comunicación, y por ende toda relación, incluye una negociación oculta sobre la naturaleza del vínculo y sobre la relación de poder entre las personas. No está de moda decirlo, y a mucha gente le incomoda la idea, porque desde los años sesenta la cultura occidental se ha alejado del autoritarismo y ha buscado formas de relación más igualitarias. Por ejemplo, muchos consideran que, en las relaciones cercanas, como las de pareja, no hay ni debe haber desigualdad en el poder. Curiosamente, por lo general son las mujeres quienes piensan así; a los hombres, mientras tanto, les parece perfectamente natural tener más poder que ellas. Es más, hasta hace poco, prácticamente todo el mundo daba por sentado que ellos tienen, y deben tener, más poder en la relación de pareja. Hoy el discurso ha cambiado pero la realidad sigue siendo más o menos la misma. Las pautas de relación interpersonales no cambian por decreto, y en toda interacción humana sigue habiendo una dinámica de poder, muchas veces encubierta.

Relaciones simétricas y complementarias

Gregory Bateson descubrió también que todas las relaciones interpersonales giran alrededor de dos polos: la semejanza y la diferencia. A la relación basada en la semejanza la llamó simétrica: es la interacción que se establece, por ejemplo, cuando compartimos experiencias, cuando sentimos empatía o identificación con otra persona, nos situamos en una base de igualdad, resaltamos nuestros puntos comunes. Por ejemplo, si yo hablo de un problema con una amiga y ella a su vez comparte conmigo una dificultad parecida por la que está pasando, estará reaccionando de una manera simétrica. El metamensaje es que no estoy sola, que nuestros casos son similares, que ella entiende mi problema y se pone en mi lugar. Este esquema es característico de la comunicación entre mujeres, en la cual los elementos esenciales son la identificación y la empatía entre iguales. Por supuesto, la simetría y el énfasis en la semejanza también permiten la comparación y, por lo tanto, la rivalidad: si una persona describe un problema, la otra puede dar a entender que el suyo es más serio o más importante. Pero ambas continúan en una relación simétrica porque están disputando cuál de las dos tiene más, o menos, de lo mismo.

En cambio, la relación complementaria se basa en la diferencia; en lugar de buscar la semejanza establece roles distintos y complementarios, como pueden ser los del maestro y el alumno. Se expresa como un trato desigual entre personas que no están en el mismo nivel. Establece implícitamente que una persona está abajo y la otra arriba; una pide algo y la otra se lo da... o no, según el caso. La relación complementaria refleja y refuerza las diferencias jerárquicas, distribuyendo funciones *distintas* a cada persona. Es por ello la forma de relación propia del poder.

Veamos ahora cómo una interacción puede ser simétrica o complementaria. Las palabras pueden ser exactamente las mismas; todo depende de la *intención* del que habla, del *contexto* y de la *relación* entre las personas. Por ejemplo, si yo le comento a una amiga que me siento mal, espero que me dé su comprensión y apoyo desde una posición de igualdad; si ella responde en efecto de una manera simétrica, me dirá que alguna vez le pasó lo mismo y me contará su experiencia. El metamensaje es: "somos iguales, he sentido lo mismo que tú". En cambio, si me dirijo a un médico y le digo exactamente lo mismo, ya no es para compartir experiencias sobre una base igualitaria, sino para pedirle su ayuda. En esta interacción complementaria, el metamensaje es: "te estoy consultando porque tú sabes más que yo". Al reconocer esta asimetría, le otorgo al médico una posición de superioridad sobre mí. En efecto, existe entre médico y paciente una complementariedad de roles que no es reversible: el primero no está consultando al segundo, sino viceversa. El modelo complementario es característico de la relación entre médico y paciente, padre e hijo, maestro y alumno, patrón y empleado y, en nuestra sociedad, entre hombres y mujeres.

Uno de los malentendidos más frecuentes entre hombres y mujeres surge cuando éstas se expresan de manera simétrica, por ejemplo, al compartir un problema personal. Esperan entonces una respuesta empática, dada desde una posición de igualdad. Es, de hecho, lo que suele suceder cuando hablan las mujeres entre sí. Pero los hombres muchas veces reaccionan de manera complementaria: reciben la comunicación como una petición de ayuda y empiezan a dar consejos para solucionar el problema, ubicándose de inmediato en una posición de superioridad. Ellas se sienten incomprendidas; los hombres no entienden por qué, si les están diciendo cómo arreglar las cosas: ambos quedan frustrados por el intercambio. No es que no se quieran o no se entiendan; es que ella busca una comunicación simétrica y él responde adoptando una posición complementaria. Cuando la mujer desea un trato igualitario, el hombre asume una postura de superioridad. Quizás intente persuadirla de lo que debe hacer para corregir la situación, o le dé a entender que su problema no le interesa o que no es importante, o que no tiene por qué sentirse así...

En cualquiera de estos casos el hombre no se muestra empático con la mujer, más bien, marca una diferencia jerárquica. No interesarse, escuchar a medias, cambiar el tema, son formas de expresar: "tu problema no es digno de mi atención". Argumentar en contra de los sentimientos de otra persona, diciéndole, por ejemplo, "No te pongas así", es una manera de descalificarla. Tratar de imponerle soluciones transmite el metamensaje: "yo sé más que tú". Muchos hombres, cuando se les comenta algún problema, consideran automáticamente que se les está pidiendo consejo y aprovechan la situación para colocarse de inmediato en una posición de autoridad. Todos éstos son ejemplos de maniobras complementarias que podemos observar muy a menudo entre hombres y mujeres.

LA INTIMIDACIÓN FÍSICA

Los hombres han aprendido muchas maneras de ubicarse por encima de los demás. Al abordar aquí algunas de las más sutiles, no debemos olvidar la forma de intimidación más evidente de todas: la violencia física. Ésta ya no es un factor tan generalizado como antes en las relaciones íntimas o sociales, pero la *intimidación física* sigue siendo un elemento de poder en muchas relaciones interpersonales. Entre hombres y mujeres, se expresa primero mediante la diferencia de talla, así como por el lenguaje corporal y la brusquedad en los gestos. Tendemos a subestimar la importancia de estos factores, porque supuestamente somos gente civilizada y ya no nos peleamos a golpes. Pero siguen siendo muy relevantes en toda relación de poder. En esta área, el tamaño sí cuenta y mucho. Ciertamente, pocos hombres dirían: "tengo la razón porque soy más fuerte que tú", pero muchos utilizan su mayor fuerza o tamaño para intimidar a sus interlocutores, deliberadamente o no.

Lo sabemos porque muchas mujeres se sienten amenazadas por la talla o el lenguaje corporal de los hombres frente a ellas. Se sienten intimidadas, a veces sin saber por qué: se trata de un miedo difícil de describir, pero que altera profundamente la relación de poder. He escuchado a muchas mujeres describir el rostro enrojecido, las venas sobresaltadas, la mirada desorbitada, los gritos furiosos que enfrentan cuando su compañero está enojado. Piensan: "es capaz de matarme", y aceptan hacer cualquier cosa para restablecer la paz. El tamaño y la fuerza pesan mucho en la relación entre hombres y mujeres, aunque nunca intercambien un solo golpe. Pero no se trata sólo de atributos físicos. El temor que inspiran muchos hombres, cuando se enojan, es que no podrán controlarse, que están literalmente fuera de sí. Y es ahí donde se esconde el manejo del poder. En el complejo mundo interpersonal, el que no se controla, gana. El loco, el borracho, el furioso: les cedemos el lugar e intentamos aplacarlos, porque sabemos que son capaces de cualquier cosa. Es así como muchos hombres logran dominar a los demás a través de la intimidación, sin necesidad de recurrir a la violencia.

EXPRESIONES SOCIALES DEL PODER

Por supuesto, hay muchas otras formas de poder en las relaciones interpersonales. Entre dos o más individuos, en cualquier contexto, siempre habrá uno de mayor edad o mayor rango social o económico, más extrovertido o seguro de sí, que tome la iniciativa o se exprese con mayor contundencia, y él será el más poderoso en la interacción. En un grupo de personas de los dos sexos, de diferentes edades y clases sociales, en general ostentarán más poder los hombres que tengan mayor edad, un nivel económico, social y cultural más elevado, y que se expresen en público con mayor seguridad.

Siempre presente, esta dinámica de poder se establece casi de inmediato. Se observa con claridad en cualquier situación social, por ejemplo, en una reunión de amigos: quién se sienta dónde y junto a quién; quién habla y quién se calla; quién opina primero y quién responde; quién puede interrumpir y quién no; de qué temas se habla y de cuáles no. Estas pautas se estructuran de manera inconsciente y automática, y son perfectamente previsibles: en una reunión mixta la conversación general versará predominantemente sobre los temas que interesan a los hombres, y no a las mujeres: se hablará más de política que de asuntos personales, o de futbol que de los niños. Asimismo, los hombres hablarán más que las mujeres, hablarán más fuerte y tenderán a dirigirse más a sus congéneres que a las mujeres.

De ahí que tantas reuniones sociales, en los países machistas, acaben por dividirse en dos grupos, según el sexo. Aun entre gente educada, es común que los hombres acaben platicando entre ellos y las mujeres entre sí, a veces en un sitio distinto, como la cocina. Estamos tan acostumbrados a ello que nos parece natural, pero es importante recordar que las cosas no son así en otras partes del mundo. Dice una mujer estadounidense que vivió muchos años en Europa, antes de venir a México:

> Siempre me ha parecido una costumbre de bárbaros que hombres y mujeres se separen en el transcurso de una velada. Lo que pasa es que a ellos no les interesa lo que digan ellas, como si la única conversación interesante fuera la suya. Las excluyen, y ellas naturalmente se van apartando. Antiguamente sucedía algo muy similar en Inglaterra, donde los hombres se encerraban en la biblioteca después de la cena, con su oporto y sus puros. Pero esta costumbre ha desaparecido, incluso en la Europa continental nunca fue así: en Francia, por ejemplo, las mujeres siempre han sido la chispa de toda reunión y los hombres las escuchan con gran interés.

Cierto, este tipo de división se presenta cada vez menos en nuestro país. Y aunque hombres y mujeres convivan en una reunión, la conversación tiende a ser entre varones y para varones. Por su parte, ellas toman el papel de público entusiasta: ríen de las bromas masculinas, apoyan el punto de vista de sus compañeros, se aseguran de que no falte nada en la mesa y se encargan de cualquier contingencia doméstica que pudiera surgir. Si el teléfono suena, la esposa es quien contesta y no el esposo, quien está involucrado de lleno en la plática; si es necesario atender a los niños, ella se hace cargo. En este contexto, la mujer desempeña un papel accesorio y en esencia facilitador: aun cuando aparentemente participe en la conversación, no está realmente incluida en ella. Su verdadero papel es asegurar que ésta siga adelante, sin interrupciones, entre sus verdaderos protagonistas: los hombres.

De hecho pueden surgir serios problemas en una pareja si la mujer habla cuando no le corresponde, si interrumpe a alguno de los señores o si expresa su desacuerdo con algo dicho por su marido. Tales infracciones se castigan severamente: no es nada raro que un hombre humille en público a su mujer con un abrupto: "no sabes de qué hablas; mejor cállate". Como lo expresa un hombre mexicano quien, por cierto, no se considera machista: "yo no permito que mi mujer me interrumpa, es una falta de respeto. No me importa lo que tenga que decir, cuando yo estoy hablando no tolero que me interrumpa".

Es curioso que estas dinámicas sucedan de manera tan generalizada y a la vez tan inconsciente. Ni hombres ni mujeres se percatan de la jerarquía que se establece continuamente entre ellos, o bien, la consideran tan natural que ni siquiera se les ocurre cuestionarla. A todo el mundo le parece perfectamente normal que los varones hablen y las mujeres escuchen; que ellas sirvan y ellos coman; que los hombres hagan las bromas y las mujeres rían. No nos preguntamos por qué las cosas nunca suceden al revés: que ellas hablen y ellos escuchen; que ellas coman, mientras ellos sirven; que ellas hagan bromas y ellos rían. En otros países, estos escenarios no sólo son posibles, sino bastante comunes.

Ahora bien, existen formas más sutiles del poder. Aun en la relación entre pares se establece una jerarquía implícita. Entre dos amigas de la misma edad y clase social, en muchos casos habrá una que llama más seguido por teléfono o se desplaza más, o se adapta más a las necesidades de la otra cuando intentan verse. La dinámica puede variar con el tiempo: tal vez intercambien roles en diferentes etapas o circunstancias de la vida, pero en todo momento habrá una con más poder en la relación que la otra. Lo mismo sucede, desde luego, en toda relación amorosa y familiar. Incluso en las parejas homosexuales, en las cuales supuestamente no debería haber jerarquía por pertenecer las dos personas al mismo sexo, siempre existe una dinámica de poder en la cual una toma las decisiones o domina la conversación. No acostumbramos pensar en estos términos y muchas veces no reconocemos estas pautas, pero prevalecen, en forma consciente o no, voluntaria o no, en toda relación entre dos o más individuos.

EL SILENCIO Y EL PODER

Habiendo aclarado que el poder opera en toda interacción, podemos estudiar con mayor detalle cómo se manifiesta en la comunicación entre hombres y mujeres. De inmediato nos topamos con una paradoja: ya señalamos que en una dinámica de grupo, por ejemplo, en una reunión social o de trabajo, quien habla más es quien tiene más poder. De hecho, en estos contextos los hombres hablan más que las mujeres. Pero en situaciones íntimas, por ejemplo, en el hogar, esto no siempre sucede: suelen ser las mujeres quienes hablan más. ¿Significa esto que ellas detentan el poder en la intimidad? Pudiera parecer paradójico, pero no es así. Curiosamente, en ciertos contextos el que habla *menos* es el que tiene más poder. ¿Por qué?

La paradoja se resuelve si observamos que el verdadero poder no consiste meramente en hablar más, sino en poder decidir cuándo hacerlo y cuándo no. Quien decide, gana. Para hacer una analogía económica: el más rico no es quien gasta más, sino el que puede *decidir* cuánto gasta, cuándo y en qué. Para los pobres esa opción es casi inexistente: deben adquirir lo necesario, cuando puedan y como puedan, y tienen un muy estrecho margen de maniobra. A diferencia de los ricos, usan su escaso dinero en gastos obligados, no discrecionales. En la comunicación ocurre lo mismo: el más fuerte no es el que habla más, sino el que puede decidir cómo, cuándo y en qué terreno va a comunicarse o no.

Además, como ya mencionamos, guardar silencio no es una postura neutra. Por el contrario, obliga al otro a llenar el hueco comunicativo: el hombre que no habla con su pareja la obliga a interpretar su silencio, a adivinarle el pensamiento y a hacerse cargo de lo que él no está diciendo. Si está molesto por algo y lo demuestra a través de sus gestos o su tono de voz, pero no verbaliza de qué se trata, es probable que ella intente indagarlo, hasta que lo que comenzó siendo problema de *él* se convierta, como por arte de magia, en problema de *ella.* Observamos aquí una transferencia del trabajo de la comunicación y de la carga emocional. ¿Quién ganó en esta transacción (por cierto, muy común)? Evidentemente ganó él, y de nuevo ratificamos cómo el silencio puede ser una expresión del poder, la prerrogativa del más fuerte.

Otro manejo del silencio ocurre cuando una persona calla a la otra, situación también frecuente entre hombres y mujeres en nuestra sociedad. ¿Cuál es el mecanismo? Una mujer casada desde hace veinte años se queja de que, como su marido no le permite el acceso a la cuenta bancaria, constantemente tiene que pedirle dinero para los gastos de la casa: "necesito que me dé la chequera, pero prefiero ya no tocar el tema. Cada vez que digo algo al respecto, se enoja tanto y me saca tantos argumentos que mejor me callo y trato de solucionar las cosas por mi lado". Claro, su reacción (perfectamente comprensible, por lo demás) no arregla la situación; antes bien, puede empeorarla. En este caso particular, la mujer decidió sustraer pequeñas cantidades de lo que su esposo le entregaba, mintiéndole cuando fuera necesario, para poder comprarse algo de vez en cuando sin tener que pedirle permiso. La imposibilidad del diálogo acabó por promover la mentira y es probable que haya muchos casos parecidos. Cuando una persona le impone el silencio a la otra, puede suscitar reacciones quizá inadecuadas, pero perfectamente lógicas. En el juego del silencio no hay ganadores.

El silencio también puede servir como castigo: una persona, generalmente la que detenta más poder en la relación, le retira la palabra a la otra, como si la comunicación fuera un favor o una recompensa que se otorga o no, según la conducta del otro. Acaso esta forma de usar el silencio sea una repetición de experiencias infantiles, si el padre o la madre le retiraba el habla al niño cada vez que se portaba mal. Por ello, hacer lo mismo con otro adulto, por ejemplo con la pareja, equivale a infantilizarla, a asumir ante ella

119

una postura de padre cruel y represivo que no corresponde a una relación entre adultos. Es evidente que todas estas dinámicas, que son maniobras de poder, suceden también entre hombres, entre mujeres o entre una mujer y un hombre. Pero en una sociedad machista, lo más frecuente es que el hombre le retire la palabra a la mujer.

EL PODER DE LAS INTERRUPCIONES

Deborah Tannen y otros estudiosos de la comunicación han examinado las pautas de la interrupción en la conversación diaria, y han encontrado que los hombres interrumpen más a las mujeres que viceversa. Evidentemente, esta conducta constituye una expresión del poder: el más fuerte en la relación interrumpe al más débil, porque considera, conscientemente o no, que lo que tiene que decir es más importante que todo lo que pueda decir el otro. Asimismo piensa que tiene el derecho de imponerse al otro. Esto ocurre entre hombres y mujeres, maestros y alumnos, padres e hijos, patrones y empleados, médicos y pacientes, es decir, en toda relación desigual.

Sin embargo, algunos estudios más detallados han mostrado que los hombres interrumpen a otros hombres y las mujeres a otras mujeres con la misma frecuencia. Eso significa que el hábito de interrumpir a los demás no es propio de un sexo: no es más masculino que femenino. Lo que se encontró es mucho más interesante. No es el género del que habla lo que determina la interrupción, sino el género del interlocutor: *tanto hombres como mujeres interrumpen más a las mujeres que a los hombres,*[62] e interrumpen más a las mujeres porque éstas tienen menos poder que los hombres, en casi cualquier intercambio. De tal manera vemos que el hábito de interrumpir no es un rasgo personal, sino la expresión de una relación de poder. Un hombre que conversa con su jefe, su maestro o su padre no lo interrumpe; calla y escucha. Una mujer que habla con su jefa no la interrumpe, presta atención. De nuevo, es la relación la que determina la comunicación y no viceversa.

---

[62] Para una síntesis de la investigación en esta área, véase James y Clarke (comps.), 1993.

Mientras tanto, muchas mujeres sienten que los hombres no las dejan hablar, y tienen razón. No es por nada que tienden, a veces, a hablar más rápido, con la esperanza de poder terminar lo que quieren decir antes de ser interrumpidas. Esto las hace hablar de manera precipitada, aparentemente "histérica". Pero no es que sean así: el problema es que tienen prisa. Muchas mujeres informan que les cuesta trabajo comunicarse con los hombres: en efecto, deben realizar un enorme esfuerzo sólo por hacerse escuchar. En muchos casos, prefieren abandonar la lucha y dejar que hablen los hombres. Y éstos aprovechan el hueco comunicativo para consolidar su posición de fuerza en un diálogo que poco a poco se va convirtiendo en monólogo.

LA FAMOSA "FALTA DE COMUNICACIÓN"

Es común que las mujeres en nuestra sociedad se quejen de una "falta de comunicación" por parte de los hombres: aducen que éstos no saben hablar o que son incapaces de escuchar a los demás. En esta sección veremos que sí saben hablar y también escuchar... aunque sólo cuando les conviene. Su reticencia a comunicarse con las mujeres no es producto de una incapacidad, sino de un rechazo a hacerlo, y representa en realidad un mecanismo de poder. No obstante, cabe aclarar que esto no necesariamente sucede de manera consciente: muchos hábitos, sobre todo si se han aprendido desde la infancia, son automáticos y, por ende, involuntarios.

Para entender lo anterior es necesario recordar algunas características más de la comunicación, explicitadas por antropólogos, lingüistas y psicólogos en la segunda mitad del siglo XX. Una de las más importantes es que no existe la no comunicación. Desde el momento en que dos o más personas se encuentran juntas en un mismo espacio, están en comunicación, aunque no se dirijan la palabra. De hecho, se estima que más del 80 por ciento de toda comunicación es de naturaleza no verbal. La gente, aun sin quererlo ni percatarse de ello, está en comunicación constante. El silencio habla: la respiración, la expresión facial y la postura corporal son elocuentes, aunque uno no tenga la intención de comunicarse.

Entonces, el silencio es en realidad un metamensaje que nos dice algo sobre la relación entre las personas en un momento dado. Por otra parte, sabemos que, para las mujeres, la comunicación es primordialmente una manera de establecer y mantener la relación interpersonal, en tanto que para los hombres su función principal es intercambiar información. Esto explica que ellas hablen aunque no tengan nada que decirse: hacen comentarios sobre cualquier cosa, con tal de ratificar el vínculo. Mientras tanto, los hombres suelen hablar sólo cuando quieren transmitir alguna información. El silencio, por tanto, tiene significados distintos para ambos. Para ellos significa simplemente que no tienen nada que decir; para ellas, que algo anda mal en la relación. Como lo señala Deborah Tannen, los malentendidos son inevitables.[63]

Un hombre que no habla con su mujer está, sin quererlo, comunicándole muchas cosas. Aunque no sea cierto, su silencio será interpretado por ella como desinterés, aburrimiento, desconfianza, ira o, sencillamente, como pereza o falta de ánimo para hacer un esfuerzo por conversar, esfuerzo que el hombre sí realizaría si estuviera en presencia de otras personas. De ahí que tantas mujeres se sientan agredidas por el silencio masculino: para ellas necesariamente tiene un significado personal y, en algunos casos, se pasan la vida intentando adivinarlo.

Sostener, como lo hacen muchos hombres: "no tengo nada que decir", es una salida fácil, porque no toma en cuenta que el silencio, lejos de reflejar sólo un estado de ánimo personal, es un acto de comunicación. Tan es así que la persona que está enfrente se siente obligada a reaccionar ante ese vacío comunicativo, y la forma más común de hacerlo es seguir hablando, buscando despertar el interés del otro o suscitar en él alguna reacción. Por ello abundan las situaciones en las que la mujer habla de todo y de nada, mientras el hombre calla o apenas mueve la cabeza de vez en cuando.

---

[63] Véase Tannen 1990.

En esta dinámica podemos ver un reparto de roles interesante: parecería que la mujer es una niña hablando de tonterías, mientras el hombre, preocupado por cosas más serias, guarda una actitud digna y ponderada. Esta interacción de hecho infantiliza a la mujer y adjudica al hombre una posición de autoridad casi paternal. Ella aparece como una menor que reclama la atención y él juega el papel del padre que tiene cosas más importantes en qué pensar. Es una situación que sería cómica si no causara tanto sufrimiento.

Sería fácil concluir del silencio masculino que los hombres no saben hablar, de la misma manera que supuestamente no saben prepararse el desayuno. Pero ambas conclusiones son falsas. Ellos saben perfectamente cómo preparar el desayuno cuando tienen que hacerlo, mas se rehúsan a ello si hay una mujer en casa, porque no les corresponde en la división del trabajo por sexo y porque no quieren sentar un precedente que pudiera comprometerlos en el futuro. Algo semejante sucede con la comunicación. En muchas ocasiones ellos no quieren hablar de ciertas cosas, con ciertas personas o en ciertas situaciones, pues hacerlo no correspondería a su papel masculino y podría comprometerlos en el futuro.

Sin embargo muchas mujeres prefieren pensar que los varones sencillamente son incapaces de comunicarse. Quizá sea porque pensar así les da el monopolio de las artes de la comunicación: ellas sí saben hablar y escuchar, mientras sus compañeros son unos trogloditas de la expresión. Olvidan, con demasiada facilidad, que los hombres se comunican perfectamente bien y reaccionan de manera normal cuando están con otros hombres. En compañía de sus jefes, sus padres, sus hermanos o sus amigos, no guardan silencio; escuchan, responden y hasta son capaces de hablar de tonterías. Expresándolo metafóricamente, "toman la llamada". Pero cuando están con mujeres o con niños sólo emiten una señal de "ocupado". Por ello muchas mujeres dicen de sus compañeros, hijos o hermanos: "Da la impresión de ser dos personas distintas: cuando está en una reunión con los amigos es encantador y atento; platica, hace chistes... Pero cuando está en casa enmudece: está de mal humor, nunca tiene ganas de platicar". ¿Por qué esta súbita transformación?

LA ANTESALA DE LA COMUNICACIÓN

Sobre este cambio se pueden dar varias respuestas. Una tiene que ver con la diferente interpretación que hombres y mujeres le dan al silencio, y otra se relaciona con el poder. En el esquema machista sólo se escucha y sólo se responde a alguien que está en una posición igual o superior. A alguien que se percibe como inferior no se le hace gran caso... porque no es necesario, porque no vale la pena hacer el esfuerzo y porque la no respuesta mantiene a la otra persona en su rango de inferioridad; la pone, por así decirlo, en su lugar.

En la sociedad mexicana, se nos ha inculcado a todos una exquisita sensibilidad frente a estos juegos del poder. Quién llama a quién, a quién se le toma la llamada o no, a quién se le devuelve una llamada o se le contesta una carta, son actos de comunicación que se interpretan (correctamente) como maniobras de poder. Tal vez el símbolo más visible de este manejo sea la antesala, donde el personaje poderoso hace esperar al otro indefinidamente... para mostrarle que tiene cosas más importantes que hacer y dejar bien sentado el rango inferior del que espera. Pero esta dinámica de la antesala, tan conocida por todos, no se limita a los despachos de gobierno: muchos hombres mantienen a las mujeres en una permanente antesala de la comunicación, prometiéndoles la entrada algún día... si se portan bien.

En este juego del poder la comunicación no es un intercambio igualitario: es un favor que se le otorga a un ser subordinado. Por desgracia, muchas mujeres viven así con sus parejas: piden el acceso, a veces lo exigen, esperan largamente, hasta que por fin concluyen que los hombres son incapaces de expresarse y abandonan la lucha. Entonces descubren que sus relaciones más cercanas no son con sus maridos, sino con sus amigas o hermanas; surge en ellas una dicotomía que puede causarles mucho conflicto, entre sus relaciones amorosas y amistosas. Rara vez observamos que marido y mujer sean mejores amigos. Ella se comunica de manera íntima con otras mujeres y él con otros hombres. Esto, a su vez, refuerza la división entre los sexos y, por tanto, el machismo.

LA DEVALUACIÓN DEL ÁMBITO DOMÉSTICO

Hay otras maneras de explicar por qué muchos hombres se muestran amables y comunicativos fuera del hogar, pero taciturnos y distraídos cuando llegan a casa. Una es, sin duda, la subvaloración del ámbito doméstico en nuestra cultura: el espacio realmente importante para un hombre es el ámbito laboral y social. Ése es su verdadero terreno de juego. Regresar a casa es como abandonar la cancha cuando ya finalizó el partido y llegó la hora de descansar. Es necesario, es obligatorio, pero no es lo más importante. Además, en el verdadero juego los otros jugadores son los demás hombres, no las mujeres. Los hombres no se miden con ellas, sino con sus congéneres; éstos son sus verdaderos interlocutores. En este esquema, no vale la pena gastar energía en la casa; es mejor conservar fuerzas para el mundo externo.

Para muchos hombres el silencio en el hogar tiene, simplemente, una connotación de descanso; no lo perciben como desatención, mucho menos agresión, hacia su esposa e hijos. Para ellos, la casa es el terreno más importante, afectivamente hablando; no obstante, muchas mujeres perciben el silencio masculino como una falta de interés y, por ende, como una agresión. Aunque no sea ésa la intención, el silencio crea un abismo interpersonal que puede resultar angustiante o por lo menos preocupante para la persona que desea establecer o mantener la comunicación. En nuestra sociedad, esta tarea le corresponde, por razones culturales, a la mujer. Es ella la responsable de tender los puentes, sostener el diálogo, cuidar las relaciones familiares y sociales. En este papel vemos la contraparte del mutismo masculino: en el juego de la comunicación, la mujer es quien siempre quiere hablar; es quien pide el acceso, mientras el hombre lo otorga o no. Surge así una polarización de los sexos, en la cual hombres y mujeres son reducidos a caricaturas de sí mismos: el hombre mudo, la mujer habladora. Esto no corresponde de manera alguna a su naturaleza intrínseca: se trata de roles estereotipados que no sólo no reflejan las verdaderas personalidades de hombres y mujeres, sino que afectan la relación entre ellos.

¿De qué otras formas se juega el poder en la comunicación? Un factor muy importante en toda relación humana no es sólo si se va a hablar o no, sino *de qué*: qué temas se pueden abordar y cuáles no, y en qué términos. Ocurre de forma similar a cuando dos o más personas se reúnen para tocar música. Está muy bien que todos estén de acuerdo en tocar, pero falta decidir qué es lo que van a tocar, a qué tempo y de qué manera. Sucede lo mismo en la comunicación verbal. Alguien debe decidir de qué se hablará, y en las relaciones interpersonales, el más fuerte es quien decide.

En nuestra sociedad, esa función generalmente le corresponde al hombre: él define cuáles son los temas permitidos y cuáles no. Al hacerlo, muchas veces sin darse cuenta, sigue los roles y las reglas establecidos por el machismo, el cual, entre otras cosas, marca una distinción entre temas "masculinos" y "femeninos". Áreas enteras de la vida se excluyen del discurso de los hombres, por tratarse de "cosas de viejas": por ejemplo, el quehacer doméstico, los sentimientos, las relaciones interpersonales… Y otros temas son intocables por ser del dominio exclusivo de los hombres, como el dinero o la política. Éstas son cuestiones que muchos hombres se rehúsan a tratar con las mujeres.

Notemos de paso que este esquema es el mismo establecido por los adultos con los niños: muchos temas no se tratan con estos últimos, supuestamente porque debe protegérseles de las crudas realidades de la vida y porque no tienen la madurez, los conocimientos ni la experiencia necesarios para entender las cosas de adultos. Muchos hombres adoptan la misma actitud frente a las mujeres: en el fondo, no consideran que sean aptas para entender ciertos asuntos. Claro, en ambos casos sucede lo que tenía que suceder: los niños hablan entre ellos de la sexualidad, etc., y las mujeres acaban hablando entre ellas de lo que no pueden abordar con sus compañeros.

Los contextos de la comunicación

Más allá de la delimitación de los temas posibles, en toda comunicación hay otros elementos que ya no se refieren al contenido, sino a la forma: no qué se dice, sino cómo, cuándo, dónde, con quién, y para qué. Estos factores también son prerrogativas del interlocutor más poderoso. Suelen ser los hombres los que determinan con quién se puede tratar ciertos temas, en qué contexto y de qué manera; y esto no sólo en su propia comunicación, sino también en la que la mujer pueda tener por su lado.

¿Cuántas mujeres no le han dicho alguna vez a su psicólogo, a su hermana o amiga, al hablar de ciertos temas: "Mi esposo me mataría si supiera que estoy hablando de esto. No le gusta que aborde cosas íntimas con extraños"? En esta expresión vemos con claridad dos prerrogativas del hombre ante la mujer: pretender decretar de qué puede hablar ella, aun cuando él no esté presente, y definir quién es una persona cercana y quién no. Evidentemente, el analista o la amiga no son "extraños" para la mujer, pero para él sí, y su criterio en este sentido es el que domina. De ahí la culpa que muchas mujeres sienten cuando hablan con otras personas: les causa remordimiento "traicionar" a su esposo.

Otro elemento importante en la comunicación es la delimitación que se haga entre lo público y lo privado. En el estado actual de las cosas, la esfera pública supuestamente les pertenece a los hombres: son ellos quienes tienen la palabra y su opinión respecto a los asuntos de interés público es realmente la que cuenta. Pocos hombres respetan los puntos de vista de una mujer en áreas como la política, la economía, las finanzas… Aunque se reconozca a alguna de ellas cierta autoridad o conocimiento de estos temas, se sigue sospechando que su opinión en realidad no es más que una calca de lo que piensa su marido, su padre, su hermano… Todo esto se sabe ya sobradamente.

Lo que es más sorprendente, porque no solemos pensar en ello, es que los hombres también pretenden dominar la esfera privada. En muchos casos se consideran dueños, no sólo de su propia intimidad (lo cual es su derecho), sino también de la de sus esposas, hijas o hermanas. A muchos no les gusta que "sus" mujeres tengan una vida íntima que escape a su control y que la compartan con amistades o algún terapeuta, como si la intimidad de sus mujeres les perteneciera. "No quiero que hables de estas cosas con nadie. No me gusta que andes ventilando nuestra vida personal", dicen, como si tuvieran derechos exclusivos sobre la vida afectiva de la pareja o la familia. Así, vemos el origen de un círculo vicioso muy común: no les gusta hablar de cosas personales con sus mujeres, pero tampoco les agrada que éstas intenten hacerlo con otras personas.

En esta formulación, es importante notar el posesivo "sus"; en efecto, muchos hombres sí hablan de temas personales con otras mujeres, por ejemplo, amigas o colegas, pero no con sus esposas. ¿Por qué? Hay varias razones posibles. La principal, creo, es que les es más fácil controlar el grado de intimidad que tengan con una amiga que con su esposa: la primera no exigirá una mayor comunicación, ni intentará imponer temas, pero la segunda, sí. Además, alguien que no conoce la conducta privada de un hombre no lo cuestionará ni le planteará objeciones, pero una esposa, sí. Paradójicamente, los problemas de comunicación tienden a surgir más en las relaciones íntimas que en otro tipo de vínculo, como es la amistad.

Vemos así que el poder en la comunicación consiste, en parte, en la capacidad para imponer los temas y el contexto: con quién, dónde, cuándo, cómo y de qué se habla. La persona dominante puede restringir el diálogo imponiendo ciertas condiciones, de ahí respuestas como: "Ahora no es el momento", "Éste no es el lugar para hablar de ello", "No voy a platicar contigo mientras estés así"… Muchas veces, cuando los hombres se rehúsan a hablar con las mujeres no es porque no sean aptos para la comunicación, como suele pensarse, sino porque los temas o las circunstancias no les son favorables en términos del poder.

Hay muchas otras formas de dominar la comunicación. No hablar es sólo una cara de la moneda: la otra es rehusarse a escuchar. La investigación reciente ha demostrado que los varones en general escuchan menos que las mujeres y que, cuando lo hacen, oyen de una manera muy diferente.[64] Comencemos por definir, aunque sea de manera muy incompleta, lo que significa escuchar.

Escuchar plenamente es atender no sólo al contenido del mensaje, sino también a su forma: no sólo a lo que digo, sino cómo lo digo y para qué. Cualquier comunicación verbal incluye varios elementos que van más allá del significado de las palabras, como pueden ser las emociones, las necesidades afectivas, las expectativas… La pregunta anodina: "¿cómo te fue hoy?" en muchos casos encierra no sólo una petición de información, sino también el metamensaje: "me intereso por tu día porque me importas tú". Responder solamente en un nivel informativo, con un: "me fue como todos los días", "deja colgada" afectivamente a la otra persona; no responde al metamensaje de interés y cariño implícito en la pregunta.

Por ejemplo, los psicólogos, que están entrenados para escuchar con una atención plena, no sólo oyen lo que les dice su cliente: también escuchan lo que no comunica, lo que expresa de manera no verbal, así como la razón por la cual dice lo que dice (o no) en un momento dado y no en otro; relacionan todo lo que se dice con comunicaciones previas de sesiones anteriores; se preguntan cuál es la expectativa del cliente en cada momento; piensan en cómo reaccionar y continuamente dan señales de interés para que la persona se sienta escuchada y comprendida. Claro, uno no puede ni debe esperar este tipo de atención en la vida cotidiana; el ejemplo sirve para ilustrar el abismo que existe entre una atención plena y la que prevalece en la vida cotidiana, en especial entre hombres y mujeres.

Ahora bien, es privilegio de poder hacer caso omiso de todos estos elementos y darse el lujo de escuchar, y responder, sólo al

---

[64] Véase *ídem*, cap. 5.

contenido más obvio y superficial de la comunicación. Cuando esto sucede, esta última se reduce a un simple intercambio de información; el contexto afectivo, las motivaciones y expectativas que conforman la base misma de la relación quedan excluidos. Esto causa un sinfín de malentendidos: parece que sí hay una escucha y una respuesta, pero son parciales. Tal fragmentación de la comunicación se presenta a menudo en las conversaciones entre hombres y mujeres y, de nuevo, no se debe a una incapacidad fundamental en los hombres, sino a que no atienden los contenidos afectivos de la comunicación y a que la tratan como si fuera exclusivamente un medio informativo.

En cambio, cuando los hombres escuchan a otros varones, como sus superiores, padres, hermanos o amigos, son perfectamente capaces de percibir los matices afectivos de la comunicación. Si el patrón está de mal humor, sí se dan cuenta de ello, se preocupan, intentan descifrar la razón y contentarlo. Si el papá o el hermano se ve preocupado, sí lo notan y tratan de ayudarlo. Con las mujeres no realizan el mismo esfuerzo: tienden a pasar por encima de estos estratos más profundos de la comunicación. Después alegan, con toda sinceridad, que no entienden a las mujeres. Pero lo que sucede no es que las mujeres sean incomprensibles, sino que los hombres no las escuchan con plenitud.

En algunos casos podemos percibir con claridad las diferentes actitudes de hombres y mujeres cuando supuestamente están conversando. ¿En cuántas ocasiones no hemos observado a una mujer profundamente involucrada en el diálogo, mirando a su compañero y dirigiéndose directamente a él, en tanto que éste, al mismo tiempo, ve la televisión, lee el periódico o revisa documentos relacionados con su trabajo? No podría haber mejor ilustración de la atención limitada que muchos varones prestan a la comunicación con sus compañeras.

EL MITO DE LA TELEPATÍA

En cambio, la mayoría de los hombres espera de las mujeres una atención completa, una disponibilidad afectiva ilimitada cuando ellos hablan. Si ella está ocupada en algo, debe dejar de hacerlo inmediatamente, escuchar todos los niveles de su comunicación y responder en forma adecuada. Incluso cuando los hombres no hablan, muchas veces esperan que su compañera esté pendiente y les lea el pensamiento. Recuerdo a una joven pareja que me consultó por diversos problemas en su matrimonio de varios años. Un día él llegó visiblemente furioso; ella, callada y perpleja. Al preguntarle a él desde cuándo estaba enojado, respondió que ya llevaba varios días. Su esposa lo miraba atónita. "¿No te habías dado cuenta de que estaba enojado?" le pregunté. "No", respondió sorprendida, "no tenía la más mínima idea". Furioso, irrumpió él: "¿Cómo no te diste cuenta? ¡Si llevo una semana comiendo fuera todos los días!" Me dirigí de nuevo a ella: "¿Tú sabías que Mario come fuera cuando está enojado?". "No", contestó, "hasta ahora me entero; pensé que tenía mucho trabajo". Él protestó: "Tú sabes muy bien que sólo falto a comer cuando estoy enojado contigo". Mirándolo incrédula ella contestó: "No, no lo sabía". Esta pareja llevaba varios años de matrimonio, pero estaba hablando idiomas diferentes sin darse cuenta de ello. Fue necesario que ambos entendieran que no existe la telepatía, aunque la gente se ame, y que los mensajes que no se transmitan clara y explícitamente no serán recibidos.

Sin embargo, muchas parejas caen en esta trampa de la comunicación: ellos se rehúsan a expresar con claridad sus pensamientos y sentimientos, pero consideran que ellas *deben* adivinárselos a pesar de su silencio, y reaccionar en consecuencia. Aun si se les recuerda que no existe la telepatía, muchos piensan que sus mujeres *deben* leerles el pensamiento, un poco como una buena madre debe adivinar cuando su bebé tiene hambre o frío. Se trata de una actitud regresiva, propia de la infancia mas no de la edad adulta. Sin embargo, muchas mujeres obedecen esta regla no escrita y se desviven tratando de adivinar los deseos y las necesidades de sus hombres. Es más, en esta visión de la pareja, la buena esposa no sólo debe responder a ellos, sino incluso prevenirlos. Tenemos aquí, por supuesto, una receta perfecta para malentendidos, desilusiones y resentimientos.

Estas fantasías impiden que se desarrolle una comunicación clara: hombres y mujeres se acostumbran a no hablar y a no escuchar plenamente. Vemos así surgir patrones por desgracia muy comunes en nuestra sociedad. Cuando los hombres dejan de escuchar, las mujeres dejan de hablar con ellos de los temas que les importan. Cuando a ellas no se les escucha en casa, buscan comprensión y apoyo en otras partes: con sus amigas o sus hermanas o, en las clases acomodadas, con profesionales de la salud mental. Cuando los hombres perciben esto, concluyen que las mujeres son neuróticas o chismosas, o que les están ocultando algo. De ambos lados van creciendo la incomprensión y la desconfianza.

"No me estas escuchando"

Una expectativa que los hombres transmiten con gran frecuencia, aunque no siempre se dan cuenta de ello, es que si uno en verdad los escuchara necesariamente estaría de acuerdo con lo que dicen. Por ello, cuando alguien, sobre todo una mujer, expresa su desacuerdo con algo que han dicho, le reclaman airados: "¡es que no me estás escuchando! Si me escucharas, verías que tengo la razón". Aquí observamos una especie de omnipotencia comunicativa, combinada con cierta inocencia, en la cual una persona da por sentado que sus declaraciones expresan verdades universales que los demás aceptarían como evidencias si tan sólo prestaran atención. Se trata, de hecho, de la postura clásica del maestro frente a sus alumnos cuando éstos no están entendiendo la lección, postura común en muchos varones cuando intentan convencer de algo a las mujeres. Desafortunadamente, intentan imponer sus puntos de vista como si ellos fueran adultos y las mujeres niñas, en lugar de emprender con ellas un diálogo real.

¿Qué podemos hacer?

¿Qué soluciones podríamos proponer a estos problemas tan frecuentes como dañinos? En primer lugar, hemos de dejar atrás la idea de que hombres y mujeres actúan como lo hacen debido a su naturaleza intrínseca. Ellos no son reservados "porque así son los

132

hombres"; ellas no son habladoras "porque así son las mujeres". Antes bien, es necesario entender que se trata de roles aprendidos desde la infancia, los cuales se complementan y promueven mutuamente. A veces las mujeres hablan de más porque los hombres callan y éstos se comportan así porque aquéllas se encargan de decir lo que en realidad les correspondería decir a ellos. Además, muchas veces los hombres no expresan lo que en realidad sienten por temor a mostrarse poco viriles, porque supuestamente no deben manifestar ciertos sentimientos o abordar temas "femeninos". Todo ello limita su comunicación y tiende a transferir el trabajo de la comunicación a las mujeres, poniéndolas en la difícil obligación de descifrar y buscar solucionar problemas sin contar con la información necesaria, además de imponerles el costo emocional de resolverlo todo. Por difícil que sea, es indispensable comprender que no existe la telepatía, que el silencio tiene costos altísimos, y correr el riesgo de hablar claro.

No engancharse con el silencio

Es importante rechazar el silencio del otro como maniobra de poder y no aceptarlo como un mensaje legítimo. El silencio cómodo y espontáneo de dos personas que disfrutan juntas un atardecer es una forma de compartir una experiencia agradable; éste no tiene nada de malo. También resulta válido rehusarse a hablar de algo cuando uno no desea hacerlo, asumiendo las posibles consecuencias, como pueden ser los malentendidos o el resentimiento por parte de la otra persona. Pero el silencio sistemático, el siempre rehusarse a hablar, el silencio como agresión o castigo, no es una forma aceptable de comunicación; es, llana y sencillamente, una maniobra de poder.

Cuando eso sucede resulta crucial no engancharse en el silencio del otro: no tratar de indagar qué le sucede, no esforzarse por adivinar cuáles son sus sentimientos o pensamientos verdaderos. Hacerlo significa aceptar la carga del trabajo de la comunicación y tomar todos los riesgos implícitos, dejando a la otra persona cómodamente instalada en su posición de fuerza y quedando uno en una situación vulnerable y expuesta. Si la otra persona no quiere hablar, es su derecho... pero que pague el precio ella, no uno.

Quizá la mejor manera de inducir a alguien a hablar sea dejar de hablar por él. Si las mujeres no llenaran los huecos comunicativos de sus compañeros, tal vez éstos se verían obligados a hablar más de lo que les sucede o de los problemas pendientes en la relación. Si los hombres pudieran alejarse de los lineamientos tan rígidos del machismo tal vez podrían abordar temas más "femeninos", como los sentimientos, ampliando así su manera de relacionarse. La verdadera fortaleza, que es muy diferente del poder, no radica en rehuir la comunicación: consiste en asumir una comunicación plena.

IV
Algunas trampas del machismo

Marta es una mujer guapa, de 44 años, elegantemente vestida. Con una sonrisa cautivadora, confiesa que es débil e indecisa, sobre todo con su marido, un médico exitoso con quien tiene dos hijos, ya adolescentes. Ella piensa que debido a su baja autoestima desde hace varios años padece depresión. Dice: "no siempre fui así, de joven era muy animada y alegre. Estudié para educadora y trabajé los primeros años de mi matrimonio hasta que nació mi hija. Siempre pensé regresar al trabajo, pero luego llegó mi hijo...". De pronto, su mirada se ensombrece: "después, mi marido no quiso que trabajara". Le pregunto por qué no ha retomado el trabajo ahora que sus hijos han crecido y mueve la cabeza con resignación:

> es imposible hablar con mi esposo. Ya ni siquiera intento discutir con él, porque es un hombre con un carácter muy fuerte y además muy inteligente: siempre me da la vuelta, siempre encuentra la manera de convencerme. Me da mil razones para hacer lo que él quiere; cuando hablo de lo que yo quiero, siempre pierdo. Mejor me quedo callada. Soy demasiado débil para enfrentarme con él.

¿Cómo logra el marido de Marta disuadirla de hacer lo que ella desea? No le prohíbe nada, ni se rehúsa al diálogo; por el contrario, siempre está dispuesto a hablar las cosas. Pero en cualquier discusión, él siempre gana. ¿Cómo lo hace? Éste es el tema del presente capítulo. Muchas mujeres están atrapadas en situaciones similares, tan desgastantes que acaban por rendirse y atribuir su estado depresivo a su "baja autoestima", a su "debilidad" o "indecisión". Por supuesto sufren de una visión totalmente desvalorizada de sí mismas; sin embargo ésta no es la causa de su problema, sino la *consecuencia* de verse prisioneras en una situación intolerable y paralizante, pero sin rejas visibles. Y su jaula de oro está estructurada precisamente de tal manera que ellas se culpen de lo que les pasa. Dicen: "tengo un buen matrimonio, adoro a mis hijos, pero no logro salir de esta depresión. No sé qué me pasa".

En este capítulo hablaremos de la descalificación, los dobles vínculos y la doble moral que son algunos de los sustentos más importantes del machismo en la vida cotidiana. El poder que muchos hombres ejercen sobre las mujeres o sobre cualquier persona más débil que ellos depende de estas dinámicas ocultas. Aquí analizaremos las múltiples maneras en que los hombres someten a las mujeres sin nunca levantar un dedo en su contra. En efecto, la violencia física es innecesaria cuando se cuenta con estos instrumentos de coerción, mucho más eficaces que cualquier golpe.

La descalificación

Existen muchas maneras de descalificar a alguien y todas representan una maniobra de poder. En una sociedad autoritaria la descalificación es el pan de cada día, porque es una manera eficaz de poner a la gente en su lugar: mujeres, empleados, niños, alumnos... La descalificación es más ofensiva que un insulto, pues resulta una declaración abierta sobre las deficiencias que uno quiera señalarle a otra persona. Uno puede responder a una ofensa con otra o exigiendo una disculpa. La descalificación, sin embargo, presenta la enorme ventaja de ser implícita y, por tanto, fácil de negar. La persona que mira a otra como si fuera un imbécil puede perfectamente negarlo: "Yo nunca *dije* que fueras un imbécil". La descalificación se basa en un doble discurso: muchas veces

136

el contenido es anodino, inocente; pero en la forma de hablar, en la mirada o el gesto, se esconde la anulación del otro. Descalificar a alguien es, como en el futbol, sacarlo de la cancha, señalarle que no es digno de participar en el juego. Puede observar, puede opinar, pero nadie tomará en cuenta lo que diga porque no es un verdadero jugador.

Por todo ello, la descalificación es un arma privilegiada del machismo. En una sociedad en la que los hombres se consideran superiores a las mujeres, es una forma eficaz de consolidar su poder sobre ellas. Puede expresarse al hablar mal de las mujeres en general, algo común en los chistes y los estereotipos acerca de "las viejas". Es curioso cómo los hombres hacen bromas acerca de las mujeres en su presencia, mientras ellas suelen contar chistes sobre los hombres cuando ellos no están: saben muy bien que podrían ofenderse. Los hombres no tienen la misma consideración: no sólo cuentan chistes misóginos delante de ellas, sino que les exigen que se rían con ellos. Muy a menudo, las mujeres se sienten obligadas a reír por bromas o comentarios machistas, porque si no lo hacen darán la impresión de ser solemnes o malhumoradas. Pero cada vez que lo hacen, se vuelven cómplices y ratifican los estereotipos del machismo.

Otra forma muy común de descalificar a las mujeres es hablar de ellas o dirigirse a ellas como si fueran niñas. En nuestra sociedad, no es extraño escuchar a un hombre referirse a una mujer soltera de cincuenta años como una "muchacha", o incluso como una niña. El mensaje implícito es que una mujer que no se ha casado sigue siendo menor de edad, como si no pudiera ser una persona adulta y completa de no ser elevada a ese rango por un hombre. De ahí los comentarios tan frecuentes en los restaurantes, por ejemplo cuando dos mujeres salen a comer juntas: nunca falta un mesero que les pregunte, con toda amabilidad: "¿Vienen solas?", o: "¿Por qué tan solas?", como si la compañía femenina no contara. Dos mujeres sin hombre están, por definición, solas.

Una colega psicóloga me cuenta que alguna vez le negaron la entrada a un elegante restaurante de la ciudad de México por llegar "solas" ella y una amiga, dos mujeres de más de cuarenta años. En esta situación se hace patente un prejuicio todavía muy arraigado: que las mujeres que van a lugares públicos sin ser acompañadas por un hombre seguramente buscan "ligarse" a alguien, con fines más o menos sospechosos. Lo mismo ocurre con quienes viajan por motivos de trabajo: una ejecutiva narra que se siente sumamente incómoda cada vez que se registra en algún hotel en las principales ciudades de nuestro país, porque los empleados la examinan con abierta curiosidad, casi con lascivia, al verla llegar sola.

PROTEGER A LAS MUJERES

Las mujeres que asisten a lugares públicos sin compañía masculina suelen ser percibidas como posibles presas y ser tratadas a la vez como menores de edad. Pero no sólo las ven así los extraños. Aun sus propios compañeros a veces las tratan así con el pretexto de "protegerlas".

Dice Marta: "A mi marido no le gusta que salga sola. Cuando voy de compras, o salgo con alguna amiga, siempre quiere que vaya el chofer conmigo, por si me pasa algo".

—¿Qué podría pasarte? —le pregunto.

—Bueno, no vaya a ser que se me ponche una llanta, o tenga algún problema. Se preocupa mucho por mí.

—¿Ya te ha pasado algo?

—Sí, una vez me sentí mal en un restaurante cuando estaba comiendo con una amiga. Por eso, a cada rato me llama por el celular, para ver si estoy bien.

—¿Te anda checando?

Ella ríe:

—Bueno, es que es muy celoso. Me habla para ver si estoy con alguien más. ¿Tú crees? ¡Veme nada más! ¡Como si estuviera yo en edad de tener un amante!

En este intercambio es obvio que la propia Marta se da cuenta, aunque no lo reconozca explícitamente, que la protección tan solícita de su marido es, en realidad, una forma de control. También observamos, de paso, su sutil autodevaluación, al considerarse demasiado vieja como para tener un amante; de hecho, se siente halagada porque su esposo todavía la considera capaz de atraer a alguien. La "protección" guarda todos esos significados ocultos, mismos que la vuelven aceptable para Marta, en tanto que quizá rechazaría una forma de control más explícita.

Por supuesto, no tiene nada de malo que su esposo quiera protegerla. Lo que a veces le causa conflicto a Marta es que esa protección sea *obligatoria*, que no pueda decidir ella misma si la necesita o no. Por ejemplo, ella considera que no necesita apoyo para ir al supermercado; pero para él da lo mismo que vaya al supermercado o a la Patagonia: siempre debe ir acompañada por un hombre "de confianza". Por otra parte, el hecho de que su esposo le exija llevar siempre el celular encendido le parece excesivo: no lo percibe como protección, sino como una forma encubierta de control de sus movimientos. De nuevo no puede negarse, porque después de todo se supone que es por su bien. Como los niños, Marta debe aceptar que todas las decisiones de su marido tienen esa intención.

En los dos casos observamos una descalificación encubierta: el marido, manifiestamente, no confía en la capacidad de ella para resolver algún problema que pueda surgir, ni tampoco en su fidelidad. Cuando Marta le preguntó directamente si desconfiaba de ella, él respondió que el problema no era ella, sino los hombres: "Es que no sabes cómo son. Nada más ven a una mujer sola y piensan que por algo será". Cierto o no, en todo caso hay una infantilización de su mujer, como si fuera incapaz de cuidarse sin él. Y bien podríamos preguntarnos si todas las formas de protección que los hombres imponen a sus mujeres no incluyen, implícitamente, esta forma sutil de descalificación.

Resulta paradójico pero la idea de proteger a las mujeres no sólo las rebaja a ellas, sino también a los demás hombres, y es difícil saber quién sale peor librado. En la tragicomedia de la protección, las mujeres aparecen como niñas inocentes e incompetentes, pero a los demás hombres se les representa como animales depredadores que no dudarán en lanzarse tras cualquier fémina que camine "sola" por la calle o que ande "suelta" en un restaurante. Según esta visión, ellas son retrasadas mentales y los hombres unas bestias incontrolables; el único que actúa con cordura es, por supuesto, el cónyuge benefactor, protector de la virtud de su esposa. Los demás quedan descalificados.

La idea de que los varones deben "proteger" a las mujeres carece de sentido si tomamos en cuenta las cifras de accidentes y muerte violenta en hombres y mujeres. En efecto, en el mundo entero, los primeros mueren de forma violenta con mucha mayor frecuencia: por ejemplo, en 1997 en México murieron como resultado de algún accidente 336.3 hombres por cada cien mujeres, o sea, ellos tienen tres veces más probabilidades de morir en un accidente que ellas.[65] Asimismo, la delincuencia mata a más hombres que mujeres. Todo esto nos lleva a concluir que los varones están mucho más expuestos al peligro y, por consiguiente, corren más riesgos cada vez que salen a la calle. Podríamos decir, sin exagerar, que necesitan más protección que las mujeres.

La mujer invisible

Otra forma de la descalificación consiste en tratar a las mujeres como si fueran invisibles, por ejemplo en las reuniones sociales o de trabajo. Como decíamos en el capítulo anterior, en muchas ocasiones los verdaderos protagonistas en las reuniones son los hombres; las mujeres están para facilitar y amenizar el intercambio entre ellos. ¿Qué sucede cuando alguna mujer intenta interponer una opinión u objeción? Es muy probable que nadie le haga caso, como si no hubiera dicho nada. Sólo se le prestará atención si algún hombre le cede la palabra, diciendo, por ejemplo: "a ver qué opina Lucía", o si su rango es superior al de los hombres presentes. Si no es el caso, sus comentarios caerán como una piedra en el agua, sin dejar la menor huella.

Otra manera de hacer invisible a una mujer, muy frecuente en nuestras sociedades, es la siguiente: una pareja entra a una tienda o un restaurante. Ella le hace una pregunta al empleado o al mesero y éste le dirige su respuesta no a ella, sino al hombre que la acompaña. Es como si ella no contara en la interacción, como si el verdadero diálogo tuviera lugar entre los dos hombres. La mujer sirve para iniciar o facilitar el intercambio entre ellos, pero sus propias contribuciones no merecen una respuesta directa.

---

[65] Aguayo (ed.), 2000: 110.

A menudo observamos a un hombre callar a una mujer con una mirada de advertencia, un gesto de impaciencia o un suspiro de aburrimiento. A veces cambia de tema como si ella no hubiera dicho nada, o aprovecha que está diciendo algo para echarle un vistazo al periódico o ver qué hay en la televisión. Incluso puede descalificarla *anticipadamente*, aun antes de que haya hablado, con alguna de las fórmulas clásicas del machismo como: "¡no empieces!", o "¿ya vas a empezar otra vez?". Sin embargo, en muchos casos ni siquiera son necesarias estas descalificaciones, porque las mujeres ya saben de antemano que su papel es ceder la palabra y estar calladas mientras los hombres hablan.

La mujer como sirvienta

Quizá la forma de descalificación más hiriente para muchas mujeres es que las traten como sirvientas al ser llamadas constantemente para que traigan un café o busquen un número de teléfono, en cualquier momento del día o de la noche. Estas peticiones incluyen siempre diversos mensajes implícitos, como: "hacer café es tarea de mujeres" o "siempre debes estar disponible para mí, estés ocupada o no". Esta actitud da por sentado que es más importante la comodidad del hombre que la de su mujer, y que su tiempo es demasiado valioso para desperdiciarlo en actividades "mujeriles" como buscar un vaso de agua. Conforme más exitosos o importantes se vuelven, muchos hombres se sienten con más derecho de ser "atendidos" en su casa. He conocido a varias mujeres que viven muy molestas por la jubilación de sus maridos, porque de repente éstos se instalan en la casa como si fuera un hotel con *room service* las veinticuatro horas. No permiten que ellas tengan sus propias actividades, porque les están pidiendo cosas —café, atención, compañía— incesantemente. Esta forma de exigir que las mujeres estén siempre disponibles para "atenderlos" es, sin duda, una prerrogativa del machismo.

Actualmente muchos hombres apoyan la liberación de la mujer; piensan sinceramente que sus parejas deben estudiar y trabajar. Quieren que sus compañeras los apoyen en su trabajo y que muestren iniciativa para resolver los problemas que surjan en el hogar. Sin embargo, llegado el momento, las critican cada vez que toman decisiones o tienen iniciativas propias. Por una parte les dicen: "Confío en ti, eres inteligente y capaz de resolver las cosas". Pero, por otra, cuando ellas actúan según su propio criterio, todo lo que hacen está mal. ¿De qué se trata? Tenemos aquí un doble discurso: dos mensajes simultáneos, pero contradictorios. Tal contradicción se erige, muy a menudo, sobre una condición oculta que no se ha estipulado abiertamente. Lo que el hombre en realidad le está diciendo a su mujer es: "puedes actuar según tu juicio, mientras sigas mis indicaciones", o bien "puedes decir lo que quieras, mientras estés de acuerdo conmigo", o "puedes salir con quien quieras, pero sólo si se trata de alguien que yo conozca y que sea del sexo femenino". En cada caso, el segundo término queda oculto, entre paréntesis. Detrás de la aparente libertad hay una condición y ésta revela que, a ojos del hombre, la mujer es, en realidad, demasiado tonta, inocente o inmadura como para tomar decisiones y actuar de manera responsable.

Aquí es donde entra en juego el machismo: en el fondo, muchos hombres creen que las mujeres son intelectualmente deficientes, irracionales, inmaduras... Todo lo que hagan pasa por el filtro de esta suposición implícita. Entonces, si una mujer dice o hace algo de manera diferente a su marido, no es porque pueda tener razones válidas propias, sino porque "las mujeres no entienden", o por la nefasta influencia de alguien más (típicamente, alguna otra mujer). Muchos hombres dan por sentado que las mujeres deben pensar como ellos y seguir sus instrucciones, como si fueran sus alumnas a perpetuidad. La que no lo haga, por las razones que sea, o es tonta o está actuando de mala fe, pues no podría haber otra razón para no pensar y actuar igual que ellos.

De esta forma, muchos hombres le envían a las mujeres un doble reflejo: les dicen que son inteligentes y capaces, pero con sus reacciones y actitudes les transmiten que en realidad son tontas e inmaduras. Las afectadas que ven estos dos reflejos en un mismo espejo acaban, lógicamente, por dudar de sí mismas. Después de unos años, ya no saben si son listas o tontas, fuertes o débiles, capaces o incompetentes. Viven bajo una sombra, pero ya no pueden distinguir su origen. Se sienten continuamente descalificadas, pero piensan que se trata de un problema de autoestima. Dicen: "Mi esposo me quiere, confía en mí, me deja hacer lo que yo quiera. Pero siempre me critica, se enoja conmigo a cada rato. No lo entiendo, no sé qué hacer". Y rematan: "Es que está muy presionado por su trabajo", como si eso bastara para explicarlo todo.

LOS HOMBRES "INÚTILES"

Pero los hombres también transmiten, con gran frecuencia, un doble mensaje sobre ellos mismos. Aparentan ser fuertes y autosuficientes; lo saben todo, opinan sobre todo. Sin embargo, de pronto, se declaran "inútiles" para un sinfín de cosas: no saben preparar su desayuno, no saben coser un botón, no saben hablar de sus sentimientos... ¿Qué sucede? Dentro del esquema machista, existe una gran variedad de actividades que son clasificadas como "femeninas", y es parte del discurso machista aparentar que no saben nada de ellas, para no parecer "afeminados". Esto a veces da lugar a situaciones muy chuscas, por ejemplo cuando el alto ejecutivo que dirige una importante empresa, que enfrenta grandes decisiones y maneja una computadora sofisticada, se revela incapaz de hacerse un café o cocinar un huevo. Es evidente que se trata de un artificio, pero es un artificio que nadie cuestiona. En estas situaciones, las mujeres suelen tomar rápidamente el relevo: "Déjame hacerlo". Y entonces, ellos opinan: "te salió mal el café" o "está mal planchada esta camisa". Juzgan el resultado sin querer participar en el proceso, en un doble juego que expresa: "No sé, pero sí sé". Adoptan así una actitud que jamás permitirían (ni se permitirían) en su actividad profesional. Ahí, más bien afirmarían: "Si no sabes, ¡pues aprende!".

En todas las áreas "femeninas" de la vida, ante todo las actividades domésticas, los hombres se declaran incompetentes y las mujeres se apresuran a llenar el hueco, alimentando así todos los estereo-tipos del machismo. Es obvio que las dos partes intervienen en este doble juego, y que las mujeres también se benefician de él al reser-varse el monopolio sobre toda una serie de actividades y facultades. Es una manera segura de volverse indispensables. Pero las mujeres que sistemáticamente toman así el relevo no sólo están realzando su valor en estas áreas; también están asegurando que nunca sal-drán de ellas.

Las mujeres "inútiles"

Una de las consecuencias más graves del machismo es que no sólo produce hombres ineptos, sino también mujeres incapaces de so-lucionar muchos de los problemas cotidianos de la vida. Esto suce-de sobre todo en las clases medias y altas, en las que siempre se puede contratar a alguien para pintar un cuarto, barnizar una mesa, colgar un cuadro o arreglar una lámpara. Gran cantidad de mujeres no sólo nunca aprendieron a hacer este tipo de tareas sino que no tienen ninguna intención de aprender a realizarlas. Es más, en muchos casos se congratulan de no saber, ni tener que hacer, "trabajo de hombres", sin advertir dos cosas muy importantes. En primer lugar, esta actitud exacerba la dependencia de las mujeres respecto a los hombres y ratifica que existen áreas de actividad mas-culinas y femeninas. En segundo lugar, es absurdo pensar que estas tareas estén fuera del alcance de las mujeres, cuando toda mujer estadounidense que se respete sabe perfectamente cómo cambiar una llanta o barnizar un mueble. La división machista de la activi-dad en áreas femeninas y masculinas empobrece a hombres y mu-jeres por igual; no hay ninguna razón para seguir definiendo con-tinentes enteros de la experiencia humana como exclusivamente masculinos o femeninos.

Al establecer áreas de poder exclusivas, muchos hombres viven en la incongruencia sin darse cuenta de ello. Un ejemplo: si un hombre manifiestamente rico le dice a su esposa que no hay dinero para algo que ella quiere, existe una contradicción flagrante entre lo que hace y lo que dice (en especial si entretanto decide comprarse un *Mercedes Benz*, como sucedió con una pareja que conozco). De la misma manera, si un hombre se declara autosuficiente pero necesita ayuda hasta para buscar sus llaves, su actitud es totalmente incongruente y además crea desconfianza. Es precisamente lo que señalan muchas mujeres cuando dicen que ya no les creen a sus esposos. Éstos, por su parte, no entienden por qué sus esposas no aceptan que no hay dinero, o que ellos realmente no encuentran las llaves. Y sienten que ellas actúan de mala fe, cuando los que están manejando dobles mensajes son ellos, muchas veces sin advertirlo.

El doble vínculo

¿Qué sucede cuando los dobles discursos se vuelven sistemáticos, cuando la comunicación está tan impregnada de contradicciones que ya nadie sabe qué creer? Entonces se ha estructurado un sistema de doble vínculo, que podría considerarse una forma de comunicación patológica. Los psicólogos han estudiado muy ampliamente el doble vínculo, particularmente en referencia a la esquizofrenia. Según los autores que lo describieron por primera vez en 1956, el doble vínculo tiene los siguientes componentes:

- Es una interacción, pues involucra a dos o más personas.
- Conlleva dos instrucciones contradictorias entre sí, por ejemplo: "Quiero que tú te encargues de pagar las cuentas de la casa, pero yo sigo controlando el dinero y no puedes hacer nada sin mi autorización".
- Es ineludible: la persona atrapada entre las dos instrucciones tiene que cumplirlas, aunque sean mutuamente incompatibles, porque está en una posición subordinada.

- Cuando la persona intenta actuar es criticada, haga lo que haga.

- Es repetitivo: se da una y otra vez, sistemáticamente, de manera que la persona atrapada en él *siempre pierde*, y acaba sintiéndose impotente y frustrada.[66]

El doble vínculo tiene consecuencias muy graves en cualquier relación. Para empezar, la persona atrapada nunca acaba de entender qué es lo que la otra realmente espera de ella: "por fin, ¿quieres que me encargue de pagar las cuentas, o no?". Y llega, muy naturalmente, a dudar de sí misma: "nunca logro hacer bien las cosas, todo me sale mal". En este sentido, el doble vínculo es una forma de descalificación permanente. El mensaje implícito es: "hagas lo que hagas, siempre estarás equivocada". De ahí que los psicólogos y antropólogos que primero lo describieron lo hayan relacionado con la esquizofrenia: es una forma de comunicación propiamente enloquecedora.

Además, el doble vínculo vuelve imposible solucionar los problemas, porque éstos nunca quedan claramente formulados. La distorsión comunicativa es tal, que se crea un abismo de incertidumbre entre lo que cada persona está diciendo y sus verdaderas intenciones. Los dobles discursos, de cualquier tipo, crean desconfianza y resentimiento, porque cada persona piensa que la otra está hablando o actuando de mala fe: por un lado: "no me quieres entender", y por el otro: "pero, ¿qué quieres que haga?".

DOBLE VÍNCULO Y CAMBIO HISTÓRICO

Es importante entender que el doble vínculo afecta a las dos personas, creando un juego sin fin en el que todos pierden. Y no se puede culpar del todo a la parte más fuerte: como en toda interacción, se requiere de la participación de las dos partes. Tampoco debemos ver el doble vínculo como una patología personal ni de la pareja, de manera aislada. Los dobles vínculos tienden a proliferar

---

[66] Véase Jackson 1968: 31-86.

en épocas de cambio social y cultural, porque los roles tradicionales se pierden y la gente ya no sabe qué modelo seguir, ni a qué aspirar. Surgen deseos confusos y expectativas encontradas. Es en este tipo de situación que se está librando, hoy, la batalla de los sexos. Los modelos tradicionales de la masculinidad y la feminidad han perdido su sentido y, en su lugar, ha surgido una multiplicidad de roles, creencias, imágenes y deseos, a veces inconscientes, que atrapan a la gente en sus redes fantasmagóricas.

Entonces el doble vínculo se vuelve un fenómeno social, no sólo psicológico, y descubrimos que todos estamos inmersos en un vasto sistema de contradicciones. El machismo, como cualquier sistema de creencias, refleja la complejidad de este momento histórico: nada es blanco o negro, no existen verdades simples en los albores del siglo XXI. Las contradicciones que a veces percibimos y experimentamos en nuestras vidas no son meramente personales, sino el reflejo cambiante y confuso de un mundo en plena transformación. Visto así, el problema no es que los hombres sean arbitrarios o injustos en lo que le piden a las mujeres; el problema es que hoy en día las mujeres son sujetos de muchas creencias y expectativas encontradas de toda la sociedad y de ellas mismas. Todo el mundo espera diferentes cosas de las mujeres, con frecuencia al mismo tiempo: todavía se les exige que se hagan cargo de todas las tareas domésticas, pero también que estudien y trabajen; que muestren iniciativa y tomen decisiones, pero que sigan obedeciendo a los hombres sin cuestionarlos; que sean autónomas, pero sólo hasta cierto punto; que hagan "trabajo de hombres", pero que sigan siendo "femeninas". Las mujeres que trabajan fuera de la casa (que son en México 31 por ciento de la población femenina en edad productiva[67]), sobre todo, se ven bombardeadas por expectativas contradictorias: que salgan a trabajar, pero que sigan siendo esposas y madres de tiempo completo; que se comprometan con su trabajo, pero que estén dispuestas a dejarlo si se casan o se embarazan, y que sean competitivas y exitosas, pero sin perder la modestia y la deferencia que deben caracterizar a las mujeres... cosa muy difícil ya que una mujer exitosa (que ha alcanzado, por

---

[67] *Reforma*, 19 de marzo, 2001.

ejemplo, un puesto directivo) es automáticamente considerada "masculina".

Esta última percepción no es falsa del todo: para alcanzar puestos de alto nivel en una sociedad machista, una mujer está obligada, hasta cierto punto, a adoptar actitudes machistas. Los puestos importantes en la política, los negocios y las profesiones no son espacios neutros que puedan llenar hombres o mujeres indistintamente: existen dentro de una jerarquía y estructura masculinas, y están diseñados para los hombres. Las mujeres que lleguen a ocuparlos deben tener ciertas cualidades "masculinas" desde un principio, y luego "masculinizarse" aún más para imponer su autoridad. Es por eso que hemos visto en altos puestos a mujeres como Margaret Thatcher y no a la princesa Diana. Y es por eso, también, que tantas mujeres en el poder resultan ser machistas: se identifican tan bien con la estructura institucional y la mentalidad masculinas que les han permitido acceder al poder, que poco a poco aprenden y hacen suyas las estrategias y las actitudes de dominación propias del machismo.

EL DOBLE VÍNCULO ES SOCIAL, NO PERSONAL

Todas estas cosas que los hombres esperan de las mujeres forman parte del machismo, porque siguen siendo *ellos* los que definen las reglas del juego, establecen las prioridades, formulan las expectativas y los valores vigentes en un momento dado. Pero también reflejan el estatus cambiante de la mujer en la sociedad y las contradicciones entre criterios antiguos y recientes. Se trata, por tanto, de dobles vínculos no sólo personales, sino *sociales*; y la mejor prueba de ello es que muchos hombres *también* se encuentran atrapados en ellos y son el blanco de expectativas cruzadas por parte de las mujeres. Con gran frecuencia los varones se quejan de las exigencias contradictorias de las cuales son objeto: las mujeres esperan de ellos que sean "modernos" y que las traten como iguales, pero al mismo tiempo les exigen que sean "caballeros" a la antigua. Muchas mujeres jóvenes quieren ser independientes, pero que los hombres las sigan manteniendo; quieren poder tomar la iniciativa en las áreas social y sexual, pero que los hombres las sigan respetando como si fueran todavía unas "damas" al estilo tradicional; quieren que sus compañeros ayuden en la casa, pero no les permiten hacerlo a su manera. En muchos casos ellos también están atrapados entre creencias y expectativas contradictorias que conforman dobles vínculos tan dañinos como los que sufren las mujeres. En infinidad de situaciones, hagan lo que hagan, siempre son criticados.

Claro, en todo esto hay una pequeña diferencia: la mayoría de las mujeres que viven en pareja, sobre todo las que tienen hijos, no tienen la posibilidad de irse, de abandonar un juego en el que siempre pierden. Los hombres sí tienen esa opción, por lo menos económicamente hablando; cuando se sienten demasiado presionados en la pareja, sencillamente se van, o bien inician una relación paralela que les ofrece una salida, si no decorosa, por lo menos tonificante. Además, les es más fácil eludir el doble vínculo porque son ellos, después de todo, los que ponen las reglas. Un hombre siempre puede decirle a su compañera: "Pues si no te gusta cómo hago las cosas, mejor me voy" o "Si yo pago, yo decido". No están sometidos a la misma presión que las mujeres para cumplir con obligaciones contradictorias; tienen más libertad de movimiento.

LOS DOBLES DISCURSOS DEL MACHISMO

La dinámica del doble vínculo se empalma perfectamente con lo que siempre ha sido la doble moral del machismo, es decir, la existencia de reglas del juego diferentes para hombres y mujeres. En casi todas las áreas de la vida existen normas distintas: a veces consisten en prohibir a las mujeres ciertas conductas que son admitidas para los hombres, o en aplicar diferentes criterios para evaluar a las personas según su sexo, o en considerar que hombres y mujeres tienen aptitudes distintas por naturaleza. Veamos algunos ejemplos de estos dobles discursos.

Siempre me ha sorprendido la facilidad con la que los hombres les prohíben cosas a las mujeres, como si fuera natural. Cuántas veces he escuchado a mujeres comentar: "mi marido me prohíbe salir a la carretera sola" o "no puedo salir en la noche, porque a mi esposo no le gusta que regrese tarde". En muchas ocasiones estas prohibiciones se interpretan como pruebas de amor, pero siguen siendo actos de autoridad masculina. La prueba de ello es que las mujeres no les prohíben cosas a los hombres; antes bien se las piden o, en el peor de los casos, se las exigen. La diferencia radica en que no tienen el poder de imponer su voluntad. Una mujer no puede "castigar" a su marido abiertamente, aunque a veces lo hará de manera encubierta, por ejemplo al negarle el sexo. Mientras tanto, los hombres sí recurren al castigo directo y explícito con gran frecuencia. He oído a hombres decir: "la tengo castigada: no la voy a llevar a la playa"; "le quité la tarjeta por lo que hizo", o bien "llevo una semana sin hablarle, para que aprenda". De nuevo vemos aquí esa infantilización de las mujeres, tan típica del machismo.

La falsa negociación

Una trampa común en la comunicación entre hombres y mujeres es lo que podríamos llamar la falsa negociación: ella confía en el diálogo, esperando encontrar una solución que incluirá concesiones de las dos partes, en tanto él, aunque esté dispuesto a hablar, en el fondo no tiene la menor intención de cambiar su conducta. En esta modalidad moderna del machismo, mucho más sofisticada que la anterior, en la cual los hombres sencillamente se rehusaban a hablar, los hombres sí hablan e incluso escuchan, pero en un diálogo hueco porque en realidad no lleva a nada. En efecto, hoy en día ya no está de moda ser intransigente; conviene más aparentar la flexibilidad, en una actitud supuestamente democrática y conciliadora. Pero detrás de esta fachada *light* se siguen ocultando los viejos valores del machismo. Está en juego una doble moral, porque la situación del hombre y la de la mujer son muy distintas: ella negocia por necesidad y él para cumplir con las apariencias.

Veamos el ejemplo de María Cristina, una mujer en sus treinta que se casó hace cuatro años y tiene un bebé de dos. De ser profesional independiente, pasó a ser un ama de casa que se siente defraudada porque su marido, que originalmente la apoyaba en sus aspiraciones y participaba en el quehacer doméstico, está cada vez menos presente como compañero y como padre. Sergio, un joven sincero y bien intencionado, ha tenido mucho éxito en su trabajo y sencillamente ya no tiene tiempo para la vida doméstica. Por tanto, no es posible que su esposa piense siquiera en retomar su profesión. María Cristina ha hablado con él varias veces al respecto y lo ha encontrado, como siempre, comprensivo y solidario. Sergio reconoce que ha descuidado mucho sus obligaciones familiares y promete que apoyará a su esposa en el hogar para que ella pueda, poco a poco, regresar a su trabajo.

Pero no cambia nada. Los meses pasan y María Cristina sigue esperando que Sergio tenga tiempo para ella y el bebé. Por fin dice, con la lucidez de alguien que ha llorado mucho:

> Durante todo este tiempo me ha estado dando atole con el dedo. Habla muy bonito, pide disculpas y acepta que tiene que hacer cambios, pero ahora me doy cuenta de que lo hace sólo por aplacarme, para que yo deje de molestarlo. En realidad, no tiene la menor intención de cambiar su estilo de vida. Si él quisiera, sí podría; en su trabajo, él es su propio jefe. Y yo ya no puedo hacer nada al respecto, por el bebé; no me puedo separar, no me puedo ir, y ya me quedé sin pareja y sin trabajo.

Añade amargamente: "De haberlo sabido, jamás me habría casado".

Aquí la doble moral consiste en que, cuando una mujer se casa, se compromete en serio: en muchos casos renuncia a sus estudios o a su profesión y, cuando se convierte en madre, renuncia a su libertad. No puede irse. Es mucho más fácil para los hombres cambiar de parecer; los compromisos que asumen no tienen el mismo peso. Un hombre puede decidir que ya no va a ocuparse del bebé o ir al supermercado o pasar por los niños a la escuela; una mujer no tiene esa libertad. Su compromiso no es por gusto, es por obligación, y esto marca toda la diferencia del mundo. Cuando los hombres tildan a las mujeres de "rígidas" o "inflexibles", es porque en efecto éstas no tienen la misma libertad de movimiento que ellos: no pueden actuar según su antojo. Esto limita enormemente su poder en cualquier negociación: en muchas ocasiones están negociando necesidades, mientras que los hombres están negociando preferencias. Gracias a esta asimetría, el diálogo no es tan importante para ellos como para ellas. No es difícil adivinar quién tiene más probabilidades de ganar.

"ES QUE YO ASÍ SOY"

Otra falsa negociación, porque involucra reglas distintas para hombres y mujeres, es la que acaba con ese pronunciamiento clásico por parte del hombre: "es que yo así soy". Es importante reconocer todo lo que implica tal posición, porque es una de las respuestas más frecuentes de los hombres cuando las mujeres intentan negociar con ellos. El "yo así soy" significa, en primer lugar: "no voy a cambiar: si no estás contenta, tú eres la que tendrá que cambiar". Incluye, implícitamente: "yo estoy bien así como estoy; la del problema eres tú". En segundo lugar, es un argumento irrebatible: "ésta es mi naturaleza; no me puedes exigir que cambie mi manera de ser". En cambio, supone que la mujer tendrá que adaptarse. Y en tercer lugar, incluye siempre una amenaza implícita: "yo soy así... y si no te gusta, entonces vete". Por todo esto, la negociación no es más que una fachada, una pseudonegociación. Lo que realmente está diciendo el hombre es: "podemos hablar todo lo que quieras, pero no pienses que voy a cambiar de parecer". Esto pone a la mujer en una posición sumamente débil: piensa que está en un diálogo y hace todos los esfuerzos por defender su postura, y por plantear suavemente las cosas, cuando en realidad está hablando sola, atrapada en un monólogo que nadie está escuchando.

En una variación sobre este tema, la mujer pone las cartas sobre la mesa y dice todo lo que piensa, sólo para toparse con una regla no escrita que muchos hombres imponen a las mujeres, a los niños, a sus subordinados, a todos los que consideran de rango inferior. Esta regla estipula que no se permite cuestionar la honestidad, las motivaciones ni los conocimientos del hombre. Es una prerrogativa central del poder, que se apropian todas las personas machistas. En este esquema, se establece una doble moral según la cual los hombres están por encima de toda crítica, mientras que las mujeres deben rendir cuentas de todo lo que hagan. El mensaje implícito es: "yo puedo conocer y juzgar todo lo que dices o haces, pero a mí no me puedes cuestionar nada". Se establece así un territorio vedado que no es accesible a ningún escrutinio porque, supuestamente, los hombres nunca mienten, ni tienen motivos ocultos, ni se equivocan. Siempre hablan con la verdad, en tanto que las mujeres (o los empleados, o los niños) sí mienten, manipulan, tienen motivos ulteriores y cometen errores.

Los interlocutores de la persona machista siempre están, por tanto, en una posición de vulnerabilidad: en cualquier momento se puede poner en duda su palabra y deben demostrar repetidamente que están hablando y actuando de buena fe. Es por ello que tantas mujeres acaban, en sus discusiones con los hombres, pidiéndoles la oportunidad de demostrar con hechos lo que están diciendo y defendiendo su veracidad, aun cuando no han mentido. Incluso le piden perdón a su compañero por haberlo acusado de mentir, sabiendo que ha mentido, o por haberle señalado un error... que sí cometió. Según esta regla no escrita, deben cuidarse de ofender a los hombres, como si éstos fueran demasiado frágiles para aguantar crítica alguna.

Muchos hombres sostienen que sí se puede dialogar con ellos, mientras "no me acuses" o "no me hables de esa forma"; exigen un trato especial, una consideración que ellos de ninguna manera otorgan a los demás. En particular, toda mujer, todo subordinado, sabe que no debe herir el orgullo de su esposo o patrón; no debe, jamás, evidenciar que ha mentido u omitido algo. La imagen del señor es tan sagrada como la de un ídolo pagano: todo cuestionamiento será severamente castigado. En cambio, nadie se preocupa por salvaguardar el orgullo o los sentimientos de la mujer o del subordinado. En su caso sí se permite cuestionar su veracidad, sus intenciones o sus conocimientos, y no tiene derecho de ofenderse.

Cuenta una mujer:

> Recientemente contraté a alguien para que me terminara las escaleras del jardín. No me gustó el acabado que estaba haciendo y le pedí que lo hiciera de otra forma. Primero no me contestó, solamente gruñó y siguió trabajando como si yo no hubiera dicho nada. Repetí mi petición, con todo respeto y consideración al maestro albañil. Esta vez suspiró, paró de trabajar y me miró fijamente como si estuviera yo loca. Por fin dijo, sin más: "No se puede". Tuve que insistir y colocar yo misma unos azulejos para que viera que sí se podía. Aun así, murmuró entre dientes que no iba a salir bien de esa manera. ¿Y sabes qué? Resultó tal y como lo predijo. Lo hizo mal, sólo por no darme la razón.

Conozco a un ejecutivo que siempre se dirige a sus secretarias y empleados como si lo estuvieran engañando de una u otra forma. Entre chiste y broma, les insinúa que no hicieron todo lo que debían hacer; que llegaron tarde el día que él no fue a la oficina; que no le están dando todos los recados porque les dio flojera tomar nota; que probablemente se fueron temprano para irse de fiesta... Si la secretaria dejó de hacer las fotocopias, ha de ser porque se le olvidó y no, como ella explica, porque la fotocopiadora estaba descompuesta... Les habla como si fueran niños que descuidan el trabajo y hacen travesuras en el instante que su papá deja de vigilarlos. Pienso que no se da cuenta de lo humillante que puede ser este trato. Para él, es un juego que no lastima a nadie, y la prueba de ello es que las secretarias ríen cuando él las trata como niñas irresponsables. Es probable que sea, sin embargo, una risa entre dientes.

En cambio, sería inconcebible que la secretaria se dirigiera al patrón de esta manera. Si al jefe se le hizo tarde, seguramente es porque hubo mucho tráfico; si se le olvidó algo, es porque ha estado muy ocupado (y porque su asistente no se lo recordó); si se equivoca en algo, se trata sólo de un lapso momentáneo, que de ninguna forma refleja una falta de preparación o sapiencia. Al jefe no se le cuestiona nunca su juicio, ni sus conocimientos, ni su veracidad, ni sus intenciones. Toda transgresión de esta regla es una ofensa que no será olvidada mientras la otra persona no le ofrezca una disculpa.

SER MACHO ES NUNCA TENER QUE PEDIR PERDÓN

En cambio, la persona machista está exenta de pedir perdón, porque esto significaría que no es perfecta. No cabe duda que uno de los vicios más arraigados en nuestra vida pública y privada es la incapacidad de quienes detentan el poder de reconocer sus errores y limitaciones. La rendición de cuentas que la sociedad exige a los funcionarios públicos no será posible mientras se mantenga esta regla cardinal del machismo. Mientras todo cuestionamiento sea recibido como una afrenta personal, no será posible el debate democrático. Mientras los hombres exijan ser respetados como seres infalibles en sus casas, todos los esfuerzos de las mujeres por alcanzar la equidad serán en vano. Además, rechazar toda crítica constituye una evasión de la responsabilidad: si yo nunca me equivoco, cuando las cosas salen mal es porque los demás se equivocaron; si yo nunca miento, entonces los demás son mentirosos, y si yo lo sé todo, forzosamente estaré rodeado de tontos. Desde esta óptica, todo es culpa de los demás, quienes por perseguir intereses propios no siguieron mis consejos iluminados. ¿Será por eso que tantos personajes públicos se vuelven paulatinamente paranoicos y viven convencidos de que existen conspiraciones en su contra?

"A MÍ NADIE ME VE LA CARA"

Una expresión muy típica del machismo es "no voy a dejar que me vean la cara de idiota [u otra cosa]". La idea aquí es nunca dejarse engañar u ofender, jamás parecer vulnerable ni bajar la guardia. La expresión refleja el temor de todo hombre machista de ser descubierto detrás de su máscara de hierro, de ser visto como cualquier otro ser humano en lugar de ser único, invencible y universalmente admirado. Ser idiota es confundirse con los demás, perder el sentimiento de superioridad que es la esencia misma del machismo. Es tan fuerte esta necesidad de sentirse superior que cualquier desacuerdo o cuestionamiento será interpretado por el hombre machista como un reto directo a su masculinidad. Esto lleva, por supuesto, a una hipersensibilidad hacia toda posible ofensa, en todo lugar y todo momento. El macho siempre vigila, siempre está pendiente de detectar cualquier mirada o palabra que no sea debidamente deferencial y respetuosa hacia su persona. El machismo es, en este sentido, una postura defensiva: el macho tiene que estar todo el tiempo en guardia, centinela permanente que jamás es relevado.

En esto vemos también uno de los dobles discursos centrales del machismo, que podría resumirse en la siguiente fórmula: "Yo soy el único sujeto, los demás no son más que objetos". En esta óptica, el macho es el único que tiene la capacidad y el derecho de sentir, hablar y actuar libremente; los demás no tienen sentimientos dignos de considerarse, ni saben lo que dicen, ni tienen el derecho de actuar como quieran. Si surge un conflicto entre lo que él quiere y lo que alguien más quiere, éste deberá ceder, porque los deseos y necesidades del macho son más importantes que los de cualquier otra persona y deben ser reconocidos como tales por la gente que lo rodea. La persona machista siente que tiene no los mismos derechos, sino más derechos que los demás. Su voluntad no sólo es la más imperiosa y la más importante, sino la más legítima y, por tanto, la única que cuenta.

"YO SOY LA LEY"

De ahí uno de los pronunciamientos más clásicos del hombre machista: "Yo soy la ley". Hoy, por lo menos en las clases medias y educadas, ya no se escucha tanto este axioma central del machismo, porque la sensibilidad social ha cambiado y sería risible que alguien dijera una barbaridad de ese tamaño en público. Pero muchos hombres siguen actuando como si siguiera vigente, en las áreas donde pueden expresarse libremente, sin temor a hacer el ridículo. Y quizá la manifestación más visible de esta forma de machismo en la sociedad actual sea el comportamiento al volante. Es notable el despliegue de competitividad y agresividad de muchos hombres al manejar, en todos los niveles socioeconómicos. Desde el conductor de camiones de carga al alto ejecutivo en su BMW, pasando por los taxistas y ruteros, los hombres mexicanos (y cada vez más mujeres) incurren diariamente en conductas peligrosas relacionadas con el machismo. En ellas se expresa la idea de estar por encima de la ley, y la convicción de tener el derecho personal de pasarse los altos, tomar al revés calles de un solo sentido, no dejar pasar a otros conductores, y otros atropellos —sólo por imponerse.

El volante sigue siendo, para muchos hombres, una expresión de la identidad masculina. Tan es así que podemos observar un patrón casi universal muy interesante: cuando viajan juntos en un coche un hombre y una mujer, siempre es él quien conduce. Cuando he preguntado a hombres y mujeres por qué es así, me han respondido que nunca se habían hecho esa pregunta; parece tratarse de una costumbre automática e inconsciente. Muchas mujeres me han comentado que no les gusta manejar cuando están con sus compañeros, porque éstos las critican constantemente, y por tanto prefieren abstenerse y ceder este terreno tan "masculino" a los hombres.

Reproduzco a continuación los comentarios al respecto de una mujer de veinte años, cuyo compañero es un joven "nada machista":

normalmente salimos en mi coche, porque el suyo ya está muy viejo. Casi siempre maneja él. Como que necesita verse en el volante: si yo manejo, es como si yo lo estuviera llevando. Creo que es importante para él tener el control. Quizá sea porque siempre ha visto que los hombres llevan a sus esposas, y entonces es parte de la pose de 'yo soy el hombre'. Si yo manejo, no hace drama ni nada, pero me está diciendo a cada rato cómo debo manejar, como si fuera yo a hacer una locura. ¡Y el único que ha chocado en la vida es él! Me pone muy nerviosa. Va checando todo el tiempo cómo manejo. Si le digo que se tranquilice, me dice que nada más está pendiente.

Una distinción importante acerca del poder en el machismo: tendemos a pensar sólo en la necesidad de *dominar a los demás* que manifiestan tantos hombres. Pero oculta tras esta postura ofensiva se encuentra otra de naturaleza esencialmente defensiva: la necesidad de nunca *dejarse dominar*. Es muy posible que ésta sea la fuerza motriz, la motivación más profunda que opera en el machismo. El "yo soy la ley" significa no sólo que yo estoy por encima de los demás sino que "a mí nadie me va a decir qué debo hacer".

Todo esto conlleva una serie de creencias, más o menos conscientes, acerca de uno mismo y de los demás. En particular, desemboca casi inevitablemente en una repartición curiosa de los derechos y obligaciones inherentes a la vida social, según la cual los derechos son para uno mismo y las obligaciones son para los demás. Muchos hombres actúan como si estuvieran solos en el mundo, dejando las cosas tiradas o sucias a donde vayan, por considerar que están por encima de las reglas y que alguien más vendrá a limpiar detrás de ellos. Se trata de una visión del mundo en la cual "yo estoy en el centro, con derechos especiales, mientras que los demás tienen menos derechos y, en cambio, están obligados a reconocer mi estatus especial".

La crítica imposible

Esto significa que los demás siempre deben estar de acuerdo conmigo. No estarlo implicaría que se están permitiendo juzgarme y saliendo, por tanto, de su estatus inferior. Entre hombres y mujeres suele establecerse un doble discurso en este sentido. Por ejemplo: muchos hombres les piden a las mujeres su opinión, pero sólo la toman en cuenta si les es favorable. Me cuenta una mujer mayor, esposa de un escritor:

> me exige que lea cada palabra que escribe: cada ponencia, cada artículo, cada libro. Es difícil, porque quiere que le diga lo que pienso y a veces sus textos se me hacen aburridos, autocomplacientes o reiterativos... Pero no se lo puedo decir, porque se enoja muchísimo si no me gusta algo que ha escrito. Lo ve como

una traición. Si le digo que está bien, que me gustó mucho su texto, cree que le estoy dando el avión y me interroga hasta sacarme lo que de veras pienso... y entonces me critica por no entender lo que escribió. Y si trato de no decir nada, de no expresar ninguna opinión, también se enoja.

¿Cómo funciona este doble vínculo? En primer lugar, observamos que el escritor le envía a su esposa varias indicaciones contradictorias: "tienes que expresar tu opinión sincera y espontánea". En segundo lugar, "tu reacción debe ser positiva, porque como mi esposa siempre debes apoyarme". En tercer lugar, "no puedes dejar de expresar tu opinión; no puedes evadir esta doble tarea. Por tanto, digas lo que digas, siempre será la respuesta equivocada". La contradicción es insalvable: las mujeres, sobre todo las esposas, deben *aprobar* lo que hagan los hombres, pero esta aprobación obligada debe ser a la vez libre y espontánea.

Entonces, el problema para muchos hombres no es tanto que no toleren la crítica en general, sino que no la toleran por parte de una mujer u otra persona subordinada. Aceptan la crítica o el desacuerdo por parte de personas a quienes consideran sus pares, pero esto no incluye, por lo general, a las mujeres. Podemos observar aquí varios dobles discursos. Primero, el doble vínculo que ya analizamos: "puedes y debes opinar libremente, mientras estés de acuerdo conmigo". Pero todavía hay más, otro doble discurso es:

tú no me puedes criticar porque debes siempre apoyarme; pero yo sí te puedo criticar a ti, porque mi estatus superior me da el derecho de juzgarte y de decirte lo que yo quiera. Además, debes aceptar mis críticas y tomarlas en cuenta, porque son por tu propio bien. Es más, te estoy haciendo un gran favor al criticarte, porque así podrás beneficiarte por el consejo de alguien que de veras te quiere y te conoce a fondo (no como tus amigas o tu familia, por ejemplo).

EL DERECHO AL SECRETO

Otro doble discurso de enorme importancia en las relaciones entre los sexos es que los hombres reclaman el derecho de guardar secretos, mientras que las mujeres deben ser transparentes. El mundo interior de los hombres tiene, en este sentido, un rango privilegiado: lo que piensan, sienten y viven les pertenece sólo a ellos, en tanto que el mundo interior de las mujeres debe estar abierto al escrutinio de sus esposos, padres, hermanos... Esta creencia, parte fundamental del machismo, conlleva toda una serie de implicaciones. Por ejemplo, otorga a los hombres una libertad de movimiento que no disfrutan las mujeres, de hacer lo que quieran sin rendirle cuentas a nadie, mientras que el tiempo y las ocupaciones de las mujeres deben ser transparentes; los hombres de sus vidas *tienen el derecho de saber* lo que hicieron durante el día: adónde fueron, a quién vieron, de qué hablaron... Este derecho, aunque no siempre se aplique en los hechos (porque no siempre se le pregunta a una mujer lo que hizo en el día), es implícito y tiene un peso psicológico tal que muchas mujeres se sienten observadas permanentemente, aunque no puedan detectar el origen exacto, ni la forma específica, de tal vigilancia.

LA DOBLE MORAL Y EL SEXO

La doble moral del machismo atribuye a hombres y mujeres diferentes obligaciones en casi todas las áreas de la vida y una de las más importantes, en la que mejor se ve esta distinción, es el área del sexo. Aunque en el capítulo VII examinaremos con más detalle los diferentes significados de la sexualidad para hombres y mujeres, desde ahora podemos mencionar el doble discurso de la fidelidad, según el cual a los hombres se les permite tener relaciones fuera de la pareja, y a las mujeres no. Esta regla crea y promueve toda una red de mentiras que daña no sólo las relaciones de pareja sino también las relaciones familiares, amistosas, sociales y profesionales. Distorsiona no sólo la comunicación entre hombres y mujeres, sino también entre los hombres y entre las mujeres, porque la única forma de mantener la doble moral consiste en callar ciertos temas, volverlos tabú, cuando todos saben que la realidad es otra. En muchísimas familias y lugares de trabajo la infidelidad del hombre es un hecho sabido pero nunca hablado. Sin embargo, el que las personas mantengan relaciones extramaritales no es el problema que nos interesa; lo más grave del machismo es que los hombres se apropien de un derecho exclusivo mientras lo niegan a las mujeres, debido a una supuesta diferencia en la sexualidad masculina. La justificación universal para la infidelidad, según los hombres, es que ellos, por su misma naturaleza, requieren de una actividad más frecuente, y más variada, que las mujeres. Como ya vimos en el capítulo I, tal idea carece por completo de sustento científico; además, las mujeres en los países industrializados presentan, cada vez más, conductas similares en esta área a las de los hombres. Sin embargo, en muchos países esta creencia persiste, y sigue utilizándose para justificar una doble moral machista.

LOS COSTOS DE LA DOBLE MORAL

Todos estos arreglos tienen un precio muy alto. Para empezar, la doble moral prospera únicamente gracias a la ignorancia y la mentira, e introduce un elemento de falsedad en todas las relaciones humanas. Hace que la gente base sus valores y su conducta no en realidades, sino en estereotipos. Nos vuelve a todos caricaturas de nosotros mismos. Pero también soslaya los problemas interpersonales reales que enfrentamos, al tornar imposible el diálogo. No puede haber negociación cuando una de las partes justifica sus actos argumentando que "así somos los hombres", o bien: "así somos las mujeres". En efecto, nadie va a ceder un centímetro de terreno, si está obedeciendo a una supuesta naturaleza intrínseca. Ninguno va a escuchar los planteamientos del otro si se considera a sí mismo radicalmente diferente de ese otro, como suele suceder entre hombres y mujeres. La única opción que le queda es descalificarlo con un irrebatible: "Nadie entiende a las mujeres" o "Es que así son los hombres".

161

Los dobles discursos del machismo establecen no una, sino dos naturalezas humanas, no sólo separadas sino incompatibles. Encierra a hombres y a mujeres por igual en universos aislados, en roles rígidos e invariables. Mantiene relaciones de poder desiguales e injustas, porque exime del trabajo de la relación a la parte más fuerte... que por lo general es el hombre. Promueve la evasión de la responsabilidad, porque justifica que los hombres eludan muchas de sus obligaciones familiares y sociales, incluyendo, por supuesto, el compromiso de comunicación que todo ser humano contrae al relacionarse con los demás.

La doble moral exacerba la división entre los sexos. Refuerza la ignorancia y la incompetencia, creando mujeres y hombres "inútiles" para las tareas más sencillas. Promueve una dependencia malsana, en la cual los hombres "necesitan" a las mujeres para que les hagan de comer, por ejemplo, y las mujeres "necesitan" a los hombres para cambiar un fusible. En los países industrializados también existe una división del trabajo entre hombres y mujeres, pero ésta depende no de la incapacidad de unos y otras, sino de sus preferencias o de su eficiencia como pareja. Esto abre la posibilidad de una verdadera cooperación y de una complementariedad bien entendida, basada no en la dependencia sino en la libertad.

¿QUÉ PODEMOS HACER?

Como primer paso, es crucial entender el funcionamiento de los dobles discursos. Muchos desacuerdos entre hombres y mujeres se basan en estas dinámicas que parecen ser individuales, cuando en realidad son patrones de comunicación creados y mantenidos por las dos personas en interacción. Asimismo, muchos conflictos tienen su origen aparente en el "carácter" de la gente, cuando se trata en realidad son de roles sociales aprendidos. Cuando los roles atribuidos a hombres y mujeres entran en crisis, por razones sociales y económicas, surgen conflictos en la pareja o la familia que no tienen nada que ver con los individuos involucrados, sino con las expectativas cambiantes y contradictorias depositadas en hombres y mujeres.

162

Entonces, echarse la culpa unos a otros no sirve de nada. Lamentarse de las deficiencias personales del otro no ayuda a resolver los problemas. Es necesario entender la dimensión social del conflicto actual entre los sexos para poder discutirlo de una manera más completa y eficaz. Por supuesto, si una de las dos partes rechaza toda negociación, esta posibilidad queda cancelada. Pero aun así, para las mujeres es indispensable estar conscientes de que sus problemas "personales" (baja autoestima, autodenigración, depresión) son en parte sociales: no son las únicas, ni están locas ni son así por naturaleza. Entenderlo cabalmente les da más poder en la relación y les permite ir revirtiendo su dependencia emocional. Para los hombres también es necesario comprender que los dobles vínculos en los que se encuentran atrapados son de orden social y no sólo personal.

Es indispensable rechazar los mitos promovidos por el machismo. Como vimos en éste y en los capítulos precedentes, todos los dobles valores del machismo se basan en ideas heredadas que carecen de sustento científico. No existen características femeninas y masculinas opuestas: las similitudes entre hombres y mujeres, psicológicamente hablando, son mucho más importantes que sus diferencias.

V. El catálogo machista
de las emociones

Laura, la esposa de Antonio, está sumamente preocupada por él. Lo describe como un hombre exitoso, ampliamente conocido en el mundo de los negocios, que ha alcanzado todas las metas que se ha propuesto. Ama a su esposa y a sus hijos, y tiene todo lo que un hombre podría desear; sin embargo, constantemente se pelea con ella, sus hermanos y amigos, y ha provocado rupturas con todos sus socios. ¿La explicación? Antonio dice "que todos son unos idiotas, que no se puede contar con nadie; para que las cosas salgan bien, es necesario hacerlas uno mismo". Se queja habitualmente de la falta de apoyo que percibe a su alrededor; no entiende por qué su esposa, sus hijos y su secretaria no están a su disposición cuando él los necesita. En su casa tiene arranques de rabia inexplicables que lo ponen de tal manera que tiene que ir a encerrarse a ver la televisión para que se le pasen. Pero nadie sabe a ciencia cierta qué es lo que le sucede, porque no le gusta hablar de lo que siente. Dice Laura: "Cuando murió mi suegro, hace unos años, estuvo de pésimo humor durante meses. Yo le preguntaba si estaba triste y sólo me decía que no tenía nada y que lo dejara en paz". Antonio, de 44 años, ha tenido varias úlceras. Su esposa piensa que bebe demasiado, pero él considera que la bebida es uno de los pocos placeres que tiene en la vida, por lo que no ve por qué razón tendría que dejarla. "En fin", dice Laura, "es como si ya no tuviera esposo. Hace mucho tiempo que dejó de interesarse en mí y en sus hijos".

Estoy segura de que muchas mujeres habrán reconocido, en este retrato, a su esposo, su padre o hermano. Quizás algunos hombres también se hayan identificado, aunque supongo que muchos argumentarán: "no soy yo, yo nunca he tenido una úlcera". El caso es que este tipo de individuo es muy común, y no sólo en México. ¿Por qué hay tantos hombres así? La respuesta está en una de las capas más profundas del machismo invisible: el manejo de las emociones. En este capítulo, después de revisar algunas características generales de la vida afectiva, analizaré lo que podríamos llamar el catálogo machista de las emociones.

LAS EMOCIONES NO SON UN ASUNTO MERAMENTE PERSONAL

Las emociones son el lubricante de la convivencia humana. Estamos acostumbrados a pensar en ellas como estados de ánimo que conciernen sólo al que las siente, pero no es así. La investigación reciente nos muestra que afectan no sólo a los individuos, sino todas las relaciones personales y sociales. Y si bien todos tenemos emociones, no todos estamos conscientes de ellas ni las experimentamos de la misma manera. Hay cada vez más evidencia de que nuestra forma individual de sentir y expresar las emociones tiene un efecto decisivo sobre nuestra salud física, nuestra expectativa de vida, nuestra capacidad para el aprendizaje y el trabajo, así como para las dinámicas personales y sociales en las que participamos. Nuestras emociones determinan en gran parte cómo nos relacionamos y con quién, y nos empujan en un cierto sentido en todas las decisiones que tomamos; por ello su estudio se ha vuelto un tema relevante para toda reflexión psicológica, médica y social en la actualidad.

HISTORIA DE LAS EMOCIONES

En particular, tres campos del conocimiento han influido en el análisis contemporáneo de las emociones: la historia, la psicología y los estudios de género. En primer lugar, la investigación histórica de las últimas décadas nos ha revelado que, si bien las emociones básicas que conforman la condición humana son universales, nuestra interpretación de ellas, la importancia que les atribuimos y cómo las manejamos dependen de nuestro contexto histórico. La sensibilidad occidental no es igual que la oriental, ni la misma en una sociedad industrializada que en un país en vías de desarrollo, ni es la misma al principio del siglo XXI que en la Edad Media o el siglo XIX. La industrialización y la urbanización, en particular, han transformado lo que sentimos y nuestra manera de expresarlo. La creciente complejidad de nuestra vida personal, familiar, laboral y social ha creado nuevas expectativas, nuevas formas de relación humana y nuevas maneras de manejar nuestra vida afectiva. Por ejemplo, es evidente que el surgimiento (y la paulatina desintegración) de la familia nuclear en los siglos XIX y XX crearon dinámicas familiares diferentes de las que existían en la era preindustrial: las relaciones entre esposos, entre padres e hijos y entre hermanos han cambiado sustancialmente desde el siglo XVIII. Asimismo, la globalización ha creado y diseminado nuevas formas de sentir y de expresar las emociones.

En la actualidad se pueden sentir y decir cosas que antes estaban prohibidas o incluso eran inconcebibles, como el enojo entre miembros de una familia, el desacuerdo de una mujer con su marido, el deseo sexual fuera del matrimonio, el amor homosexual o el cuestionamiento abierto de los valores recibidos. Por otra parte, la transformación profunda del estatus de las mujeres en el último medio siglo ha cambiado radicalmente lo que ellas pueden sentir, expresar y hacer en torno a sus emociones. La anticoncepción, el menor número de hijos, la posibilidad del divorcio, el nivel educativo más elevado de las mujeres y su creciente participación en todas las áreas de la actividad humana han expandido de manera exponencial su sensibilidad personal, familiar y social. Incluso es probable que la expresión de los sentimientos que hoy consideramos como un atributo "natural" de las mujeres sea en realidad la manifestación, a veces excesiva, de una libertad de expresión recién conquistada. Antes no era tan aceptable que las mujeres verbalizaran su descontento, su enojo o sencillamente su opinión.

Lo cierto es que este cambio en la condición de las mujeres ha transformado todas las relaciones personales, familiares y sociales. Y esto a su vez ha afectado la sensibilidad masculina, así como toda la relación entre los sexos y las reglas del juego en la vida afectiva. Un hombre severo e inflexible, cerrado a toda expresión de los sentimientos y a todo cuestionamiento de su autoridad, era perfectamente digno y normal en la Inglaterra victoriana; hoy, en los albores del siglo XXI, aparece como un ser humano singularmente limitado, rayando en lo patético. La historia, al brindarnos marcos de referencia distintos, nos permite relativizar y entender mejor la evolución de la vida afectiva.

EL ESTUDIO DE LAS EMOCIONES

Desde las últimas décadas del siglo XX la investigación psicológica ha dado una gran relevancia a la vida emocional, al estudiarla de una manera cada vez más precisa desde el punto de vista químico, neurológico e incluso inmunológico. Por primera vez los científicos disponen de una serie de herramientas que les permiten analizar la bioquímica de las emociones y su impacto tanto en el cuerpo como en la mente. Desde los años ochenta se han publicado numerosos libros y artículos sobre el efecto de las emociones en la salud física y psicológica, el aprendizaje, el desempeño laboral y social de las personas. Algunos autores —como Daniel Goleman en su libro *Emotional intelligence*— han sostenido que el manejo de las emociones es un factor mucho más importante que el coeficiente intelectual y la formación académica en el buen desempeño personal y laboral. Goleman argumenta que en la era de la información y la globalización la actividad económica dependerá cada vez más de grupos y redes de trabajo, en los cuales las relaciones interpersonales cobrarán una importancia central. El campo de acción del individuo se ha visto restringido por las necesidades de la era postindustrial. Sobre todo en el sector servicios, la naturaleza del trabajo y la estructura corporativa requieren no sólo de individuos preparados, sino de personas que tengan la "inteligencia emocional" para funcionar bien en grupos, comunicarse adecuadamente y adaptarse a un mundo en constante transformación.

EL ANÁLISIS DE GÉNERO

Los estudios de género han examinado las diferencias entre la vida afectiva de hombres y mujeres. Han descubierto que la educación de los niños, prácticamente desde la cuna, promueve distinciones importantes entre la manera de sentir, expresar y manejar las emociones en niños y niñas. A partir de los dos o tres años, emociones como el miedo, el enojo, la tristeza, se viven de manera muy diferente según el sexo. Esto ocurre porque los niños, desde una edad muy temprana, aprenden a manejar sus emociones principalmente a través de la imitación de sus padres, sus pares y los modelos culturales que los rodean. También aprenden a través de las reacciones que encuentran al manifestar sus emociones: éstas pueden ser recibidas con aprobación, con rechazo, con descalificación o indiferencia. Por ejemplo, si cada vez que un niño expresa miedo sus padres lo regañan, poco a poco aprenderá a censurar la expresión y quizá hasta la percepción del temor, por sí mismo. Si a una niña se le regaña cada vez que manifiesta abiertamente el enojo, aprenderá a reprimirlo o a expresarlo de forma indirecta. Y así es como logramos crear a hombres que jamás tienen miedo y a mujeres que nunca se enojan.

¿Cómo interviene el machismo en todo esto? Si consideramos el machismo como un código cultural, que incluye un modelo del "verdadero hombre" y las normas de conducta asociadas a él, veremos que en este código ciertas emociones son permitidas y otras no. Si consideramos que el machismo establece roles familiares y sociales distintos para hombres y mujeres, veremos que en éstas también ciertas emociones son permitidas, y otras no. Si consideramos finalmente que en esta división del trabajo afectivo los roles masculinos y femeninos se contraponen —es decir, los hombres deben alejarse lo más posible de los atributos "femeninos" para afirmar su masculinidad—, entonces veremos que las emociones prohibidas de cada lado le serán asignadas necesariamente al otro. Si los hombres no deben ser miedosos, entonces las mujeres lo serán. Veamos en detalle cómo funciona todo esto.

¿Cuáles son las emociones básicas? Desde los tiempos de Darwin, quien en 1872 publicó un libro intitulado *La expresión de las emociones en el hombre y los animales*, psicólogos y antropólogos han intentado establecer un catálogo de las emociones universales —las que existen, se manifiestan y se reconocen en todas partes—. En un ejemplo reciente, el investigador Paul Ekman tomó fotos de diferentes expresiones faciales en el mundo entero, y encontró que cuatro de ellas —el miedo, el enojo, la tristeza y la alegría— son inmediatamente reconocibles por cualquier persona en cualquier tipo de sociedad. Goleman añade el amor, la sorpresa, el asco y la vergüenza.[68] Por supuesto, existen innumerables variaciones y combinaciones alrededor de las emociones básicas, incluyendo las contrarias —por ejemplo, el valor, que es el opuesto del miedo, o la desesperación, que puede considerarse como una combinación de enojo, miedo y tristeza—. Ahora bien, si examinamos cada una de estas emociones desde una perspectiva de género, veremos que en muchas culturas existe una demarcación entre las que son aceptadas para los hombres y las que son "propias" para las mujeres, según los valores del machismo. A continuación examinaremos primero las emociones "prohibidas" para los hombres, y luego las que les son "permitidas".

EL MIEDO

Dentro del modelo machista de la masculinidad, la ausencia de temor ocupa un lugar central: el verdadero hombre no debe tener miedo y, si lo siente, no debe mostrarlo de manera alguna, porque de lo contrario se acercaría demasiado al polo femenino de la afectividad. La ausencia de miedo es uno de los factores que separan a los hombres de los niños y las mujeres. ¿Qué significa, y cómo se manifiesta, esta supuesta valentía?

---

[68] Goleman 1995: 289-290.

En primer lugar, con gran frecuencia se expresa como una lamentable falta de precaución. Desde los hombres que manejan motos sin usar casco y los conductores que rebasan en curva sin reparos, hasta los trabajadores que usan herramientas peligrosas o sustancias tóxicas sin protección alguna, muchos hombres rehúsan tener cuidado por temor a parecer miedosos. En las ecuaciones simplistas del machismo, precaución significa miedo, y éste es una emoción indigna del hombre, una debilidad propia de las mujeres; como corolario, la ausencia de cuidado significa valentía. Sin embargo, no podemos llamar valor a esta forma de temeridad, porque el valor bien entendido no significa hacer caso omiso del peligro, sino enfrentarlo inteligentemente y con las mayores posibilidades de vencerlo. Y los costos de la temeridad son altísimos: se traducen cada año en decenas de miles de accidentes automovilísticos y laborales que se hubieran podido evitar con un mínimo de precaución. La cultura de la prevención que tanto han impulsado las autoridades, cuando exhortan a la población a seguir las medidas de seguridad en todo tipo de contextos, continuará siendo poco eficaz mientras perduren los valores machistas. Muchos hombres desobedecen las reglas no por ignorancia ni inconsciencia, sino por machismo.

¿Y qué decir de los hombres que, por no parecer "cobardes", se enredan en disputas o peleas de las cuales saben que saldrán lastimados? ¿Cuántos altercados innecesarios e insensatos se dan porque uno o varios hombres se sienten obligados a demostrar que "no le temen a nadie"? Podríamos decir que el falso valor del machismo (falso porque no enfrenta el temor, sino lo disfraza) es una actitud de alto riesgo, que crea dificultades y peligros para toda la sociedad. Asimismo, la vergüenza que sienten algunos hombres cuando les da miedo puede nublar su juicio y distorsionar sus reacciones: actúan desde su temor a la vergüenza, en lugar de dejarse guiar por su temor al problema real.

En segundo lugar, es evidente que esta supuesta falta de miedo es actuada: en realidad todo ser humano siente temor en situaciones de riesgo o de peligro y por muy buenas razones. El miedo provoca la secreción automática de adrenalina y otras hormonas que preparan al organismo para el combate o la huida, al mandar la sangre a los músculos grandes como los de las piernas, reducir el flujo de sangre al sistema digestivo e incrementar el ritmo cardia-co. El miedo es una reacción adaptativa que nos ayuda a enfrentar cualquier emergencia. Si este proceso natural es frenado porque "los verdaderos hombres no le temen a nada", pueden suceder varias cosas. La persona puede tener reacciones inadecuadas, como tomar acciones imprudentes al no escuchar los mensajes de peligro que le está enviando su organismo, o puede registrar emociones diferentes que de alguna manera se sobreponen al miedo. Así, muchos hombres sienten y expresan enojo cuando en realidad tienen miedo —lo cual puede ser útil en algunas circunstancias, pero en otras no—. Si una persona convierte su temor en enojo y se desquita con quien se le pare enfrente, esto la puede llevar a desatender el peligro real y actuar de manera inapropiada. Todos hemos visto, por ejemplo, las carreras realmente locas que libran automovilistas en el Periférico porque uno se le cerró al otro, o no le dejó rebasarlo; la rabia se sobrepone al miedo que deberían sentir, y ponen en peligro a todo el mundo.

La reticencia a mostrar miedo también les impide a los hombres pedir ayuda en muchas ocasiones. Ahí donde una mujer no vacilaría en buscar asistencia —en la carretera o en algún lugar desconocido—, muchos hombres rehúsan mostrarse temerosos o inseguros y buscan sortear la dificultad sin recurrir a nadie. Lo mismo sucede, por supuesto, en el terreno de las relaciones interpersonales, que tan a menudo requieren de la superación de temores profundamente arraigados, como el miedo al rechazo o al abandono. En lugar de compartir estos temores (que son naturales, después de todo), muchos hombres prefieren guardárselos, cancelando así la única ayuda real que podrían encontrar, y que está en el diálogo. Sólo podemos imaginarnos el costo personal y social de este tipo de actitud, que en tantas situaciones impide la búsqueda de soluciones, la cooperación y, por ende, la posibilidad del trabajo en equipo.

La tristeza

En el catálogo machista de las emociones la tristeza se sitúa del lado de las supuestas emociones femeninas. La postura estoica del "hombre que nunca llora" intenta transmitir "a mí no me afectan esas estupideces" y "a mí nada me quiebra". Empero, como los sentimientos no se pueden manejar por decreto, la tristeza es una de las emociones propias de la condición humana: todos estamos expuestos a la pérdida, las decepciones, la enfermedad y la muerte. Además, la tristeza tiene una función adaptativa: al volver más lento nuestro funcionamiento metabólico, nos quita la energía para distraernos y nos obliga a reflexionar sobre nuestro estado y a procesar lo que nos haya sucedido. La tristeza es necesaria para adaptarnos a la nueva situación que implica cualquier pérdida o decepción. Además, la tristeza que no se asume puede manifestarse de muchas otras maneras, llegando incluso a afectar la salud física. Alternativamente, puede dar pie a conductas evasivas como el abuso del alcohol o las drogas. Curiosamente, en el código machista se permite entristecerse e incluso llorar, bajo los efectos del alcohol: el borracho triste siempre puede aducir que "se me subieron las copas".

Pero quizá el costo más alto de rechazar que uno esté triste sea privarse del consuelo y la simpatía de los demás. La tristeza es una emoción que necesita la compañía de los demás; compartirla crea vínculos más profundos y nos acerca a la comunalidad de la condición humana. La persona triste nunca está sola, porque en realidad todos hemos sufrido en algún momento; el privarse de esa conexión afectiva y de ese vasto acervo de experiencia común nos empobrece a todos.

LA SOLEDAD

Pero la soledad también es un sentimiento que muchos hombres niegan conocer. He escuchado a muchos hombres quejarse de que no reciben apoyo alguno de sus esposas o familiares, de que tienen que resolverlo todo sin la ayuda de nadie, y lo hacen con rabia, con deseos de vengarse de un trato que a sus ojos es injusto e inmerecido. Pero si les digo: "te sientes solo, ¿verdad?", toda esa ira se desvanece al instante, sus caras registran asombro y se sueltan a llorar. Y es que en muchos casos nunca lo habían pensado; nunca se les había ocurrido que pudieran sufrir de soledad. Sin embargo, ese

173

sentimiento es clave en la resolución de muchos problemas interpersonales. Cuando pregunto a estos hombres: "¿Por qué estás solo?", de inmediato empiezan a darse cuenta de que ellos mismos se han alejado de sus familias o amistades, o que han dejado de comunicarse o que se han limitado a culpar a los demás... La soledad es una señal de alarma crucial: nos advierte que hemos dejado de cultivar nuestra relación con los demás. Pero va en contra de ese "yo no necesito a nadie" que es un pilar central de la identidad machista.

LA TERNURA

Si bien el amor es permitido en el léxico machista, no lo es uno de sus componentes más importantes: la ternura. Este sentimiento, considerado femenino por excelencia —seguramente por su connotación maternal—, parece representar una amenaza para la identidad masculina. Esto es tan cierto que muchos hombres que tienen conductas homosexuales, que practican actos tan íntimos como el sexo oral o anal, rehúsan besarse —porque toda manifestación de ternura los asemejaría a las mujeres, volviéndolos "maricones". Las caricias, las palabras de amor, son asimismo prohibidas para muchos hombres que tienen relaciones homosexuales pero se niegan a identificarse como tales, porque esto los rebajaría a un estatus femenino.[69]

El amor viril es fuerte y pasional; puede ser violento, posesivo y celoso, pero nunca sentimental o tierno, características reservadas a las mujeres. Los "verdaderos hombres" no se permiten mostrar dependencia o vulnerabilidad emocional, porque supuestamente no necesitan a nadie, y mucho menos a las mujeres; al contrario, el ser independientes de ellas es un requisito para alcanzar la identidad masculina, como vimos en el capítulo II.

En la intricada concepción de la masculinidad que implica el machismo, no sólo es problema dar ternura: también hay una amenaza implícita en el hecho de recibirla. A partir de los diez u once

---

[69] Goleman 1995: 289-290.

años, los niños varones rehúyen los gestos tiernos: dejarse acariciar, sobre todo por alguna mujer, equivaldría a admitir que todavía son bebés y que siguen bajo el dominio femenino. También observamos (aunque esto ya no es tan común como antes) que muchos hombres son reticentes a mostrar ternura a sus hijos varones —y no a sus hijas, para quienes se consideran apropiadas las caricias y los besos—. El temor en este caso, expresado tal cual por muchos hombres, es que sus hijos crezcan "afeminados" si su padre les da muestras físicas o verbales de amor. Y aquí aflora de nuevo el sustrato del rechazo masculino a la ternura: la homofobia. Recibir o prodigar ternura es acercarse peligrosamente a la homosexualidad, considerada (equivocadamente) como una feminización del hombre.

La alegría

El machismo no prohíbe el placer como tal: permite que los hombres se diviertan, pero sólo en formas debidamente viriles —y ciertamente no de maneras que pudieran ser vistas como femeninas o infantiles—. Por ejemplo, un hombre que la pase demasiado bien en compañía de las mujeres o los niños y que incluso prefiera estar con ellos que con otros hombres podría parecer afeminado. Es curioso que muchos hombres estén dispuestos a jugar lo que sea con sus hijos varones, pero que rehúsen jugar a las muñecas con sus hijas, como si esto atentara contra su imagen masculina. Además, siempre está presente el temor a hacer el ridículo, a perder el estilo. Por todo ello, son raros los hombres juguetones. Los verdaderos hombres no corren, no brincan, no se tiran en el piso a jugar. A muchos de ellos les falta la soltura y la espontaneidad que las mujeres pueden exhibir libremente, porque el hacerlo atentaría contra la imagen de digna virilidad, de ponderado estoicismo, que muchos de ellos cultivan. Los hombres se privan así de una gran cantidad de pequeños placeres: no se permiten jugar con un cachorro, o hacer tonterías con sus hijos, o reírse con demasiado abandono, porque esto equivaldría a desplomarse de su pedestal de masculinidad.

Otra emoción que rehúyen los hombres machistas es la vergüenza, aunque ésta juegue en realidad un papel central en su sensibilidad. Un "verdadero hombre" no admitirá jamás que se siente avergonzado por algo que ha hecho; esto equivaldría a reconocer que se ha equivocado. Sin embargo, como los sentimientos no pueden cancelarse tan fácilmente, la vergüenza se esconde debajo de muchas actitudes y conductas machistas; podríamos decir que es la esencia de cierta susceptibilidad masculina. Muchos hombres dicen: "a mí no me importa lo que digan los demás", pero en el fondo les preocupa mucho su imagen y son extraordinariamente sensibles a lo que piensan de ellos sus congéneres (curiosamente, no parece importarles tanto lo que piensen de ellos las mujeres, cuya opinión no tiene el mismo peso. De hecho, una de las grandes asimetrías entre los sexos es que la identidad masculina depende no de las mujeres, sino de los demás hombres, mientras que la identidad femenina depende no de las demás mujeres, sino de los hombres). Cualquier falla en esa imagen, el hecho de ser expuestos como seres humanos falibles y vulnerables, puede causarles una mortificación enorme, y muchas veces sentirán que alguien más tuvo la culpa. "Me hiciste pasar vergüenza" o "me hiciste quedar en ridículo" son frases clásicas en el registro del machismo lastimado. Es interesante contrastar estas reacciones de enojo con las que tienen las mujeres, quienes generalmente se sumen en la vergüenza, se sienten muy mal con ellas mismas y acaban culpándose de todo lo que les haya sucedido.

El volcar la vergüenza hacia fuera, buscando culpables externos, es propio del machismo. Muchos hombres, al sentirse avergonzados, se enojan con los que consideran responsables e incluso con los inocentes testigos de su presunta humillación. El desafío del machista humillado, "Y tú, ¿qué me ves?", es tan clásico que ha aparecido en incontables películas mexicanas, como preludio inmediato a la violencia. En efecto, la vergüenza masculina puede ser peligrosa. James Gilligan, un estudioso de la violencia en Estados Unidos, considera que "la emoción de la vergüenza es la razón primera y principal de toda violencia... El propósito de la violencia es disminuir la intensidad de la vergüenza y remplazarla, en la medida de lo posible, por su opuesto, el orgullo, asegurando así que el individuo no se sienta desbordado por la emoción de la vergüenza".[70]

La vergüenza es el talón de Aquiles del machismo. Es el punto más débil de la psique machista porque, contrariamente a lo que pueda decir, al hombre machista le importa sobremanera lo que piensan de él los demás y es extraordinariamente sensible a cualquier señalamiento. El sentimiento de la vergüenza pone el dedo en la llaga porque le revela al hombre machista su profunda inseguridad: desmiente su invulnerabilidad y su indiferencia ante la opinión de los demás. La vergüenza demuestra que detrás de ese hombre que no necesita a nadie y al que no le importa la opinión de nadie se esconde un ser terriblemente frágil, con una gran necesidad de ser aceptado por sus congéneres.

La sensibilidad estética

En el catálogo de los sentimientos que causan problema a los hombres machistas también podemos incluir otros, considerados menos importantes, pero cuya ausencia limita singularmente su goce de la vida. Uno de ellos es la sensibilidad estética, considerada como un atributo más bien femenino en nuestra sociedad. Esto resulta paradójico, si recordamos que durante mucho tiempo, en Europa por ejemplo, se pensó que sólo los hombres podían tener una justa apreciación de la belleza natural o artística; las mujeres no tenían, supuestamente, la cultura ni la nobleza de carácter necesarias para ir más allá del gusto superficial y de consideraciones frívolas y subjetivas. Un paisaje pintado por un hombre era sublime; pintado por una mujer, se volvía meramente decorativo.

En nuestras sociedades latinas, sin embargo, ocurre algo muy diferente: la sensibilidad estética es delegada (léase relegada) a las mujeres. Las bellas artes —la música clásica, la ópera, el ballet, la danza, por ejemplo— son del dominio femenino: los "verdaderos hombres" se muestran profundamente aburridos por cualquiera

---

[70] Citado en Faludi 1999: 143-144.

de esas manifestaciones artísticas. A un hombre que ame la ópera se le considera poco viril, rayando sospechosamente en la homosexualidad. Y he conocido a padres de familia que se preocupan si un hijo se siente atraído por el ballet: temen por su futura masculinidad. Esta división entre una supuesta sensibilidad femenina y masculina es no sólo absurda, sino ahistórica: hace caso omiso del hecho de que la inmensa mayoría de los creadores y ejecutantes de las artes han sido hombres. Los varones que se autoexcluyen del disfrute de las bellas artes se exilian ellos mismos de gran parte de la cultura universal, ¡y todo por no parecer afeminados!

Lo mismo sucede con la apreciación de la naturaleza, otra forma de la sensibilidad considerada como femenina. Observamos a pocos hombres tomar la iniciativa de admirar un atardecer, salir al jardín a cortar unas rosas o interesarse por los nombres de las plantas; si lo hacen, generalmente es por complacer a alguna mujer. Lo curioso es que estas mismas actividades son altamente apreciadas por muchos hombres en otras partes del mundo, por ejemplo en Inglaterra, donde la jardinería es un pasatiempo que disfrutan hombres y mujeres por igual. Asimismo, en la mayor parte de Europa se considera normal que los hombres salgan a pasear al campo y a los parques por su propio placer y, más sorprendente aún, por su propia iniciativa.

La "intuición femenina"

Sucede algo similar con la famosa "intuición femenina", que podríamos definir como una sensibilidad particular a las cosas intangibles de la vida: las reacciones o intenciones de los demás, las sutilezas de las relaciones humanas, la comprensión empática de lo ajeno. Muy injustamente, se considera que todo ello constituye un punto ciego en la percepción de los hombres, y eso explica que mucha gente considere la intuición como una habilidad misteriosa que sólo poseen las mujeres. La realidad es mucho más interesante. La intuición no es propia de las mujeres, sino de todos los seres subordinados. Como lo nota Pierre Bourdieu, ésta resulta de la atención y la vigilancia continuas que se requieren para anticipar los deseos de los poderosos, y evitar así el castigo. De ahí "la perspicacidad especial de los dominados y en particular de las mujeres [...]".[71] Lo mismo se podría decir, por supuesto, de los animales domésticos que observan interminablemente a su amo. No cabe duda que los débiles siempre están más atentos a las reacciones ajenas; su supervivencia depende de ello. Y esto les brinda una mayor capacidad para "leer" a los demás —habilidad valiosa que es devaluada por muchos hombres, porque la consideran como una manifestación más de la sensibilidad "exagerada" de las mujeres—.

El enojo

En cambio, la línea divisoria del machismo establece otras áreas de la vida afectiva que son reservadas a los hombres —incluso, de manera casi exclusiva—. Entre ellas se encuentra todo lo relacionado con el enojo, sentimiento privilegiado en el repertorio machista de las emociones. Aquí vemos de inmediato un doble discurso: si bien a todo el mundo le parece natural que los hombres expresen abiertamente su enojo, en las mujeres es muy mal visto. Cuando una mujer se enoja, se le tilda de "agresiva" o "histérica"; cuando lo mismo ocurre en un hombre, las personas a su alrededor se preocupan y tratan de aplacarlo. Además, nunca faltan razones para que un hombre esté enojado: o bien "está de mal humor", o "así es él". El enojo es socialmente aceptado en el caso de los hombres porque se considera una parte natural de la condición masculina, y poco tolerado en las mujeres porque viola el código de conducta correspondiente a la feminidad.

Es por ello que el enojo se expresa de manera distinta en los hombres y las mujeres —no por una naturaleza intrínsecamente diferente, sino por la educación que han recibido unos y otras—. Numerosos estudios han mostrado que los niños y las niñas se enojan con la misma frecuencia y lo expresan de la misma manera (a través de la agresión física, el llanto y los gritos) hasta los tres años. Poco a poco, con la adquisición del lenguaje (que se da más tem-

[71] Bourdieu 2001: 31.

prano y rápidamente en las niñas) y el aprendizaje de las reglas sociales, empieza a verse una diferencia: los niños siguen manifestando físicamente su enojo, mientras que las niñas comienzan a expresarlo verbalmente, a través del insulto, o indirectamente, a través del ostracismo, la exclusión o el chisme malicioso. Para los trece años estas diferencias ya están claramente establecidas: los niños actúan su enojo, las niñas lo expresan de maneras más sutiles y encubiertas.[72] Además, en las sociedades machistas se promueve la agresión física en los varones desde muy temprana edad: tanto sus mamás como sus papás y todo su entorno cultural los instan a "no dejarse" y a "defenderse como un hombre". Aprenden a detectar cualquier ofensa y a estar listos para pelearse en cualquier momento. Mientras tanto, en las niñas toda expresión abierta del enojo se reprime sistemáticamente: "tienes que aguantarte", "no te pongas así", "tenle paciencia", son las normas a seguir. Las niñas no deben pelearse físicamente, ni guardar rencores ni buscar venganza —sobre todo, evidentemente, en contra de los hombres—.

Poco a poco, las niñas aprenden a reprimir su enojo o a expresarlo indirectamente, de formas pasivo-agresivas: cuando se sienten injustamente agraviadas tienden a vengarse de forma encubierta; antes de enfrentar directamente a la otra persona, hablarán mal de ella y la cortarán del grupo; aprenden a ocultar sus verdaderas intenciones. Mientras tanto, los niños aprenden que el enojo no sólo es aceptable, sino altamente redituable: el hecho de enojarse los enaltece frente a los demás niños y también representa una gran estrategia frente a las niñas, quienes harán todo lo necesario para contentarlos. Los varones acaban por entender que no es necesario golpear a la gente, ni aventar cosas ni romper puertas. Basta con anunciar la ira, dar señales de molestia, para atraer la atención de los demás y "darse a respetar". No es necesario enojarse, cuando uno puede sencillamente quedarse callado, serio, con cara de disgusto. El mal humor resulta ser igual de eficaz que el enojo abierto, cuando se trata de manipular a los demás.

---

[72] Goleman 1995: 130-131.

Así es como muchos hombres desarrollan la capacidad realmente asombrosa de ponerse de mal humor instantáneamente cuando son contrariados por sus esposas, hijos o empleados. Lo curioso del asunto es que todo el mundo vea como natural el mal humor en los hombres, cuando es algo que han perfeccionado (más o menos conscientemente) como una maniobra de poder. Esto es tan cierto que algunos hombres cultivan actitudes y gestos malhumorados como una estrategia *preventiva*, para que sus subordinados les tengan "respeto" —es decir, para que les tengan miedo y les obedezcan de inmediato—. Suele decirse que los hombres irritables y susceptibles tienen "un carácter fuerte", y las personas a su alrededor aprenden a prevenir sus agresiones, atendiendo a sus deseos y necesidades sin que nadie se los haya pedido.

En cambio, la mujer malhumorada es vista como una anomalía, porque se supone que las mujeres deben ser más "llevaderas", más flexibles y complacientes que los hombres. Las mujeres irritables son "enojonas" e "histéricas"; lejos de contentarlas, las personas a su alrededor aprenden a ignorarlas. No cabe duda de que los hombres tienen, en nuestra cultura, un derecho a enojarse —a gritar, insultar o amenazar a los demás— que las mujeres no poseen y que esto les da un margen de poder decisivo en todas sus relaciones interpersonales.

Este margen de poder tiene, sin embargo, un alto costo para los hombres. El enojo y el mal humor pueden aparecer como una forma rápida y eficaz de doblegar a los demás, reducirlos al silencio e imponer el punto de vista propio. Pero, en realidad, lejos de resolver los problemas interpersonales, tienden a cerrar los canales de comunicación entre las personas. Los desacuerdos persisten, pero bajo una forma soterrada —lo cual significa que toda posibilidad de negociación queda cancelada—. Entonces, cada vez que una mujer deja de hablar con su esposo de las cosas importantes para ella, por temor a su reacción agresiva, se rompe un hilo más en el delicado lazo de la pareja. Cada vez que un subordinado deja de cuestionar a su patrón por temor a ser insultado, se pierde un poco más de la confianza, la lealtad y la solidaridad tan importantes en el mundo del trabajo. Cada vez que un niño deja de acercarse a su papá porque sabe que éste siempre lo recibirá con mal humor, se dilapida un poco más ese capital emocional que los hombres sí poseen al principio de su vida familiar y laboral, y que despilfarran paulatinamente como si se pudiera recuperar algún día.

El mal humor sistemático no sólo cancela la posibilidad de tener relaciones genuinas y de solucionar los problemas que en ellas puedan surgir. También es muy nocivo a nivel individual. La investigación reciente ha mostrado que el enojo crónico representa un altísimo riesgo para la salud. Cada vez que una persona se enoja, aumentan significativamente su ritmo cardiaco y presión sanguínea; a la larga, esto causa daños permanentes. Según un estudio estadounidense, los hombres con un alto índice de hostilidad presentan siete veces más probabilidades de morir antes de los cincuenta años que los hombres menos hostiles. La agresividad es un factor de riesgo más importante que la adicción al tabaco, la hipertensión y el colesterol elevado.[73] Una aclaración importante: no es malo enojarse de vez en cuando. Lo que causa daño es estar enojado de manera crónica, como característica permanente de la personalidad y como manera sistemática de enfrentar los problemas. Y no cabe duda de que los hombres machistas se enojan más seguido que otros, al percibir agresiones u ofensas donde no las hay y al intentar imponer su voluntad a través del mal humor y la intimidación.

Otro peligro del enojo es que llegue a ser una emoción *passepartout*, que sustituya por su lugar privilegiado a otras emociones. En efecto, en una cultura machista, todos los sentimientos "prohibidos" —el miedo, la tristeza, la preocupación, la vergüenza— tienden a expresarse como ira. El hombre triste se vuelve malhumorado; el hombre angustiado o avergonzado se enoja con los demás; el hombre solo culpa a sus seres queridos. La ira funciona entonces como un disfraz: parece que la persona está enojada, pero en realidad sólo está triste, aburrida o desilusionada. Es como si un músico sólo supiera tocar una pieza, de todo el repertorio posible: es probable que la toque muy bien, pero siempre será un ejecutante terriblemente limitado.

---

[73] *Ibid.*: 170.

El odio

Otro sentimiento que puede ser sumamente tóxico en la vida afectiva es el odio, con su tren de rencor, resentimiento y deseos de venganza. En nuestra sociedad, se supone que nadie debe albergar odio, por ser un sentimiento poco cristiano. Pero en el código machista es un baluarte de la masculinidad. Los "verdaderos hombres" no olvidan las ofensas, ni perdonan la humillación, ni dejan de esperar la oportunidad de vengarse. La cultura de la *vendetta* (entre individuos, familias, tribus, rivales profesionales) ha alcanzado su máxima expresión en sociedades machistas como la del sur de Italia o algunos países árabes. En el mundo industrializado el odio es promovido y glorificado en las películas de acción, cuyo público más entusiasta es la población masculina. Y en muchas sociedades el "crimen pasional" provocado por el odio incontrolable, en aras de la venganza, es prerrogativa de los hombres. En este esquema, se tiende a perdonar al hombre que mata por vengarse de un insulto o de la infidelidad de su mujer porque está en juego su masculinidad —y todo hombre tiene derecho de defender su honor masculino—. Este criterio se utiliza muy a menudo como justificación de la violencia doméstica, por ejemplo.

En cambio, el odio es severamente condenado en las mujeres, como un sentimiento que va en contra de su naturaleza presuntamente más suave y amable. En el código machista, las mujeres deben aguantar y perdonar, no vengarse. Si han sido insultadas o agredidas, la venganza corresponde a sus padres, hermanos o esposos: se considera "cosa de hombres", aunque la persona agredida sea la mujer. En el escenario clásico, las mujeres tratan, al contrario, de calmar a los hombres y reconciliarlos, pero en vano, porque el odio y la venganza forman parte de la identidad machista.

El deseo sexual

Si bien ya no es tan cierto como antes que el deseo sexual sea dominio exclusivo de los hombres, algunas de sus manifestaciones siguen siendo "masculinas" y hay otras "femeninas". Sobre todo veremos esta distinción en el área de la seducción. A las mujeres se les permite seducir de una manera indirecta, romántica y a veces infantil: pueden enviar al hombre regalitos y versos, escucharlo y alabarlo en sus proyectos, interesándose por todo lo que haya experimentado en su vida, de tal manera que él se sienta comprendido y, sobre todo, admirado. A los hombres se les permite una seducción más directamente sexual: sus regalos (por ejemplo, prendas o perfumes) reflejan su deseo por el cuerpo de la mujer. Hablan de ellos mismos, de su historia y sus preocupaciones de tal manera que la mujer se sienta deseada y emocionalmente necesaria. En todo este proceso el hombre muestra y expresa su deseo sexual; la mujer expresa sentimientos y fantasías románticas. A veces adopta incluso una actitud infantil hacia el cuerpo del hombre, en lo que podríamos denominar el síndrome del osito de peluche.

La distinción entre el deseo masculino y el femenino se ve también con perfecta claridad en el contexto social cuando uno escucha a hombres y mujeres hablar del sexo. Sobre todo en grupos mixtos, pero también en grupos separados, los hombres hablan del deseo sexual de una manera explícita e incluso gráfica, mientras que las mujeres usan para describir a los hombres que encuentran atractivos expresiones eufemísticas ("está chulo", "es monísimo"), que expresan más una ternura casi maternal que un deseo propiamente sexual. Por supuesto esto refleja las restricciones que han rodeado, históricamente, a la sexualidad de las mujeres: en la división del trabajo sexual, la genitalidad pertenece a los hombres. Sus genitales inician, realizan y dan sentido al acto sexual. En el esquema machista, es inconcebible una sexualidad sin pene, porque la penetración es lo que define al sexo. Es por ello que la sexualidad lésbica, por ejemplo, es un sinsentido en la lógica machista.

En la repartición machista de los roles sexuales los hombres son los que definen la naturaleza misma del sexo, de manera que éste gira alrededor de la penetración. Los hombres son activos: les pertenece el deseo y la actividad genital, es decir, la penetración, mientras que las mujeres son pasivas; les corresponde estimular la sexualidad masculina, satisfacerla y expresar más ternura que deseo. Los primeros pueden expresar libremente su deseo genital, incluso en situaciones sociales; las últimas lo disfrazan en términos de ternura o de metáforas eufemísticas ("me lo podría comer").

EL ORGULLO

Otro sentimiento reservado a los hombres en el catálogo machista de los sentimientos es el orgullo. A nadie sorprende que los varones se ufanen de sus logros, reales o imaginarios. A una mujer que lo hace se le considera engreída, exagerada o indiscreta, porque se supone que las mujeres deben ser comedidas cuando hablan de sí mismas. Sobre todo, no deben opacar a los hombres, sino otorgarles el crédito que ellos sí se merecen, un poco como los buenos subordinados deben siempre dejar que brillen sus jefes —aunque ellos hayan hecho todo el trabajo—. Esta regla no escrita perjudica mucho a las mujeres, quienes desde que ingresaron al mercado laboral deben competir con los hombres para obtener reconocimiento y ascensos. Pero a las niñas se les enseña desde la infancia a rehuir la competencia y a minimizar sus logros, comportamientos reservados más bien a los niños.

Algunos psicólogos, comenzando con Matina Horner en los años setenta,[74] han hablado de un "temor al éxito" en las mujeres. Según esta teoría, las mujeres que logran sobresalir —sobre todo en los terrenos académico y profesional, tradicionalmente reservados a los hombres— sufren de terribles dudas sobre su propia capacidad, temen ser descubiertas como fraudulentas y llegan hasta el extremo de sabotearse a sí mismas. Mucho más que los hombres, tienden a minimizar su propia capacidad, dar el crédito a los demás y dejar pasar las oportunidades que puedan presentárseles. No debe sorprendernos que lleguen a terapia quejándose de una baja autoestima y de un alto nivel de estrés. Siempre me ha sorprendido la reticencia de las mujeres sobresalientes a reconocer su propia capacidad. A veces les pido que me traigan una lista de sus logros; regresan, casi siempre, con las manos vacías —y avergonzadas, además, de no haber hecho la tarea—.

---

[74] Véase Horner 1972: 157-175.

Los hombres, en cambio, no tienen tanto problema en enumerar sus cualidades y logros. En la categorización de atributos femeninos y masculinos, la ambición es altamente apreciada en ellos, mientras que lo es menos en las mujeres. Esto implica que la competencia, el hecho de sobresalir y exigir el reconocimiento de los demás también se permite a los hombres, en algo que bien podríamos llamar un monopolio masculino de la superación. Los hombres alcanzan metas y presumen de ello; las mujeres apenas logran "salir adelante". Sólo podemos especular sobre la cantidad y la importancia de los logros que las mujeres podrían alcanzar, si la ambición y el orgullo les fueran permitidos. Claro, sería deseable que la versión femenina de estos sentimientos fuera menos fanfarrona y narcisista que la que prevalece en la cultura machista.

LA JERARQUÍA DE LAS EMOCIONES

No sólo existe una distinción entre las emociones masculinas y femeninas; también hay una clara jerarquía según la cual los sentimientos de los hombres son importantes y dignos de atención, mientras que los de las mujeres son triviales e irrelevantes. Cuando los hombres hablan de temas personales, las mujeres los escuchan con enorme atención, pero no reciben de ellos la misma escucha cuando hablan de sí mismas. Es interesante notar la dinámica de la amistad entre los sexos (de la cual hablaremos más en el capítulo VII): muchas mujeres me han comentado que sus amigos varones les hablan de su vida personal y profesional, por lo cual se sienten muy halagadas e importantes. Pero cuando les pregunto si ellas también hablan de sus problemas personales con ellos me responden que no, que a ellos no parece interesarles tanto escucharlas como ser escuchados. Esta asimetría hace que muchos hombres tomen a las mujeres como paño de lágrimas, mientras que observamos poco la situación contraria.

A veces los hombres sí escuchan, pero descalifican a las mujeres cuando éstas hablan de sus problemas personales. "No deberías dejar que te afecte tanto", "no tienes por qué sentirte mal" o "ya se te pasará", son reacciones comunes. En cambio, cuando un hombre se muestra preocupado o triste, las mujeres a su alrededor entran en estado de alerta roja: se preocupan, intentan indagar qué le pasa y buscan la manera de ayudarlo. Aquí hay una paradoja: si los hombres son el sexo fuerte, ¿por qué necesitan tan a menudo la ayuda de las mujeres para expresar y resolver sus problemas emocionales? Esto se aplica también, por supuesto, al área de la salud: las mujeres se preocupan por la salud de sus hombres, tratan de cuidar su alimentación, los convencen de ir al médico, les recuerdan que deben tomar sus medicamentos, etc., mientras que rara vez veremos la situación contraria. Curiosamente, uno de los supuestos imperativos del machismo es "proteger" a las mujeres, aunque cuidarlas no parece serlo.

Independencia masculina, dependencia femenina

Uno de los valores más importantes de la identidad machista es la independencia —no sólo económica y material, sino también emocional—. El "verdadero hombre" no necesita a nadie: como dice, "soy perfectamente capaz de resolver mis problemas por mí mismo". Los hombres acuden mucho menos que las mujeres al médico, al dentista, al psicólogo; cuando se pierden en un lugar desconocido, se niegan a pedir indicaciones. Si fuera cierto que los hombres no necesitan ayuda de nadie, no habría problema; todo el mundo sabría a qué atenerse y cada quién se ocuparía de sus asuntos. Pero no es cierto. Los hombres no están hechos de piedra y sí les afectan las vicisitudes de la vida, como a cualquier persona. Y sí piden ayuda, pero de una manera indirecta y a veces inadecuada. Por ejemplo, en lugar de hablar de sus problemas, se ponen sombríos y malhumorados, obligando a las mujeres que los rodean a tomar cartas en el asunto. Éstas se preocupan, los interrogan hasta sacarles lo que les está pasando y luego emprenden la tarea de ayudarlos. Sin decir que es una injusticia, sí es una manera singularmente ineficiente de resolver los problemas.

En el esquema machista, la contraparte de la independencia masculina es la dependencia femenina. Hay una larga tradición al respecto: desde principios del siglo XIX, los hombres han considerado que las mujeres son demasiado sensibles y débiles para aguantar, mucho menos resolver, los problemas de la vida. En esta óptica, las mujeres necesitan su guía y asistencia para analizar correctamente las cosas y tomar las medidas necesarias. Este razonamiento resulta curioso si observamos cuántas mujeres se las arreglan básicamente solas: en el 20 por ciento de los hogares mexicanos las mujeres son las principales proveedoras, encargándose de resolver los problemas de la vivienda, la alimentación y el cuidado de los niños.[75] Se estima que la cuarta parte de los hogares en el mundo son encabezados por mujeres.

Además, la viudez es mucho más común en las mujeres que en los hombres; las mujeres sobreviven a los hombres por un promedio de siete años y durante ese lapso de tiempo, a menudo en edad avanzada, tienen que sortear los retos no sólo de la vida material, sino de la soledad. Y se sabe que lo hacen mucho mejor que los hombres: éstos sobreviven menos tiempo cuando han perdido a su esposa que viceversa. Las mujeres parecen estar mejor preparadas para llevar a cabo las tareas básicas de la vida cotidiana. Como lo dijo alguna vez la gran antropóloga Margaret Mead: "Cuando los hombres pierden a su mujer, se mueren. Cuando las mujeres pierden a su marido, sencillamente siguen cocinando".

Una vez más la realidad contradice los estereotipos encumbrados por el machismo. Las mujeres parecen depender menos de los hombres que viceversa, y sin embargo, muchas mujeres sienten una gran dependencia hacia ellos. ¿Por qué? En primer lugar, podemos suponer que muchas de ellas cultivan una aparente debilidad e incompetencia frente a ellos para hacerlos sentirse indispensables. Además, resulta más fácil dejar a los hombres muchas de las tareas que las mujeres podrían hacer perfectamente por sí solas. Pero, más allá de estas consideraciones estratégicas, hay una forma de dependencia psicológica muy particular que debemos tomar en cuenta. Hay una cosa que las mujeres necesitan más de los hombres que ellos de ellas: la atención. Muchas mujeres se desviven por ganarse la atención de los hombres, que les haga sentirse validadas, deseadas y queridas. Es probable que esta necesidad tenga su origen en el

---

[75] Datos del Consejo Nacional de Población. Véase *Reforma*, 19 de marzo de 2001.

amor por su padre —un amor frustrado, en la mayoría de los casos, porque los hombres dan poca atención a los niños en general, pero especialmente a sus hijas—. La infancia y adolescencia de muchas mujeres fueron marcadas por una búsqueda infructuosa de la atención y aprobación de su padre, lo cual se prolonga en la edad adulta bajo la forma de una fuerte dependencia emocional hacia los hombres. Los varones, en cambio, no pasaron por este proceso, porque su primer amor —su madre— en la mayoría de los casos sí les brindó toda su atención, cuidado y apoyo de manera continua.

Este contraste, debido a que son las mujeres las que se ocupan de criar a los hijos en casi todo el mundo, hace toda la diferencia. Las mujeres necesitan que los hombres les hagan caso, mucho más que el contrario. Tal desequilibrio fomenta una dependencia psicológica que se manifiesta de muchas maneras y empalma perfectamente con la idea de la independencia masculina. Por supuesto, en esta polarización ninguno de los dos extremos corresponde a la realidad: ni las mujeres son tan dependientes ni los hombres tan independientes como suelen pensarlo unas y otros.

HOMBRES OBJETIVOS, MUJERES SUBJETIVAS

Además, los hombres establecen a menudo una distinción entre sus sentimientos u opiniones y los de las mujeres, según la cual su percepción de las cosas es "objetiva", mientras que la de ellas es "subjetiva". Esto se refleja en expresiones como "déjame explicarte cómo están las cosas", o bien "no estás siendo objetiva", maneras muy frecuentes de descalificar lo que puedan sentir y pensar las mujeres. En este sentido, podemos hablar de un monopolio de la razón: aun en sus momentos más irracionales, cuando los hombres están fuera de sí o borrachos, o cuando desconocen por completo el tema de la discusión, se apropian la razón como un derecho inalienable. Las mujeres tienen que justificar y demostrar sus puntos de vista; los hombres parten del supuesto de que están en lo cierto. Estas posiciones tan diferentes significan que cualquier desacuerdo siempre irá mucho más allá del problema específico por resolver: siempre estará en juego, también, el derecho a tener la razón. Debajo del desacuerdo se está dando además una lucha de poder en la cual el hombre defiende y la mujer cuestiona el monopolio de la razón. Muchas discusiones no versan en realidad sobre quién está en lo correcto, sino sobre quién tiene *el derecho a tener la razón.*

Otro ejemplo de esta distinción entre "objetividad" masculina y "subjetividad" femenina está en las armas que pueden utilizar unos y otras. Gracias a su pretendida objetividad, los hombres tienen el derecho de expresar todo lo que sientan, y las mujeres no; ellos pueden agredir o humillar a sus interlocutores, y las mujeres no; pueden gritar, y las mujeres no; pueden actuar impulsivamente, y las mujeres no. Esta doble moral asegura que las mujeres se vean limitadas a usar armas ligeras, mientras que los hombres sacan la artillería pesada a la menor ofensa. No debe sorprendernos que las mujeres salgan de las discusiones con sus maridos lastimadas y humilladas, mientras que ellos, aunque también salgan afectados, por lo menos tienen la satisfacción de haber defendido con éxito su posición de fuerza.

Ahora bien, es cierto que en general las mujeres hablan más de sus sentimientos y asuntos personales, mientras que los hombres tienden a platicar más de su trabajo y de temas "públicos" como los deportes, la tecnología o la política. Diversos autores han señalado, además, que las mujeres dan mayor importancia a la relación con su interlocutor que al tema de la conversación: les importa más preservar la amistad que tener la razón. Los hombres, al contrario, están más dispuestos a defender su punto de vista, aunque esto signifique lastimar a la otra persona o pelearse con ella: tener la razón es más importante que preservar la relación. Este patrón se da desde la infancia. Se ha observado, por ejemplo, que los juegos de los niños tienden a ser más competitivos que los de las niñas: los primeros enfatizan más el desempeño individual, arrojan ganadores y perdedores, y frecuentemente son interrumpidos por acusaciones y discusiones. En cambio, las niñas en general prefieren juegos grupales como saltar a la cuerda, jugar a la casita, disfrazarse, bailar; ponen menos énfasis en quién gana y quién pierde, y cuando hay desacuerdos entre ellas cambian de juego antes de pelearse.[76]

---

[76] Véanse, por ejemplo, Gilligan 1982 y Tannen 1990.

Por todo ello, sí podemos decir que las mujeres son más "subjetivas" que los hombres, en la medida en que dan más importancia a las emociones y a las relaciones interpersonales, mientras que ellos hablan más de sus acciones y de hechos. El problema aquí es triple, en términos del machismo: en primer lugar, esta diferencia se toma, con gran frecuencia, como un reflejo de características innatas. Tendemos a hablar de una naturaleza subjetiva en las mujeres y objetiva en los hombres, lo cual es falso, dado que las personas de un sexo son perfectamente capaces de desarrollar las supuestas aptitudes del otro. Se trata de una cuestión de educación y de costumbres, más que de rasgos congénitos. En segundo lugar, esta rígida distribución de roles impide tanto a los hombres como a las mujeres desarrollar una personalidad completa que integre tanto las emociones como la racionalidad. En tercer lugar, la distinción entre hombres "objetivos" y mujeres "subjetivas" establece una jerarquía, según la cual las opiniones masculinas siempre resultan más válidas o más importantes que las femeninas. En realidad, los hombres ganan en muchas discusiones no porque tengan la razón, sino porque todo el mundo da más peso a los criterios, sentimientos y valores masculinos. El juego siempre se desenvuelve en su cancha, con su pelota, a su ritmo y ante su público.

La distinción entre hombres objetivos y mujeres subjetivas nos enfrenta, además, a una paradoja curiosa que todos hemos observado alguna vez. En incontables situaciones, resulta que las mujeres son más razonables, más serenas y menos impulsivas que los hombres. ¿Por qué sucede esto, si supuestamente son emotivas, irracionales e incapaces de una apreciación objetiva de las cosas? La explicación es sencilla. Como los hombres educados dentro del esquema machista han aprendido a reprimir o a hacer caso omiso de sus emociones tienen poca experiencia en manejarlas. Cuando algún sentimiento les gana y no pueden ya eludirlo, no saben qué hacer con él porque son eternos principiantes en el mundo afectivo. Es impactante, en efecto, la diferencia entre hombres y mujeres en situaciones de gran carga emocional que requieren una respuesta afectiva bien calibrada: cuando alguien está enfermo, cuando hay que dar un pésame o apoyar a alguien que está pasando por un momento difícil, son las mujeres las que saben qué hacer. Los hombres se quedan callados, o tratan de cambiar el tema o hacen algún comentario irrelevante. Es tan cierto esto que muchos hombres prefieren delegar la tarea a sus mujeres, las eternas encargadas de manejar tales situaciones.

Por otra parte, los hombres supuestamente tan racionales y objetivos parecen perder el control sobre sus emociones con más facilidad que las mujeres: cuando están tristes, se derrumban; si están molestos, se enfurecen; cuando tienen algún problema, a menudo intentan, por ejemplo, ahogarlo en el alcohol. La explicación es la misma: no han desarrollado lo que Daniel Goleman ha llamado la "inteligencia emocional", que consiste en manejar las emociones en lugar de dejarse arrasar por ellas. Esto significa reconocerlas y asumirlas y expresarlas adecuadamente, tomar cierta distancia para reflexionar sobre ellas y luego actuar con base en esa reflexión, en lugar de dejarse cegar por los impulsos. Las personas que sistemáticamente descalifican o ignoran los sentimientos, propios y ajenos están mal preparadas para enfrentar dificultades de tipo emocional y son, por tanto, particularmente vulnerables frente a ellas.

La polarización entre objetividad masculina y subjetividad femenina da lugar a muchas paradojas de este tipo. Otra, muy frecuente, es el curioso intercambio de roles en algunas situaciones. He observado muchas veces la siguiente dinámica: un hombre y una mujer están enfrascados en una discusión. Él toma la actitud consabida de convencerla de su punto de vista, a partir de argumentos "objetivos". Ella rehúsa aceptarlos, sencillamente porque no está de acuerdo con ellos. Entonces él se impacienta y, cada vez más irritado, empieza a utilizar ya no el convencimiento racional, sino maniobras de poder: "es que estás mal" (descalificación), "déjame explicarte cómo está la situación" (infantilización), "voy a acabar enojándome" (amenaza), "no sé por qué tienes que ser tan terca" (crítica personal); al mismo tiempo alza la voz y la interrumpe a cada instante. Ella, sintiéndose en efecto descalificada e intimidada, trata de calmar las cosas: "está bien, no te enojes"; "podemos hablarlo tranquilamente en otro momento"; "bueno, tú tienes tu punto de vista y yo el mío". Extrañamente, el hombre "objetivo" recurre a elementos extrarracionales para ganar la discusión, mientras que la mujer "subjetiva" acaba por adoptar una actitud conciliadora y razonable.

LA REPRESIÓN DE LAS EMOCIONES

¿Qué sucede cuando se establece una distinción entre emociones masculinas y femeninas, cuando a hombres y mujeres se les permiten ciertos sentimientos y otros no? Lo primero que ocurre, necesariamente, es la represión de los sentimientos "prohibidos". Si los hombres no deben sentir miedo, y son educados así desde su más temprana infancia, dejarán de sentir el miedo como tal. Quizá lo anulen a través de la sobrecompensación, con conductas temerarias o lo transformen en una emoción "permitida" como el enojo. También es posible que lo disfracen con otras formas, como la ansiedad, el estrés o problemas psicosomáticos. En otro ejemplo, si los hombres no deben mostrar ternura, por tratarse de un sentimiento poco viril, los veremos expresar su cariño de maneras indirectas, bruscas, o sencillamente invisibles para los demás. Y luego se preguntarán por qué sus hijos no los quieren o por qué sus mujeres ya no les brindan la ternura que antes les prodigaban tan espontáneamente.

De la misma manera, si las mujeres no deben enojarse y han sido educadas en esos términos, entonces el enojo se manifestará en ellas de otras formas. La más frecuente es la depresión, que muchos autores ven (entre otras cosas) como una forma de volver la ira hacia dentro. Entonces, en lugar de observar a mujeres enojadas con sus esposos, hijos o patrones, veremos a mujeres deprimidas, sumidas en la autocrítica y la autodevaluación. Encontraremos a mujeres con múltiples problemas psicosomáticos, insomnio, trastornos de la alimentación, abuso del alcohol, etc., que siempre están listas a culparse de todo pero que no pueden expresar, ni reconocer siquiera, el enojo que llevan adentro. O bien observaremos a mujeres que expresan su enojo hacia fuera, pero de maneras disfrazadas: como falta de deseo sexual o dificultad para alcanzar el orgasmo, como hipocondria o una susceptibilidad que vuelve la vida imposible para los demás, etcétera.

La represión de los sentimientos tiene costos muy altos para la salud tanto física como psicológica. Las personas que por su educación machista no se permiten sentir o expresar ciertas emociones universales se pierden una parte importante de la experiencia humana. Su repertorio emocional es limitado frente a las vicisitudes de la vida, y esto significa que con frecuencia tendrán respuestas inadecuadas. Donde deberían sentir miedo, los hombres reaccionarán con enojo; en vez de enojarse, las mujeres se hundirán en la depresión; en vez de expresar su alegría, los jóvenes mostrarán una indiferencia simulada.

Esta confusión de los sentimientos no sólo empobrece a la gente en el ámbito individual; también afecta la comunicación y la relación entre las personas. Si las mujeres y los hombres viven en registros emocionales diferentes, si perciben y sienten la misma realidad de maneras distintas, existirá entre ellos un enorme potencial de malentendidos. El uno no entenderá las reacciones del otro, que parecerán carecer de todo sentido. De ahí las declaraciones tan comunes en los hombres: "es imposible entender a las mujeres" o "no comprendo por qué te pones así". No es por nada que tantas mujeres se sientan incomprendidas. De ahí también que tantos hombres se sientan poco apoyados por las mujeres y consideren que están solos frente a las dificultades de la vida. No puede haber comprensión, ni empatía, ni apoyo, si la gente habla distintos idiomas afectivos. La represión sistemática de los sentimientos desemboca necesariamente en la soledad.

La represión de los sentimientos también puede tener costos sociales. El hombre sin miedo es altamente peligroso. Las mujeres que nunca se enojan aguantan a menudo tratos injustos que sus congéneres de otros países han podido vencer después de una larga lucha. Al no ponerles límites a los hombres, éstos se sienten autorizados para seguir maltratándolas impunemente. Podríamos pensar incluso que la impunidad generalizada en nuestro país no se debe sólo a la corrupción o la incompetencia de las autoridades; empieza en un nivel mucho menos público pero igualmente importante: el de la relación entre hombres y mujeres. Donde no hay límites, tampoco puede haber un respeto a las leyes.

Otra consecuencia de la represión sistemática de las emociones es la proyección. Se trata de un mecanismo de defensa psicológico en el cual una persona proyecta hacia fuera y deposita en los demás los sentimientos que no quiere o no puede ver en sí misma. En un ejemplo clásico, el hombre que alberga deseos homosexuales se vuelve intensamente homofóbico; odia la homosexualidad en los demás porque no la tolera en sí mismo; percibe homosexuales en todas partes y siente, además, que todos tienen intenciones sospechosas hacia él. En el área que nos interesa aquí, los hombres sin miedo consideran que todos los demás son miedosos; la mujer que nunca se enoja se ve rodeada de gente enojona y percibe agresiones en todas partes. El hombre que se conduce de manera irracional cree que los demás están siendo irracionales; la mujer que jamás ha albergado deseos de venganza contra nadie considera que la gente hoy en día es muy agresiva y vengativa.

Podemos observar, a través de este sencillo mecanismo, cómo se estructura una polarización de los sentimientos según el sexo. Por ejemplo, si los hombres tienen que ser valientes, entonces las mujeres serán miedosas. Como lo describe muy bien una mujer de 42 años: "No sé por qué me he vuelto tan miedosa. Cuando era joven era muy diferente, iba de un lado para otro y hacía toda clase de cosas que ahora me dan terror. Hasta mi esposo se ríe de mí. Él es muy valiente, le entra a todo y dice que no entiende por qué son tan miedosas las mujeres". Lo que sucede es que en el transcurso de su larga relación de pareja los roles se han polarizado, y una de las reglas del juego es que él sea valiente y ella miedosa. Un detalle curioso en lo que se refiere al temor: no es casualidad que las mujeres tengan miedo a muchas cosas que supuestamente son del dominio de los hombres, como las máquinas, la tecnología, la agresividad... Como todas las emociones, el temor refleja la división del mundo en áreas masculinas y femeninas.

De la misma manera, si las mujeres tienen que ser pacientes y abnegadas, entonces los hombres serán impacientes y exigentes; si las mujeres son asexuales, entonces los hombres serán hipersexuados; si los hombres son duros y estoicos, las mujeres serán sentimentales. Si la ternura no puede ser un atributo masculino, será el atributo femenino por excelencia. Todos los sentimientos que una parte reprima se encontrarán, con creces, en la otra. Y así se irán estableciendo roles exagerados y polarizados y, en lugar de ser personas completas, los hombres y las mujeres se volverán parciales, transformándose paulatinamente en personajes de cartón, para no decir de caricatura.

La proyección también permite a la gente culpar a los demás de todo lo que le suceda. No es que yo me haya equivocado: fue la secretaria, la computadora o los idiotas que no saben manejar. Este fenómeno está relacionado con el machismo: como lo hemos visto ya en varios contextos, las personas machistas evaden la responsabilidad personal. Intentan constantemente transferir el trabajo de la comunicación y de la relación a la otra persona y además tienden a tener una idea exagerada de sus propias bondades: "yo lo sé todo, yo lo puedo todo, a mí nadie me va a decir cómo hacer las cosas". Les resulta difícil dar la razón a otra persona y aún más reconocer sus propios errores. Todo esto constituye un caldo de cultivo idóneo para la proyección. Es curioso observar cuántos hombres consideran, con toda sinceridad, que viven rodeados de imbéciles: consideran a los demás incompetentes, mentirosos e irresponsables, es incluso gracioso, hasta que uno se pone a pensar en los costos sociales de esta falta de responsabilidad personal.

Otra consecuencia de la proyección es la intolerancia. Si un hombre no soporta reconocer el miedo en sí mismo, tampoco lo va a aceptar en los demás. Para un hombre sin miedo no hay nada peor que un cobarde. De ahí la virulencia de los insultos hacia todo lo que no es "masculino" por parte de muchos hombres, quienes desprecian a sus congéneres "afeminados". Asimismo, de ahí el rechazo hacia todo lo que no es "femenino" por parte de muchas mujeres que ven como demasiado masculina a la mujer que levanta la voz, se expresa de manera asertiva y actúa de manera independiente. Los hombres considerados débiles son "maricones", las mujeres fuertes son "marimachas". Este fenómeno garantiza que hombres y mujeres sigan cultivando los roles que han seguido tradicionalmente en un ciclo vicioso permanente, y que sigan rechazando a las personas que no respeten esos roles polarizados.

LOS HOMBRES "ESPECIALES"

He oído a muchas mujeres decir de sus maridos, patrones, colegas o hermanos que "es una persona muy especial", para no decir que es arrogante, conflictivo y malhumorado. Acto seguido intentan explicar su actitud aduciendo, por ejemplo, "es que tuvo un papá (o una mamá) muy dominante", "es que su papá nunca estaba", o bien "es que le pegaban cuando era niño". Siempre encuentran la manera de justificar el carácter "especial" de esos hombres, como si fueran casos únicos. He llegado a preguntarme, después de haber escuchado tantas explicaciones de este tipo, si realmente son tan "especiales" esos hombres machistas, que siempre resultan ser iguales: dominantes, exigentes, impacientes e intolerantes... y he llegado a la conclusión de que es un fenómeno no sólo común, sino característico de un tipo de masculinidad muy generalizado en nuestra sociedad. Creo que ya es hora de pasar de una óptica psicológica e individual a ver este asunto como un patrón social. Ni los hombres que viven de esta forma ni las mujeres que los acompañan son casos únicos. Son, por desgracia, muy comunes. Y sus actitudes y conductas no sólo afectan a sus seres queridos; tienen repercusiones sociales que van mucho más allá de la pareja o la familia. Los costos del machismo emocional son altísimos, como lo veremos en la sección siguiente.

EL MACHISMO EMOCIONAL

El conjunto de elementos que he descrito en este capítulo se conoce comúnmente como inmadurez. El hecho de considerar ciertos sentimientos como aceptables y otros no, la incapacidad de reconocer las emociones en uno mismo, la tendencia a reprimir, proyectar y distorsionarlas, la incapacidad de expresarlas adecuadamente, constituyen una seria limitación para la vida. La inmadurez se expresa también en el hecho de querer controlar las emociones en uno mismo y en los demás, incapaces de posponer la gratificación, en un pobre control de impulsos, en una capacidad reducida para la empatía y, finalmente, en una agresividad innecesaria. Pero todo ello va más allá de rasgos individuales. Esta forma de manejar la vida afectiva está íntimamente ligada al machismo y al autoritarismo en general.

Las personas autoritarias a menudo tratan de controlar a los demás y una forma de hacerlo es pretender manejar no sólo sus propias emociones sino también las ajenas. Dice la esposa de un psicólogo:

> Cuando le hablo de alguna situación que estoy viviendo, trata de cambiar lo que siento, convencerme de lo que debería estar sintiendo, como si él —por ser psicólogo— tuviera todas las respuestas. Me jala para todos lados: a veces me dice que me enoje, otras que no me enoje; a veces debo sentir tristeza, otras veces debería estar contenta... Me siento observada por él todo el tiempo, a veces ya ni sé lo que realmente estoy sintiendo.

Hay, en efecto, muchas maneras de influir en los sentimientos de los demás y no sólo los psicólogos saben cómo hacerlo. En todos los casos, se trata de una especie de terrorismo emocional, que pretende subyugar al otro y moldearlo al gusto de uno, por las buenas o por las malas.

Otro rasgo común en las personas autoritarias es su impaciencia: quieren que las cosas se hagan sin demora, que la gente a su alrededor cumpla sus deseos sin objeciones, que sus necesidades tengan prioridad sobre las ajenas. Los psicólogos llaman a esto una incapacidad para posponer la gratificación que es propia de los niños y adolescentes, pero que los adultos aprenden a superar porque la vida misma les va enseñando que las cosas no se dan de inmediato, ni fácil ni automáticamente. El problema es que muchos hombres, en una sociedad machista, han sido rodeados desde su infancia por mujeres dedicadas a atenderlos y no sólo a cumplir sus deseos sino incluso a prevenirlos. Su madre, sus hermanas, sus sirvientas, sus novias, su esposa, sus hijas, les han brindado desde siempre la realización mágica de todos sus deseos. Los niños que han crecido envueltos en esta solicitud permanente llegan a la edad adulta con la convicción profunda de que merecen y tienen un derecho inalienable a ese trato, y lo esperan de todo el mundo.

El corolario natural de esta exigencia perpetua es un pobre control de impulsos: la tendencia a actuar sin medir las consecuencias. La actitud de prepotencia que tienen muchas personas machistas, según la cual "yo hago lo que quiera" y "no me importa lo que digan los demás" conduce en muchas ocasiones a actos irreflexivos y egoístas, más propios de un niño mimado que de un adulto maduro. La urgencia perentoria que expresan muchos hombres en el área sexual, por ejemplo, no deriva de que tengan en realidad "necesidades" sexuales impostergables, sino de un control de impulsos poco desarrollado. Después de todo, ningún hombre se ha muerto por falta de relaciones sexuales; pero muchos hombres presionan a las mujeres a tener relaciones como si de veras se fueran a morir por no tenerlas. Lo mismo se aplica a las adicciones: por encima de la adicción misma, muchos hombres machistas se justifican además al decir, "no veo por qué tendría que limitarme si algo se me antoja". La negación a limitarse, a medir las consecuencias de lo que uno hace, se ve incrementada, en este sentido, por el machismo.

Finalmente, estas actitudes perentorias desembocan necesariamente en una falta de empatía, una incapacidad para tomar en cuenta a los demás. Los hombres machistas no toleran ser contrariados y, en muchas ocasiones, se niegan a escuchar opiniones distintas. Esto suele manifestarse como necedad ("no me importa lo que piense la gente"), aburrimiento ("ya sé lo que vas a decir") o bajo la forma de un autoritarismo simple ("yo soy el que manda aquí"). Esta incapacidad de asimilar, o de imaginar siquiera, otros puntos de vista tiene consecuencias personales y sociales inmensas.

En primer lugar, cancela toda posibilidad de negociación: si la opinión ajena es irrelevante, entonces el único propósito de todo diálogo es convencer al otro de la opinión propia. Es por ello que resulta inútil discutir con una persona autoritaria: sus razonamientos "lógicos" se reducen a una mera reiteración de su punto de vista inicial. En este sentido, la falta de empatía impide la resolución de los conflictos interpersonales. Asimismo genera malentendidos continuos: la persona que no escucha interpreta equivocadamente a los demás todo el tiempo. Finalmente, los machistas tienden a considerar el desacuerdo como una ofensa: en una formulación clásica, si no estás conmigo, estás en mi contra. Por todo ello, el machismo contribuye a una agresividad generalizada e innecesaria, y se dice innecesaria porque hay muchas maneras menos costosas de resolver las diferencias, incluyendo el simple respeto a la opinión ajena.

En segundo lugar, esta dificultad para ponerse en el lugar de los demás inhibe la cooperación. Si uno considera o espera tener siempre la razón, el trabajo en equipo se vuelve prácticamente imposible. Si el punto de vista de los demás es irrelevante, entonces lo único que queda es imponerse a ellos. Y si todos (o varios) integrantes de un grupo de trabajo o de estudio están acostumbrados a pensar así, entonces pasarán sus reuniones disputándose el liderazgo en lugar de dedicarse a la tarea común. Podemos observar estas dinámicas muy a menudo en nuestra sociedad cuando varias personas intentan integrar un equipo o llevar a cabo un proyecto compartido.

En tercer lugar, considerar que los deseos, las necesidades, los sentimientos y pensamientos propios son los únicos importantes prácticamente excluye la posibilidad de subordinarse al bien común. Si lo único que cuenta es la comodidad personal de uno, entonces no hay ninguna razón para no estacionarse en doble fila, tirar basura en los lugares públicos o prender el estéreo a todo volumen a las tres de la mañana: si alguien se atreve a cuestionar a la persona que lo haga, ésta le dirá que no se meta y que no le importa lo que digan los demás. La imposición de los intereses propios sobre los de los demás es un corolario de la incapacidad para postergar la gratificación, controlar los impulsos y tomar en cuenta la situación de los demás. El machismo promueve toda esta constelación de conductas y actitudes, y constituye por lo tanto un serio obstáculo para el desarrollo de la conciencia cívica en nuestra sociedad.

¿QUÉ PODEMOS HACER?

Es imprescindible llevar a cabo —a nivel personal, familiar y social— un reaprendizaje de la vida afectiva. En lugar de prohibir ciertas emociones en uno y otro sexo, tendremos que aceptar que todos los seres humanos compartimos sentimientos universales, que forman parte de nuestro funcionamiento cerebral, por no decir de nuestra condición humana. La distinción entre emociones masculinas y femeninas no tiene sentido: constituye una falsificación de la realidad y tiene costos muy altos para toda la sociedad. Los hombres sí tienen miedo, las mujeres sí se enojan; los hombres sí sienten soledad y vergüenza, las mujeres sí tienen impulsos sexuales y agresivos, nos guste o no.

El primer paso, entonces, es reetiquetar las emociones, ya no conforme a lo que deberíamos sentir sino a lo que en realidad experimentamos. Por desgracia, la distinción entre emociones aceptables e inaceptables para uno y otro sexo ha promovido una gran confusión acerca de lo que realmente le sucede a la gente. Cuando a los hombres se les prohíbe tener miedo, en lugar del temor sentirán enojo, por ejemplo; cuando a las mujeres se les prohíbe reconocer sus deseos sexuales, presentarán problemas psicosomáticos, etc. Una tarea muy común para los psicoterapeutas es la reeducación sentimental: ayudar a sus pacientes a expresar con precisión lo que están experimentando, en vez de recurrir a vagas generalidades como "me siento mal", o "estoy deprimida" o "no sé qué me pasa".

Otro paso importante que nos incumbe a todos es reconocer que no somos únicos: los hombres machistas no son "especiales", las mujeres sometidas por los hombres no sufren de una baja autoestima como resultado de un trastorno psicológico personal; se trata de patrones sociales que deben tener respuestas sociales. La principal sería, por supuesto, la educación. Daniel Goleman, el autor de *La inteligencia emocional*, describe una serie de programas escolares que se están aplicando en Estados Unidos para ayudar a los niños a reconocer y expresar adecuadamente sus emociones y para enseñarles el control de impulsos, la demora de la gratificación, la empatía y algunos mecanismos para la resolución de conflictos. Estos programas, que involucran a niños, maestros y padres de familia, han logrado disminuir la agresividad, promover el trabajo en equipo y mejorar el desempeño escolar.

El machismo emocional promueve fallas importantes en la comunicación, conduce a una agresividad innecesaria, impide el

control de impulsos y la empatía, y sabotea, por lo tanto, la cooperación y la conciencia cívica. Promueve la evasión de la responsabilidad personal, al facilitar la represión y la proyección de los sentimientos, y carga injustamente a las mujeres el grueso del trabajo
emocional. Las mujeres no tienen por qué ser las encargadas de la
vida afectiva; aparte de injusto, este arreglo genera un potencial in-
finito de malentendidos y conflictos. Ya es hora de que cada quien
asuma sus sentimientos y sus responsabilidades.

VI
El machismo en el hogar

Una joven mujer me cuenta, con mucha risa, la anécdota siguiente:

fíjate que el otro día estaba yo limpiando las ventanas del estudio, que da a la calle, y se me ocurrió salir para lavarlas desde fuera. En eso llega mi marido y ¡se puso furioso! Que qué andaba yo haciendo en la calle, que qué iban a pensar los vecinos... Total, le dije que no estaba haciendo nada malo, y que si ya había lavado las ventanas desde dentro, pues era natural que las lavara afuera. "Sí", dijo él, "pero una cosa es que estés dentro de tu casa y otra que andes en la calle". "Pero eso es absurdo", le contesté, "¡si son las mismas ventanas!". "De acuerdo, pero para una mujer no es lo mismo estar dentro que estar exhibiéndote fuera, donde todos te puedan ver".

La separación entre el ámbito doméstico y el público es a veces tan delgada y transparente como el cristal de una ventana. Pero en el mundo machista es una división infranqueable, porque el primero corresponde a las mujeres y el segundo a los hombres. Transitar del uno al otro es dificilísimo para cualquiera de las dos partes: si a las mujeres les cuesta trabajo salir del ámbito doméstico, para los hombres tampoco es fácil entrar a ese reino tradicional de las mujeres. Unos y otros defienden celosamente sus privilegios; unos y otros pierden al quedarse atrapados en su diferencia, separados por un muro de vidrio.

Al examinar el machismo en el hogar es necesario recordar una cosa: la estructura y la dinámica de la familia tal como las conocemos no son eternas ni universales. Sin hablar del resto del mundo, sabemos que en Occidente han existido diferentes formatos de familia a lo largo de la historia. Por ejemplo, la familia nuclear, que consiste en padres e hijos compartiendo una vivienda común, es muy reciente. Hasta el siglo XIX, convivía en el hogar un conjunto de personas que en la actualidad viven separadas: abuelos, tíos, hijas solteras y una panoplia de aprendices y sirvientes, junto con sus propias familias, que hoy en día ha desaparecido. Es más, hasta el Renacimiento toda esta gente convivía las 24 horas del día: dormían, comían y trabajaban en piezas comunes que servían para todas las actividades. El espacio no se dividía como ahora; no había piezas dedicadas exclusivamente a cocinar, comer, dormir o jugar; antes bien, en la Edad Media por ejemplo, la vivienda consistía en un cuarto grande en el cual se cocinaba, se comía, se trabajaba y se dormía, junto con los animales domésticos en muchos casos. La gran innovación arquitectónica del corredor, que a la vez une y separa a estancias diferenciadas con funciones específicas, apareció alrededor del año 1450, en Florencia.[77]

Prácticamente hasta el siglo XIX, hombres y mujeres, adultos y niños, compartían no sólo los mismos espacios sino las mismas actividades. Los niños ayudaban en todas las tareas de la gente grande; se les veía, vestía y trataba no como seres esencialmente distintos, sino como pequeños adultos.[78] Niños y niñas dormían juntos, sin segregación por sexo. Las labores del campo eran compartidas por mujeres y hombres; las incipientes actividades manufactureras se llevaban a cabo en el domicilio y con la participación de todos, antes de que surgieran las fábricas fuera del hogar a principios de la Revolución Industrial. Los hombres trabajaban en, o cerca de, la vivienda común; estaban mucho más presentes en la vida doméstica que ahora.

---

[77] Véase Martin 1963.
[78] Véase Ariès 1973.

Por otra parte, toda la familia compartía los ritmos de la vida cotidiana, pues dependían no del tiempo industrial sino de la luz del día y las estaciones del año: en la primavera, el verano y el otoño, todos estaban afuera para las tareas del campo; en invierno, todos permanecían adentro y participaban en las tareas correspondientes a esa época del año. Existía una cohesión familiar y social difícil de imaginar hoy en día. Por ejemplo, antes del siglo XIX era rarísimo que la gente abandonara su pueblo o ciudad de origen; la inmensa mayoría de las personas moría en el lugar donde había nacido. La educación de los hijos se repartía entre hombres y mujeres: en general, los primeros se ocupaban de la educación de los niños y las mujeres de la de las niñas. En los dos casos consistía en la transmisión de oficios y conocimientos prácticos: incluía una familiaridad diaria con las plantas, los animales, las estrellas, la fabricación de las herramientas, las velas, las conservas, las labores del campo, la recolecta y la caza; todo ese saber milenario se transmitía de generación en generación, sin una división estricta entre áreas masculinas y femeninas.

Fue hasta la Revolución Industrial a principios del siglo XIX, cuando empezó a establecerse una delimitación entre la esfera pública y la privada, entre el mundo del trabajo y el ámbito doméstico, la calle y el hogar. Poco a poco se estableció una forma de vida en la que los hombres salían a trabajar mientras que las mujeres se quedaban en casa (aunque las mujeres también laboraron en las fábricas y las minas inglesas, por ejemplo, durante buena parte del siglo XIX). Esto dio lugar a una separación entre una vida pública y masculina, y otra privada y femenina. Fue a partir de entonces que el trabajo se volvió un espacio propio de los hombres, mientras el hogar, de las mujeres, con toda la distinción entre actividades, facultades y sentimientos que ello implica.

Gracias a la Revolución Industrial, muchas de las tareas cotidianas que antes se realizaban en casa, como el tejido del hilo y la lana, la manufactura de ropa y utensilios, la molienda de los granos, la recolecta de la leña y la elaboración del carbón, la matanza de los animales para la alimentación y para la elaboración de cuero, jabón y velas, etc., pasaron a ser procesos industriales que se llevaban a cabo fuera del hogar. El trabajo doméstico de las mujeres se vio cada vez más restringido, limitado esencialmente al aseo, el cuidado de la ropa, la preparación de la comida y el cuidado de los hijos. Mientras tanto, la vida de los hombres transcurría cada vez más fuera de la casa, en las fábricas, los talleres, las oficinas y los comercios, y pasaban su tiempo libre, cada vez más, en lugares públicos como las tabernas. Por supuesto, esta división del trabajo implicó una creciente desigualdad entre hombres y mujeres, porque el trabajo de ellos era remunerado y el de ellas, no. Es más, el quehacer doméstico perdió poco a poco su estatus de trabajo, y se consideró cada vez más como una vocación altamente deseada por las mujeres, que debía cumplir todas sus aspiraciones y colmar todos sus deseos. Por eso decimos con tanta naturalidad, hoy en día, que los hombres "trabajan", mientras que las mujeres "están en su casa".

Poco a poco el hogar se fue volviendo el centro de la vida familiar, que anteriormente estaba totalmente integrada a la vida comunitaria. Antes del siglo XIX los festejos eran públicos, giraban alrededor del calendario cívico y religioso, e incluían a todos los habitantes del lugar. El hogar se fue privatizando paulatinamente, quedando aislado de la comunidad, en un proceso largo que inició en el siglo XV en Florencia, cuando las grandes casas señoriales pasaron de tener sus *loggia* o arcadas afuera y abiertas a la plaza pública, a tenerlas dentro, dando hacia patios interiores cerrados.[79] Ya en el siglo XIX, este aislamiento social del hogar había llegado a permear todos los actos de la vida: empezaron a celebrarse en casa los cumpleaños, la Navidad y a pasarse en familia los días feriados. Aun la muerte, que en la era preindustrial había involucrado a vecinos, amistades y religiosos, se volvió, a partir del siglo XVIII, un acontecimiento privado, vivido en la intimidad de la familia.[80]

Hasta el siglo XIX surgió la familia nuclear, consistente en una pareja con sus hijos; en el siglo XX se volvió el modelo predominante en el mundo industrializado. Pero este formato resulta, a todas luces, una anomalía en la historia de la humanidad. Por un lado, la

---

[79] *Ibid.*
[80] Véase Ariès 1975.

urbanización, la migración y una creciente movilidad social fueron minando las bases de la familia extendida. Por el otro, el *boom* económico de la posguerra, junto con políticas gubernamentales en favor de la natalidad y una fuerte inversión en infraestructura, programas de salud y seguridad social, crearon unas condiciones de prosperidad sin precedentes. En esa época ya lejana del siglo XX, la familia nuclear de clase media podía subsistir con un solo ingreso y adquirir vivienda y automóvil; había seguridad en el empleo, y se consolidó un estilo de vida en el cual el hombre mantenía por sí solo a la familia, mientras que la mujer se dedicaba al hogar.

A partir de los años setenta, sin embargo, cuando empezaron a desmoronarse la prosperidad y la estabilidad social de la posguerra, la familia nuclear se vio en una situación cada vez más precaria. Las mujeres comenzaron a rebelarse contra su encierro doméstico; los jóvenes dieron la espalda a los valores clasemedieros y paternalistas en los que se habían educado. Mientras tanto, el núcleo familiar se había alejado de la familia extendida y de la participación comunitaria, de la vida del barrio y la parroquia, que antes habían constituido sus redes de apoyo. Cada vez más aislado, no pudo resistir las crisis económicas, sociales y culturales que marcaron las postrimerías del siglo XX. Las tasas de matrimonio y de natalidad disminuyeron, en tanto los índices de divorcio, migración y violencia intrafamiliar fueron aumentando año con año. Esto dio lugar a una desintegración paulatina del modelo tradicional: hoy existe una enorme variedad de familias con padres divorciados, vueltos a casar o no, familias monoparentales, etcétera. En México, por ejemplo, apenas la mitad de las familias tiene la estructura tradicional de padre, madre e hijos.[81] Esta inestabilidad tuvo costos sociales altísimos y, entre otras consecuencias, trajo un cuestionamiento profundo de los roles de padres e hijos, hombres y mujeres. El siglo XXI será habitado, por lo menos en los países industrializados, por familias muy diferentes al modelo de los años cincuenta que tanta gente sigue añorando.

---

[81] Dato del Consejo Nacional de Poblacion, citado en *Reforma*, 15 de mayo, 2001.

Como parte de todo este proceso, el cuidado de los hijos se volvió poco a poco un área exclusivamente femenina. Este hecho económico y social, acompañado de una vasta campaña ideológica para promover los valores "tradicionales" de la familia, llegó a considerarse como un fenómeno natural, como si siempre hubiera sido así. La historia, sin embargo, nos dice otra cosa. En su apasionante historia de la maternidad, Elisabeth Badinter nos demuestra cuán equivocados estamos al considerar que existe un "amor maternal" eterno y universal. Pasa revista a una serie de sociedades en las cuales el infanticidio fue (o sigue siendo) común y describe en el mundo occidental el trato muy desigual hacia hijos e hijas, primogénitos y menores, por parte de sus padres de ambos sexos. Nos habla de la costumbre, muy común hasta el siglo XX, de dejar a los hijos en manos de nodrizas y sirvientes, y de mandarlos al campo o al internado durante buena parte de su infancia y adolescencia. Después de haber rastreado extensivamente la literatura documental de la era premoderna, Badinter concluye que "el instinto maternal es un mito. No hemos encontrado ninguna conducta universal y necesaria de la madre [...]. El amor materno no se da automáticamente. Es un extra.[82]

Por supuesto, mucha gente sigue pensando que el cuidado de los hijos corresponde "naturalmente" a las mujeres, por ser éstas las que dan a luz y amamantan a los bebés. Pero esta idea confunde los aspectos biológicos de la maternidad con las costumbres sociales: no es cierto y no hay manera de demostrar que las mujeres sean biológicamente más aptas que los hombres para bañar a los niños, cambiar sus pañales, llevarlos al pediatra o planchar su uniforme escolar. Las únicas tareas "maternales" que estén realmente fuera del alcance de los hombres son las que dependen estrictamente de la biología de la mujer: el embarazo, el parto y la lactancia.

Durante mucho tiempo se supuso que las tareas asociadas con la maternidad, aunque no fueran dadas por la biología, requerían de todos modos una especie de vocación materna, un instinto y

[82] Badinter 1980: 369.

una ternura propiamente femeninas y que los hombres no tenían las cualidades necesarias para remplazar el amor y el cuidado de una madre. Esta noción, que de paso atribuye a los hombres una ineptitud realmente asombrosa, ha resultado ser falsa. Merced a la variedad creciente de núcleos familiares, hoy existen cada vez más hogares monoparentales consistentes en un varón con sus hijos. Para sorpresa de muchos, los hombres han resultado ser perfectamente capaces de realizar todas las tareas tradicionalmente asociadas con la maternidad y se ha comprobado que disponen de toda la ternura, intuición y responsabilidad necesarias para cuidar a sus hijos.

Los números son elocuentes: según el último censo de población en Estados Unidos, hay actualmente dos millones de padres que están criando solos a sus hijos, una cifra que ha aumentado en un 50 por ciento desde 1990. Estos hogares representan la sexta parte de todos los hogares monoparentales en ese país. La mayoría de los hombres en esta situación viven con sus hijos por decisión propia; novecientos mil son hombres divorciados que han buscado activamente obtener la custodia de sus hijos, custodia que las cortes normalmente otorgan a las madres. Quizá más sorprendente aún es que los niños no parecen sufrir efecto negativo alguno: según los estudios que se han hecho, presentan índices de salud mental y física, así como de desempeño escolar idénticos a los de los niños criados por madres solas.[83] Esta tendencia también se observa, aunque a escala mucho menor, en México, donde la proporción de hogares monoparentales dirigidos por hombres subió del 1.2 por ciento en 1976 al 1.4 por ciento en 1997, según el Consejo Nacional de Población (Conapo).[84]

Por otra parte, mucha gente considera que la crianza de los hijos es algo que las mujeres saben hacer instintivamente. Un artículo en el número del periódico *Reforma* dedicado al día del padre expresa elocuentemente este punto de vista:

Ser padre no es cosa fácil, nadie dijo que lo fuera. A las mamás se nos da de manera más natural la crianza de un hijo, es algo que tenemos inhe-

---

[83] Goldberg 2001.
[84] *Reforma*, 17 de junio de 2001, suplemento especial, 4.

rente a nuestra naturaleza. Simplemente es parte de ser mujer. Pero, para un padre no es tan natural. Un hombre tiene que aprender a ser papá, con todos los errores y aciertos que un aprendizaje implica.[85]

La idea de que las mujeres no tienen que aprender a ser madres es debatible, por decir lo menos. De hecho, a las mujeres se les enseña a ser madres desde su más temprana infancia: casi todos los juguetes y juegos considerados como "apropiados" para las niñas constituyen en realidad un entrenamiento intensivo: las muñecas, la casita, la cocinita, etcétera, no son más que ensayos para la maternidad futura. Las niñas que tienen hermanos menores también se preparan al cuidarlos a ellos. Lejos de tener la maternidad en la sangre, las mujeres son formadas para ello durante muchos años.

Y aun esa preparación no es suficiente. Cuando nace su primer hijo, la inmensa mayoría de las mujeres tiene que aprender una serie de tareas básicas como son, por ejemplo, amamantar y bañar al bebé correctamente. Tan es cierto esto, que en algunos países industrializados, como el Reino Unido, existen trabajadoras sociales que visitan regularmente a las nuevas mamás para enseñarles, precisamente, cómo cuidar a sus hijos. Lo mismo nos dice la inmensa cantidad de obras de autoayuda publicadas al respecto, año tras año. Si las mujeres supieran "instintivamente" cómo ser madres, nada de esto sería necesario y los libros permanecerían empolvados en las librerías.

Sin embargo, no cabe duda de que a las mujeres les atrae más y están mejor preparadas para asumir la crianza de los hijos. Esto no constituye, empero, un fenómeno natural. Como lo explica la psicoanalista Nancy Chodorow en su clásico *The Reproduction of Mothering*,[86] la maternidad femenina se perpetúa de generación en generación porque, hasta ahora, la inmensa mayoría de los niños ha sido criada por mujeres. Es decir, niños y niñas han tenido su primer vínculo afectivo con una mujer y no con un hombre. Como lo vimos en el capítulo II, la identificación primaria para ambos sexos ha sido con una mujer; pero los niños, para forjar su identi-

---

[85] Hammeken 2001.
[86] Véase Chodorow 1978.

dad masculina, deben reprimir esa identificación primaria. Para volverse varones, psíquicamente hablando, necesitan desarrollarse en oposición a la madre y diferenciarse de ella de todas las maneras a su alcance. Las niñas, no. Ellas pueden seguir identificándose con su madre plenamente, sin que ello afecte su identidad de género; y una parte importante de esta identificación consiste en querer ser madres ellas mismas. Según Chodorow, esta "reproducción de la maternidad" seguirá prevaleciendo mientras la crianza de los hijos sea una tarea exclusiva o predominantemente femenina.

Hay otra variable en la ecuación de la maternidad, tal y como se vive en una sociedad machista. Los psicólogos hemos observado en incontables ocasiones cómo una joven mamá le reclama ayuda a su esposo para el cuidado del bebé y luego lo critica cada vez que intenta hacerlo: o no está sujetando correctamente al bebé o se le va a caer, o el agua está demasiado caliente para el baño, o es torpe, brusco o ignorante... Haga lo que haga, siempre está mal. Éste es el equivalente exacto de los hombres que acaban manejando siempre, porque a fuerza de criticar a las mujeres éstas finalmente se rinden y les ceden el volante sólo para dejar de ser censuradas y estar en paz. Los hombres que tratan de participar en el cuidado de sus hijos también se cansan cuando se les critica constantemente y asimismo acaban por ceder el lugar a sus esposas.

En este sentido, podemos hablar de un monopolio de la maternidad, que ejercen muchas mujeres en nuestra sociedad. Es importante observar que esto no sucede necesariamente en otros países, en los cuales los hombres no sólo participan, sino que en un número creciente de casos se vuelven, por voluntad propia, los cuidadores principales de sus hijos. La solución no está, por lo tanto, en criticar al otro porque no hace las cosas como uno, sino en darle la oportunidad de hacerlo de todos modos, aunque a veces se equivoque. El oficio de padre se aprende, así como el de madre, a través de la experiencia.

Pero este monopolio de la maternidad que mantienen muchas mujeres tiene su razón de ser. En una sociedad machista, la maternidad es lo único que otorga un estatus respetado a la mujer; la enaltece a ojos de los hombres, como no lo hacen su inteligencia ni sus logros profesionales. Esto da a las mujeres un elemento de

211

poder frente a los hombres; es lógico que lo defiendan celosamente, como un territorio femenino no sólo natural sino exclusivo. De ahí la actitud contradictoria de muchas mujeres: desean que los hombres las ayuden en el cuidado de los hijos pero al mismo tiempo necesitan mantener el control sobre su territorio. Algo similar sucede cuando un hombre pide a su mujer que se ocupe del presupuesto familiar, pero mantiene el control sobre la chequera, las tarjetas y cuentas bancarias: se trata de un mensaje cruzado, en el que "te doy obligaciones, pero no los derechos correspondientes; yo sigo teniendo la última palabra". Muchas mujeres ofrecen el mismo arreglo ambiguo cuando exigen la participación de los hombres en el ámbito doméstico: quieren delegar tareas, pero mantener el control. En los dos casos, las reglas del juego impiden una cooperación auténtica.

ÁREAS FEMENINAS Y MASCULINAS

La división del trabajo en el hogar es sumamente interesante para cualquier reflexión sobre el machismo. Una manera sencilla de abordar el tema es examinar los espacios de la casa y descubrir cómo están divididos en territorios distintos según el sexo. Existe un *continuum* que va desde los espacios más bien femeninos a algunos compartidos y otros que son más bien masculinos. Entre los primeros estarían las áreas de "servicio" donde se guardan los materiales de limpieza, el lavadero y tendedero, y por supuesto la cocina y los espacios de los niños. Entre los segundos, contaríamos la sala de estar, el comedor y la recámara principal. Y entre los terceros observamos el estudio, el cuarto de televisión y el espacio virtual, es decir, la computadora.

Comencemos por el área femenina del aseo. En efecto, casi todo lo relacionado con la limpieza es tarea de mujeres en las sociedades machistas. Esto es tan cierto que la publicidad al respecto está dirigida a ellas y las muestra a ellas haciendo el aseo con energía y entusiasmo. Sólo aparece un hombre cuando éste le "regala" a su mujer algún producto de alta tecnología, como un lava alfombras, que, por costar más que una vil escoba, es elevado mágicamen-

212

te a un estatus masculino. Como es el hombre el que determina las compras importantes del hogar, el lava alfombras debe pasar por él, para que se lo obsequie a su mujer en un acto de munificencia señorial cuyo propósito es "ayudarla" con el quehacer doméstico.

Pero la limpieza sigue siendo cosa de mujeres. Las cifras son elocuentes: aun en Estados Unidos, donde poca gente tiene servicio doméstico y donde la "liberación" de la mujer lleva ya treinta años, los hombres participan en las tareas domésticas sólo ocasionalmente: únicamente 20 por ciento de ellos comparte plenamente el quehacer. En términos de tiempo, la media de los hombres dedica unas cinco horas por semana a tareas relacionadas con el hogar, mientras que las mujeres les dedican más de veinte horas. En México, las cifras revelan una desigualdad aún mayor: según datos del INEGI, 49 por ciento de los hombres dedica en promedio menos de ocho horas por semana al trabajo doméstico, labor a la que 49 por ciento de las mujeres dedica sesenta horas. Los hombres dedican 6.2 horas en promedio a la semana a limpiar la casa, mientras que en esta actividad las mujeres ocupan 27.7 horas.[87]

Estas cifras encierran varias paradojas, desde el punto de vista de los valores machistas. Muchos hombres pretenden que las mujeres no deben hacer trabajos pesados o degradantes, y dicen que desean "protegerlas" de las dificultades de la vida. Sin embargo, no tienen la menor objeción cuando las ven realizar el trabajo físicamente extenuante de trapear los pisos, mover los muebles para sacudir, lavar y tender la ropa, o hacer el trabajo "degradante" de limpiar los baños y escusados, cosas que rara vez veremos hacer a un hombre. Además, las medidas del tiempo que pasan hombres y mujeres en labores domésticas probablemente no incluyen la infinidad de tareas insignificantes, "que no me quitan tiempo", que realizan las mujeres de manera tan automática y natural que ni siquiera se dan cuenta de ellas: cosas pequeñas como coserle un botón al marido, rebanarle su fruta, vaciar los ceniceros, doblar la ropa mientras ven la televisión o preparar el desayuno; cosas pequeñas, sin duda, pero que los hombres no hacen. Ellos se consideran

---

[87] *Reforma*, 17 de junio de 2001, 4-A.

exentos, por tanto, no sólo de las labores domésticas pesadas, aburridas y degradantes, sino también de las pequeñas tareas "que no cuestan nada".

Algo similar ocurre con la cocina, espacio femenino por excelencia. Según cifras del INEGI, los hombres cocinan en promedio 3.8 horas a la semana, labor en la que las mujeres invierten 11.3 horas.[88] A muchos hombres les gusta cocinar y a veces "ayudan" con la comida. Pero ayudan con las tareas *light* o divertidas, como guisar algún platillo o poner la mesa. Las tareas más pesadas o aburridas, como picar verduras, lavar trastes o limpiar el horno, se las dejan a las mujeres. De la misma manera, algunos hombres van de vez en cuando al supermercado; pero lo hacen muy ocasionalmente y generalmente para comprar artículos "masculinos", como vinos, carnes o botanas. Las compras más rutinarias, como las verduras, el detergente, el aceite o el azúcar, se las dejan a las mujeres. La distinción parece plantearse de la manera siguiente: los hombres van al supermercado por placer, en ocasiones especiales, y las mujeres por obligación, para realizar las compras de la vida diaria.

Muchos hombres rehúsan por completo realizar ciertas tareas domésticas, por considerarlas "femeninas". Según el Consejo Nacional de Población, las tareas que los hombres más se niegan a hacer son planchar, lavar ropa, limpiar la casa, cocinar y lavar trastes. En cambio, las labores menos rechazadas son cuidar a los niños e ir de compras.[89] Ratificamos una vez más que los hombres ayudan, pero sólo con las tareas menos pesadas. La rutina, la repetición cotidiana de labores aburridas pero necesarias como tender las camas o lavar los trastes, les incumben a las mujeres. Según datos del INEGI y del Conapo, una tercera parte de los hombres nunca cocina y el 60 por ciento de los hombres casados no plancha ni lava la ropa.[90] Todo lo relacionado con la ropa corresponde a las mujeres: lavar, planchar y coser son áreas femeninas.

Curiosamente, casi todas las encuestas sobre la repartición del trabajo doméstico revelan que los hombres creen sinceramente

---

[88] *Ídem.*
[89] *Reforma*, 15 de mayo de 2001.
[90] *Reforma*, 17 de junio de 2001.

que ayudan mucho más de lo que realmente sucede según medidas objetivas y, por supuesto, según sus propias esposas. Pero vale la pena preguntarnos por qué existe esta discrepancia entre lo que los hombres perciben y lo que hacen. Una razón importante es ésta: al evaluar su inversión en el trabajo doméstico, la mayoría de los hombres compara su parte no con la de la mujer, sino con la de otros hombres. Entonces, si invierten veinte minutos al día en estas tareas, les parece bastante, comparado con lo que hacía su padre o lo que hacen sus amigos. Es evidente que este criterio falsea la medida. No basta con hacer más de lo que hacía el padre; la comparación debe realizarse en función de la compañera, no de los demás hombres.

La "muchacha", pilar doméstico del machismo

En todos los comentarios anteriores, cuando me he referido a "las mujeres" no era necesariamente para aludir a las esposas e hijas de los hombres machistas. En las clases medias altas y altas, las mujeres que acaban haciendo casi todas las labores domésticas son las sirvientas, a quienes (independientemente de su edad o estado civil) mucha gente llama "muchachas", por considerarlas como menores de edad permanentes. En los países en vías de desarrollo, las sirvientas actúan, sin saberlo, como baluartes del machismo. Gracias a ellas los hombres siguen teniendo a su disposición a mujeres que los atienden en permanencia, que les traen y les llevan y les preparan lo que quieran, en cualquier momento. He visto a hombres, cómodamente instalados en la sala, llamar a la sirvienta para alcanzarles un cenicero que está en el cuarto de junto, para cortarles un limón a las diez de la noche, para traerles el periódico que se quedó en el comedor, incluso cuando sería más rápido hacerlo ellos mismos.

Años y décadas después de que las mujeres de clase media y alta se negaron a seguir siendo sirvientas en su casa, dedicadas a "atender" a sus padres, hermanos, esposos e hijos, las sirvientas verdaderas siguen cumpliendo la misma función. Además, seguramente por sus orígenes rurales y su escasa escolarización, muchas todavía

215

tienen al hombre de la casa un respeto que raya en la idolatría. Siempre me resulta sorprendente ver cómo las sirvientas atienden a los hombres de la casa y cómo éstos dan por sentado que las "muchachas" están a su permanente disposición, a pesar de sus sueldos penosamente bajos y sus horarios de trabajo de catorce o más horas al día. En México sigue siendo posible (aunque cada vez más difícil) tener un nivel de servicio doméstico que desapareció del mundo industrializado hace más de cincuenta años, y que permite a las clases acomodadas llevar un estilo de vida parecido al de la antigua nobleza.

Por otra parte, la mayoría de las sirvientas son extremadamente machistas en su trato diferenciado hacia hombres y mujeres. Con los primeros son siempre atentas: los consienten, obedecen gustosamente cualquier orden, mientras que con las segundas se permiten cumplir a medias o cuestionar las indicaciones que les son dadas. Me cuenta una mujer que vive sola con la misma sirvienta hace muchos años:

> Cuando invito a cenar a algún amigo, mi muchacha se pone feliz. Se arregla, viste su mejor ropa, se esmera, pone la mesa impecablemente, sonríe, nos atiende de maravilla. Es completamente diferente cuando viene una amiga: no hace ningún esfuerzo especial, apenas saluda y no nos atiende de la misma manera.

Lo mismo sucede en la vida cotidiana de muchas familias: la sirvienta se esmera sólo cuando está el señor de la casa.

Pero el papel de la sirvienta va mucho más allá de estos detalles: tiene un impacto social fundamental al perpetuar el machismo en el seno familiar. Es gracias ella que los hombres siguen rehusando participar en el trabajo de la casa; es gracias a ella que siguen acostumbrados a ser atendidos como reyes y que siguen siendo incapaces de prepararse una limonada. Como lo explica una arquitecta que tiene un hijo de 22 años:

> Ha sido la labor de toda una vida quitarle el machismo a mi marido y he tratado de educar a mi hijo de otra manera. Pero mi esposo no me deja: cada vez que le digo a mi hijo que levante su

cuarto o guarde su ropa, entra mi marido con "¿para qué quieres que haga eso? Para eso está la muchacha' o 'ay, déjalo, al ratito llega la muchacha". Entonces no es una persona que se sepa valer por sí misma. Si yo quiero un vaso de agua, lo voy a buscar a la cocina. Si él quiere un vaso de agua, se lo pide a la muchacha, o a su hermana, o a la novia, o a mí o a cualquier mujer que ande por ahí, pero no se levanta a buscarlo él. Y esto se da sólo con las mujeres; porque los hombres, entre ellos, no lo hacen: un hombre no le pide a otro hombre que vaya a la cocina y le traiga un vaso de agua. A eso le llamo yo machismo.

Es interesante recordar, en este contexto, los orígenes del movimiento de liberación de la mujer en Estados Unidos. Cuando empezaron las protestas estudiantiles contra la guerra de Vietnam, en los años sesenta del siglo pasado, las mujeres se solidarizaron rápidamente con sus compañeros universitarios, a quienes se estaba enviando a la guerra. Pero cuando quisieron incluir en la agenda política sus ideas para ponerle fin no sólo al autoritarismo en general sino al dominio propiamente masculino, sus demandas fueron descartadas como irrelevantes y equivocadas. Poco a poco, las organizaciones estudiantiles como Students for a Democratic Society excluyeron a las mujeres de la toma de decisiones, y las relegaron a trabajar como secretarias, sirvientas y cocineras del movimiento. Por ejemplo, cuando los estudiantes de la Universidad de Columbia en Nueva York tomaron varios edificios del campus en la primavera de 1968 asignaron a sus compañeras de lucha las tareas domésticas, que incluían hacer la limpieza y preparar los alimentos para centenares de estudiantes tres veces al día, mientras que ellos se dedicaban a la planeación estratégica, al trabajo político y a la comunicación con los medios.[91] Al final de la década de los sesenta varios grupos de mujeres se separaron de la movilización estudiantil para lanzar su propio programa de protesta, dando nacimiento al movimiento feminista como tal.

El rechazo a cargar sistemáticamente con todo el trabajo doméstico ha sido en los últimos cuarenta años una demanda central

---

[91] Véase Faludi 2000: 300-313.

de la lucha feminista. Pero nada cambiará mientras haya sirvientas que sigan tomando el relevo y atendiendo a los hombres como si fueran potentados orientales. Y son costumbres de toda la vida: los niños varones se habitúan desde muy temprana edad a ser atendidos por mujeres. Alguna vez me contaron un pediatra y su esposa cómo les era difícil disciplinar a su niño de cuatro años, porque la sirvienta, muy encariñada con el niño, se empeñaba en consentirlo y dejarle hacer todo lo que él quisiera, a pesar de los esfuerzos de los padres por ponerle límites. El niño ya había aprendido que podía comer según su antojo y no había manera de acostumbrarlo a una alimentación más sana. Tampoco había manera de disciplinar a la sirvienta, que seguía mimando al niño a escondidas de los padres y a pesar de sus indicaciones.

La nana

En las clases acomodadas, este tipo de arreglo encuentra su máxima expresión en la figura inefable de la nana. Ésta goza de una alta investidura porque supuestamente ejerce un papel educativo. Por lo tanto, detenta la autoridad moral de una maestra cuyas indicaciones deben ser obedecidas. Pero como no es más que una empleada de bajo rango a ojos de una sociedad machista, clasista y racista, en realidad no tiene autoridad alguna, pese a todos los delantales almidonados que se le pongan. La nana es una figura emblemática porque transmite todos los valores del machismo a los niños que cuida, especialmente a los varones. Juega un papel importante en la formación de los futuros juniors que heredarán las grandes fortunas y empresas de sus padres. Figura materna bondadosa, siempre disponible, enteramente dedicada al esparcimiento y bienestar de los niños, carente de todo poder real para disciplinarlos, la nana es la versión mejorada de la madre biológica. Es la madre soñada, el modelo para ricos de la mujer abnegada y obediente que no tiene vida propia y cuya única razón de ser es la felicidad de los niños. Está ahí, literalmente, para consentirlos.

El machismo en todo esto no radica en que la nana consienta más a los niños que a las niñas, aunque es probable que así sea. El problema es que los varones llevarán consigo a la vida adulta una visión idealizada, para no decir idílica, de la atención femenina, al haber crecido bajo el cuidado constante y el amor incondicional de una mujer enteramente dedicada a su servicio. Es por ello que la importancia psicológica de la nana va mucho más allá de su rango subalterno en la vida familiar. De hecho, su posición de empleada más o menos desdeñada por los adultos impide a éstos medir su impacto real en la vida de sus hijos. Pero basta con asomarse a la sala de espera de algún pediatra de las clases altas para observar cómo, mientras las jóvenes mamás platican entre ellas, son las nanas las que cargan, cuidan y confortan a los niños, para evaluar su importancia en la vida cotidiana. Basta también con observar cómo, en algunas familias, los niños duermen con la nana, y cómo, cuando están asustados, la buscan a ella y no a su propia mamá, para darse cuenta hasta qué punto este personaje ha tomado el relevo de la maternidad en cierta clase social.

No debe sorprendernos que muchos hombres guarden hacia las nanas de su infancia una adoración muy especial que no siempre le otorgan a sus propias madres. Recuerdo especialmente a un joven recién casado, que se quejaba amargamente de que su esposa no lo atendiera como él quería: lamentaba que no supiera atenderlo debidamente y que tuviera que explicarle todo, cuando "lo único que tiene que hacer, para que seamos felices, es tratarme como siempre me trató mi nana, con amor y respeto. Es muy fácil, sólo tiene que observar cómo me consiente cuando viene a visitarnos". Este tipo de planteamiento nos revela la importancia real de esta figura: la nana, esa sombra indulgente que siempre anda detrás de los niños, en realidad sirve para transmitir de generación en generación las fantasías más regresivas del machismo.

Podemos decir, en términos generales, que todo el servicio doméstico refuerza las costumbres y los valores machistas. No cabe duda de que ha liberado a muchas mujeres, para que puedan estudiar o trabajar fuera del hogar, pero también ha mantenido intacta la posición privilegiada de los hombres. No es casualidad que los hombres participen más en el quehacer doméstico en los países industrializados, donde casi ya no existe la servidumbre de tiempo completo. Aunque a nadie le encante este tipo de trabajo, es probable que las parejas que lo comparten equitativamente sean más felices, en parte porque las mujeres están menos cansadas y más contentas. Además, el hecho de compartir las labores domésticas permite a las mujeres trabajar fuera de casa, lo cual aumenta considerablemente su salud física y emocional. Una gran cantidad de estudios ha mostrado que estas mujeres sufren de menos depresión y problemas médicos que las amas de casa de tiempo completo; y también resulta que los hombres casados con ellas reportan más satisfacción en su matrimonio que los esposos de las mujeres dedicadas enteramente al hogar.[92]

El tiempo y el espacio

Teóricamente, uno de los propósitos del servicio doméstico es dar más tiempo libre a las mujeres, para que puedan dedicarse a otras cosas. Pero muchas mujeres se quejan de no tener, en su propio hogar, ni un momento "para ellas", a pesar de contar con sirvientas de tiempo completo. Cuando están en casa, deben estar siempre pendientes de las tareas domésticas y estar disponibles para atender a su esposo e hijos. Estén haciendo lo que estén haciendo, su atención puede ser requerida en cualquier momento por su marido que desea platicar, sus hijos que necesitan ir a la clase de natación, el plomero que acaba de llegar o por la sirvienta que quiere consultarles algo. En este sentido, su tiempo no les pertenece; no es un tiempo personal, sino familiar. En cambio, los hombres pueden disponer libremente de sus ratos de ocio, sin ser interrumpidos si no lo desean: pueden leer, trabajar en proyectos personales o navegar en Internet durante todo el tiempo que quieran. Si alguien los molesta pueden responder que están ocupados, cosa difícil para una mujer, cuyas actividades siempre serán menos importantes a ojos de los demás. No puede decir, por ejemplo, "ahora no, estoy ocupada", o "lo hago después, en este momento no tengo ganas", si su marido o algún hijo varón requiere de su presencia.

---

[92] Kimmel 2000: 131-134.

No sólo ocurre esto en el ámbito del hogar. Incluso cuando salen del hogar, el tiempo de las mujeres no les pertenece, sino que es susceptible de ser examinado y controlado. "¿Dónde andabas?", "¿a quién viste?", "¿por qué llegas tan tarde?" son preguntas cotidianas para las mujeres cada vez que regresan a casa. A los hombres, en cambio, les irrita sobremanera ser interrogados de este modo y en ocasiones rehúsan responder, únicamente por principio. Por supuesto, cuando esto ocurre, la esposa, que está acostumbrada a ser cuestionada, deduce que su esposo le está ocultando algo. Es cómico, o lo sería si no creara tantos problemas, ver cuántos conflictos pueden surgir de este doble juego machista, en el cual los hombres se arrogan el derecho de interrogar a las mujeres sobre sus actividades fuera de casa y rechazan un trato recíproco.

Algo similar sucede con el espacio, dentro y fuera del hogar. Es así como muchos hombres disponen de espacios personales dentro de la casa: por ejemplo, su estudio, su computadora, su escritorio, a los cuales nadie más tiene acceso. Los espacios de la mujer, en cambio, se consideran territorio de uso general: cualquiera puede buscar lo que necesite en sus cajones o armario y tomar libremente lo que ahí encuentre. Lo mismo se aplica a los lugares públicos: si un hombre está almorzando en un restaurante con un amigo, nadie los molestará. En cambio, si dos mujeres están haciendo lo mismo, no faltará algún hombre, mesero, amigo o perfecto desconocido que se acerque para platicar con ellas, porque su espacio no es considerado personal sino abierto.

Esta falta de tiempo y espacio en el hogar es lo que lleva a tantas mujeres a decir, "no puedo hacer nada cuando estoy en casa". En muchos casos, acaban por renunciar a los planes que tenían antes de casarse, como estudiar, escribir una tesis o trabajar en proyectos profesionales o de superación personal. Y es por ello que la vida doméstica acaba por desgastar a tantas mujeres que no hallan, por bien organizadas que estén, ni el tiempo ni el espacio para su desarrollo individual. Lo curioso de todo esto es que ocurre de manera casi imperceptible: después de todo, nadie les prohíbe leer, estudiar o hacer yoga, pero nunca logran dedicarse a ninguna de estas tareas de manera regular. Su tiempo depende de los horarios y las necesidades de los demás; las suyas propias caen automáticamente al último lugar en la lista de prioridades del hogar. Es por ello que resulta tan falso el argumento de muchos hombres cuando dicen a sus esposas: "Pero si tú tienes todo tu tiempo libre" o bien "puedes hacer todo lo que quieras, no tienes nada que hacer durante todo el día". El tiempo libre de las mujeres no es libre, sencillamente porque no les pertenece. Pero este hecho queda oculto; las reglas del juego en esta área, como en tantas otras, son invisibles dentro de una sociedad machista.

No debe sorprendernos que muchas mujeres acaben por perder la confianza en sí mismas y en su capacidad para lograr sus metas. Dicen: "no logro terminar nunca nada", "no soy capaz de imponerme una disciplina", "me falta motivación", y se culpan ellas de su supuesta debilidad de carácter. En una sociedad machista, el tiempo auténticamente libre, del cual uno puede disponer según su antojo, es una prerrogativa masculina. Asimismo, el espacio personal es un derecho de los hombres y rara vez de las mujeres.

Los roles domésticos: el hombre

En una sociedad machista se establece una jerarquía entre los roles del hombre y la mujer en el hogar. El hombre de la casa es el jefe, sea como padre, esposo o hermano, y teóricamente desempeña varias funciones "masculinas" en la familia. Tradicionalmente, las principales han sido tres: se supone que el hombre debe mantener a su familia, protegerla y fungir como autoridad máxima. Veamos cómo se dan cada una de estas funciones hoy en día.

El rol de proveedor

Tanto en el mundo industrializado como en la mayor parte del mundo en vías de desarrollo los hombres siguen siendo los principales proveedores del ingreso familiar. Pero ya no son los únicos. El siglo XX fue marcado, gracias a las guerras, las crisis económicas y la escolarización obligatoria, por la incursión masiva de las mujeres en el mercado de trabajo. En el México actual, el 31 por ciento de las mujeres tiene un trabajo remunerado y uno de cada cinco hogares es sostenido económicamente por mujeres. Si en los años setenta el 90 por ciento de los hogares era encabezado por hombres, hacia el año 2010 esta cifra se reducirá al 75 por ciento.[93] El papel cada vez mayor, y cada vez más visible, de las mujeres en la sociedad ha cambiado las reglas del juego, aun para las mujeres que siguen dedicándose al hogar: aunque no contribuyan económicamente al sustento de éste, sí han logrado en muchos casos participar más en las decisiones importantes de la casa.

EL PROTECTOR

El tradicional rol masculino de "proteger" a la familia resulta ser mucho menos universal de lo que pensamos, si consideramos algunos hechos relevantes. Muchos hombres abandonan a su esposa e hijos para formar otra familia, y esto nos lleva a preguntarnos qué tan natural es en ellos el papel de protectores. Por supuesto, muchos varones que dejan a su familia lo hacen para emigrar, por razones económicas que están fuera de su poder. Pero sería demasiado fácil atribuir el abandono masculino a la pobreza y a la falta de oportunidades que desgraciadamente prevalecen en gran parte de la sociedad mexicana. Para eliminar esa variable, vale la pena examinar algunas cifras de abandono masculino en las sociedades industrializadas. ¿Qué sucede en esos países cuando los hombres se separan o se divorcian de sus esposas?, ¿siguen preocupados por ellas y por sus hijos? La investigación reciente nos muestra un cuadro realmente desolador, con consecuencias psicológicas y sociales inmensas. En Europa, la cuarta parte de los hombres divorciados deja de mantener a sus hijos; en Estados Unidos, más de la mitad de los hombres divorciados no sólo deja de mantenerlos, sino que no los vuelve a ver jamás. Una encuesta a nivel nacional en Estados Unidos mostró que de los niños de once a dieciséis años que viven con su madre, casi la mitad no ha visto a su padre en los últimos doce meses.[94]

---

[93] Cifras del INEGI y del Conapo, *Reforma*, 19 de marzo de 2001.
[94] Kimmel 2000: 138 y 142.

Para una buena proporción de hombres, entonces, la paternidad depende de las circunstancias; cuando se divorcian, no sólo dejan de ser esposos, sino también padres. Esta situación nos lleva a cuestionar el estereotipo tradicional según el cual los hombres protegen "instintivamente" a sus familias: parece que muchos sí y muchos otros no. Ahora bien, podemos suponer que los hombres se comprometerían más con sus hijos si estuvieran más cerca de ellos, si participaran más en su cuidado desde el día de su nacimiento. Es imposible saberlo por ahora, aunque sí existen cada vez más padres divorciados que piden, y obtienen, la custodia de sus hijos. En todo caso, la idea de que los hombres velan natural y espontáneamente por sus familias no parece ser cierta hoy, si es que alguna vez lo fue.

El mito de la protección masculina también ha sido desmentido por la investigación reciente en el campo de la violencia intrafamiliar. En México se estima que la tercera parte de las mujeres han sufrido maltrato físico por parte de sus esposos o compañeros; si incluimos el maltrato psicológico (insultos, amenazas), esta proporción sube aún más. De las mujeres que fueron atendidas por actos de violencia en los hospitales y clínicas de la ciudad de México entre 1989 y 1994, el 78 por ciento había sido golpeada por su pareja o algún familiar.[95] Las cifras relativas al homicidio de mujeres también son reveladoras. La mayoría de las mujeres asesinadas encuentra la muerte no a manos de un desconocido, sino de su propio cónyuge o ex cónyuge. En Estados Unidos, se estima que entre la tercera parte y la mitad de todas las mujeres es atacada por su pareja masculina en algún momento de su vida. Entre el 30 y el 40 por ciento de las mujeres asesinadas lo son por sus esposos o novios, según el FBI.[96]

Algo similar ocurre con el abuso sexual infantil: la gran mayoría de los niños molestados o asaltados sexualmente recibieron este trato de manos de sus familiares de sexo masculino. Por otra parte, siete de cada diez víctimas son niñas. Esto nos dice que casi toda la violencia dirigida a las mujeres y niñas viene de los hom-

[95] Aguayo Quezada 2000: 122.
[96] Kimmel 2000: 254.

bres, y ocurre no en la calle, sino en su propia casa y a manos de sus familiares más cercanos. Frente a estos hechos es difícil mantener la idea del hogar como un lugar seguro, en el cual los hombres protegen a las mujeres. Antes bien, el hogar es el lugar de más riesgo para ellas. Como lo apunta Germaine Greer, en su reciente reflexión sobre la condición de las mujeres hoy: "La mayor ironía en cuanto al hombre como protector es que ha sido, en demasiadas ocasiones, la persona más peligrosa que tendrán que enfrentar su esposa y sus hijos".[97]

El padre ausente

Otro papel tradicional del hombre ha sido fungir como autoridad máxima en el hogar. Aquí también vemos una serie de contradicciones, gracias a un hecho histórico de enorme importancia: el padre se ha vuelto en muchos casos el gran ausente de la familia. Desde la Revolución Industrial, en efecto, el *paterfamilias* de antaño ha ido desapareciendo. En las sociedades premodernas, cuando toda la familia participaba en el trabajo del campo y del hogar, el padre era una figura muy presente. Una de sus funciones más importantes era la educación de sus hijos varones, al formarlos en el oficio que también era el suyo: el hijo del campesino se volvía campesino, el hijo del carpintero se volvía carpintero, al lado de su padre. Todavía en el siglo XIX los libros sobre la correcta educación de los hijos se dirigían a los padres, no a las madres. Y a principios del siglo XX, la figura paterna descrita por Freud se refería a un padre real, diariamente presente en la transmisión de valores y las decisiones familiares. Éste habrá sido autoritario y represivo, pero al menos estaba ahí.

Poco a poco, debido a la industrialización y la urbanización, el padre se alejó de la vida familiar, al tener que desplazarse diariamente a un lugar de trabajo a veces lejano, según el calendario y los horarios impuestos ya no por la naturaleza o la comunidad, sino por los requerimientos de la producción industrial. Hoy en día, no sólo

---

[97] Greer 2000: 279.

en México sino también en muchos otros países, el padre está sujeto a horarios y a desplazamientos que son prácticamente incompatibles con una vida familiar. Los que observamos ahora ya no son padres de tiempo completo; en casi todas las clases sociales, son padres de domingo. En muchos países del mundo, las encuestas revelan que a los hombres les gustaría pasar más tiempo con su familia; pero la naturaleza actual del trabajo, y la estructura misma de la vida cotidiana, les impide estar presentes como muchos de ellos lo quisieran. Además, el significado actual del tiempo libre aleja aún más a los padres de sus hijos. Antes, el tiempo libre se usaba para hacer cosas, por ejemplo para salir en familia o participar en actividades compartidas; hoy, gracias al estrés y al consumismo, se usa para hacer lo menos posible, para "relajarse", lo cual quiere decir, en muchas familias, ver la televisión.

En estos casos el padre está en casa en cuanto a su presencia corporal y a sus exigencias de alimentación, compañía y esparcimiento, pero difícilmente se preocupa por comunicarse con su familia en un nivel afectivo. Como lo dicen muchas mujeres, "está, pero es como si no estuviera". Dicho de otra manera, el hombre está presente, pero no así el esposo ni el padre, porque no le dedica tiempo ni esfuerzo a la relación con su mujer y sus hijos. Estos últimos son, por supuesto, los grandes perdedores. Según una encuesta nacional del INEGI, el 21 por ciento de los hombres reconoce que nunca cuida a los niños; un 52 por ciento señala que los cuida "a veces".[98] Esto significa que en las tres cuartas partes de los hogares mexicanos los niños están creciendo con padres afectivamente ausentes o distantes. Y esto no se debe a la pobreza: algo similar sucede en Estados Unidos, donde los hombres pasan sólo un promedio de 5.5 horas por semana a solas con sus hijos, comparado con las veinte horas que pasan con ellos las mujeres.[99]

En gran parte del mundo contemporáneo la figura paterna ya no es una presencia, sino una ausencia. Sigue teniendo una importancia capital para su familia, simbólica y psicológicamente hablan-

[98] *Reforma*, 17 de junio, 2001.
[99] Kimmel 2000: 128.

do, pero se trata de una figura remota y en gran parte desconocida para sus hijos. Esto ha cambiado la naturaleza misma de su hipotética autoridad: ésta ya no se basa en una presencia real, con una participación diaria en el hogar y una transmisión de enseñanzas prácticas, sino en una ausencia envuelta en amenazas y promesas incumplidas. El padre involucrado, informado y participativo ha cedido el lugar al padre despistado, arbitrario y agotado. Ya no es un ejemplo viviente para sus hijos, sino una vaga referencia que nunca acaba de llegar a casa.

¿Cuáles son las consecuencias de esta paternidad ausente? Desde un punto de vista psicológico, son devastadoras para todo el mundo, incluyendo, por supuesto, al propio padre. Para la esposa la ausencia de su marido implica no sólo que ella cargue con todo el peso de la vida familiar, sino que vaya perdiendo sus proyectos personales, sus oportunidades laborales y, en casos extremos, hasta su identidad como persona. Incluso, podemos pensar que la madre soltera está en mejor situación que ella, sencillamente porque puede tomar sus propias decisiones, mientras que la casada sigue limitada por las exigencias de un marido que nunca está, atada a las obligaciones que ha contraído con un hombre que sólo le resuelve el aspecto económico de la vida familiar. Porque lo curioso del asunto está en que el marido ausente sigue reclamando sus derechos como jefe de familia: exige que sus necesidades, sus deseos y sus criterios sean prioritarios, como si tuviera todavía una presencia real en la familia. En esta situación, muchas mujeres llegan a decir que sus maridos son para ellas un estorbo, más que una ayuda y que preferirían estar solas, si no fuera por su dependencia económica.

PATERNIDAD AUSENTE Y MACHISMO

El marido ausente representa en efecto un enorme problema para su mujer. Al obligarla a cargar con todo el trabajo de la casa y todo el cuidado de los hijos, la limita en su potencial académico y laboral, y contribuye, por lo tanto, a la desigualdad entre los sexos y al machismo. No cabe duda de que habría más mujeres en las escuelas, las universidades y las profesiones si tuvieran un compañero que las apoyara realmente en el hogar. Sin embargo, peor aún que el esposo ausente, en términos psicológicos, es el *padre* ausente.

Cuando el padre no está presente en la vida diaria de la familia, pueden suceder varias cosas. Para empezar, la madre tiende a invertir todo su afecto y atención en sus hijos, especialmente en sus hijos varones, para compensar la ausencia de su esposo. Depende emocionalmente de ellos mucho más que si tuviera un marido con quien compartiera su vida cotidiana. Muchos hijos tienen que cargar con su mamá no porque ésta sea inherentemente dominante o posesiva, sino porque no está el marido que debiera acompañarla. Esto promueve una dependencia malsana de los dos lados y puede dar lugar a una especie de sobreprotección, también en los dos sentidos, sumamente asfixiante tanto para ella como para ellos. Es importante recordar que todo esto sucede no porque los hijos sean débiles ni las mamás controladoras en sí, sino por la ausencia afectiva (y en muchos casos física) del padre.

Al mismo tiempo, la ausencia del padre hace más difícil que los hijos varones se separen afectivamente de su madre: sienten la necesidad de acompañarla y protegerla, y en muchos casos acaban asumiendo responsabilidades que no deberían corresponderles a ellos sino al esposo. Obligados a llenar el hueco afectivo que ha dejado el padre, se sienten culpables de "abandonarla" cuando crecen. De ahí la actitud tan ambivalente de muchos hombres mexicanos hacia su madre: por un lado quieren cuidarla y permanecer cerca, pero, por el otro, necesitan distanciarse e independizarse de ella, en una combinación de amor y culpa, cercanía y rechazo, respeto y lástima, que resulta tan tóxica para ellos como para ellas. El culto mexicano a la madre contiene todos estos elementos ambiguos y altamente explosivos, y es muy posible que derive en buena parte, de la ausencia del padre. Otra consecuencia de todo es que muchos hijos crezcan con un enorme resentimiento hacia sus padres por haberlos abandonado física o emocionalmente. Por su parte, muchos padres piensan que sus esposas los han "separado" de sus hijos, que han conspirado contra ellos para quitarles su lugar en la familia, pero la verdad es que ellos mismos se han exiliado.

Otro resultado de ello es que los hijos varones no tengan en casa un modelo masculino que les ayude a volverse hombres. Esto no les impedirá hacerlo, por supuesto, pero en lugar de emular a su padre seguirán los modelos alternativos que tengan a la mano. Al no tener enfrente a una figura paterna de carne y hueso, se dejarán obnubilar con gran facilidad por figuras masculinas ficticias como las estrellas del momento, que no son hombres reales sino productos comerciales. Los ídolos del rock, del espectáculo o del deporte son figuras cuidadosamente cultivadas y empaquetadas para vender un producto; no tienen nada que ver con la vida real de la gente real. Conozco a un niño de doce años cuyo sueño en la vida es llegar a ser como Enrique Iglesias; está dispuesto a todo para lograrlo, incluyendo dejar la escuela para entrar a trabajar en el mundo del espectáculo, en la calidad que sea; huelga decir que está destinado al fracaso, sobre todo si deja de estudiar. Estos iconos son poderosos precisamente porque hacen que todo parezca fácil: dan la impresión de que su éxito es natural, automático y además merecido. Y lo creemos porque sólo vemos el resultado final; nunca consideramos lo que su éxito les ha costado realmente. En términos del machismo, estas figuras fungen como modelos no sólo inalcanzables sino dañinos: parte de su atractivo es estar rodeados siempre de mujeres aduladoras, y los chicos que aspiran a ser como ellos realmente piensan que ése es el orden natural de las cosas.

Según Nancy Chodorow, los hijos que no tienen un modelo paterno cercano tendrán que contraponerse a todo lo femenino para identificarse como varones, aún más que si hubieran tenido un padre afectivamente presente. Su masculinidad se basará más en un antagonismo hacia la mujer que en una identificación con el hombre. Por lo tanto, los varones sin padre tenderán a adoptar con más facilidad las actitudes misóginas y machistas que les ayudarán a diferenciarse de su madre y de las mujeres en general.[100]

También las hijas salen muy afectadas por el padre ausente. Las niñas en general necesitan la atención y el cariño de su padre tanto como los niños; si éste no les hace caso, o no está, les puede causar un daño inmenso. Tenderán a crecer con una imagen devaluada de sí mismas, y a buscar desesperadamente a un hombre que les dé un mínimo de atención y afecto, aunque no sea en realidad una pa-

---

[100] Chodorow 1999: cap. 11.

reja adecuada. Además, las niñas que crecen sin padre llegan a la edad adulta con una imagen muy falseada de los hombres; como a los niños, les ha faltado convivir con un hombre real, de carne y hueso, por lo que se dejarán obnubilar más fácilmente por imágenes masculinas ficticias. El sueño romántico del Príncipe Azul no es inherente a la naturaleza femenina; es probable que derive más bien de una ausencia de padre. Estas fantasías vuelven a las mujeres más vulnerables frente a los hombres, más inocentes y sumisas. Todo ello sirve para promover, una vez más, el machismo. Las mujeres se dejan maltratar por hombres que no les hacen caso, porque su papá nunca les hizo caso; acaban viviendo con hombres que no las escuchan porque su papá no las escuchó. Y se casan con hombres que no les convienen porque nunca vieron, en su casa, un matrimonio feliz.

PATERNIDAD PRESENTE Y MACHISMO

No cabe duda de que la paternidad ha cambiado mucho en la era moderna. Hasta hace poco, los padres inculcaban a sus hijos una serie de conocimientos que eran útiles y necesarios en la vida cotidiana. Todas las labores agrícolas, la caza y la pesca, los oficios, las enseñanzas prácticas de la vida, desde cómo cortar leña hasta cómo cambiar una llanta, se transmitían de padre a hijo y formaban una parte esencial del vínculo entre ellos. Todavía a mediados del siglo XX, el mantenimiento y la reparación del automóvil familiar eran tareas provechosas que podían compartir padres e hijos. Todo esto se fue perdiendo con la industrialización y el avance tecnológico. En las ciudades, ya nadie corta leña, nadie caza; y hoy en día, para reparar un coche prácticamente hay que tener un doctorado en ingeniería electrónica.

Hoy en día la interacción entre padres e hijos se ha reducido básicamente al campo recreativo. Durante mucho tiempo compartieron la práctica o la afición deportiva, pero aun ésta ha ido cediendo el lugar a pasatiempos sin contenido afectivo o educativo alguno, como ver la televisión. En el mundo industrializado actual, padres e hijos tienen muy poco en común; no existe ya esa transferencia del saber que era la base de la relación entre ellos. La mayoría de los padres no hace gran cosa con sus hijos, no por negligencia sino porque no hay nada que hacer. Esto no guarda relación alguna con el machismo; deriva de la naturaleza del trabajo y del tiempo libre hoy en día.

En cambio, lo que sí tiene que ver con el machismo es la actitud de muchos hombres frente a estos cambios sociales. En muchas familias, sigue vigente la creencia tradicional en un padre que lo sabe todo, que lo arregla todo, y cuya autoridad se basa en conocimientos reales. Pero la realidad es otra. Muy a menudo el padre es el último en enterarse de lo que está sucediendo en su familia; pero sigue reclamando el derecho a juzgar y a castigar como si estuviera perfectamente informado. No tiene idea, pero lo sabe todo. No puede arreglar nada, pero pretende tener siempre la solución. Es por ello que su intervención en los asuntos familiares parece a veces arbitraria, y que los demás miembros de la familia le hacen poco caso; lo cual lo lleva, muy naturalmente, a enojarse. De ahí la imagen paterna, tan frecuente hoy en día, del padre autoritario pero desinformado, represivo pero ineficaz, que pretende ejercer un poder que ya nadie le reconoce.

El problema de todo esto es que el padre defiende y transmite a sus hijos, una imagen de poder esencialmente vacía: ya no transmite conocimientos, sino actitudes arbitrarias; ya no proyecta autoridad, sino autoritarismo. Y sus hijos, tanto niños como niñas, siguen aprendiendo que el hombre debe imponerse, con razón o sin ella, y que su voluntad debe acatarse, independientemente de toda justificación real, "porque soy tu padre" o porque "el jefe aquí soy yo". Las formas autoritarias de relación siguen vigentes, aunque ya no tengan un contenido de poder real.

Asimismo, la idea del padre como fuente de sabiduría y disciplina ha perdido gran parte de su sentido, si es que alguna vez lo tuvo. En la vasta mayoría de las familias los padres ya no tienen habilidades prácticas que transmitir, y su conocimiento de la vida es en muchos casos superado por su esposa y hasta por sus hijos. Hoy, en realidad son las mujeres las que se ocupan de las cosas prácticas del hogar: son ellas las que se encargan de pedir el gas, llamar al electricista, pagar los recibos y en general organizar el buen funcionamiento de la casa. Los hombres ya tienen muy poco que ver con el mantenimiento físico del hogar. Por otra parte, son las madres las que están enteradas de las escuelas, las calificaciones y las actividades de los hijos, mucho más que los padres. Estos últimos rara vez van a las reuniones de padres de familia, al pediatra o a las clases de natación de sus hijos y, por lo tanto, su campo de acción en esta área también se ha visto cada vez más reducido.

Ahora bien, muchos padres de familia están tratando de revertir esta situación y de participar en la vida cotidiana de sus hogares. Los jóvenes, en especial, dicen que les gustaría pasar más tiempo en casa, pero frecuentemente se topan con obstáculos difíciles de vencer. En primer lugar, las condiciones laborales actuales dejan muy poco tiempo libre, y la mayoría de la gente pierde inmensas cantidades de tiempo en transportarse a su lugar de trabajo y regresar en la noche. En algunos países europeos ya existen mecanismos e incentivos para que los hombres pasen más tiempo con sus hijos, incluyendo licencias de paternidad, horarios flexibles y diversos subsidios; pero estos casos son notables excepciones a la regla general, según la cual es casi imposible que los hombres puedan trabajar y ser padres al mismo tiempo. Paradójicamente, ellos ahora se están topando con el mismo problema que han sufrido siempre las mujeres: la dificultad de equilibrar trabajo y maternidad.

En segundo lugar, las mujeres han tomado el relevo de los hombres en el hogar, han asumido paulatinamente las funciones tradicionales del *paterfamilias* y no tienen la menor intención de devolver el poder a sus esposos, hermanos e hijos varones. Y en tercera, si los hombres quieren recuperar el territorio perdido y volver a tener una influencia real sobre sus hijos, tendrán que involucrarse mucho más en sus actividades y en sus vidas. Para ello, deberán sacrificar libertades y pasatiempos a los cuales pocos querrán renunciar. Estar en casa viendo la televisión no basta. Y hacer acto de presencia de vez en cuando, en los cumpleaños y vacaciones, tampoco es suficiente para volver a conquistar una autoridad real. Las relaciones familiares se basan en el contacto diario, no ocasional. El problema es que los hijos lo recuerdan todo: no sólo las veces que su papá sí estuvo, sino también las muchas ocasiones en las que no estuvo. Todo queda registrado, no sólo lo que uno quisiera.

Una de las dificultades centrales para las madres hoy en día es que deben suplir diversas funciones que antes correspondían al padre. Esto sucede en el mundo entero, pero les es más difícil en los países machistas, porque la sociedad no les da ni el poder económico ni la autoridad real que necesitarían para ser eficaces en su papel combinado de padre y madre. No pueden tomar a solas las decisiones, ni disponer del dinero, ni disciplinar debidamente a sus hijos, porque estas tareas teóricamente le siguen correspondiendo al marido, aunque él no esté para realizarlas. No es por nada que tantas mujeres están acudiendo a terapias, cursos y talleres para aprender cómo poner orden en su casa y cómo educar a sus hijos: están desbordadas por responsabilidades que no pueden cumplir porque carecen de facultades reales para hacerlo. En muchas ocasiones se ven obligadas a apelar a la autoridad del padre ausente para tratar de disciplinar a sus hijos, al decir, por ejemplo, "se va a enojar tu papá", o "vas a ver cuando regrese tu papá". Esta postura sólo sirve para debilitar aún más la autoridad materna, al tiempo que refuerza la imagen represiva y punitiva del padre.

Otro papel que ha sido impuesto a muchas mujeres por la ausencia afectiva de sus esposos es servir de enlace entre éste y sus hijos. La madre se vuelve la representante oficial del padre para los asuntos familiares, porque éste no puede o no quiere participar directamente en la vida de sus hijos. Pero esto suele poner a las mujeres en una situación imposible, porque están siendo trianguladas y pueden ser criticadas o descalificadas por cualquiera de las partes. El papel de mensajero es de alto riesgo, porque uno forzosamente se encuentra en medio de los conflictos sin poder resolverlos. Además, esta dinámica reduce aún más la comunicación directa entre padres e hijos, porque todo pasa por la mamá. Lo mismo sucede cuando la madre es llamada a intervenir, de manera sistemática, en las disputas entre hermanos: la comunicación directa entre ellos se ve minada. Surge así una contradicción insalvable: la madre se vuelve responsable de la "armonía familiar" sin poder realmente hacer gran cosa.

En una sociedad machista, la madre acaba por fungir como el eje afectivo de la familia. Cuando surgen conflictos al interior de ésta, le toca conciliar a las partes en disputa. Incluso cuando hay problemas con el mundo externo se espera que la mujer trate de resolverlos: si su marido está peleado con los vecinos o los amigos, se le pide que intervenga para hacer las paces. En este sentido, la mujer funge como una especie de canciller de la pareja, la encargada de las relaciones exteriores de su marido. No es por nada que las mujeres pasan tanto tiempo en el teléfono: así es como mantienen las relaciones familiares y sociales de la pareja, cultivando las conexiones afectivas que constituyen un sustento indispensable para la familia nuclear moderna. La organización de comidas, cenas y celebraciones sirve para la misma función: reunir a la familia y a los amigos para mantener los vínculos indispensables que de otra manera desaparecerían.

De ahí el estereotipo de la mujer chismosa que se pasa la vida en el teléfono y tomando el café con sus amigas. No obstante, debemos recordar que el chisme cumple una función social y familiar importantísima. Sirve para cultivar lazos y mantener un intercambio de información y apoyo recíproco que, sin ello, se perdería en la vida urbana actual. De ahí también el estereotipo de la mujer controladora o "metiche", lo cual no sucede necesariamente por voluntad propia, sino porque se les ha cargado la responsabilidad poco envidiable de solucionarlo todo. Ocurre lo mismo con las suegras, que a cada rato se ven involucradas en los problemas entre sus hijos y sus respectivos cónyuges: en estos casos se reproducen las dinámicas de la familia de origen. La suegra sigue siendo triangulada, porque sus hijos no han aprendido a resolver sus dificultades sin ella.

En una sociedad machista, la mujer juega un papel tan indispensable en la vida familiar que ésta se vuelve para ella una ocupación de tiempo completo. Esto refuerza la idea de la esposa y madre sacrificada que no debe tener proyectos ni intereses fuera de su marido y sus hijos. Muchas mujeres están profundamente convencidas de que siempre deben anteponer las necesidades de su familia a las suyas propias, aunque los hijos ya sean adolescentes o adultos, y aunque esta perpetua disponibilidad sea incluso dañina para ellos. En muchos casos las mujeres se sienten culpables y "egoístas" si emprenden proyectos de estudio o de trabajo que las obliguen a "desatender" a sus hijos, aunque sea sólo por unas horas al día. Y atender a los hijos en muchas ocasiones implica volverlos dependientes, flojos y poco aptos para la vida: he conocido a muchas mujeres que se sienten obligadas a despertar a sus hijos varones por la mañana, porque "si no lo despierto, no se levanta". En esta área, como en tantas otras, el papel de la mujer sigue siendo disciplinar y organizar a los hombres de la casa, como si ellos mismos no fueran capaces de hacerlo.

LA SUEGRA

En este esquema, no podemos dejar de lado el papel consagrado de la suegra. Como vimos anteriormente, muchas madres mantienen con sus hijos varones, aun crecidos, una relación de dependencia y sobreprotección que funciona en los dos sentidos. Los hijos adultos se sienten culpables de haberlas "abandonado" y tienden a darle, como compensación, un lugar privilegiado en su propia vida familiar. Por su parte, las madres necesitan, para seguir sintiéndose indispensables, prolongar lo más posible su relación maternal con ellos, consintiéndolos cada vez que puedan e interviniendo lo más posible en su vida familiar. Por ello, cuando surgen problemas entre su hijo y la esposa de éste, tienden a tomar partido por él y en contra de ella. Las luchas de poder entre las dos mujeres pueden alcanzar niveles de antagonismo impresionantes: la suegra defiende a su hijo y critica a su nuera por no atenderlo adecuadamente, mientras que ésta intenta presionar a su marido para que se independice de su madre y participe más en el hogar.

Al tomar partido por su hijo y contra su nuera, la suegra fomenta el machismo y reproduce los esquemas familiares en los que ella creció. La suegra funge como una correa de transmisión de los valores machistas de generación en generación. No es por nada que tantas mujeres tienen problemas con sus suegras y que sus maridos tienen tanta dificultad para ponerles límites a sus madres: se trata de un conjunto de dinámicas muy intrincadas, muy arraigadas en las costumbres.

En una sociedad machista, el hijo varón ocupa un lugar privilegiado dentro de la familia. Prácticamente desde su nacimiento es celebrado por el solo hecho de ser varón, y es tratado de manera muy diferente a sus hermanas. Se le da más libertad para expresar sus deseos, para enojarse cuando éstos no son cumplidos, y se le enseña a ser más independiente. Paradójicamente, sin embargo, también es objeto de un escrutinio y una represión constantes, para asegurar su aprendizaje del papel masculino. Si llora o se queja demasiado, si manifiesta actitudes "femeninas", éstas serán severamente reprimidas. Pero en los dos casos, aprobación o represión, siempre es objeto de atención: su conducta es observada y evaluada, aplaudida o criticada constantemente. Sus humores y sentimientos, sus necesidades y deseos, son registrados y comentados por todos.

Su hermana, mientras tanto, juega tranquila en su rincón y nadie le hace mayor caso. "En mi casa era como si yo no existiera", nos comenta una médico de 47 años.

Mis hermanos varones me veían con absoluta indiferencia. Ellos eran el centro de atención; para mi mamá eran lo máximo. Siempre era: "Ya llegó tu hermano, párate para darle de comer, o ve a hacer la cama de tu hermano, ve a ver qué necesita tu hermano". A ellos les tocaron las buenas escuelas y yo tuve que ir a la que estaba a la vuelta de la casa. ¿Para qué tenía que ir a la escuela, si me iba a casar?.

El trato es tan diferente que suele acompañarse de una separación física de niños y niñas, como si se tratara de especies diferentes. Es curioso observar este proceso en sus fases sucesivas: de muy pequeños, niños y niñas juegan juntos pero luego, sobre todo a partir de su ingreso a la primaria, se van separando. Cuando alcanzan los ocho años tienen ya muy poco contacto; sus actividades y juegos son segregados por sexo, y no volverán a acercarse hasta la adolescencia.

Sin embargo, niños y niñas no se separan de la misma manera. Ellos dejan de ponerles atención a ellas, pero ellas siguen observando a los varones con enorme interés. Los niños excluyen a las niñas por considerarlas manifiestamente inferiores; las niñas, mientras tanto, intentan atraer su atención, participar en sus juegos e incluso emularlos. No queda duda entonces de quién lleva la delantera, quién es más independiente de quién. Además, los niños pequeños no muestran deferencia alguna hacia sus hermanas; pero ellas, por chicas que sean, deben respetarlos y atenderlos. Esto sirve para consolidar en ellos la identidad masculina, que incluye, como componente central, el poder sobre las mujeres. Todas las mexicanas con las que he hablado, tanto jóvenes como mayores, me han contado cómo fueron educadas para atender a sus hermanos. Para muchas esto significaba tender su cama o servirles de comer. Si bien esto ha cambiado en las clases medias y altas, en gran parte se debe gracias a la servidumbre. Pero aun cuando las niñas no se ven obligadas a cumplir estas tareas domésticas, porque hay sirvientas o porque los padres obligan a todos sus hijos a participar en el quehacer del hogar, se les sigue asignando un papel subordinado. Siempre veremos a la niña traerle un vaso de agua a su hermano y no el contrario.

La distribución de roles del machismo

Todos estos roles en el ámbito doméstico, de padre, madre, hijos, sirvientas, son determinados en gran parte por las reglas del machismo: la asignación de funciones no sólo diferentes, sino separadas, para varones y mujeres, y el dominio de los primeros sobre las segundas. La familia no sólo reproduce a las personas; también sirve para transmitir de generación en generación los valores y las creencias que, a su vez, servirán para que sigan reproduciéndose los roles correspondientes. Por otra parte, el sistema familiar tal y como lo conocemos está estructurado para satisfacer las necesidades y los deseos de los hombres.

Sin embargo, como lo he reiterado varias veces, no es necesario ser varón para ser machista, porque el machismo no es un atributo personal sino una forma de relación. Por lo tanto, no es difícil encontrar hogares regidos por las reglas del machismo, en los cuales no hay un solo hombre. Es el caso de muchos hogares monoparentales dirigidos por mujeres, o bien de algunas parejas lésbicas, como lo veremos enseguida. También es muy interesante observar qué sucede en las parejas gay masculinas, donde se reproducen todos los esquemas del machismo sin pasar por la presencia de mujer alguna. Gracias a estos casos, podemos concluir que el machismo no necesita de hombres y mujeres como tales: *sólo necesita de sus roles*. Puesto de otra manera, lo único que requiere es una relación de poder basada en la desigualdad. En una sociedad machista ésta puede observarse de igual forma en una pareja heterosexual, lésbica o gay. Veamos unos ejemplos de lo que puede suceder entre dos mujeres, o cuando los papeles están al revés entre un hombre y una mujer, o entre dos hombres.

EL MACHISMO ENTRE MUJERES

Hemos visto que el papel familiar del hombre se caracteriza, hoy en día, por cierta ausencia: los varones no pueden, o no quieren, participar de una manera igualitaria en el quehacer doméstico y en el cuidado de los hijos. Ciertamente las condiciones de trabajo hoy tienen mucho que ver en esta situación. Los desplazamientos, los horarios largos y el estrés contribuyen a que muchos hombres lleguen a su hogar agotados y exasperados, sin tener ya la energía para enfrentar las vicisitudes de la vida familiar. Esto no es atribuible al machismo, sino a las difíciles condiciones laborales que privan en el mundo entero. La prueba de ello es que las mujeres que trabajan fuera de la casa también se ven excedidas en muchas ocasiones. Y a veces adoptan un papel similar al del hombre machista en su casa.

Escuchemos a una mujer lesbiana, que ocupó durante varios años un puesto elevado en una compañía transnacional ubicada en Europa:

La presión en mi trabajo era tal que cuando llegaba a casa estaba exhausta y no tenía paciencia alguna para los problemas de la casa o de mi pareja. Todo tenía que estar perfecto, todo tenía que marchar sobre ruedas para que pudiera yo seguir funcionando. Comencé a adoptar actitudes machistas: le gritaba a mi pareja si no estaba lista la cena, me ponía furiosa si no estaba lavada y planchada mi ropa. Me volví un ogro. Si las cosas no estaban perfectamente organizadas, me parecía que mi pareja no me estaba apoyando. Tuvimos muchos conflictos". En efecto, ciertos tipos de trabajo, sobre todo en un nivel ejecutivo, establecen horarios y requisitos que fueron diseñados para los hombres: dependen de que éstos tengan en casa a un cónyuge que esté libre y dispuesto a encargarse de todo el quehacer doméstico.

EL MACHISMO AL REVÉS

Es importante recordar que estamos hablando de roles, más que de características personales. Es por ello que podemos conocer a mujeres machistas y a hombres subordinados, cuando así lo establecen las circunstancias económicas. Es lo que le pasó a una pareja extranjera que vive en México desde hace muchos años. Los dos son empresarios, pero la crisis del 95 afectó más el negocio de él. Ella tuvo que dedicarse a su trabajo de tiempo completo para mantener a la familia, mientras que él asumió el cuidado de sus tres hijos. Unos años después, cuando se recuperó el negocio de él, habían cambiado los roles en casa y Fernando no pudo ya revertirlos, sino que siguió ocupándose del frente doméstico. Nos explica:

Yo sólo puedo trabajar hasta las dos de la tarde, porque a esa hora salen los niños de la escuela. Si yo me tengo que ir a trabajar y hay algún problema en la escuela, tengo que dejar de lado el trabajo e ir a la cita con la directora o lo que fuera. A Sonia no se le ocurre dejar de ir a trabajar por alguna cosa de los niños. Todas las actividades extracurriculares me tocan a mí: todo lo que tenga que ver con las escuelas, la tarea, las comidas, la relación con ellos. Sonia ha tomado un papel más pasivo en ese sentido. Para mí no es problema, me encanta estar con los niños. Lo que sí me causa conflicto es que deba yo rendirle cuentas. Si pasa algo en la casa que no le gusta, se enoja. Ha tomado el papel del hombre, como si fuera el papá que llegó de trabajar y regaña a la mamá porque no hizo cierta cosa. A mí me da rabia. Ya aprendí el manejo de los niños, ya me acostumbré. Lo que no me gusta es tener que reportarle a Sonia, recibir criticas. Por ejemplo, cuando nuestro hijo adolescente comenzó a salir de noche, a mí no me causaba problema que él regresara a las tres de la mañana, pero a ella sí. Entonces ella quería que yo lo regañara, me decía: "Tienes que educarlo, ése es tu papel como papá". Y yo le respondía: "Bueno, si me toca a mí, pues yo veo la situación de otra manera y no lo voy a regañar". O sea que yo tenía que ser padre, pero según sus criterios. Entonces tuvimos muchos conflictos, mucha confusión en nuestros roles de padre y madre.

También a otras personas les creaba confusión. Por ejemplo, ha sido muy chistoso lo de las reuniones de padres de la escuela. Ahí nunca hay papás, sólo mamás. Son familias muy tradicionales, en las que los papás trabajan y las mamás están desocupadas. Me miraron de manera muy extraña, cuando fui la primera vez y el cartel decía reunión de mamás. Pero poco a poco me fueron aceptando, comenzaron a invitarme a las fiestas infantiles e incluso a las *baby showers*; aunque ésas me dan mucha flojera, nunca he ido. A Sonia ni la conocían. Llegó un momento cuando las mamás ya eran muy amables conmigo, me querían bien. Les daba risa que yo tuviera que levantarme a las cinco de la mañana, igual que ellas, para hacer el *lunch* de mis hijos. Pero luego Sonia comenzó a ir conmigo y de repente dejaron de dirigirme la palabra. Sucede lo mismo cuando llegan ellas con sus esposos: no me saludan, como si yo tuviera algo con ellas. Es algo muy raro, como si tuviera una relación amorosa con alguna de ellas, o como si fueran a darle celos al marido. Igual, si me las encuentro en el súper me saludan, platicamos un momento. Pero si van con el marido, no. Y si yo estoy con Sonia, tampoco me saludan.

En este caso, el cambio de roles provocado por una coyuntura económica causó problemas en la pareja, en la familia y en la escuela. Todos acabaron por adaptarse, pero sólo hasta cierto punto. Aquí nos topamos, de alguna manera, con los límites del concepto de roles; los hombres y las mujeres pueden cambiar de roles, pero en una sociedad machista es difícil ir más allá de ciertos parámetros. Más allá de cualquier circunstancia o intención individual, los estereotipos siguen prevaleciendo.

Así como no es necesario ser hombre para ser machista en casa, tampoco es necesario ser una pareja heterosexual para adoptar las pautas de relación del machismo. Veamos ahora ejemplos de parejas de hombres. Dice Tomás, de 36 años:

> Uno pensaría que el mundo gay no puede ser machista, porque durante mucho tiempo los hombres gay hemos sido pisoteados, así como las mujeres heterosexuales, por la sociedad machista. Pero de repente caes en roles machistas, y no te das cuenta. Entablas relaciones prototípicas, estableces una relación de roles, donde uno es el hombre y el otro es la mujer en el sentido más tradicional.
>
> Mi pareja me trata como si fuera yo un niño. No me cuenta cosas de su vida, porque piensa que no las puedo comprender o que me voy a enojar. Me impone sus reglas del juego, no me considera a su altura, me ve como menor de edad. Si yo lo contradigo en algo, me critica, dice que no entiendo; no acepta que yo tenga otro punto de vista. Todo el tiempo me está molestando, siempre me está observando para buscar qué hago mal. Me dice, no seas emocional, no seas mujeril, y mejor me quedo callado. Mina mi seguridad, constantemente siento que estoy mal. En el área sexual, él es el que decide cuándo y cómo. Critica cómo me visto, cómo me peino, qué como o no como, qué leo... Es muy fuerte la descalificación.
>
> Se supone que tenemos una relación muy libre, muy abierta, pero no es una relación de igualdad. Me trata como si yo fuera un hijo al que tiene que corregir. Apenas recientemente me he dado cuenta de todo esto, antes no lo veía: no se me ocurría que podía haber machismo en una relación gay. Pero creo que es

muy común, yo no conozco a ninguna pareja que no se relacione de esa manera. Es un machismo soterrado, oculto. Es tan natural, tan cotidiano que no lo vemos; como todo el mundo lo hace, pues así es. Y es terrible que exista esto en el mundo gay, cuando no tiene razón de ser. En una relación entre dos hombres, no hay necesidad de ello, si los dos están al mismo nivel en lo económico, ambos tienen su propia casa, cada uno tiene su trabajo, y ninguno depende del otro. Sin embargo, nos aferramos al modelo machista, cuando en realidad estamos en igualdad de condiciones.

Habría que preguntarse, sin embargo, si en estos casos existe realmente una igualdad de condiciones. Ser del mismo sexo no basta para garantizar una relación igualitaria. Hay muchas otras variables que pueden dar pie a una relación jerárquica, como lo vimos en el capítulo II. Las diferencias de edad, de nivel socioeconómico y educativo, ciertos rasgos de carácter, la estructura de la familia de origen, son sólo algunos de los factores que pueden promover o, por el contrario, impedir, una relación igualitaria. Tristemente, la equidad no parece darse de una manera natural ni espontánea en las relaciones humanas. No es un punto de partida, sino una meta lejana que requiere un esfuerzo continuo. Como el sexo, la comunicación, el amor mismo, si la equidad no se cultiva de manera constante y deliberada, tenderá a perderse. Siempre es una obra en proceso, no es algo que se pueda alcanzar de manera definitiva.

¿QUÉ PODEMOS HACER?

¿Cómo se cultiva una relación igualitaria?, ¿cómo pueden dos personas, sean dos mujeres, dos hombres, o bien un hombre y una mujer, ir más allá de los esquemas desiguales del machismo? Quizá la primera condición para ello sea que las dos personas se fijen la equidad como meta, lo cual no es nada sencillo. El machismo es una forma de relación tan universal y tan arraigada en la historia que parece derivar naturalmente de la diferencia anatómica entre los sexos. Poca gente lo cuestiona, sobre todo en sus aspectos menos visibles, como pueden ser los patrones de comunicación y los roles familiares que hemos examinado hasta ahora. En el caso de los homosexuales, en muchas ocasiones tienden a copiar el modelo de la pareja heterosexual, sencillamente porque no existen todavía modelos alternativos y porque fueron, después de todo, educados dentro de un esquema heterosexual. Entonces, aunque sean del mismo sexo, en muchos casos adoptan los roles correspondientes a hombres y mujeres, así como la relación jerárquica que ello implica en una sociedad machista.[101]

Revertir estos hábitos, especialmente en el mundo heterosexual, requiere no sólo de una decisión compartida, sino de una serie de acuerdos entre hombres y mujeres para dividir su tiempo y trabajo de forma complementaria. Y para que esto suceda es necesario establecer patrones de comunicación más igualitarios. El formato de discusión en el cual una persona pierde y la otra gana, en una suma cero, ya no funciona para regular la vida diaria. La imposición por sí sola ya no es una forma aceptable para la resolución de conflictos. Antes bien, tendremos que acostumbrarnos a negociar en condiciones de igualdad: o bien a través de las concesiones mutuas en las cuales cada parte cede un poco, o bien la alternancia en la cual una vez gano yo y otra vez ganas tú, o bien la división del trabajo en donde cada persona se encarga de áreas específicas y asume sus responsabilidades plenamente.

Por supuesto, estos esquemas deben ser negociables y renegociables cada vez que resulte necesario. La vida familiar es eminentemente dinámica: evoluciona según las etapas de la vida, las necesidades cambiantes de cada persona, las circunstancias externas, las transformaciones culturales. Entonces, el arreglo que funciona hoy puede ser obsoleto en unos años; es necesario poder ajustar las reglas del juego periódicamente. El matrimonio, en su forma tradicional, no permite esta renegociación periódica de sus propias reglas. Pero otras formas de relación que podemos observar hoy, por

---

[101] Esto es cada vez menos cierto en los países industrializados, en donde no es tan marcada la polarización entre hombres y mujeres ni es tan rígido el modelo de la pareja heterosexual. Para un análisis de las muy diversas formas de pareja en el mundo homosexual, véase Castañeda 1999: caps. 5-7.

ejemplo en las parejas homosexuales, nos permiten vislumbrar diversas maneras de sostener relaciones igualitarias de largo plazo.[102] Asimismo, algunos países europeos nos brindan esquemas de educación y formas de convivencia que están logrando vencer la separación y la desigualdad entre los sexos. Un ejemplo entre muchos es el hecho de dar a los hombres las licencias de paternidad y horarios de trabajo flexibles que les permitan involucrarse afectivamente con sus hijos desde un principio.

Estudios realizados en diferentes países han encontrado una correlación entre la participación de los hombres como padres y una mayor equidad entre hombres y mujeres. Es decir, en los países donde los varones comparten el cuidado de los hijos, hombres y mujeres tienden a tener oportunidades, ocupaciones e ingresos más parejos. Por otra parte, se ha observado que en los países donde las mujeres gozan de un estatus más elevado, existe menos violencia intrafamiliar. Cuando hombres y mujeres trabajan por igual, sin distinción entre tareas masculinas y femeninas, sube el estatus de las mujeres, se comparte la responsabilidad y se establecen relaciones más igualitarias. Lo mismo sucede cuando las mujeres estudian, trabajan fuera del hogar, tienen ingresos propios y disponen libremente de su propiedad.[103] Se trata, pues, de una combinación de factores en la cual todo el mundo gana.

Estas propuestas no tienen nada de utópico. Se trata de transformaciones sociales a gran escala que se están dando ya en algunos países europeos y que obedecen a los requerimientos de la economía postindustrial en un mundo globalizado. No tienen nada de mágico. La única pregunta que queda no es si se darán estos cambios en la relación entre los sexos, sino a qué ritmo. El machismo, como división de trabajo entre los sexos y como una forma de autoritarismo entre las personas, está condenado a desaparecer. Como la esclavitud, como la servidumbre feudal, el machismo desaparecerá no por injusto ni por desagradable, sino por ineficiente.

---

[102] *Ídem.*
[103] Kimmel 2000: 53-55.

VII
Sexo, amor y amistad

Lorena es una mujer de 37 años, dedicada al hogar y casada desde hace catorce años con un hombre al que ama profundamente. Sin embargo, desde hace algún tiempo está irritable y siente que se ha vuelto demasiado exigente con él, a pesar de que es un marido y un padre ejemplar. De hecho, dice, no tiene ningún problema con él. Pero le gustaría poder controlar su mal humor y recuperar el gusto de estar con él. Le pregunto si es satisfactoria la relación sexual. Me responde con entusiasmo: "Sí, es excelente".

Trato de indagar más:

—¿Qué significa excelente para ti?

—Bueno, tenemos relaciones tres o cuatro veces por semana.

—¿Y son satisfactorias para ti?

—Sí, claro. Me encanta hacer el amor con mi marido.

—Lo que te estoy preguntando es si tienes orgasmos.

Pasa por su rostro una expresión de duda. Guarda silencio por unos momentos, antes de responder sin mirarme:

—Bueno, es que yo casi nunca tengo orgasmos. Creo que los he tenido dos veces.

—¿Dos veces en catorce años? —le pregunto, sin poder ocultar mi sorpresa.

—Sí, lo que pasa es que yo no soy muy sexual. Nunca lo he sido, como que no estoy hecha para eso. Pero no me afecta si no tengo orgasmos, no es lo más importante para mí. Yo gozo muchísimo el acto sexual con mi marido, de todos modos. Claro, si fuera por mí no lo haría tan seguido...

—¿Y él qué dice al respecto?

—¿De qué?

—De que no tengas orgasmos.

Ahora es el turno de Lorena para mirarme con asombro:

—Yo no puedo decirle eso. ¡Cómo crees! Si se entera, se muere... Jamás me lo perdonaría.

—¿Qué es lo que no te perdonaría?

—Pues el haberle mentido todos estos años. No, no, sería terrible para él.

—¿O sea que tú finges tener orgasmos, para darle gusto a tu marido?

—Bueno, sí, pero no completamente, porque sí disfruto la relación de todos modos. Entonces en el fondo no le estoy mintiendo.

—No le estás mintiendo completamente, pero tampoco estás gozando completamente. Y es una lástima, porque podrías estar mejor con él, en todos los sentidos. Lo que no entiendo muy bien es cómo vas a resolver todo esto, si no puedes hablar con él.

—¿Para qué necesito hablar con él, si yo soy la del problema?

—¿Cómo lo sabes? Y en todo caso, sea quien sea el del problema, la solución va a tener que ser de los dos —le sugerí.

Fue necesario abordar el "mal humor" de Lorena, que correspondía en parte a una relación sexual poco satisfactoria, de una manera indirecta. Poco a poco fue abriendo con su marido nuevos canales de comunicación, hasta poder plantearle su deseo de mejorar la relación sexual y enseñarle, de hecho, cómo hacerle el amor. Su esposo se reveló muy dispuesto a experimentar, encantado de que ella tomara la iniciativa de ampliar y renovar la relación sexual. Por su parte, Lorena nunca pudo confesarle a su marido que había fingido durante tantos años; pero, afortunadamente, después de un tiempo ya no fue necesario que lo siguiera haciendo.

En esta historia podemos observar varias características de la relación sexual entre hombres y mujeres en una sociedad machista. La insatisfacción de la mujer, la falta de comunicación en la pareja, la mentira, la polarización de roles según la cual el hombre es hipersexuado en tanto que la mujer "no está hecha para eso". Debajo de estos elementos muy comunes existe un conjunto de tabúes, suposiciones, prejuicios y reglas no escritas que dañan tanto a los hombres como a las mujeres. En una sociedad machista no es nada raro que el sexo divida a hombres y mujeres, en lugar de unirlos.

SEXUALIDAD MASCULINA Y MACHISTA

Antes que nada, me gustaría hacer una distinción, que parecerá extraña a muchos lectores, entre una sexualidad masculina y otra machista. La primera refleja el deseo natural e innato que tienen casi todos los seres humanos de experimentar el placer erótico. La segunda corresponde a lo que se hace con este deseo: cómo se interpreta y las creencias, expectativas y reglas no escritas asociadas a él. Decir "me gustas" no es lo mismo que decir "eres mía y te prohíbo hablar con otros hombres", por ejemplo. Muchos hombres asocian al deseo el control y la posesión, que no dependen directamente de él sino de una visión machista del sexo. Solemos pensar que todos estos elementos van juntos, que la posesión y el control son parte inherente al deseo; pero vemos en otros países que no es así, o por lo menos no a tal grado. Las reglas del juego varían según el lugar y la época histórica: cosas que son permitidas y aceptadas en una sociedad no lo serán en otra. No cabe duda de que los franceses, por ejemplo, viven su sexualidad de una manera muy diferente que los mexicanos, en parte porque tienen una concepción distinta de la mujer y la relación de pareja. Solemos pensar que la sexualidad masculina, por tener una función biológica, se expresa de la misma manera en todas partes, porque "así son los hombres". Pero existe otra, específicamente machista, que va más allá de la anatomía y la fisiología.

Ese "extra" está ligado a la definición misma de la masculinidad en la óptica machista. Según esta última, la identidad masculina depende directamente de la sexualidad. El verdadero hombre se define, ante todo, en función de su desempeño sexual y, además, en los términos más burdamente cuantitativos, que van desde el tamaño de su miembro hasta la cantidad de sus conquistas y la frecuencia de sus relaciones. Es curiosa la importancia de los números en esta área para muchos hombres, mientras que uno rara vez escuchará a las mujeres jactarse del número de orgasmos que puedan tener o del tamaño de su clítoris, por ejemplo. Es probable que este énfasis en la cantidad derive de los juegos sexuales de niños y adolescentes varones, en los cuales se trata de ver quién tiene el miembro más grande, quién eyacula primero o más lejos, etcétera.

La sexualidad machista depende de toda una serie de creencias, compartidas en su mayoría por hombres y mujeres, que rigen la conducta sexual de unos y otras. Veamos cómo se estructura esta manera de concebir el sexo.

Machismo sexual y homofobia

En el terreno sexual como en tantos otros, los hombres machistas buscan distinguirse de los homosexuales, distanciándose lo más posible de lo que ellos consideran ser atributos de estos últimos. Entonces, para muchos de ellos, actitudes "femeninas" como la ternura física o el hecho de decir "te amo" son poco viriles e incluso vergonzosas. Asimismo, muchos hombres eliminan de su repertorio erógeno ciertas partes de su propio cuerpo como las nalgas, el ano o los pezones, por asociarlas con prácticas homosexuales. Un "verdadero hombre" difícilmente se dejará acariciar las nalgas ni mucho menos permitirá la penetración anal, aunque el recto sea, en el hombre, una zona altamente erógena por su proximidad con la próstata y las terminaciones nerviosas genitales.

Por otra parte, la concepción machista del sexo no les permite mucha libertad a las mujeres. El temor a dejarse "dominar" por una mujer, porque sólo los homosexuales "se dejan", hace que muchos hombres rechacen cualquier iniciativa o cuestionamiento por parte de las mujeres en el área sexual. El sexo es el talón de Aquiles de los "verdaderos hombres", porque para ello dependen de las mujeres, pero sin poder admitirlo abiertamente ni asumir los compromisos y las obligaciones que ello implica.

Una premisa central de la visión machista del sexo es que el deseo sexual hace al hombre. Los verdaderos hombres están siempre calientes, listos para realizar el acto sexual en cualquier momento: el que rechaza una oportunidad es de masculinidad ambigua, el que no pueda aprovecharla, de una virilidad dudosa. El ejemplo ideal es James Bond, el agente secreto que siempre quiere sexo y siempre está a la altura, aunque esté exhausto, herido, rodeado de peligros e incluso con una mujer que en realidad busca matarlo. Para muchos varones, es importante exhibir continuamente el deseo y aludir constantemente a su vida sexual para demostrar su masculinidad. Aun los hombres menos atractivos, que no tienen la menor esperanza de seducir a nadie y los hombres mayores o enfermos que no pueden sostener una erección, mantienen actitudes sexualizadas hacia las mujeres para demostrar que siguen siendo hombres. Esta actitud conquistadora es a menudo totalmente inapropiada y es tema de diversión e irritación para muchas mujeres.

Pero no sólo es inadecuada, sino que distorsiona toda la interacción entre hombres y mujeres, porque contamina todos los contactos entre ellos. Ellos tienden a ver a las mujeres, trátese de amigas, colegas o perfectas desconocidas, de una manera sexualizada que es molesta para muchas de ellas cuando intentan establecer una relación de otro tipo, por ejemplo, un vínculo amistoso o profesional. Claro, no todos los hombres tienen tales actitudes; pero aun en estos casos la excepción prueba la regla: el factor sexual es tan omnipresente, se da por sentado a tal grado, que cuando un hombre no muestra interés sexual la mujer puede llegar a sentirse ofendida o menospreciada. A final de cuentas, esta centralidad en el sexo acaba siendo fuente inagotable de problemas para todo el mundo.

EL HOMBRE IRRESISTIBLE

Una segunda premisa del machismo sexual es que los hombres calientes son irresistibles para las mujeres. Aunque sean feos, gordos o viejos, sienten que su deseo es suficiente para despertar la pasión en ellas. Aquí hay un detalle curioso: los hombres homosexuales feos o mayores no se sienten irresistibles de manera alguna. Al contrario, albergan una conciencia aguda de su escaso *sex-appeal*: incluso muchos de ellos están dispuestos a comprar la compañía de hombres más jóvenes y atractivos, porque saben que de otra manera no la van a obtener. Pero los hombres heterosexuales consideran que toda mujer se muere de ganas de tener sexo con ellos y que basta con mostrar interés para que caiga en sus brazos. Sienten que las mujeres dependen de ellos (y en muchos casos tienen razón), y, por ende, que no les será demasiado difícil encontrar una pareja. Como me explicó alguna vez un joven de 25 años, poco atractivo en todos los sentidos: "Yo quiero tener una novia guapísima, tipo actriz o modelo. Las mujeres feas no me interesan. Lo único que me falta es tener más confianza en mí mismo. Cuando proyectas una imagen de seguridad, de que sabes que van a caer, acaban por caer. No importa que seas chaparro como yo. Tienes que actuar como si fueras irresistible". No dudo que muchas mujeres, sobre todo jóvenes, caigan en la trampa y se acuesten con hombres no por deseo propio, sino por el deseo de ellos.

LA TEORÍA DE LA OLLA EXPRÉS

Otro axioma de la sexualidad machista es que el deseo masculino es en realidad una necesidad biológica insoslayable, por no decir incontrolable. Esto es evidentemente falso. El sexo no es necesario para la supervivencia: no es como el oxígeno, sin el cual no podemos vivir. Nadie se ha muerto jamás por falta de sexo. Como bien lo señaló Freud, la sexualidad puede sublimarse de mil maneras; las verdaderas necesidades fisiológicas, no. El hambre y la sed no se subliman. Pero muchos hombres pretenden que el sexo es para ellos una necesidad vital, imperativa e inaplazable. Para ello, apelan a la testosterona o a un supuesto instinto cazador, argumentos que examinamos en el capítulo I. Alternativamente usan, por ejemplo, la metáfora de la olla exprés, que acumula presión hasta explotar si no se le da al vapor una salida. Esta analogía es totalmente falsa, por supuesto, pero ilustra bastante bien cómo muchos hombres viven su sexualidad. Muchos de ellos realmente se sienten mal si no pueden tener sexo, y muchas mujeres han caído en la trampa de acceder a tener relaciones sexuales sin desearlas, para no causarle algún daño terrible al hombre que ya no aguanta la frustración. Se trata, pues, de una pseudonecesidad que se utiliza muy a menudo como una maniobra de poder.

EL DERECHO AL SEXO

Tan cierto es esto que muchos hombres plantean su "necesidad" en términos de un *derecho* al sexo (como en los "derechos conyugales"), lo cual evidentemente lleva las cosas mucho más lejos. Por ejemplo, muchos hombres justifican sus relaciones extramaritales al argumentar que si su esposa no les da el suficiente sexo, entonces tienen el "derecho" de buscarlo en otra parte. Esto no sería tan problemático si las mujeres pudieran hacer lo mismo; pero el derecho al sexo es evidentemente una prerrogativa exclusivamente masculina. Esto tiene un corolario, sutil pero eficaz: en el mundo machista, la mujer no tiene el derecho de rehusarse al sexo. Y no es necesario ir hasta la violación para que los hombres impongan su deseo a la mujer que no quiere tener relaciones: existen mil formas de chantaje y coerción para lograrlo.

Podríamos pensar que esto no sucede muy a menudo, pero las encuestas nos revelan otra cosa. En Estados Unidos, por ejemplo, donde las mujeres no son especialmente sumisas, el 22 por ciento de ellas reporta haber sido obligadas a realizar actos sexuales contra su voluntad en una o más ocasiones. Casi todas ellas fueron forzadas no por desconocidos, sino por un hombre de quien estaban enamoradas (46 por ciento), por un hombre cercano (27 por ciento), un conocido (19 por ciento), su esposo (9 por ciento) o bien, en sólo 4 por ciento de los casos, por un extraño. En contraste con esta situación, sólo el 2 por ciento de la población masculina de la encuesta reporta haber sido forzado a realizar algún acto sexual contra su voluntad; y fueron forzados por otros hombres, no por mujeres.

Pero lo más interesante en estas cifras es el siguiente dato: mientras que el 22 por ciento de las mujeres reporta haber sido obligada a realizar actos sexuales, sólo el 3 por ciento de la población masculina reconoce haber forzado alguna vez a una mujer. ¿De dónde viene esta disparidad? Después de haber examinado varias interpretaciones posibles, los autores de la encuesta concluyen que en muchas ocasiones los hombres no piensan que estén obligando a las mujeres a tener sexo con ellos, sino que creen haber obtenido su consentimiento, cuando en realidad no es así. O sea, en muchas ocasiones se da una coerción sexual por parte de los hombres, de la cual ellos no se dan cuenta. Pero para ellas puede tener consecuencias importantes: las mujeres que han tenido que realizar actos sexuales contra su voluntad presentan, mucho más que las demás mujeres, una falta de interés o disgusto por el sexo, falta de lubricación y dolor durante el coito, y dificultades para alcanzar el orgasmo. Aunque sea metodológicamente arriesgado establecer una relación de causa-efecto, la correlación entre coerción y dificultades sexuales está comprobada.[104]

LA PRIMACÍA DE LA PENETRACIÓN

Un cuarto elemento de la sexualidad machista es que no puede haber relación sexual sin penetración. Esta idea tiene varias implicaciones interesantes. Antes que nada, le da una importancia central al pene, como condición necesaria y suficiente para el placer sexual de hombres y mujeres. El problema aquí no es que los hombres disfruten de su pene, sino que den por sentado que también es lo máximo para las mujeres, sin tomar en cuenta que el orgasmo femenino en muchos casos requiere de algo más que la simple penetración. El órgano del placer sexual en la mujer no es la vagina, que sólo tiene terminaciones nerviosas en la tercera parte externa; es el clítoris, que puede o no recibir la estimulación suficiente durante el coito. Suponer que la penetración basta, cuando ya existe un conocimiento científico de la sexualidad femenina desde las in-

---

[104] Michael, Gagnon, Laumann y Kolata 1995: 223-229.

vestigaciones de Masters y Johnson hace casi cuarenta años, es una señal o bien de ignorancia, o bien de egoísmo. Pero en la visión machista de la sexualidad el pene debe ser suficiente, puesto que lo es para los hombres. En parte por ello, no es casualidad que en México, según estimaciones del Instituto Mexicano de Sexología, el 40 por ciento de las mujeres en zonas urbanas y el 80 por ciento en áreas rurales jamás haya tenido un orgasmo. Tampoco debe sorprendernos que la relación sexual dure en México un promedio de nueve minutos: la mitad de la media mundial, según una encuesta de la Gallup y datos de la Organización Mundial de la Salud.[105]

Esta preponderancia de la penetración también implica que la mujer no tiene una sexualidad propia y que sólo puede adquirirla a través de su relación sexual con un hombre. De ahí las expresiones, "me volví mujer con él" o "hizo de mí una mujer", que todavía se escuchan en el lenguaje popular. De ahí también que no se reconozcan la masturbación femenina, ni el sexo entre mujeres, como actividades propiamente sexuales sino más bien como *divertimentos*, prácticas de reemplazo a las cuales recurren las mujeres por falta de algo mejor. La centralidad del pene desvirtúa un vasto rango de prácticas y preferencias sexuales, y hace del hombre el único agente del sexo: el héroe de la historia, de quien todo depende. Pero esto crea una presión enorme para él también: para ratificar su identidad masculina, los hombres siempre deben poder llevar a cabo la penetración, como si no existiera un sinfín de maneras alternativas de dar y recibir placer. No cabe duda de que el enorme éxito del Viagra se debe, en parte, a este requerimiento de la sexualidad machista.

El daño que puede causar la erección obligatoria es muy evidente entre los hombres gay, que tienen muchas más oportunidades para el sexo que los heterosexuales y que viven, quizá aun más que ellos, bajo la presión de producir erecciones sin falla. Los hombres homosexuales no pueden echarle la culpa a las mujeres, por lo que nos permiten vislumbrar cómo funciona la sexualidad masculina independientemente de ellas. Me parece reveladora la situación

---

[105] *Proceso*, 27 de mayo de 2001: 41.

de un joven de 27 años, que a pesar de su temprana edad y excelente condición física, padece de impotencia. El trabajo terapéutico con él reveló que llevaba muchos años teniendo encuentros sexuales casuales, con hombres que en muchas ocasiones ni siquiera le atraían. Lo hacía para demostrarse, tanto a sí mismo como a ellos, que era un hombre sexualmente atractivo y potente, y también porque así se acostumbra en ciertos medios homosexuales masculinos. Pero el hecho de tener relaciones sexuales sin deseo, por presiones psicológicas y sociales independientes de todo vínculo afectivo, había acabado por minar su desempeño sexual.

Además, la idea de una potencia sexual permanente y una capacidad eréctil sin falla no corresponde a la vida real. La edad, el cansancio, la enfermedad y el estrés afectan el desempeño en esta área. Según un encuesta Gallup, en México el 53 por ciento de los hombres sufre de alguna disfunción sexual, principalmente la impotencia y la eyaculación precoz.[106] Y no cabe duda de que el problema se puede agravar por la ansiedad y los tabúes asociados a él.

HOMBRES HIPERSEXUADOS, MUJERES ASEXUADAS

La presión constante del machismo se manifiesta de muchas maneras. ¿Por qué habrá tantos hombres que dicen estar obsesionados con el sexo?, ¿será realmente un rasgo personal o bien un mero reflejo de cierta imagen obligatoria de la masculinidad? Es imposible saberlo, pero nuestras observaciones en otras áreas de la vida nos pueden dar algunos elementos de respuesta. Como lo vimos en el capítulo V, es curioso que tantos hombres sean valientes y tantas mujeres miedosas; esto nos llevó a suponer que se trata de una repartición de roles socialmente sancionada, más que de atributos personales. Es lógico sospechar que sucede algo parecido en el área sexual. No es casualidad que tantos hombres se digan hipersexuados y tantas mujeres se describan como poco interesadas en el sexo. Se trata de un problema bastante común en las parejas: ellos se quejan de que les falta sexo, ellas replican que no siempre tienen ganas.

---

[106] Ídem.

¿Qué pasaría si los hombres tuvieran todas las oportunidades sexuales del mundo, con mujeres atractivas, calientes y siempre disponibles, en situaciones locamente excitantes? ¿Estarían siempre a la altura? Podemos vislumbrar una respuesta si nos asomamos al universo del cine pornográfico, brillantemente descrito por Susan Faludi en *Stiffed*, su análisis de la masculinidad en Estados Unidos. Resulta que es sumamente difícil encontrar a hombres que puedan desempeñarse adecuadamente en las condiciones eróticas soñadas por tantos varones. A pesar de su juventud y su óptima condición física, para la mayoría de los actores pornográficos es muy problemático obtener y mantener una erección repetidamente, aun en circunstancias altamente favorables. Se podría objetar que nadie puede producir una erección por decreto y además ante miradas ajenas, pero se supone que los actores acaban por acostumbrarse a las condiciones de su profesión. Por otra parte, podemos pensar que a las personas que se desempeñan en el medio pornográfico no les ha de molestar mucho estar expuestas a la mirada de los demás.

Este caso especial, aunque no sea del todo concluyente, nos sugiere sin embargo que la hipersexualidad del "verdadero hombre", ese "yo lo haría todo el tiempo si sólo tuviera la oportunidad", constituye, por lo menos en parte, un mito más del machismo. Se trata de un ideal inalcanzable mucho más que de una realidad. Esta hipótesis nos ofrece una perspectiva distinta sobre la vida sexual de muchos hombres: es muy posible que gran parte de sus preferencias y fantasías corresponda más a los requerimientos del machismo que a su deseo personal. Por ejemplo, podríamos preguntarnos si la exigencia masculina tan frecuente de que las mujeres se pongan ropa interior provocativa y los seduzcan con exhibiciones eróticas, no deriva de una necesidad de estimulación adicional, precisamente porque su deseo real no basta para cumplir con el coito cotidiano.

La contraparte del hombre obsesionado por el sexo es, por supuesto, la mujer asexuada que no tiene necesidades eróticas propias, que nunca toma la iniciativa, ni alberga fantasías sexuales, ni se masturba. Este estereotipo, que tampoco corresponde a la realidad, conlleva a su vez toda una serie de problemas. La mujer del "verdadero hombre" se encuentra en una situación imposible:

debe ser mesurada en la relación sexual, pero a la vez satisfacer las necesidades eróticas de su compañero hipersexuado. Si demuestra demasiada iniciativa, inventiva o experiencia en su comportamiento sexual, puede ser acusada de infidelidad o de lujuria. Por el contrario, si se muestra demasiado reservada, corre el riesgo de aburrir a su compañero, y entonces éste tendrá el pretexto perfecto para buscar aventuras fuera de la pareja. Éste es uno de los dobles vínculos más perniciosos del machismo sexual.

En esta área como en tantas otras, el machismo establece roles polarizados: el hombre caliente, la mujer frígida. Los dos se ven en la obligación de respetar las reglas del juego, adoptando a menudo actitudes estereotipadas y, por ende, artificiales. La mujer debe realizar toda clase de maniobras para que su compañero se sienta sexualmente potente e incluso irresistible, contraviniendo a veces sus propios deseos. Por su parte, muchos hombres se sienten obligados a adoptar actitudes hipersexuadas que no siempre corresponden a su verdadero sentir y que no siempre son apropiadas. Pero es difícil para hombres y mujeres salirse de estos roles preestablecidos, porque están en juego valores muy arraigados y porque la mayoría de la gente prefiere no hablar de estos temas, antes que revelar la ambivalencia y la inseguridad que se esconden detrás de sus poses.

LOS MAESTROS

Si bien, por definición, la relación sexual es cosa de dos, en realidad hay un desequilibrio muy marcado entre lo que le corresponde a cada parte. Por ejemplo, la calidad de la relación sexual suele evaluarse según criterios masculinos: si es satisfactoria para él, en términos de placer y frecuencia, entonces ella también debe estar satisfecha. Lorena decía, por ejemplo, que la relación sexual con su marido era excelente; pero lo era para él, no para ella.

Al mismo tiempo, si existe algún problema en la relación sexual, para ella o para él, lo más seguro, según la óptica machista, es que sea culpa de la mujer. Y esto no es sólo la opinión de ellos; ellas también, en muchos casos, se consideran responsables de cualquier problema en el área sexual. Siempre me ha sorprendido escuchar a las mujeres culparse de su falta de satisfacción. La lógica parece ser: si ellos funcionan bien en términos genitales (es decir, si pueden llevar a cabo la penetración) y ellas no llegan al orgasmo, es que ellas están mal. Rara vez consideran que los hombres puedan tener algo que ver en el asunto. Y es que, según los lineamientos del machismo, el varón siempre sabe lo que hace en materia sexual; los verdaderos hombres, gracias a su gran experiencia erótica, son maestros en las artes amatorias. Mientras tanto, las mujeres supuestamente han tenido pocas experiencias y no deben mostrar demasiado pericia en esta área. He conocido a mujeres que fingen ser inexpertas, para que su compañero pueda congratularse de haber "despertado" su sexualidad.

En la visión machista del sexo, entonces, los hombres son los expertos y las mujeres son las responsables de cualquier problema. Incluso cuando ellos padecen alguna disfunción, como la impotencia o la eyaculación precoz, suelen culpar a las mujeres. Recuerdo a una mujer, cuyo marido tenía un problema eréctil, que me dijo que iba a operarse porque su marido le reclamaba que estaba demasiado "grande" y le exigía que se hiciera una vagina más "apretada" para que él pudiera funcionar adecuadamente. La disfunción sexual de él se había convertido, como por arte de magia, en un defecto anatómico de ella. Otra mujer me contó que debía mantenerse absolutamente inmóvil durante el coito, no hacer ni decir nada, para que su compañero pudiera demorar la eyaculación. Si ella no respetaba esta regla, él se venía casi inmediatamente y luego la culpaba de "excitarlo demasiado". En los dos casos, los hombres rechazaron categóricamente que ellos tuvieran algún problema y rehusaron buscar ayuda profesional.

"No voy a hablar de eso"

Muchos hombres no sólo se resisten a buscar ayuda sino que rechazan cualquier discusión del tema, como si su sexualidad fuera asunto exclusivo de ellos y no afectara a sus parejas. Este veto se extiende incluso al área de la salud. Dice una ginecóloga:

Muchas veces yo le doy a la mujer un tratamiento para una infección vaginal, y siempre hago una receta para él y otra para ella, porque si ella tiene una enfermedad sexualmente transmitida, seguro la tiene él también. Y las mujeres se asustan y dicen: "¿Cómo crees que mi marido se va a tomar eso? ¡No va a querer!" Yo les digo: "Pues entonces acuéstate con pantimedias, porque tu marido te va a volver a infectar". Algunas ni siquiera le dicen a su marido; en otros casos ellos rehúsan tomar el tratamiento porque dicen que no tienen nada y algunos sí se lo toman.

Podemos interpretar en el mismo sentido la reticencia de tantos hombres a usar un condón, dándole la prioridad a su propio placer antes que a las necesidades de su pareja, como si la relación sexual fuera de su dominio exclusivo. En el esquema machista, la sexualidad de los hombres les pertenece sólo a ellos y la de las mujeres, también.

Es por ello que los hombres se han apropiado el derecho a hablar del sexo, o bien rehusarse a ello, en las circunstancias que les convengan. Con otros hombres hablan de su vida sexual como si la intimidad de las mujeres involucradas fuera del dominio público. No sólo son francos, sino indiscretos (y en ocasiones mentirosos) cuando hablar del sexo les permite realzar su estatus masculino. Pero con sus propias mujeres a menudo se resisten a tocar el tema. ¿Por qué? En la primera situación, ellos tienen el control, pueden decir lo que quieran sin que nadie los contradiga. Al contrario, los hombres suelen apuntalarse y reforzarse mutuamente en la narración de sus hazañas, sexuales u otras: es parte del compañerismo masculino. En la segunda situación, en cambio, hay un testigo de honor: la mujer. Y ella puede objetar, cuestionar, criticar su versión de las cosas. Puede exigir más consideración, puede hacer preguntas incómodas. Por todo ello la estrategia de muchos hombres parece ser nunca abrir un flanco sexual en el frente doméstico. Entonces, existe comunicación al respecto donde no debería haberla y no se permite donde sí.

La historia de Lorena nos revela cuán lejos están los hombres y las mujeres de poder hablar del sexo con honestidad. Las mujeres frecuentemente dejan de expresar lo que realmente sienten, por temor a ofender o lastimar a sus compañeros. Por otra parte, no piensan que tengan el derecho a transmitir sus verdaderos deseos, por considerar que "deberían" disfrutar del coito tal y como lo practica su compañero: decir que el solo coito no basta equivaldría a cuestionar su virilidad y pericia sexual. Por su lado, muchos hombres realmente creen que la mujer debería gozar locamente por el mero hecho de ser penetrada con fuerza, porque es lo que han aprendido de la cultura popular y de los comentarios autocomplacientes de sus congéneres. Vemos establecerse así un círculo vicioso: hombres y mujeres dan por sentado que el orgasmo femenino debe ser automático; si no lo es, es casi imposible hablar de ello, lo cual efectivamente cancela toda posibilidad de solución. De ahí se generan dos grandes mentiras: los hombres siguen creyendo que son unos reyes en la cama, en tanto las mujeres concluyen que son frígidas según la terminología consagrada.

Machismo y posesividad

En el esquema machista, el sexo no es meramente un asunto de amor o de comunicación; también establece derechos de propiedad. Tomar a una mujer, poseerla, hacerla suya, son algunas de las expresiones arcaicas que reflejan esta connotación y que siguen siendo parte de cierto discurso adolescente y popular. Todas ellas son metáforas, por supuesto: en realidad, nadie le pertenece a nadie. Pero el machista las toma en serio. Al establecer una relación sexual con una mujer, realmente cree que ha adquirido derechos exclusivos, que se refieren no sólo a su conducta sexual, sino a todos sus contactos con otros hombres. Una mujer profesionista de 45 años me cuenta:

> Fernando me prohibió recientemente ir a casa de una amiga, que me había invitado a comer para festejar mi cumpleaños. Cuando le pregunté por qué, me dijo que no quería que fuera yo a esa casa, porque alguna vez, hace unos años, bailé con el marido de mi amiga en una fiesta, con su permiso, por supuesto, pero eso no le importó. Tuve que invitar a mi amiga a visitarme en mi casa.

La posesividad machista se manifiesta de muchas maneras, incluyendo los gestos más banales de la vida cotidiana. Bien podríamos preguntarnos, por ejemplo, por qué tantos hombres que jamás tienen un gesto de consideración con sus compañeras cuando están a solas, se preocupan por abrazarlas, guiarlas, tomarles la mano, cuando están en lugares públicos. ¿Se trata de gestos amorosos hacia ellos o de mensajes de propiedad exclusiva dirigidos a los demás hombres?

También podemos suponer que una parte de los celos son una manifestación de propiedad y no sólo de amor. No queda duda de que los celos son parte intrínseca de cualquier relación cercana; incluso hay celos entre hermanos y amigos. Pero cuando se utilizan como pretexto para controlar, reprimir y castigar a la pareja, es evidente que van mucho más allá del amor. Sin embargo, muchos hombres y mujeres interpretan los celos como una prueba de cariño, cuando en muchos casos sólo sirven de pretexto para una vigilancia perpetua. Lo curioso del asunto es que este trato se observa más por parte de los hombres hacia las mujeres, cuando son ellos los que tienden, mucho más, a tener relaciones fuera de la pareja.

Los celos sirven también, en muchos casos, como un pretexto para mantener a las mujeres en casa. Es muy frecuente que los hombres les prohíban a sus esposas salir a ciertos lugares e incluso trabajar porque no toleran que sus mujeres tengan contacto con otros hombres. En palabras de una mujer que lleva muchos años tratando de conseguir el permiso de su marido para ejercer su profesión:

> El machismo es un sinónimo de inseguridad. Son tan poco capaces los hombres mexicanos de saber tratar a su mujer que tienen miedo de que se tope con un hombre que sí la sepa tratar, y los mande a volar. No saben tratar a la mujer porque siempre la han tratado como a una sirvienta, como la que los atiende; no saben darle lo que realmente necesita. Entonces, son tan inseguros que cuando su mujer sale a trabajar tienen miedo de que encuentre a algún hombre que sí la sepa tratar, de igual a igual, que sepa prestarle atención, darle valor a sus opiniones, a sus expectativas, a sus sentimientos. Mejor que se quede encerrada en

casa, y entonces tratan de tenerla contenta con su coche, su *manicure*, su vestido nuevo, y creen que con eso su mujercita es feliz. Y no se ponen a pensar que su mujer necesita mucho más que eso para ser feliz.

ETIQUETAR A LAS MUJERES

Quizá el poder más importante que tengan los hombres en el área sexual sea el de categorizar a las mujeres según su deseo hacia ellas. Diversos antropólogos han observado que en el esquema machista mexicano, existen tres categorías de mujeres: las "decentes" que son para casarse, las que son para tener relaciones ocasionales y las prostitutas.[107] Cada una representa un diferente tipo de relación y de compromiso afectivo, a cada una corresponde un rango de prácticas sexuales, un trato particular, y de cada una se espera cierto tipo de conducta. Una esposa no debe conducirse como si fuera prostituta, una amiga ocasional no debe adoptar las actitudes de una esposa y una prostituta jamás debe pretender ser otra cosa.

En este esquema, los hombres tratan a las mujeres según el tipo y el grado de su deseo por ellas y no según sus cualidades personales. Su primer acercamiento a ellas, su primera percepción, es de orden sexual, más que afectivo o intelectual. En alguna ocasión le pregunté a un alto ejecutivo su opinión del desempeño de una colega suya y me respondió: "Es fea, pero inteligente". El problema en todo esto es que la clasificación que los hombres hacen de las mujeres depende enteramente del gusto y de las necesidades de ellos, y no de las características reales de ellas. Se trata de una proyección, más que de un acercamiento real, en donde, una vez más, las mujeres son objetos, no sujetos con existencia propia.

Por otra parte, esta clasificación refleja una sexualidad masculina dividida, donde los hombres mantienen diferentes tipos de relación con diferentes mujeres, según si se acuestan con mujeres a las que consideran prostitutas, amigas, novias o esposas. A cada una corresponden sentimientos, prácticas sexuales y grados de

---

[107] Véase Melhuus y Stolen (comps.), 1996.

compromiso diferentes. Es por ello que los hombres pueden mantener varias relaciones sexuales a la vez, sin mayor conflicto: éstas no se ubican en el mismo nivel ni tienen el mismo significado para ellos. Esto también les permite afirmar, con toda sinceridad, que sus *affairs* no afectan el amor que sienten por sus esposas. Sabemos, en efecto, que les es mucho más fácil a los hombres tener relaciones sexuales sin contenido afectivo que a las mujeres, quienes tienden más a asociar el sexo y el amor. Según una encuesta estadounidense la mayoría de las mujeres tuvieron su primera experiencia sexual con hombres de los cuales estaban enamoradas, mientras que para los hombres fue más por curiosidad o el deseo abstracto de tener una experiencia sexual.[108]

El que el sexo esté más ligado al sentimiento en las mujeres y menos en los hombres da pie a un sinfín de problemas y malentendidos. Una queja frecuente de las mujeres es que sus compañeros quieran —y puedan— hacer el amor aunque la pareja esté peleada, incluso aunque no se dirijan la palabra, cosa inconcebible para ellas. En general, las mujeres necesitan sentirse bien en la relación, emocionalmente hablando, para poder hacer el amor; si están enojadas no desean un acercamiento físico. Todo esto hace que los hombres y las mujeres vivan su sexualidad de maneras muy distintas. Las estadísticas lo confirman: durante el ciclo vital, los hombres no sólo tienen más parejas,[109] sino también más pensamientos y fantasías sexuales: el 54 por ciento de ellos piensan en el sexo diariamente o varias veces al día, lo cual le sucede sólo al 19 por ciento de las mujeres.[110]

Es imposible saber, hasta ahora, qué parte de esta importancia mayor del sexo en los hombres se debe a factores biológicos y qué parte a factores sociales y culturales. Pero sí podemos afirmar dos cosas. Primero, la diferencia entre hombres y mujeres en este sentido está disminuyendo: éstas presentan, cada vez más, patrones de conducta semejantes a los masculinos. Inician su vida sexual más temprano, practican más la masturbación, tienen más parejas se-

---

[108] Gagnon, Laumann y Kolata 1995: 93-94.
[109] *Ibid.:* 102-103.
[110] *Ibid.:* 156.

xuales, más relaciones extramaritales y encuentros ocasionales, que hace algunas décadas. Algunos autores han hablado incluso de una "masculinización" de la sexualidad femenina. En segundo término, las diferencias que sí subsisten marcan reglas del juego distintas para hombres y mujeres, y no necesariamente reflejan diferencias orgánicas. Aquí es donde entra de nuevo el machismo. En efecto, más allá de cualquier consideración biológica, en casi todos los países existen expectativas y estándares diferentes para hombres y mujeres que les otorgan una libertad mucho mayor a los primeros, así como la facultad de juzgar a las segundas. Esta asimetría, en este caso como en tantos otros, les ha permitido a los hombres erigir una doble moral que los favorece abrumadoramente.

LA DOBLE MORAL Y EL SEXO

El eje central de la doble moral sexual radica en que los hombres puedan juzgar a las mujeres, y no viceversa. La justificación de ello es que la virilidad de un hombre depende en parte del comportamiento de "sus" mujeres: un hombre cuya madre, esposa, hermana o hija tiene conductas inapropiadas ve afectada su imagen ante los demás hombres al revelarse incapaz de controlarlas debidamente. De ahí que los peores insultos en el universo machista se refieran a la madre, esposa, hermana o hija de un hombre: la castidad de ellas refleja directamente su poder sobre ellas y por ende su masculinidad. Se considera poco viril al hombre que no sabe "cuidar a sus mujeres", es decir, imponerles las normas sexuales del machismo. De ahí la enorme humillación del hombre cuya esposa le es infiel: ahí donde una mujer engañada es una víctima, el marido engañado es una figura patética que no ha sabido satisfacer a su mujer ni vigilar sus movimientos, y esto afecta su honor masculino. Este vínculo entre la masculinidad de un hombre y la virtud de "sus" mujeres otorga a los varones el derecho a juzgarlas.

La doble moral sexual establece valores antagónicos para hombres y mujeres: valoriza en ellos la promiscuidad, y en ellas, la castidad. Esta diferencia contrapone desde un principio los intereses de unos y otras, llevándolos inevitablemente al conflicto. Un varón que acumula "conquistas" es admirado por ello, mientras que una mujer que hace lo mismo verá muy afectada su reputación: ahí donde él gana en masculinidad, ella en cambio es vista como menos femenina. La virginidad es valorizada en una mujer, y menospreciada en un hombre. De estas distinciones morales emana toda una serie de reglas no escritas.

Por ejemplo, la infidelidad es tolerada en los hombres mucho más que en las mujeres. Esto ubica a las mujeres en una posición de desventaja perpetua frente a ellos: deben mantenerlos satisfechos en todos los sentidos, porque siempre existe la posibilidad de que se vayan con otra. Esto las lleva, con gran frecuencia, a tolerar faltas de respeto o maltratos porque no quieren poner en riesgo la relación. Además, los hombres a menudo manejan diferentes definiciones de la fidelidad, según su conveniencia: si su esposa tiene relaciones fuera de la pareja, eso es infidelidad porque involucra un contacto sexual. Si ellos tienen tales relaciones, no es lo mismo porque "sólo se trata de sexo". Para ellos, la verdadera infidelidad sólo es emocional, no sexual; pero cuando evalúan la conducta de su esposa, ésta es infiel si tiene sexo, amor o incluso amistad con otro hombre.

Una consecuencia lógica de esta doble moral es el establecimiento, prácticamente desde el principio de la relación, de una vasta red de mentiras. Tanto hombres como mujeres se ven obligados a mentir, en muchos casos, acerca de sus experiencias pasadas y necesidades presentes en el área sexual. Como lo explica un hombre de cincuenta años: "Yo siempre fui muy mujeriego. Ni modo, así soy. Pero, eso sí, durante los 23 años que duró mi matrimonio, nunca le di un solo indicio, nunca le falté al respeto. Siempre fui muy discreto y ella nunca sospechó de nada". En efecto, el arreglo funcionó, hasta que su marido tan prudente y considerado la dejó por otra mujer.

Sexo y chantaje

En una sociedad machista, las mujeres no tienen muchas formas de defenderse contra el maltrato o la injusticia, que éstos se den den-

264

tro o fuera de su relación de pareja. Su autonomía es muy restringida, su dependencia emocional y económica muy grande. Las mujeres carecen del poder real para poder tomar decisiones autónomas y de la autoridad moral para darse a respetar. Poseen pocas cosas que puedan interesar a los hombres: en general no detentan el poder político, ni disfrutan de grandes fortunas, ni dirigen empresas, ni gozan del prestigio público, ni tienen información privilegiada. Son fácilmente sustituibles en sus funciones domésticas de niñeras y amas de casa. Sólo son indispensables para una cosa. Es natural que usen, y a veces abusen, del único poder a su alcance: el sexo.

Puede parecer sorprendente la idea del sexo como un arma, cuando estamos tan acostumbrados a pensar en él, al contrario, como una manifestación de amor. Sin embargo, las dos cosas, lejos de ser incompatibles, a menudo van de la mano. Recordemos que toda relación, incluso la amorosa, incluye una dimensión de poder. En una sociedad machista, la relación de poder entre hombres y mujeres es sumamente desigual, y las mujeres han tenido que desarrollar maneras de compensar o por lo menos atenuar el desequilibrio. Se trata, por supuesto, de las armas de los débiles: el chantaje, la venganza, la agresividad soterrada pero eficaz. El sexo es un vehículo ideal para transportar estas armas ocultas, porque aparentemente sirve para expresar otras cosas, como el amor. Pero en una relación desigual el sexo se regatea, se otorga o se niega, se cobra y se calcula; su cotización sube y baja como la de cualquier otra mercancía preciada. Entonces, cuando existe dentro de la pareja una lucha por el poder, la relación sexual es el único campo de batalla que conviene a la mujer, porque ahí es donde guarda sus mejores armas y tiene mayores probabilidades de ganar.

Existen muchas maneras de manipular el valor del sexo, de hacerlo más deseable o menos accesible, darle matices prohibidos, jugar sobre sus connotaciones amorosas o lujuriosas... Las mujeres con experiencia de la vida dominan estos juegos y los utilizan para obtener ventajas de los hombres; éstos, a su vez, están dispuestos a pagar el precio, pero sólo hasta cierto punto, porque siempre tienen otras opciones. En esta perspectiva, el sexo es una transacción entre partes desiguales, mediante la cual la mujer ofrece el acceso a su cuerpo a cambio de protección, seguridad económica y estatus social.

Es muy importante recordar aquí que, en una sociedad machista, para la mayoría de las mujeres el sexo, junto con el compromiso romántico cuando se puede, es su única forma de acceder a cierta movilidad social. Desgraciadamente muchas mujeres sólo pueden mejorar sus condiciones económicas, laborales y sociales a través de sus relaciones sexuales. Su situación de desventaja en términos de educación, trabajo y capacidad económica las lleva de manera casi inevitable a usar el sexo como un arma privilegiada. Es muy probable que los altísimos índices de disfunción sexual en nuestro país estén relacionados con este desequilibrio en el poder, más que con las características personales de hombres y mujeres. Observamos muy a menudo que los problemas sexuales sólo encubren conflictos de otro tipo. Es por ello que ni el Viagra ni el aprendizaje de técnicas sexuales, por sí solos, podrán aportar soluciones de fondo a los problemas sexuales que aquejan a más de la mitad de la población.

DIFERENTES DEFINICIONES DEL AMOR

El desequilibrio de poder entre hombres y mujeres afecta todas las relaciones entre ellos, al crear y mantener reglas del juego distintas para unos y otras. Esto se traduce en una doble moral que viene a añadirse a las diferencias biológicas y culturales entre los sexos. Un buen ejemplo de ello es la diferente perspectiva que mantienen hombres y mujeres acerca del amor. En términos generales, los hombres aman de una manera más sexual, las mujeres de una forma más sentimental. Innumerables autores, desde el surgimiento del amor romántico en la Edad Media, han observado esta dicotomía: las mujeres necesitan sentirse amadas, no sólo deseadas, a través de la palabra y de pequeños actos cotidianos. Tienden más a verbalizar el amor. Los hombres, en cambio, hablan poco de sus sentimientos y tienen un sentido más pragmático del afecto: más allá de las palabras, consideran que sus acciones bastan para demostrar su compromiso. El hecho de haberse casado y de mantener a la familia constituye, para muchos de ellos, una prueba suficiente de amor.

Mientras tanto, las mujeres, sobre todo cuando no trabajan fuera de la casa, piden que los hombres tengan "detalles" con ellas: ramos de flores, telefonemas durante el día, regalos de aniversario, notitas de amor. Esperan, de esta manera, extender los albores del enamoramiento, las atenciones del cortejo, las pequeñas sorpresas del coqueteo... El concepto de los "detalles" es muy importante: nos revela cuán grande es la distancia que separa el amor masculino del femenino. Pensemos un momento: ¿por qué son generalmente las mujeres las que piensan en ellos, sea para darlos o pedirlos? ¿Por qué son las mujeres las que desean esa prolongación "para siempre" del noviazgo, mientras que los hombres rápidamente dejan de ser novios y se vuelven esposos poco románticos? ¿Será que existe una versión femenina del matrimonio y otra masculina?

MATRIMONIO MASCULINO Y FEMENINO

Muchos hombres consideran que la máxima prueba de amor que pueden dar es el simple regalo de su presencia en casa. Dicen: "no sé qué más quiere, si estoy con ella. Llego a casa todas las noches cuando termino de trabajar, paso con ella los fines de semana. ¿Qué más pruebas necesita?" O bien: "yo me encargo de todo, no le falta nada. ¿Qué más quiere?" Del otro lado, las mujeres se quejan: "ya no platica conmigo como antes, ni tiene detalles, ni me dice que me quiere. Sin embargo, era muy romántico cuando éramos novios. ¿Qué le pasó?" Y, en efecto, la actitud de muchos hombres cambia después del matrimonio: pasan del estereotipo del hombre enamorado a la modalidad, no menos estereotípica, del *paterfamilias*: grave, preocupado por asuntos más importantes. Curiosamente es como si se desligaran del vínculo emocional, dando prioridad a los aspectos prácticos, meramente logísticos, de la vida doméstica. En una palabra, cumplen.

La pregunta obligada es ¿con qué están cumpliendo? Podríamos decir, abreviadamente, que están cumpliendo con el papel del hombre casado que aprendieron de sus padres. En este rol, son los depositarios de la autoridad doméstica, del sustento material, de la disciplina paterna... Y de repente, pasan de ser amigos de sus esposas a ser sus padres, exigentes y controladores. Dejan de ser novios enamorados, y pasan a ser esposos abrumados, que ya no tienen el tiempo para ocuparse de "detalles" porque ya tienen cosas más importantes que hacer, como si las dos posturas fueran incompatibles.

Por su parte, muchas mujeres pasan a ser las madres de sus esposos: los vigilan celosamente, los regañan, tratan de disciplinarlos con ruegos y amenazas, en un intento desesperado por restablecer una relación de poder más equilibrada y una comunicación más profunda. Añoran la intimidad del noviazgo, cuando ellas y sus novios se contaban todo y lo compartían todo. Por otra parte, se ven agobiadas por el trabajo que cuesta, sorprendentemente para muchas de ellas, mantener en orden una casa. El esposo ayuda, ocasionalmente y a regañadientes, pero el grueso del trabajo doméstico les corresponde a ellas. Muy naturalmente, extrañan la relación más igualitaria y amistosa del noviazgo.

Cuando nacen los hijos, esta distancia emocional se extiende: ellas tienen que estar en casa, en tanto que el esposo sigue saliendo y trabajando. Para muchas mujeres el matrimonio no resulta ser una amable prolongación del noviazgo, sino una amarga sorpresa. Si trabajan fuera del hogar, comprenden paulatinamente que deberán cumplir con la famosa doble jornada, mientras que su marido sólo labora en su trabajo y llega a su casa a descansar. Sus necesidades afectivas de amor y comunicación quedan insatisfechas, mientras que las del marido se cumplen en el mundo laboral y social en el que se mueve. De ahí la enorme importancia de los "detalles", que tantas mujeres reclaman reiteradamente, como una compensación por la aridez cotidiana de su vida matrimonial.

Por supuesto, el machismo en todo esto no consiste en que los hombres tengan que ir a trabajar. Radica en que este esquema sea siempre el mismo, como si fuera preestablecido, como si fuera un destino ineludible del cual pocas parejas puedan escapar. Radica en que casi nunca se dé el caso contrario. Radica en que las mujeres pierdan su autonomía y su autoestima y tengan que pedir la magra compensación de los "detalles". Radica en que los hombres no pierdan nada al casarse, y las mujeres sí.

Las estadísticas lo muestran claramente: el matrimonio favorece mucho más a los hombres que a las mujeres. Según una gran

cantidad de estudios psicológicos, los hombres casados son más felices que los solteros y que las mujeres casadas. Los hombres reportan una mayor satisfacción con su matrimonio que las mujeres. Los
hombres casados viven más tiempo y en mejores condiciones de
salud que los solteros; para las mujeres es al revés. Las mujeres buscan el divorcio más que los hombres. Los hombres divorciados o
viudos se vuelven a casar más rápidamente, mientras que las mujeres en esta situación lo piensan largamente y en muchos casos prefieren no volver a hacerlo.

Estos datos no deberían sorprendernos: dada la división del trabajo que prevalece en la sociedad actual, las mujeres trabajan dentro del hogar y, en muchos casos, fuera también, mientras que los
hombres sólo trabajan fuera, y reciben en casa los satisfactores
emocionales y sexuales que necesitan.[111] Los hombres conservan
gran parte de su libertad, mientras las mujeres se ven obligadas a
renunciar a ella. Dado todo esto, es paradójico que las novias cele-
bren su próximo matrimonio, en tanto que los hombres se despi-
den tristemente de su condición de solteros.

LA AMISTAD ENTRE LOS SEXOS

Uno de los cambios más importantes que reportan tanto los hombres como las mujeres, cuando hablan de los efectos del matrimonio, es el hecho de perder la amistad que antes compartían. Siendo novios, salían y tenían actividades que han abandonado, sobre
todo después del nacimiento del primer hijo. Una buena parte de
este cambio se debe, por supuesto, a las limitaciones de tiempo reales que implican los hijos. Pero es más que esto. En algunos países
europeos podemos observar, por ejemplo, que hombres y mujeres
siguen siendo amigos después de su matrimonio: comparten las tareas domésticas, el tiempo libre, las amistades. El secreto radica
probablemente en que mantienen una relación más igualitaria. En
cambio, en nuestros países latinoamericanos, se establece prácticamente desde el casamiento una relación jerárquica entre marido y

---

[111] Kimmel 2000: 119.

mujer y una división del trabajo muy marcada, como lo vimos en el capítulo anterior.

Como resultado de ello se van desvaneciendo las áreas de actividad comunes. Podría parecer un detalle insignificante pero las parejas que van al supermercado juntas, cocinan y lavan trastes juntas y comparten el cuidado de los hijos, mantienen una relación más cercana. Las parejas que toman conjuntamente las decisiones de la vida cotidiana, de una manera abierta e igualitaria, van construyendo una historia compartida que los une cada vez más. En nuestras sociedades sucede lo contrario: cada uno vive su vida aparte, con pocas áreas comunes de actividad. Es notable la soledad de muchos hombres y mujeres dentro de su matrimonio. Comparten poco, porque los roles establecidos por el machismo los dividen en lugar de unirlos.

Además, existe toda una serie de temas tabú dentro de la convivencia cotidiana: el dinero, el sexo, las familias de origen, para muchas parejas son temas inabordables porque son los campos de la gran lucha por el poder que caracteriza el matrimonio en nuestras sociedades machistas. Otro elemento importante que dificulta la amistad en la pareja es la expectativa, profundamente arraigada en nuestra cultura, de que marido y mujer deben serlo todo uno para el otro. Esta idea romántica, para no decir adolescente, es una fuente inagotable de desilusiones y conflictos. Muchas mujeres, sobre todo, consideran que sus esposos deben contarles todo y ser también sus confidentes más cercanos; en muchas ocasiones no entienden por qué sus maridos no dependen de ellas en lo emocional al mismo grado que ellas. También es cierto que muchos hombres y mujeres resienten las amistades que mantienen sus respectivas parejas y se sienten traicionadas si éstas tienen vínculos cercanos fuera del hogar. Todo esto genera celos y decepciones innecesarias, e incluso exacerba la sensación de soledad que experimentan unos y otras.

Pero aun fuera de la relación de pareja, en nuestras sociedades es muy difícil que hombres y mujeres sean auténticos amigos, ante todo por algunas de las reglas no escritas del machismo. En primer lugar, la posesividad antes mencionada, que en una sociedad machista caracteriza tanto a las mujeres como a los hombres. Es casi imposible que una mujer casada mantenga una relación de amistad con un hombre que no sea su esposo: en la inmensa mayoría de los casos éste no lo toleraría. Las mujeres tampoco suelen ver con buenos ojos que sus compañeros tengan amistades femeninas. Piensan que debe haber un componente sexual en este tipo de relación; y quizá tengan la razón en muchas ocasiones, dado que los hombres en una sociedad machista sí tienden a sexualizar sus relaciones con el otro sexo, y las mujeres sí tienden a buscar beneficios económicos y laborales a través del sexo. Sin embargo, aun cuando no exista tal componente erótico, tanto hombres como mujeres se sienten celosos de que sus parejas tengan un acercamiento emocional con alguien del otro sexo: consideran, quizá con razón, que su pareja está buscando una intimidad afectiva que no está encontrando en casa.

La situación es muy parecida para la gente soltera. Es muy difícil que una mujer soltera mantenga una relación de amistad con un hombre. Si éste es casado, su esposa no lo permitirá. Y si es soltero, la gente alrededor, como la familia, las amistades, los eventuales novios de cada uno, dará por sentado que se trata de una maniobra de seducción, desde un lado o el otro. También es poco común que un hombre soltero sostenga una amistad con una mujer, sea ésta casada o soltera, por las mismas razones. Varios hombres me han comentado que quisieran tener una amistad con sus colegas mujeres, pero que éstas a menudo interpretan equivocadamente sus intenciones.

En los comentarios siguientes de una estudiante universitaria de veinte años podemos observar algunas de las confusiones que surgen cuando una mujer intenta mantener amistades masculinas:

yo a mi novio le dije desde un principio que tengo amigos hombres y que me interesa seguirlos viendo, y me dijo que no le causaba ningún problema. En comparación con otros hombres, es más liberal. Con mis amigos, cuando los veo siempre les tengo que aclarar que Germán sabe que los estoy viendo. A ellos les sorprende que él esté de acuerdo, porque piensan, "¿cómo es posible que a Germán no le importe?" Me preguntan si Germán sabe que estoy con ellos y si está de acuerdo. Creo que a ellos no les gustaría que su novia saliera con amigos hombres; ellos salen conmigo aunque es probable que sus novias no estén de acuerdo. A sus chavas no les permiten tener amigos, a menos que salgan en grupo. No pueden salir a solas con otro hombre. Además, hay otro problema: muchas veces los chavos no distinguen muy bien entre amistad, amor y la cuestión sexual. Siempre que tienen una muy buena amiga, quieren con ella.

Le pregunto si su novio tiene amigas y cuál es su opinión al respecto. Su respuesta revela que, a pesar de sus buenas intenciones, ella tampoco es inmune a la desconfianza que rige tan a menudo la relación entre los sexos: "Yo no tengo problema si Germán sale con una amiga, si es alguien que conozco y salen una o dos veces. Pero si conociera a alguien y comenzara a verla regularmente, sí se me haría muy raro. Necesitaría yo saber quién es y de dónde salió. Pero de hecho, Germán no tiene amigas solas. Sale con sus amigos y las novias de ellos; nunca hay chavas solas". Es difícil distinguir aquí en quién desconfía más: en su novio o en las amigas que pudieran intentar seducirlo.

La desconfianza que reina entre los sexos, en el mundo del machismo, también afecta las relaciones entre las mujeres. Una situación reveladora en este sentido es la de las mujeres divorciadas. Muchas de ellas descubren, con estupefacción, que ya no son bienvenidas en las casas de sus amigas casadas. Ya no se les invita como antes a las fiestas y reuniones, porque al estar disponibles constituyen una amenaza para las mujeres casadas: seguramente tratarán de seducir a sus maridos. No sólo interviene aquí el estigma del divorcio, que siempre afecta más a la mujer que al hombre. El problema reside en que toda mujer sola se convierte en blanco de seducción para los hombres y objeto de rivalidad para sus congéneres.

Todas estas complicaciones significan que pocas personas acostumbran tener relaciones de amistad con el otro sexo, lo cual resulta muy extraño si nos detenemos a pensar en ello. Después de todo, no hay ninguna razón a priori para privarse de ellas. Tenemos a la vista ejemplos de que sí es posible y sumamente enriquecedor cultivar tales amistades. En diversos países europeos no es nada raro que los hombres y las mujeres sean amigos; cualquier café o restaurante nos brinda muchos ejemplos de amigos de sexo diferente almorzando o cenando juntos. Sin ir tan lejos, aun en nuestros países, los homosexuales y las lesbianas mantienen, muy comúnmente, amistades profundas y duraderas con personas del otro sexo. Esto les es posible porque no existe ningún equívoco sobre la naturaleza de la relación y, por tanto, pueden ser espontáneos uno con el otro. Pero las cosas son más difíciles para los heterosexuales: con demasiada facilidad caen en los juegos tradicionales del poder y la seducción, o se vuelven objeto de celos, chismes y suposiciones infundadas por parte de terceras personas.

Por supuesto, toda esta división entre los sexos comienza mucho antes de la edad adulta en las sociedades machistas. Un estudio realizado en Estados Unidos encontró que los niños de tres años dicen que la mitad de sus amistades son del otro sexo; a la edad de cinco años esta proporción se reduce al 20 por ciento, y ya para los siete años casi ninguno tiene como mejor amigo a una persona del otro sexo. A partir de ese momento y hasta la adolescencia hay poco contacto entre niños y niñas, de hecho, los niños que infrinjan la regla son a menudo objeto de burla por parte de sus congéneres. Esta separación se debe, en parte, al diferente mundo afectivo que habitan unos y otras: las niñas son más aptas, por razones biológicas y culturales, para verbalizar sus emociones; los niños tienden más a actuarlas. Los juegos de las niñas transcurren más en pequeños grupos y enfatizan la cooperación, mientras que los de los niños involucran a grupos más grandes y estimulan la competencia.[112] En las sociedades machistas estas diferencias son exacerbadas por una prohibición más o menos explícita: existe una fuerte presión familiar y social para que los niños no participen en juegos "de niñas", y viceversa.

Vemos así que existe un conjunto de reglas que rigen la amistad entre hombres y mujeres a partir de la infancia. Gracias a ellas, resulta que el sexo y la amistad son prácticamente incompatibles: desde el momento en que se establece una relación sexual entre un hombre y una mujer entran en juego elementos como la posesividad, los celos y la desconfianza, que minan paulatinamente la

---

[112] Goleman 1995: 130-131.

espontaneidad y la honestidad que son la base de cualquier amistad. Si la pareja se casa, se añaden una división del trabajo y una serie de rutinas cotidianas para él y para ella, con pocas actividades comunes, que exacerban el distanciamiento y la soledad de ambas partes. Todo esto da lugar a algunas paradojas bastante sorprendentes. Los hombres y las mujeres pueden ser amigos sólo si no hay sexo entre ellos; a partir del momento en que se establece una relación sexual, dejan de ser amigos. Esto significa que, en muchos casos, el sexo no sirve para *unir*, sino más bien para *separar* a las parejas. Asimismo, el matrimonio no necesariamente acerca a las personas; puede servir, al contrario, para distanciarlas.

LA AMISTAD ENTRE LOS HOMBRES

Podríamos pensar que los hombres, por lo menos cuando están entre ellos, se sienten libres de ser espontáneos y naturales. Pero en la amistad masculina también encontraremos la huella del machismo. Hemos visto que la identidad masculina depende en gran parte de lo que piensan los demás hombres; ser un "verdadero hombre" es serlo frente a ellos, más que frente a las mujeres. Y esto implica estar siempre en guardia, pendiente de cualquier ofensa y atento a la imagen que se esté proyectando. Además, entre los hombres también hay temas y sentimientos vedados. Ser sentimental, mostrar ternura o vulnerabilidad, son actitudes consideradas poco viriles; es difícil que un hombre las exprese antes sus amigos, a menos que tenga un buen pretexto para hacerlo. De ahí, en parte, la necesidad que sienten tantos hombres de beber alcohol cuando platican: es una manera socialmente aceptada de desinhibirse, de abrirse, sin poner en riesgo su imagen de virilidad. La amistad entre los hombres se ve afectada, asimismo, por patrones que les han sido inculcados desde la infancia, como la rivalidad, el esfuerzo por imponerse y estar siempre "en control", así como cierta falta de práctica en la comunicación afectiva. Por otra parte, la homofobia juega un papel central en la amistad masculina: para el auténtico macho es sumamente importante dar una impresión de rigurosa heterosexualidad. Una intimidad demasiado cercana con otro hombre puede ser peligrosa en este sentido, y muchos hombres prefieren mantener la distancia física y emocional necesaria para protegerse de cualquier sospecha de homosexualidad.

LA AMISTAD ENTRE LAS MUJERES

Podríamos pensar, asimismo, que el machismo interviene poco en la amistad entre las mujeres, pero en realidad afecta tanto el contenido como la forma de la comunicación entre ellas. Si bien ahí no se da tanto la competencia, la preocupación por mantener una imagen "femenina" ni el temor a parecer lesbianas, sí encontraremos algunas huellas, más sutiles, del machismo. Por ejemplo: es interesante preguntarse por qué las mujeres hablan tanto, entre ellas, de los hombres. Aparecen como temas recurrentes en su conversación sus relaciones de pareja, los hechos y gestos de sus compañeros o, si no los tienen, sus esfuerzos por conseguirlos. Creo que esto sucede principalmente por dos razones. En primer lugar, los hombres resultan, para muchas mujeres, seres poco transparentes. No se dan a conocer fácilmente, hablan poco de su vida interior, dan pocas explicaciones de lo que hacen o dejan de hacer. Entonces, las mujeres pasan una buena parte de su tiempo intentando descifrar sus verdaderos sentimientos o intenciones. Intercambian impresiones con sus amigas, analizan sus experiencias de pareja, se dan consejos para tratar de penetrar el misterio que rodea a los hombres con quienes viven.

En segundo lugar, este interés continuo nace de la dependencia emocional que experimentan tantas mujeres frente a los hombres; tema que ya examinamos en el capítulo V. El estado de la relación de pareja es mucho más importante para ellas que para ellos, por el desequilibrio en términos de poder. Sucede algo muy similar en las relaciones geopolíticas: los países débiles siempre tienen los ojos puestos en los fuertes y dependen de ellos, mucho más que viceversa. Tanto la opacidad de los hombres frente a las mujeres como la dependencia emocional de éstas, derivan del machismo en la comunicación, en la vida afectiva y en la familia, que hemos observado en capítulos anteriores.

275

El machismo también afecta la forma de la comunicación entre mujeres. Para empezar, en general éstas no tienen la libertad de movimiento que tienen los hombres en nuestras sociedades. No pueden salir de sus hogares ni mantener relaciones sociales aparte de sus maridos con tanta facilidad como los hombres. Si están casadas y tienen hijos, les es prácticamente imposible salir a comer o cenar con sus amistades. Entonces, buena parte de su comunicación con sus amigas transcurre en el teléfono, en momentos perdidos, en conversaciones siempre fragmentarias. Las que pueden salir de casa se reúnen cada vez que pueden y es una manera para ellas de escaparse un rato de la rutina doméstica. No debe sorprendernos ver a tantas mujeres pasarse las horas en el café. No es que sean particularmente chismosas, como suele decirse: es que están disfrutando, en muchos casos, de su único contacto interpersonal del día.

La amistad entre mujeres tiene una función social muy importante. Sirve como una red de apoyo en la era de la familia nuclear aislada, cuando ésta ya no goza de los sustentos tradicionales de la familia extendida y la vida del barrio o la parroquia, como lo vimos en el capítulo VI. Funciona también, en cierto sentido, como un contrapeso al machismo, al mantener un espacio en el cual las mujeres pueden ser más naturales y espontáneas que en la presencia de los hombres. Sirve, asimismo, para crear una comunidad, con todo lo que ello implica en el sentido de intercambiar información y ayuda, y de cultivar lazos afectivos fuera de la familia.

¿QUÉ PODEMOS HACER?

No cabe duda de que muchos de los patrones presentados en este capítulo están cambiando. La creciente secularización de la sexualidad, las políticas de salud y educación al respecto, la información cada vez más accesible, son los mejores elementos para combatir las barreras y los tabúes aquí descritos. Sin embargo, la información no basta si no hay comunicación entre las personas, si no se puede hablar de los problemas. Levantar el velo del silencio, acostumbrarse a revisar periódicamente las necesidades sexuales y afectivas de cada quien, sería una manera de resolver muchos de los problemas aquí descritos que afectan tanto a hombres y mujeres.

Es indispensable atacar la doble moral que siempre pone en desventaja a las mujeres. Lo primero es quitarle su aparente naturalidad, que se basa en concepciones pseudocientíficas y en una educación religiosa retrógrada. Las diferencias biológicas entre los sexos no son suficientes para justificar reglas distintas y criterios separados para hombres y mujeres. Todos albergamos deseos sexuales y necesidades afectivas, y dependemos los unos de los otros para satisfacerlos. El esquema actual de relación entre los sexos nos impide lograrlo: en lugar de acercar a hombres y mujeres, distorsiona la comunicación entre ellos, promueve el engaño y vuelve prácticamente imposible la amistad.

El machismo y su acompañante de siempre, la doble moral, afectan casi todas las relaciones entre hombres y mujeres. Desembocan muy natural y frecuentemente en la mentira y, por ende, en la desconfianza. No podría haber mejor receta para el conflicto y la desilusión. Todo esto es inherente a la desigualdad tan grande entre hombres y mujeres que caracteriza a las sociedades machistas. A medida que establezcamos relaciones más igualitarias, desaparecerán los subterfugios y las maniobras de poder que han permeado todas las relaciones entre los sexos.

La educación que reciben actualmente los niños no ayuda en manera alguna. El énfasis, reiterado constantemente, en la diferencia entre los sexos sólo sirve para separarlos, volverlos extraños unos para otros y promover la desconfianza entre ellos. La idea de que los niños podrían "contaminarse", e incluso volverse homosexuales, si juegan con las niñas deriva más de la homofobia que de cualquier sustento real. La idea de que las niñas deban mantenerse lejos de los niños para conservar su feminidad y su inocencia es igualmente absurda. Las mujeres francesas son educadas en un sistema escolar rigurosamente mixto, con un trato idéntico para niños y niñas, en una sociedad mucho más igualitaria que la nuestra y nadie les reprocharía su falta de feminidad. Mientras sigamos aislando a niños y niñas, supuestamente para fortalecer su identidad de género, seguiremos fomentando entre hombres y mujeres el desconocimiento, la incomunicación y la desconfianza.

El machismo impide la amistad entre los sexos. Es ésta una de sus peores consecuencias en el ámbito psicológico. Los jóvenes de ambos sexos se observan desde una gran distancia, mientras asimilan ideas y estereotipos completamente falsos unos acerca de otros. Hombres y mujeres comparten casa y cama, pero en lo afectivo viven separados. No es necesario estudiar las estadísticas del divorcio para entender que la relación entre ellos está en crisis y que tal crisis empezó desde mucho antes que el matrimonio y se extendió mucho más allá. Lo que está en juego no es sólo el matrimonio o la familia, sino la cohesión social entera. En la batalla entre los sexos, todos perdemos.

VIII
AUTOIMAGEN Y PROYECTO DE VIDA EN UNA SOCIEDAD MACHISTA

¿Cómo se proyecta en la actualidad una imagen machista?, ¿cómo se viste, cómo se mueve un hombre que necesita demostrar su virilidad en todo momento, cuando los varones ya no portan armas ni suelen pelearse a golpes, ni pueden permitirse desplantes autoritarios en público? Las reglas del juego habrán cambiado, pero todavía hay muchas formas de proyectar una imagen machista, en una versión más moderna aunque todavía reconocible. En este capítulo describiré cómo se expresa el machismo a través del lenguaje corporal, la vestimenta, la moda y el consumismo. Pero no sólo hablaré de los hombres. Las mujeres también ocupan un lugar central en el gran juego de las apariencias, y tienen un papel muy ilustrativo al brindarnos el complemento perfecto de la imagen machista. Luego, partiendo de la autoimagen en los dos casos, analizaré cómo se forman los proyectos de vida, cómo la identidad de género moldea y limita, a veces injustificadamente, lo que uno hace en la vida.

AUTOIMAGEN MASCULINA Y FEMENINA

Para empezar, debemos notar una asimetría fundamental entre la autoimagen masculina y la femenina. Esta última gira básicamente alrededor de los hombres: durante gran parte de su vida, las mujeres se visten y se comportan de ciertas maneras para ganarse a los hombres. El propósito puede ser seducirlos, o sencillamente obtener su atención, respeto, estima o amistad. Todo ello requiere de un esfuerzo continuo que los hombres no necesitan hacer con las mujeres. Pasando la adolescencia y la primera juventud, los hombres no se visten, no se arreglan, no ajustan su conducta para gustar a las mujeres, a menos que estén en vías de seducir a alguna en particular. No necesitan hacer ningún esfuerzo especial para atraer la atención del otro sexo; la tienen asegurada de todos modos. Les interesa proyectar una imagen masculina, por supuesto, pero no es para impresionar a las mujeres, sino a los demás hombres. Cuando examinamos la autoimagen femenina y masculina, vemos que casi todo lo referente al cuerpo, como el aseo, la vestimenta, la estética corporal, obedece a esta asimetría fundamental entre hombres y mujeres.

Nos da su punto de vista el dueño, también estilista principal, de una estética:

Las mujeres en general están muy pendientes de lo que va a pensar su marido: si le va a gustar o no el peinado, si se va a enojar por el cambio de color, si va a notar la diferencia. Muchas mujeres tienen miedo a sus maridos: no quieren que sepan que gastaron tanto, o que se pintan. A veces el marido les prohíbe tener el pelo de una manera o de otra. También es impresionante cuántas mujeres tratan de hacer algo para que su marido se vuelva a fijar en ellas. Se pasan la mañana entera aquí, gastan muchísimo, se arreglan como estrellas de cine, con la esperanza de que el marido les haga caso. A la semana regresan y me comentan que su esposo ni siquiera se fijó en el nuevo corte. No dijo nada. A veces pienso que estas mujeres podrían llegar a su casa con un molcajete en la cabeza, y nadie se daría cuenta. En cambio, los hombres nunca piensan en cómo van a reaccionar ellas. Se peinan para ellos, a su gusto, sin importarles lo que vaya a pensar su mujer. Como que no tienen que andar dando explicaciones a nadie.

Esta asimetría nos recuerda una característica del machismo que ya hemos visto en otras áreas. Los hombres no necesitan demostrar su virilidad frente a las mujeres; sus verdaderos interlocutores son más bien los demás hombres. Y frente a este público, no se trata de ser guapo o estar bien arreglado: la meta es, más bien, proyectar una imagen de éxito y poder. Este imperativo de la apariencia masculina incluye diversos elementos, de los cuales rara vez nos percatamos porque se mantienen ocultos detrás de la moda y las costumbres. Por ejemplo, ya no se demuestra que se es un "verdadero hombre" llegando a un restaurante y poniendo la pistola en la mesa, sino sacando el celular "porque estoy esperando una llamada importante"; es la misma dinámica y sirve al mismo propósito: se trata de una muestra de poder personal. Los hombres de hoy tienen muchas maneras más de imponerse, de "darse a respetar". A continuación mencionaré algunas.

EL LENGUAJE CORPORAL

Desde la infancia, los varones se acostumbran a ocupar mucho espacio. Esto no es algo que noten, porque les parece natural. Pero a las mujeres a veces les sorprende ver cómo los hombres se mueven, cómo se sientan o se acuestan, como si no tuvieran a nadie a su alrededor. No se trata de tamaño físico, sino de posiciones corporales: por ejemplo, cuando se sientan con las piernas abiertas hacia los lados, ocupan dos o tres veces más espacio que una mujer. En muchas ocasiones su posición física denota una actitud de desprecio hacia los demás, y puede leerse por tanto como una maniobra de poder. Cuando un hombre se reclina en un sillón, casi acostado y con las piernas extendidas hacia delante, proyecta una total indiferencia hacia las personas a su alrededor. Cuando se sienta detrás de su escritorio y coloca en él sus pies, las manos enlazadas en la nuca, reproduce una de las posturas más clásicas de la autoridad. Lo importante es imponerse. Donde las mujeres esperan su turno, los hombres se adelantan; donde las mujeres se hacen pequeñas para dejar pasar a los demás, los hombres bloquean el camino.

No dudo que muchos hombres, al ser interrogados sobre su lenguaje corporal, dirían que sólo buscan estar cómodos. Pero entonces debemos preguntarnos por qué ninguna de estas posturas es aceptable en una mujer, como tampoco lo sería en un hombre de rango subordinado. Los mismos hombres que tan espontáneamente se ponen a sus anchas en su propia oficina jamás lo harían en la de sus jefes. No: la libertad de movimiento que parece ser un atributo natural del cuerpo masculino es en realidad una expresión de poder; el espacio físico que ocupan muchos hombres no es en función de su tamaño, sino de su rango jerárquico en la sociedad.

Esta libertad asimétrica, de la cual gozan los hombres pero no las mujeres, se manifiesta también en el permiso que se otorgan los primeros para tocar a las segundas. Aunque apenas las conozcan, se permiten tomarlas del brazo, empujarlas levemente en la espalda para que pasen delante o caminen más rápido, o incluso tomarles la mano, sin hablar de los diversos tocamientos que pudieran denotar alguna intención sexual. Todos estos contactos corporales, que generalmente pasan desapercibidos tanto por ellos como por ellas, son interesantes por asimétricos. Las mujeres no tocan a los hombres con la misma facilidad, a menos de tener con ellos un vínculo de amistad o confianza, y aun entonces los tratan con más deferencia. A una mujer jamás se le ocurriría apurar a un hombre empujándolo por la espalda, ni tomarle el brazo a un desconocido. Se trata de gestos ciertamente inofensivos pero reveladores de cierto manejo del poder por su excesiva familiaridad.

Las mujeres también nos dan datos interesantes sobre el lenguaje corporal y el poder, pero desde el otro lado de la moneda. Educadas desde muy pequeñas para ocupar el menor espacio y moverse lo menos posible, las mujeres tratan de no estorbar: dejan lugar para otras personas, piden perdón, se preocupan por la comodidad de los demás. Su ropa, la falda, los zapatos incómodos para caminar aprisa o correr, refleja y refuerza esta restricción en su margen de movimiento. En general, se aprecia en las mujeres que sean pequeñas, con manos y pies chicos, con rasgos delicados y movimientos comedidos. Deben sentarse con las piernas juntas y los brazos cerca de su cuerpo, y caminar con pasos cortos. Por lo menos en público, no se "ponen cómodas" de la misma manera que los hombres.

Mientras que los hombres aprenden desde chicos a sentirse cómodos y a moverse libremente, a las mujeres se les enseña desde la infancia a utilizar su cuerpo como un instrumento de seducción: aprenden a cuidarlo y embellecerlo según los cánones del gusto masculino. Las mujeres depilan, adornan y perfuman sus cuerpos. No existe una sola parte de la anatomía femenina que escape a los requerimientos de la seducción: desde el pelo hasta las uñas de los pies, pasando por las orejas, la cara, el cuello, las axilas, las manos, los senos, el pubis y las piernas, cada parte del cuerpo es objeto de cuidados puramente cosméticos que no guardan relación alguna con la salud ni la higiene, sino únicamente con una concepción de la belleza orientada hacia los hombres. A ellos, en cambio, ni se les ocurre rasurarse el vello corporal, ni pintarse las uñas, ni ponerse aretes, ni maquillarse la cara, ni untarse crema, ni hacerse cirugía cosmética, ni inyectarse los labios con silicón, ni depilarse las cejas, ni afeitarse las piernas, ni hacerse el pedicure.

La lingüista Deborah Tannen explica una diferencia básica entre el arreglo personal de hombres y mujeres. Para los primeros, existen maneras neutras de vestirse y de presentarse en público: su vestimenta, sus zapatos, su corte de pelo, su falta de maquillaje, no denotan nada sobre su disponibilidad sexual ni su estado civil, y ciertamente no significan nada en términos de su masculinidad. En cambio, no existe tal neutralidad en la apariencia femenina: si una mujer tiene el pelo corto o largo, si se maquilla o no, si viste colores sobrios o llamativos, pantalón o falda: todo denota algo sobre su actitud hacia los hombres. Si se arregla mucho, éstos interpretarán que busca seducirlos; si no se maquilla, es que no cuida su apariencia; el usar la falda corta o larga tiene connotaciones sexuales. Todo lo que haga o deje de hacer la ubica frente a los hombres, aunque no tenga la menor intención hacia ellos ni en un sentido ni en otro. Esta falta de neutralidad se expresa asimismo en los términos que se usan para denotar el estado civil: el término "señor" no revela si un hombre es casado o no. En cambio, las expresiones "señora" o "señorita" definen de inmediato el estado civil y por ende, teóricamente, la disponibilidad de una mujer. El

283

término "Ms.", empleado en Estados Unidos desde el movimiento de liberación de la mujer, precisamente para que las mujeres pudieran eludir esta dicotomía forzada, hoy en día denota una actitud feminista, con todo el significado peyorativo que ello pueda tener para los hombres, las empresas, etc. En este sentido, Deborah Tannen habla de la libertad que tienen los hombres para presentarse de manera neutra frente a los demás, libertad casi imposible para las mujeres.[113]

Todos estos elementos supuestamente "estéticos" comportan por tanto una dimensión oculta de poder, sencillamente porque son asimétricos: los hombres son libres de presentarse de manera neutra, las mujeres no; y éstas se arreglan para los hombres, y no al contrario. No debe sorprendernos que en Estados Unidos, donde la publicidad ha alcanzado su máxima expresión, las niñas se pinten desde la escuela primaria. Tampoco nos parecerá extraño que los trastornos de la alimentación se hayan vuelto tan comunes en ese país, principalmente entre las mujeres. Un estudio en algunos suburbios estadounidenses encontró que el 80 por ciento de las niñas de ocho años estaba a dieta. Otra encuesta de 33,000 mujeres reveló que tres de cada cuatro se consideraban gordas, aunque la tercera parte de ellas estaba debajo de su peso idóneo y menos de la cuarta parte estaba sobrada de peso según evaluaciones objetivas.[114] Estos datos reflejan no sólo el impacto de la publicidad, sino también la relación desigual entre los sexos. En Estados Unidos las niñas aprenden desde muy chicas que lo más importante en la vida es atrapar a un hombre, y adoptan actitudes sexualizadas y seductoras prácticamente desde la infancia. La inmensa industria de las muñecas en ese país lo ilustra claramente: aun las mujeres de juguete se visten, se arreglan, e incluso hablan, para atraer a los hombres.

Por supuesto, no se trata de atrapar a cualquier hombre: éste debe tener las cualidades viriles necesarias para repercutir favorablemente en la imagen de la propia mujer. De ahí, en parte, la idea universal de que un hombre debe ser más alto que su compañera. Lo curioso aquí es que no solamente lo piensan ellos, sino también

---

[113] Tannen 1994: 109-113.
[114] Rhode 1997: 50.

284

ellas. Encuestas en Francia han mostrado que la mayoría de las francesas desean que su marido sea más alto; los dos tercios de ellas rechazan la idea de un hombre menos alto.[115] Es como si las mujeres mismas se sintieran disminuidas al tener a su lado a un hombre "deficiente" en este sentido, como si su propia autoimagen como mujeres dependiera de la imagen viril, incluyendo la estatura, de su compañero. En este juego de las apariencias, hombres y mujeres se utilizan para realzar sus propias imágenes. Pero las dos partes no están en igualdad de condiciones: los hombres no necesitan ser especialmente guapos ni cuidar minuciosamente su apariencia para tener parejas atractivas, pero las mujeres, sí.

LA MODA

Por otra parte, son los hombres los que deciden qué es sexy o atractivo en las mujeres: la definición de la belleza siempre ha sido una prerrogativa masculina. Esto se da tanto a nivel individual, cuando las mujeres se visten y se arreglan para los hombres de su entorno, como a nivel social, cuando los diseñadores, distribuidores y publicistas de la moda deciden cuál será el *look* de cada año. A las mujeres que no respeten estos lineamientos se les considerará no sólo anticuadas y poco sexys, sino además poco femeninas. El hombre que no sigue la moda es excéntrico, original; la mujer en el mismo caso es una "dejada".

Por supuesto, para los hombres también existen los requerimientos de la moda; pero el no seguirlos no tiene consecuencias, no afecta en nada su imagen masculina; al contrario, para muchos hombres el rehusarse a seguir la moda es prueba de una viril independencia. Incluso la falta de aseo personal se ha vuelto en años recientes parte de cierto *look* masculino: ya a nadie le sorprende ver a estrellas del cine, del rock o del deporte exhibirse en público despeinados, sin afeitar, con ropa desaliñada. Paradójicamente, lo que empezó siendo una actitud de desenfado, de rechazo a los dictados de la moda, acabó por volverse la nueva moda.

---

[115] Bourdieu 2001: 35.

Pero desde mucho antes, el permiso de mostrarse "al natural", en cualquier contexto y sin atención alguna a su apariencia, ha sido una prerrogativa eminentemente masculina. En el fondo, esta actitud equivale a decir "así soy, y no me importa lo que piensen los demás"; es una declaración de autonomía, una afectación de indiferencia que pocas mujeres podrían adoptar impunemente en su vida personal, social o profesional. En este esquema asimétrico, en efecto, las mujeres deben cuidar mucho más las apariencias, y son educadas en este sentido desde muy temprana edad. Asimilan tan profundamente los mandatos de la apariencia femenina que llegan incluso a integrar una actitud de vergüenza hacia su propio cuerpo y sus funciones naturales. La transpiración, los olores corporales, los eructos, la flatulencia, son fenómenos prohibidos y reprimidos en ellas, a la vez que se toleran mucho más en los hombres.

Asimismo, los hombres en su casa se sienten perfectamente libres de andar de fachas, sin rasurarse si es un día de descanso, incluso sin quitarse la bata en todo el día si no se les antoja. En cambio, las mujeres deben estar siempre arregladas, bien puestas: pocos hombres toleran que sus esposas anden de fachas, aunque estén en su propia casa. Muchos hombres se permiten juzgar y criticar a sus esposas por su apariencia: le dicen gorda si ha subido dos kilos, vigilan la progresión de sus arrugas y manchas, critican sus canas. Ellos, mientras tanto, consideran normales sus kilos o canas de más, y se irritan si su mujer se los señala. En todas las clases sociales, en casi todas partes, las mujeres deben permanecer jóvenes y esbeltas, mientras que los hombres engordan, envejecen y se vuelven calvos sin permitir que se les cuestione. La vejez trata de manera muy diferente a hombres y mujeres, no por consideraciones biológicas sino porque las reglas son diferentes en los dos casos. No cabe duda que la doble moral de la apariencia corporal favorece enormemente al hombre, respetando siempre su libertad de decisión y de acción, mientras que limita la de las mujeres. Por lo tanto, podemos interpretarla como una manifestación más del machismo, sutil pero muy arraigada.

También existe una doble moral en lo referente a la alimentación. Se espera de los hombres que coman mucho, que se satisfagan plenamente, pero se exige a las mujeres que se cuiden, y es mal visto que cedan con demasiada facilidad a la "tentación". La comida es, para los hombres, un objeto de disfrute; para muchas mujeres se ha vuelto un dilema moral. No es por nada que los trastornos alimenticios, esos conflictos terribles entre deseo, necesidad y autoimagen, son predominantemente femeninos, aunque cada vez más varones también los padezcan. Estos patrones, en los que el hombre come más y mejor que la mujer, se observan todavía en los hogares de muchos países, donde las mujeres sirven a los hombres y se sientan a comer sólo cuando éstos han terminado. El argumento clásico de que los varones necesitan comer más porque desempeñan labores físicas olvida que en las sociedades tradicionales las mujeres también realizan labores pesadas, además de pasar buena parte de su vida adulta amamantando, actividad que consume un promedio de 600 calorías al día.[116] Y resulta risible en las sociedades modernas, en las cuales los hombres no tienen más actividades físicas que las mujeres, y en las cuales se están acercando las respectivas estaturas de unos y otras.

Lo mismo sucede con el consumo de alcohol. En los países latinos sigue siendo parte de la imagen machista el poder beber casi indefinidamente, lo cual sugiere una posible relación entre el machismo y el alcoholismo. En las mujeres, en cambio, la moderación es de rigor y el consumo del alcohol, como el de los alimentos, conlleva un significado moral que no tiene para los hombres. Se considera poco femenino que una mujer beba demasiado, cosa "natural" y universalmente permitida en los hombres. Es posible que exista aquí un elemento de control: cuando un hombre se emborracha, es responsable sólo de sí mismo. Pero cuando una mujer se embriaga, es responsabilidad de su compañero masculino: afecta la imagen del amigo, novio, esposo, hermano o padre que no supo "controlarla". En este sentido, la mujer borracha representa un de-

---

[116] Angier 2000: 161.

safío a la virilidad de su acompañante. Además, se vuelve poco femenina: no se mide, pierde la docilidad y mesura que debe siempre mostrar en público; es capaz de decir o hacer cosas indebidas e incluso de cuestionar la autoridad de su compañero. De ahí, en parte, el enorme estigma social que pesa sobre la mujer que bebe, mucho más que en los hombres. Estos últimos conservan la libertad de hacer lo que quieran, e incluso de hacer el ridículo, sin ver afectada su identidad masculina.

Nuevas imágenes de la virilidad

Sin embargo, en las sociedades industrializadas los hombres están perdiendo paulatinamente esa serie de libertades. Desde los inicios de la publicidad masiva, que ha difundido cierta imagen del hombre "triunfador", se ha vuelto muy difícil para los varones evadir los requerimientos de un consumismo que ha transformado las apariencias de la masculinidad. Lejos están ya los tiempos cuando los hombres de clase media vestían un sobrio traje para ir a trabajar, apenas ornamentado por una corbata seria, no demasiado llamativa, sobre una camisa blanca, beige o azul claro. La moda masculina ha evidenciado una explosión de colores, texturas y diseños en los últimos treinta años. Paradójicamente, gran parte de este cambio tuvo su origen en el movimiento gay de los años setenta, cuando los hombres empezaron a usar prendas y colores antes considerados femeninos. Hoy, el traje gris ya no es suficiente, y existe una fuerte presión cultural sobre los hombres para que sigan los lineamientos de la moda.

Pero el machismo vestimentario de hoy pasa sobre todo por los accesorios que debe tener todo hombre exitoso: el celular, el localizador, la agenda electrónica... Símbolos del poder económico, político y social, se han vuelto de rigor para todo hombre (y mujer) que desee proyectar una imagen de autoridad. Más que para mandar o recibir recados realmente impostergables, sirven para transmitir a los demás el mensaje "Miren qué importante soy, necesitan consultarme a toda hora". El participar constantemente en las grandes decisiones, los movimientos de capitales, los flujos de información, la comunicación instantánea, es hoy el emblema del éxito masculino. Por supuesto, como en eras anteriores, la característica principal del hombre exitoso es la acción: se muestra dinámico, siempre tiene prisa o aparenta tenerla, permanentemente tiene cosas más importantes que hacer. Podríamos incluso suponer que una parte del estrés masculino actual está directamente relacionada con esta necesidad de proyectar una imagen incesantemente dinámica.

Han surgido otros requisitos para alcanzar el *look* del éxito varonil, que se han acercado paulatinamente a los ideales tradicionales de la feminidad: los hombres hoy en día deben ser delgados, vestir ropa y relojes de marca, portar accesorios de prestigio y llevar los cortes de pelo que estén de moda. Asimismo, la fisicocultura, el tener un cuerpo musculoso, se está volviendo imperativa para los hombres exitosos. La obsesión de muchos hombres por su apariencia corporal está alcanzando extremos sorprendentes: ha surgido ya en los países industrializados un nuevo trastorno psicológico, llamado "dismorfia muscular", en el cual los varones se preocupan en exceso por su físico y anhelan desarrollar el cuerpo de un levantador de pesas.[117] Este síndrome puede considerarse como el equivalente masculino de la anorexia, en la cual las mujeres se sienten demasiado gordas y quisieran tener el cuerpo de una modelo.

Esta creciente preocupación de los hombres por su físico ha llevado a algunos autores a hablar de una "feminización" de la imagen masculina; pero sería un error creerlo del todo. Sigue habiendo límites muy claros: por ejemplo, salvo en un par de países europeos, como Francia o Italia, los hombres rehúsan usar una bolsa de mano, a pesar de su indudable utilidad. Prefieren cargar sus billeteras, agendas, plumas, encendedores y cigarros en los bolsillos, y sus múltiples aparatos en el cinturón, como las pistolas de antaño o las navajas suizas de los *boy scouts*, en una incongruencia que resulta bastante cómica si nos detenemos a pensar en ella. Es permitido acumular equipos y accesorios, en pro de una eficiencia a ultranza, mas no llevarlos en una bolsa de mano, porque eso ya no sería varonil.

---

[117] Véase el número de agosto de 2000 del *American Journal of Psychiatry*. Citado en el *New York Times*, 1 de agosto de 2000.

Asimismo, sabemos que cada vez más hombres usan productos cosméticos (cremas, shampoos, tratamientos y tintes capilares) que antes eran totalmente incompatibles con la autoimagen masculina. Todo esto está cambiando gracias al auge de un consumismo que no hace distinciones entre hombres y mujeres, adultos y niños, con tal de ampliar sus mercados. Las enormes campañas publicitarias tendentes a "feminizar" la imagen masculina, es decir, a promover el consumismo cosmético en los varones, están surtiendo su efecto en los países industrializados, donde el gasto de los hombres en productos de belleza y tratamientos estéticos está alcanzando rápidamente al de las mujeres. Sin embargo, el propósito de todo ello es diferente: ellas deben seguir los lineamientos de la moda para seducir a los hombres, mientras que para ellos la meta es proyectarse como triunfadores en la vida. La publicidad dirigida a los hombres les promete éxito, riqueza, y muchas mujeres; su contraparte femenina les promete a las mujeres encontrar al hombre de su vida.

Esta asimetría se manifiesta claramente en un hecho fácil de observar en cualquier sociedad: es mucho más frecuente ver a una pareja formada por un hombre feo y una mujer guapa, que viceversa. Rara vez veremos a un varón atractivo con una mujer fea, y no cabe duda que este desequilibrio en las costumbres refleja y refuerza el machismo. Los hombres, por feos o viejos que sean, siempre albergan la esperanza, más o menos realista, de conseguirse una pareja femenina más joven y atractiva que ellos; las mujeres feas o mayores saben que sus posibilidades son mínimas. Esto ubica a los hombres en una posición de superioridad frente a las mujeres, sobre todo después de cierta edad, y les permite por tanto exigir más de lo que dan en sus relaciones de pareja, en términos de disponibilidad, fidelidad, compromiso, etcétera.

¿Una versión *light* de la masculinidad?

La tendencia "feminizante" en la moda masculina ha entrado en conflicto con la necesidad de muchos hombres, sobre todo en las sociedades machistas, de evitar parecer "afeminados". De ahí, quizá, la adopción de una imagen hipermasculina como compensación: el pelo muy corto, el *look* sin afeitar, el desarreglo vestimentario, los zapatos y accesorios atléticos, como para enfatizar una forma de virilidad más ruda y "natural". Por supuesto, este *look* no tiene ni un pelo de espontáneo: los varones que lo practican lo cultivan cuidadosamente. Lo cómico del asunto es que los hombres gay han seguido la misma evolución, exactamente por las mismas razones: después de haber sido vistos como "afeminados" durante tanto tiempo, han adoptado en los últimos veinte años un *look* hipermasculino que incluye el pelo corto, el cuerpo musculoso, la ropa de cuero. Hoy, sobre todo en los países industrializados, es cada vez más difícil distinguir entre una moda homo y otra heterosexual, aunque todavía pueda observarse un lenguaje corporal un poco distinto.

Más allá de la moda, podríamos hablar de cierta "feminización" de la masculinidad como tal. En las últimas décadas ha surgido una versión *light* de la virilidad gracias a una evolución cultural que valora la comunicación y cierto igualitarismo en las relaciones humanas. Observamos esta tendencia sobre todo en los hombres jóvenes, que expresan más sus emociones, son más considerados con los demás, y buscan una mayor intimidad en sus relaciones interpersonales. Cuando se casan, tienden a participar mucho más en las tareas domésticas, sobre todo en el cuidado de sus hijos, y a darle una alta prioridad a su vida familiar. Por lo menos en las apariencias, son menos autoritarios y establecen un trato más igualitario con las mujeres. Este nuevo tipo de masculinidad, más común en los países industrializados pero cada vez más importante en nuestros países también, plantea un enorme problema para los esquemas tradicionales del machismo. Se trata de hombres que cultivan el lado "femenino" de su personalidad y disfrutan la compañía de las mujeres, pero que no son homosexuales. Esto no significa, sin embargo, que hayan renunciado a las prerrogativas y al poder que conlleva el simple hecho de ser hombre.

Prácticamente desde la cuna los niños y las niñas absorben una infinidad de mensajes que forman paulatinamente su imagen de sí mismos y sus expectativas en la vida, según su género. Esta visión de género se consolida desde muy temprano: a la edad de tres años los niños de los dos sexos ya hacen una distinción entre juguetes, juegos, ropa y objetos que se conciben comúnmente como femeninos o masculinos; asocian, por ejemplo, plancha con mujer y martillo con hombre. Este aprendizaje se relaciona muy rápidamente con conductas y actitudes diferenciadas: los pequeños empiezan a jugar con los juguetes que supuestamente les corresponden, los niños con vehículos, pistolas, pelotas, etc., las niñas con muñecas y utensilios domésticos de juguete. Curiosamente, también es a partir de esta autoclasificación que las niñas se vuelven menos agresivas que los niños.[118]

Los juegos de las niñas las preparan para el trabajo doméstico que les tocará asumir en la edad adulta: aprenden a cuidar bebés, a cocinar y limpiar, y a organizar su casa. Entretanto, los juegos de los niños no los preparan, ni mucho menos, para sus responsabilidades adultas: después de todo, muy pocos niños se volverán vaqueros, soldados, policías o atletas profesionales. Menos aún conducirán naves espaciales o dirigirán batallas intergalácticas. Los juegos de los niños tampoco les enseñan, por supuesto, cómo cambiar pañales o lavar trastes. No: mientras las niñas se preparan para ser amas de casa, los niños aprenden pasatiempos divertidos que seguirán cultivando cuando sean grandes. Ya adultos, en su tiempo libre seguirán viendo o realizando deportes, practicando la caza o el tiro al blanco, yéndose a acampar en la naturaleza y perfeccionándose en los juegos de video. Como lo expresa Virginia Valian, "los juegos de las niñas evolucionan imperceptiblemente hacia el trabajo doméstico; los juegos de los niños siguen siendo juegos".[119]

Por otra parte, en muchos países, sobre todo los industrializados, donde no hay servicio doméstico, a los niños varones se les

---

[118] Valian 2000: 48-49. Muchas de las ideas presentadas en esta sección son tomadas de este apasionante libro.
[119] *Ibid.*: 38.

paga por realizar pequeños trabajos ocasionales, como lavar el coche o cortar el pasto. En tanto a las niñas se les exige que participen diariamente en el quehacer de la casa, poniendo la mesa, barriendo, lavando los trastes, pero a ellas no se les paga nada. Esta distinción, pequeña pero significativa, les inculca a unos y otras una diferente concepción del trabajo, del dinero, y de su papel en el hogar y en la vida. Implica cierta devaluación de las actividades "femeninas" que, además de ser aburridas y repetitivas, no se pagan. La autoimagen y los proyectos de vida que hombres y mujeres formarán más tarde se basan, en parte, en este tipo de detalles de la infancia. Y en la vida adulta ya no son pequeños detalles: se estima que la labor no remunerada de la mujer en el hogar representa un tercio de la producción económica mundial.[120] Asimismo, en México un tercio de las mujeres que trabaja fuera del hogar no recibe remuneración alguna.[121] Pero todo este trabajo permanece invisible, gracias a la socialización temprana de hombres y mujeres.

LOS MEDIOS Y LA PUBLICIDAD

Por otra parte, sería imposible sobreestimar el impacto de la televisión y el cine en la autoimagen de niños y niñas, así como en sus proyectos de vida ulteriores. Los medios masivos y la cultura popular refuerzan la división de los sexos, dando siempre la ventaja a los varones. En primer lugar, casi todos los personajes centrales de los programas televisivos y el cine son del sexo masculino, por una sencilla razón: a las niñas y mujeres les atrae ver programas o películas con héroes hombres, pero ni los niños ni los hombres irán a ver una película protagonizada por una mujer, a menos que en algún momento se desvista. Esta falta de interés por lo que puedan hacer las mujeres tiene su origen en la infancia. Se ha observado, en efecto, que mientras a las niñas pueden atraerles los juegos considerados como propios para los niños, a éstos no les interesa aprender ni participar, de manera alguna, en "juegos de niñas".[122] Es lógico, por

---

[120] Fondo de Población de las Naciones Unidas (FNUAP; siglas en inglés, UNFPA) (2000). *Estado de la población mundial 2000.* Véase <http://www.unfpa.org/swp/2000/espanol>.
[121] Incháustegui Romero 2001.
[122] Valdés 2000, 58

293

tanto, que las películas o programas con temática femenina presenten poco interés para los varones. Esto significa que tales productos tendrán menos público, y por lo tanto generarán ganancias mucho menores. Por ello, casi todos los programas y películas se centran en héroes masculinos, con toda la visión del mundo que ello implica.

Además de ocupar el papel principal, tales protagonistas ejemplifican el triunfo de las virtudes consideradas masculinas. Deben resolver un problema o vencer a un enemigo; toman decisiones y las ejecutan; forman estrategias, toman iniciativas, dirigen a los demás, participan en grandes acciones, corren riesgos, vencen dificultades, y casi siempre alcanzan sus metas. Las mujeres, cuando las hay, cumplen papeles totalmente secundarios para la historia: expresan emociones, cuidan a los hombres y les brindan apoyo moral. Si bien les va, ayudan al protagonista principal y siguen sus indicaciones; pero a menudo desobedecen, por irracionales o tontas, y crean nuevos problemas, poniendo en peligro el proyecto que persigue el héroe principal. Mientras que los hombres se dedican al trabajo o a salvar el mundo, las preocupaciones principales de las mujeres son el amor, la seducción y la familia. Las pocas mujeres que trabajan, en el cine y la televisión, se ven enfrentadas a un conflicto entre su vida personal y profesional, y a menudo tienen que renunciar a esta última para no perder al hombre que aman o a su familia. Estos estereotipos, que se repiten hasta la saciedad en los medios masivos, ratifican la división entre los sexos y la superioridad masculina, y moldean la autoimagen y los proyectos de vida de niños y niñas, hombres y mujeres.

Los roles masculinos y femeninos que hemos descrito a lo largo de este libro se reproducen al pie de la letra en la publicidad. De la manera más burda, ésta sigue asociando a los hombres con la acción y la autonomía, y a las mujeres con los sentimientos, la seducción y la dependencia; a los primeros con el trabajo, y a las segundas con el hogar. No hay mucho nuevo que decir al respecto, salvo quizá apuntar que aun las mujeres de apariencia profesional que salen a veces en los anuncios (y se sabe que son ejecutivas porque llevan un portafolios) están más pendientes de su perfume, y de su efecto sobre los hombres, que de cualquier otra cosa. Mientras tanto, los hombres se confieren entre ellos los premios de la masculinidad triunfadora: el reconocimiento, el prestigio, el éxito. La publicidad nos muestra a padres e hijos, empresarios y subordinados, amigos cercanos, congratulándose por sus logros, mientras las mujeres a su alrededor escuchan y aplauden debidamente. En la publicidad, como en la vida, ser hombre es cosa de hombres, y ser mujer, también.

LAS EXPECTATIVAS DE HOMBRES Y MUJERES

Los niños se acostumbran desde muy temprano a buscar, y a conseguir, el éxito. Los adultos a su alrededor saben que algún día tendrán que trabajar, ganarse la vida y mantener a una familia, e intentan darles la atención, la educación y las oportunidades para que así sea. Los juegos, en especial los deportes, que practican los niños fomentan en ellos el deseo de triunfar y les enseñan a vencer obstáculos y a seguir en el juego, pase lo que pase. La competencia forma parte de su vida desde muy temprana edad, así como la ambición y la tenacidad. Podríamos decir, incluso, que estos elementos, trabajo, competencia y ambición, llegan a formar parte de la identidad masculina. El éxito ayuda a los varones a sentirse más masculinos: ser hombre incluye la capacidad para tomar iniciativas, vencer obstáculos y lograr sus metas.

Este aprendizaje no suele darse en las mujeres. En primer lugar, no se fomenta, sino más bien se reprime, en las niñas la competencia y la ambición. Su educación familiar y sus juegos enfatizan más la cooperación y la conciliación. En segundo lugar, el éxito laboral no forma parte de la identidad femenina: la mujer "realizada" es la que se casa y tiene hijos, no la que accede a una posición de liderazgo en su profesión. Además, una mujer sumamente exitosa en su trabajo tiende a ser percibida como *menos* femenina, no más. En el estado actual de las cosas, suelen considerarse como masculinas las cualidades requeridas para alcanzar el éxito en cualquier campo, como la capacidad, la ambición, la asertividad, la iniciativa y el liderazgo. Por lo tanto, cuando se presentan en una mujer, se le percibe como poco femenina. El éxito no refuerza la identidad femenina (como lo hace para la masculina), sino que crea una contradicción. Las muy pocas mujeres que alcanzan el éxito, sobre todo en las profesiones consideradas como "masculinas", como la política, los negocios, el derecho, la medicina y la academia, entran automáticamente en conflicto con lo que la sociedad espera de ellas, es decir, que se dediquen a su familia. Implícita o explícitamente, se cuestiona su feminidad, o incluso su orientación sexual, y se les critica por "desatender" a su esposo e hijos. Muchas de ellas viven con culpa y conflicto, intentando demostrar, una y otra vez, que siguen siendo buenas madres y esposas a pesar de su imagen "masculina".

Mujeres "masculinas"

Diversos experimentos han mostrado que las mujeres vistas como masculinas reciben evaluaciones negativas, aunque presenten las mismas cualidades de liderazgo aplaudidas en un hombre. Se ha encontrado, en reuniones de trabajo simuladas, que cuando una mujer y un hombre presentan exactamente las mismas ideas, con el mismo grado de asertividad, la mujer es percibida como dominante, agresiva y demasiado emotiva; al hombre se le considera inteligente y capaz. Sin embargo es necesario hacer aquí una distinción importante: esta apreciación negativa ocurre sólo cuando la mujer se desempeña en un campo de actividad considerado como masculino. Si trabaja en una profesión "femenina", entonces su liderazgo es evaluado positivamente.[123]

Pero en todos los casos suele cuestionarse la feminidad de las mujeres sobresalientes y muchas veces deben pagar un precio afectivo importante: sobre todo en las sociedades machistas, les costará mucho trabajo encontrar o conservar una relación de pareja con un hombre. El machismo en todo esto reside en un sistema de clasificación creado por los hombres: son ellos los que deciden qué es femenino y qué no, qué tipos de trabajo son "aceptables" en una mujer y cuáles no, fijan los criterios del éxito y establecen una doble moral según la cual lo que se aplaude en ellos se critica en las mujeres. Nadie critica al hombre exitoso por ser demasiado "agre-

---

[123] *Ibid.*: 134.

sivo", ni por desatender a su esposa y sus hijos. Nadie cuestiona su virilidad. Las reglas son totalmente diferentes para las mujeres, y esto crea un desequilibrio muy difícil de revertir. En este sistema, cuando los hombres ganan en lo social y en lo profesional, lo ganan todo; en cambio, cuando las mujeres ganan, también pierden.

... Y "FEMENINAS"

Como parte de esta doble moral, en el área laboral se censura a las mujeres demasiado "masculinas", pero también a las que parecen demasiado "femeninas". Curiosamente, una mujer físicamente atractiva puede tener más problemas que una que no lo es tanto, sobre todo si se arregla mucho y se mantiene al ritmo de la moda. En primer lugar, una mujer que cuida demasiado su apariencia corre el riesgo de parecer frívola y poco profesional. En segunda, hombres y mujeres por igual tienden a pensar que una mujer muy bella probablemente debe su puesto a su físico, sobre todo si ocupa una posición importante: seguramente sedujo o mantiene una relación sexual con algún hombre que la ha impulsado. No se piensa lo mismo, por supuesto, de un hombre atractivo. Además, una mujer muy bella tendrá que lidiar con las actitudes seductoras de los hombres a su alrededor y puede suscitar la envidia de sus compañeras de trabajo. En tercer lugar, diversos estudios han encontrado que existe una presunción de incompetencia en las mujeres bellas, sencillamente porque los requerimientos de la feminidad se consideran incompatibles con los del éxito profesional. La noción tradicional de una mujer muy femenina incluye suavidad, ternura, docilidad y emotividad, características que son contrarias a las "masculinas" que se creen necesarias hoy en día para el éxito profesional.

En un experimento interesante se dio a cuatro grupos de personas, hombres y mujeres profesionales, una serie de cuatro currícula de altos ejecutivos con fotos: un grupo recibió el currículum junto con la foto de un hombre atractivo, otro con la foto de un hombre poco atractivo, y los demás grupos con fotos de una mujer guapa y otra poco atractiva. Se pidió a los participantes que explicaran el éxito de las cuatro personas en términos de capacidad, esfuerzo y suerte. Los participantes concluyeron, tras examinar las fotos y los currícula, que el hombre guapo había alcanzado su posición gracias a su capacidad, la mujer poco atractiva gracias a su esfuerzo y dedicación, y la mujer guapa, gracias a la suerte. En términos de capacidad, dieron un puntaje más alto al hombre guapo que a su congénere menos guapo, pero para las mujeres resultó al revés: atribuyeron más capacidad a la mujer poco atractiva que a la más guapa.[124] Esto significa, como lo apunta Virgina Valian, que "el atractivo físico funciona de maneras diferentes para hombres y mujeres, porque intensifica la masculinidad y la feminidad. Se percibe a los hombres atractivos como más masculinos, y por tanto más merecedores de su éxito y más capaces que los hombres poco atractivos. Se percibe a las mujeres atractivas como más femeninas, y por tanto menos merecedoras y capaces que sus colegas poco atractivas. En un contexto profesional, por tanto, el atractivo físico ayuda a los hombres y penaliza a las mujeres".[125]

Pero la belleza no es el único atributo que pueda causar problemas a una mujer en un entorno machista. Ciertos hábitos sociales de las mujeres, que se les inculcan desde la infancia, también pueden afectar su imagen profesional. Se ha observado, por ejemplo, que las mujeres suelen ser mucho más corteses y atentas, y menos asertivas, que los hombres. Piden disculpas más seguido, por ejemplo si llegan tarde o interrumpen a alguien. Usan las expresiones "por favor" y "gracias" mucho más que los hombres. Tienden asimismo a solicitar la opinión de los demás antes de dar la suya propia, y a dar órdenes como si estuvieran pidiendo favores. A veces sus aseveraciones parecen preguntas: tienen una ligera entonación ascendente, dubitativa, como si no estuvieran muy seguras de lo que están diciendo. Diversos estudios han mostrado que la gente en general interpreta estos hábitos comunicativos como una muestra de inseguridad, timidez o falta de conocimientos.[126] Esto puede representar una seria desventaja en un medio escolar,

---

[124] *Ibid.*: 136-137.
[125] *Ibid.*: 137-138.
[126] Para un análisis detallado del género en la comunicación, véase Tannen 1994.

académico o laboral que precia la asertividad, la seguridad y la competencia, o por lo menos la apariencia de ello.

Otro obstáculo frecuente para las mujeres que trabajan fuera del hogar es la percepción que se tiene de su vida personal. Sus obligaciones familiares se consideran a priori un impedimento para su trabajo, cosa que no sucede con los hombres. Y si tienen problemas personales, se da por sentado que éstos afectarán su desempeño laboral, porque las mujeres son supuestamente demasiado emotivas como para separar lo personal de lo profesional. En tanto que a los hombres se les considera capaces de hacer abstracción de sus asuntos privados; aunque tengan problemas personales serios que les causen ansiedad, depresión o estrés no se cuestiona su capacidad para seguir trabajando. Estos estereotipos dañan a todos, al subestimar el profesionalismo de las mujeres y sobreestimar el de los hombres.

ÉXITO MASCULINO Y FEMENINO

Todos estos esquemas culturales, basados en realidades sociales y económicas, moldean para hombres y mujeres expectativas muy distintas, lo cual crea diferencias importantes en su autoimagen. Los primeros tienden a considerar que merecen el éxito, que van a lograr sus metas y que deben ser bien pagados por su esfuerzo. Las segundas se sienten menos seguras de sí y menos merecedoras, tanto de los logros como de la remuneración que alcancen. Se ha encontrado, por ejemplo, que cuando se asigna a hombres y mujeres una misma tarea y se les invita luego a cobrar un precio justo por su trabajo, las mujeres siempre piden menos dinero. En otro experimento, cuando se ofrece a un grupo mixto un pago fijo por realizar una tarea, y se da a las personas la libertad de decidir cuánto tiempo invertirán en ella, las mujeres *siempre* trabajan más tiempo que los hombres.

También es interesante otra variante de este proyecto de investigación: se solicita a hombres y mujeres que lleven a cabo una tarea junto con un compañero del otro sexo, y al final se les dice que hicieron el trabajo mejor que su colega. Luego se les da una cantidad de dinero, y se les indica que deberán decidir qué parte de su pago le quieren dar al compañero (que hizo menos bien la tarea). En este experimento, los hombres dividen el pago según el mérito de cada quién: se guardan la mayor parte. Las mujeres, sin embargo, dividen el pago a la mitad, aunque hayan trabajado mejor que su compañero. Cuando se invierte la situación, y se dice a los sujetos que su compañero hizo mejor la tarea, hombres y mujeres le dan la mayor parte del pago; pero los hombres guardan más para ellos que las mujeres.

Esta serie de estudios[127] sugiere que las mujeres tienden a devaluar su trabajo, y que sus expectativas son menores. Esto sucede aun en el caso de mujeres sumamente exitosas. Cuando la tenista Mónica Seles exigió en 1991 que se pagara lo mismo a hombres y mujeres por participar en los grandes torneos, en los cuales ellos suelen recibir mucho más que ellas, tanto Steffi Graf como Mary Joe Fernández se opusieron, argumentando que ya ganaban lo suficiente.[128] Pareciera que la equidad está muy lejos aún, no sólo si se toma en cuenta la opinión de los hombres, sino también la de las mismas mujeres.

El éxito y el fracaso

Cuando los hombres tienen logros importantes, suele pensarse que es gracias a sus cualidades intrínsecas: su capacidad, inteligencia y carácter. En cambio, cuando las mujeres destacan en su trabajo, la gente suele considerar que es por factores que no tienen nada que ver con su capacidad personal, como la suerte o el apoyo de otras personas —generalmente hombres—, o bien por haberse esforzado mucho. Y en las sociedades más machistas no es raro que se atribuya el éxito de las mujeres al sexo: seguramente se acostaron con algún hombre para avanzar en su profesión. Esto no siempre es falso: como vimos en el capítulo VII, el sexo es, en efecto, para muchas mujeres, su única esperanza de acceder a cierta movilidad

---

[127] Valian 2000: 159-161.
[128] Citado en *ibid.*: 161.

socioeconómica. No siempre es falso, tampoco, que las mujeres avancen por ser muy trabajadoras: se sabe que deben hacer más esfuerzo que los hombres para alcanzar el mismo reconocimiento y remuneración. El problema, en los dos casos, es que se subestima la capacidad intelectual y profesional de las mujeres.

El fracaso también se vive de manera diferente según el género. Los hombres tienden a culpar a factores externos, como la mala suerte o las deficiencias de los demás, haciendo caso omiso de sus propias limitaciones. Esto resulta bastante lógico si recordamos que el éxito está inscrito en la misma identidad masculina. El hombre que fracasa corre el riesgo de ser visto, y de verse, como menos hombre, y por lo tanto le es mucho más redituable atribuir su falta de éxito a los demás, o a la situación económica, o a alguna otra abstracción que no lo obligue a cuestionar sus propias habilidades. En cambio, las mujeres tienden a culparse a sí mismas. Algunos experimentos han mostrado que los observadores externos también tenderán a pensar que un hombre fracasó por mala suerte o falta de esfuerzo, mientras que una mujer lo hizo por falta de capacidad. Y cuando una mujer fracasa en una tarea considerada masculina, los demás tenderán, además, a atribuirlo a su sexo: no pudo, por ser mujer. El fracaso individual de una mujer suele percibirse como representativo; afecta la imagen que se tiene de todas las mujeres en esa área, cosa que no sucede con los hombres.

¿Cómo se relaciona todo esto con el machismo? En primer lugar, todas estas pautas culturales ratifican los dos pilares centrales del machismo: que los hombres y las mujeres poseen aptitudes radicalmente distintas e incluso incompatibles, y que las consideradas masculinas son superiores. En segundo lugar, refuerzan la división del trabajo según la cual los hombres están hechos para trabajar fuera de la casa, y las mujeres en ella. Finalmente, estos esquemas están estructurados de tal manera que se perpetúan automáticamente: las mujeres esperan menos, sienten que merecen menos y por tanto aceptan un trato desigual. Además, tienden a pensar que los problemas que enfrentan en el área laboral se deben a deficiencias personales, y no a vastas dinámicas sociales que las rebasan ampliamente.

A pesar de los enormes cambios en la condición socioeconómica de las mujeres en el último siglo, sigue habiendo una profunda diferencia entre los proyectos de vida que la sociedad aprueba y fomenta en hombres y mujeres. Si bien estas últimas han conquistado una igualdad de oportunidades en muchas áreas de la educación y el trabajo, el machismo sigue influyendo en su proyecto de vida. Para la inmensa mayoría de ellas la meta principal sigue siendo casarse y tener hijos; el no poder hacerlo, por la razón que fuere, se considera un fracaso. El no querer hacerlo se interpreta como una anomalía, una falla en la feminidad. Mientras tanto, nadie cuestiona la masculinidad de los hombres que no deseen casarse o tener hijos, como los hay muchos: basta con ver la cantidad de hombres que terminan una relación cuando se les plantea la posibilidad del matrimonio o de un embarazo.

Esta asimetría o doble discurso según el cual existen criterios diferentes para juzgar el proyecto de vida de hombres y mujeres, sitúa a estas últimas en una posición de debilidad: ellas necesitan, para realizarse, algo que sólo los hombres les pueden dar. Estos últimos pueden desear lo mismo o no, libremente, sin ver afectados ni su concepción de sí mismos ni su imagen a ojos de la sociedad. El estatus de soltero no comporta penalidades para los hombres: sobre todo en los países machistas, siempre encontrarán a mujeres, sean madres, hermanas o novias, que estén dispuestas a acompañarlos, cuidarlos y atenderlos. En cambio, la mujer soltera tendrá que vérselas sola y cargará además con un estigma social importante.

Se ha hablado mucho de la igualdad de oportunidades para hombres y mujeres, pero esta igualdad ha resultado ser sólo nominal y superficial. Si bien los jóvenes de ambos sexos pueden teóricamente estudiar las mismas carreras y ejercer las mismas profesiones, en realidad se hace una distinción importante entre "trabajo de hombres" y "trabajo de mujeres". Tradicionalmente, se considera que el primero incluye las labores pesadas en el campo y la industria, aunque en realidad las mujeres siempre han trabajado en el campo y desde el siglo XIX lo han hecho en fábricas y manufacturas de toda índole. Es más, en la agricultura se ha observado una distinción interesante entre lo que hacen hombres y mujeres: los primeros manejan las bestias de carga y la maquinaria, mientras las últimas realizan las labores puramente manuales (y por tanto más pesadas), como sembrar, recolectar, recoger y cargar. Los hombres se facilitan la labor con animales y herramientas, pero las mujeres cargan a mano el agua, el forraje y la leña.

El manejo de la maquinaria, y de la tecnología en general, sigue considerándose como una actividad propiamente masculina: a las mujeres que incursionan en estas áreas se les suele ver como poco femeninas. Asimismo, todas las ocupaciones que tengan que ver con el manejo del capital, como la administración de empresas, siguen percibiéndose como poco adecuadas para las mujeres, porque se supone que éstas no tienen ni la capacidad ni el temperamento para una toma de decisiones ponderada y racional. Se sigue pensando que los hombres son más eficientes, disciplinados y proactivos en la administración de empresas, aunque las mujeres que han logrado sobresalir en esta área han demostrado ser igualmente capaces. Las profesiones en general, sobre todo las mejor remuneradas, siguen siendo "vocaciones" masculinas. Es el caso, en nuestros países, de la medicina, la ingeniería, el derecho y la arquitectura, por ejemplo.

En cambio, todas las ocupaciones que tengan que ver con el cuidado a los demás se consideran femeninas, pero sólo hasta cierto nivel. Las enfermeras suelen ser mujeres, los médicos hombres; las maestras son mayoritariamente mujeres, pero los directores y autoridades educativas, hombres; las psicólogas son mujeres, pero los psiquiatras, hombres. Es más, se ha observado que cuando las mujeres ingresan en una profesión considerada masculina, el estatus social y la remuneración de esta última bajan considerablemente. Cuando los maestros eran hombres, la enseñanza era una profesión respetada y bien pagada; cuando se volvió una ocupación femenina, disminuyó su reconocimiento social. Lo mismo sucedió con las secretarias, que hasta el siglo XX fueron hombres, y con muchas otras categorías del sector servicios.

Si bien casi todas las ocupaciones están ya teóricamente abiertas para las mujeres, no todas ellas desean ejercerlas. Hoy en día ya no se suele obligar a los jóvenes a dedicarse a una ocupación u otra; si pertenecen a las clases medias o altas, pueden elegir sus áreas de estudio y trabajo. Esto no siempre fue así. En el mundo occidental, los jóvenes se abocaban a los estudios y las profesiones dictadas por sus padres o por la costumbre. En Francia, por ejemplo, hasta finales del siglo XVIII, en la aristocracia el hijo mayor heredaba el título y la fortuna de la familia, y los menores se dedicaban a las armas o la vida eclesiástica. A las hijas se les preparaba para el matrimonio o el convento. En las clases medias el hijo mayor heredaba el negocio familiar, y en las clases populares los hijos seguían los pasos de sus padres. Las mujeres no cursaban estudios superiores y rara vez trabajaban fuera del hogar. En general, no había mucha libertad para escoger adónde iba uno a vivir ni a qué iba uno a dedicarse: no existía lo que hoy llamamos la vocación. Todo esto comenzó a cambiar a partir del siglo XIX. Gracias a la educación pública obligatoria, la industrialización, la urbanización y los grandes movimientos de población de la era moderna, en el mundo occidental moderno se dio una movilidad social sin precedentes y la gente empezó a elegir su destino.

Pero esto fue cierto sólo para los hombres. Hasta hace unas décadas las mujeres no podían escoger libremente su área de estudios: la mayoría de las universidades sencillamente no aceptaban a estudiantes del sexo femenino en sus facultades de derecho o medicina, por ejemplo. Tampoco podían las mujeres trabajar en todas las ocupaciones. El comercio, las finanzas, la política, la administración, todo lo relacionado con la construcción, el ejército, la medicina, el derecho y la academia eran zonas de actividad masculinas, con poquísimas excepciones. Esta exclusión de las mujeres siempre ha sido un baluarte del machismo: además de privarlas de oportunidades, ha servido para mantenerlas al margen de la actividad intelectual, profesional y política, de tal manera que nunca logren el acceso a la información ni a la experiencia necesarias para volverse "aptas" para tales actividades.

Desde la Segunda Guerra Mundial, han ido disminuyendo las prohibiciones y la discriminación abierta en los estudios y las profesiones. Pero el cambio cultural ha sido mucho más lento, y las barreras que antes eran explícitas se han perpetuado en las costumbres y las ideas. Sigue habiendo profesiones masculinas y femeninas, aunque la distinción no sea ya tan explícita como antes. Hoy en día muchas de estas barreras han sido internalizadas: podríamos decir que la discriminación abierta ha cedido el lugar a su equivalente psicológico, la vocación. Ésta puede considerarse como una autoselección, aparentemente basada en preferencias personales, pero que en realidad ratifica la división sexual del trabajo. Constituye una manera inconsciente de descalificarse para algunas ocupaciones y aprobarse para otras. Ahí donde ya no existe la exclusión explícita sigue operando *la vocación personal* y continúa siendo diferente para hombres y mujeres.[129]

En efecto, existen vocaciones masculinas y femeninas, y los hombres siguen protegiendo sus espacios intelectuales, políticos, económicos, laborales y profesionales con base en esta distinción. A las mujeres no se les prohíbe ser ministros de Educación, pero tienen vocación para ser maestras. Para ser cirujano, es mejor ser hombre porque los hombres son más pragmáticos, más "fríos" en una emergencia; en cambio, para ser enfermera es mejor ser mujer, porque las mujeres son "naturalmente" bondadosas y maternales. No es casual que en México, por ejemplo, la mayoría de las mujeres trabajadoras se dediquen a labores de servicio y de atención personal: dos de cada tres son vendedoras y dependientas, oficinistas, trabajadoras domésticas, empleadas de servicio, maestras y ayudantes de obreros.[130] En Estados Unidos, aproximadamente el 80 por ciento de las mujeres que trabajan fuera de la casa son maestras, vendedoras, meseras y oficinistas.[131]

[129] *Cf.* Bourdieu 2001: 39.
[130] Aguayo Quezada (ed.), 2000: 120.
[131] Rhode 1997: 149.

Las vocaciones "femeninas" son ante todo las que destacan los rasgos maternales de las mujeres. Todas las áreas de trabajo relacionadas con el servicio y la atención personal (al público, a un patrón, a los enfermos, a los niños y ancianos) se consideran especialmente indicadas para las mujeres. Cuidar, alimentar, escuchar, conciliar, son la esencia de las vocaciones femeninas. Aun cuando las mujeres acceden a la vida política, suele dárseles puestos relacionados con la salud, la educación, el desarrollo social, no la economía, ni la política interior, ni la seguridad nacional, ni por supuesto las fuerzas armadas. Esta percepción, muy generalizada, de las cualidades inherentemente femeninas se basa en la aptitud "natural" de las mujeres para la maternidad. Pero, como lo vimos en el capítulo VI, la maternidad no es, ni tiene por qué ser, un monopolio de las mujeres. Si bien tiene elementos estrictamente biológicos, como el embarazo, el parto y la lactancia, el cuidado ulterior de los niños, su alimentación y educación y por supuesto el trabajo doméstico que todo ello implica no están inscritos en la biología, sino en las costumbres. Los hombres no pueden dar a luz, pero son perfectamente capaces de cambiar el pañal a un bebé. Además, ninguna mujer sabe de antemano cómo cuidar a sus hijos, lo aprende sobre la marcha, igual que pueden aprenderlo los hombres. La noción que tenemos de la maternidad no corresponde estrictamente a la función reproductiva de la mujer: va mucho más allá. Se trata de una extrapolación, una metáfora (el término exacto es una sinécdoque), que nos conduce a confundir una parte con el todo. Las mujeres son madres por su biología, pero son maternales por su educación.

OCUPACIONES FEMENINAS Y MASCULINAS

Las mujeres no son biológicamente más aptas para ciertas ocupaciones, tampoco los hombres. La mejor prueba de ello es que muchos tipos de trabajo han correspondido a unos y otras sucesivamente en diferentes épocas, o bien en diferentes países. Por ejemplo, en

Estados Unidos del siglo XIX los empleados de banco eran todos hombres. Pero después de la Primera Guerra Mundial hubo una escasez de varones para cumplir con esta función, y de repente se descubrió que las mujeres eran particularmente "aptas" para ella, por ser cuidadosas, meticulosas y responsables. Sin embargo, cuando la depresión de los años treinta dio lugar a un desempleo masivo, se volvió a considerar que los hombres podían desempeñar mejor este tipo de trabajo, porque el público supuestamente prefiere tratar de dinero con empleados masculinos. Luego, durante la Segunda Guerra Mundial, se volvió a pensar que las mujeres eran más aptas, por brindar un servicio más amable al público, y los empleados bancarios volvieron a ser predominantemente mujeres.[132] Algo similar ha sucedido con un sinfín de ocupaciones que antes se consideraban inherentemente "masculinas": los empleados de oficina, los secretarios y mecanógrafos, eran hombres y ahora son mujeres, así como los meseros, cantineros, maestros, etcétera.

Estos vaivenes históricos demuestran que no existen empleos "naturalmente" apropiados para hombres o mujeres. Además, es evidente que la inmensa mayoría de las ocupaciones hoy en día ya no requiere de fuerza física, sino de un manejo adecuado de la información, la tecnología y las relaciones públicas. La división sexual del trabajo persiste, sin embargo, por esquemas culturales machistas que establecen diferencias esenciales entre rasgos masculinos y femeninos y valoran más los primeros. Por supuesto, no se trata aquí de una vasta conspiración por parte de los varones. Las mujeres también se encajonan en vocaciones y ocupaciones supuestamente femeninas, y defienden a capa y espada su monopolio de la maternidad como parte de su identidad intrínseca. No obstante, podemos observar en la situación actual una asimetría perfectamente marcada que nos muestra una mayor resistencia al cambio por parte de los hombres. Hoy, el problema ya no es tanto que las mujeres no puedan o no quieran realizar "trabajos de hombre": *el problema es que los hombres sigan rehusando realizar "trabajos de mujer"*. Hay cada vez más pilotos aviadores del sexo femenino, pero no más secretarias del sexo masculino.

---

[132] Valian 2000: 114.

Esto no debe sorprendernos. Más allá de toda consideración cultural, es un hecho que las ocupaciones femeninas pagan mucho menos que las masculinas. Lo curioso del asunto es que esta devaluación de las ocupaciones femeninas no tiene nada que ver con el trabajo en sí, sino con el género de las personas que lo desempeñan. Como se mencionó párrafos atrás, se ha observado en diferentes países que cuando las mujeres se apropian de profesiones que antes eran masculinas, disminuye el prestigio social y la remuneración de éstas. Eso ha sucedido con la enseñanza, la medicina en algunos países (como en Rusia, donde más de la mitad de los médicos son mujeres), la psicología, la traducción, las labores de oficina, las artesanías, etcétera.

Hay más. En cualquier ocupación, a pesar de contar con el mismo nivel de estudios y experiencia laboral, las mujeres siguen ganando mucho menos que los hombres por realizar tareas similares: el promedio mundial es de tres cuartas partes (curiosamente, la discrepancia suele ser mayor en los países industrializados: por ejemplo, en Kenya el salario medio de la mujer en empleos no agrícolas es el 84 por ciento del hombre, mientras que en Japón las mujeres ganan sólo un 51 por ciento de lo que ganan los hombres por este mismo tipo de trabajo[133]).

Claro, en muchos casos la misma ocupación tiene nombres distintos según el género de quien lo realiza. Por ejemplo, en la industria restaurantera, una mujer que cocina es una cocinera; un hombre que hace exactamente lo mismo es un chef. Una mujer que manufactura ropa a la medida es una costurera; su contraparte masculina es un sastre. Una mujer que administra una oficina es una secretaria; un hombre es un asistente ejecutivo. Un *maître d'hotel* no es lo mismo que una *hostess*, y un mozo no es lo mismo que una sirvienta. Esta variación en los nombres del mismo empleo nos da la medida de la devaluación del trabajo femenino: no cabe duda que el sastre goza de mayor prestigio y remuneración que la costurera, y que la diferencia entre un chef y una cocinera deriva más del machismo que de su trabajo.

---

[133] Fondo de Población de las Naciones Unidas 2000.

Todos los elementos de la vida privada, como la autoimagen, las expectativas personales y los roles familiares, se reflejan en la vida pública. Tradicionalmente se ha considerado que el ámbito doméstico reservado a las mujeres y el ámbito laboral y social propio de los hombres correspondían a áreas distintas y complementarias de la actividad humana: el papel de los hombres es la producción y el de las mujeres, la reproducción. Las dos esferas, la pública y la privada, se presentan como separadas e incompatibles, pero en realidad son las dos caras de una misma moneda. No sólo se complementan, sino que se reflejan y refuerzan mutuamente. Los valores, las creencias, las costumbres vigentes en la una también se encuentran en la otra. Lo que sucede en el microcosmos interpersonal tiende a repetirse en el mundo social y laboral.

En la vida laboral se espera, por ejemplo, que las mujeres sean dóciles, siempre dispuestas a sacrificarse por el bien de la empresa, el proyecto o el pueblo al que representan si son figuras políticas. Es posible que las maestras, las médicos, las ejecutivas, las representantes populares, trabajen más que sus colegas masculinos no sólo para demostrar su capacidad y revertir los prejuicios en su contra sino también porque están más condicionadas que los hombres a dar su tiempo, a entregarse a una causa, a escuchar las quejas, a atender a las peticiones. Esto forma parte de las expectativas de la gente y es probable que corresponda a una realidad, sobre todo si los interlocutores de estas mujeres, sus alumnos, pacientes, clientes, representados, así lo exigen. No es gratuita la opinión popular en el sentido de que las mujeres trabajan más; pero también es cierto que son empujadas a ello. La imagen de la mujer abnegada persigue a todas las mujeres, tanto fuera como dentro del hogar.

Asimismo, cuando las mujeres ingresan a las profesiones o al mundo de los negocios, se espera de ellas que guarden cierta deferencia hacia los hombres: que los escuchen y tomen en cuenta *sus* intereses y necesidades, más que los suyos propios. Se ha observado, en reuniones de trabajo mixtas, que las mujeres ponen más atención a los hombres que viceversa, y que deben hablar mucho más que ellos para hacerse escuchar. En muchas ocupaciones, los hombres dan por sentado que las mujeres están ahí para atenderlos y apoyarlos, aun cuando esta función no está incluida en el puesto que ocupan. Asimismo se espera que las mujeres sigan las indicaciones que les den los hombres, sin cuestionarlas.

Con frecuencia, cuando las mujeres acceden a puestos de poder, los hombres bajo su mando tienden a verlas como figuras maternas dominantes y castrantes, y a rebelarse contra su autoridad. No es sólo que rehúsen obedecer a una mujer; también está en juego su independencia psicológica frente a su madre. A los hombres no les gusta acatar las órdenes de una mujer, porque significa plegarse de nuevo a su mamá y, por ende, perder su identidad masculina. El problema aquí es que la única autoridad femenina reconocida en una sociedad machista es la maternidad; de ahí que las jefas sean percibidas, y a veces se perciban ellas mismas, como madres de sus subordinados.

Observamos algo similar en el papel paternalista que adoptan muchos hombres en posiciones de autoridad. "Cuidan" a sus empleados, les dan consejos y recompensas (o castigos), como si éstos fueran sus hijos. El modelo de la familia, con sus relaciones de poder, se ve así replicado en el mundo empresarial. En la era contemporánea es una novedad que hombres y mujeres compartan lugares de trabajo, y es natural que todavía no sepan convivir de una manera profesional. Cuando se encuentran en un ámbito laboral, repiten automáticamente los patrones de relación que ya conocen. Es lógico, por tanto, que insensiblemente adopten los roles tradicionales de la familia. La jefa es una mamá, el jefe un papá.

¿QUÉ PODEMOS HACER?

Antes que nada, es imprescindible entender los esquemas de género que afectan la autoimagen, las expectativas y los proyectos de vida de niños y niñas, hombres y mujeres. Estos esquemas funcionan como barreras invisibles entre los sexos: sirven para mantener la distancia, la incomprensión, y por supuesto la inequidad entre hombres y mujeres. Para ello, debemos cuestionar todos los estereotipos relacionados con las capacidades y el trabajo de unos y otras. Esta tarea debe empezar con la educación, desde la más temprana infancia. Una manera de hacerlo es cambiar nuestra concepción de los juegos infantiles. Esto no significa que los niños deban jugar sólo con muñecas y las niñas sólo con ametralladoras. Antes bien, debemos promover que los niños de cada sexo jueguen con los dos tipos de juguetes, y con los de tipo *unisex*, como los rompecabezas o los juegos de video. Sería igualmente importante que las mujeres jugaran con sus hijos varones y los hombres con sus hijas, para que los niños aprendan, a través del ejemplo, que no hay juegos que sean exclusivamente masculinos o femeninos. También debe promoverse más interacción entre los niños de los dos sexos, para contrarrestar lo más posible su tendencia a segregarse en grupos distintos.

Estos cambios no son imposibles, ni tienen que darse tan lentamente como podríamos suponerlo. Recuerdo una anécdota que relató Gro Harlem Brundtland, primera ministra de Noruega durante diez años, en la Conferencia International de la Mujer de Beijing, en 1995. En su mensaje a la asamblea plenaria contó que su nieto de siete años le había preguntado si los hombres también podían llegar a ser primer ministro. El chico estaba muy preocupado porque durante toda su vida había visto en ese puesto a una mujer, su abuela, y temía que así fuera siempre. Esto le parecía muy injusto, porque él quería ser primer ministro cuando creciera.

También necesitamos desarrollar esquemas de selección y reclutamiento que sean realmente neutros en cuanto al género, tanto en el ámbito académico como en el laboral. Por ejemplo, muchas orquestas sinfónicas en el mundo seleccionan a sus ejecutantes mediante una audición, en la cual el candidato toca las piezas requeridas detrás de un biombo para que los jueces no puedan verlo. Aunque no siempre se respete de manera integral el anonimato, la meta es asegurar que el, o la, mejor ejecutante gane la plaza independientemente de su identidad o género. Este tipo de esquema debería respetarse en todos los tests psicológicos y de liderazgo que suelen aplicarse a los aspirantes a empleo en cada vez más empresas.

Una mujer me comentó un día que ella, su marido y sus hijos habían tomado un test psicológico para medir sus respectivas aptitudes de liderazgo y ella, pequeña empresaria exitosa, había sacado una evaluación baja en algunas áreas. Estaba sumamente preocupada por sus resultados, porque los interpretó como un indicio de defectos en su personalidad. Le pedí que me mostrara la prueba, y al revisarla me di cuenta inmediatamente de que todas las preguntas estaban formuladas en el género masculino. El test había sido diseñado para hombres y para medir valores típicamente "masculinos", como la ambición, la autoridad y la dedicación completa al trabajo. Por supuesto, ella, como esposa y madre de familia, no tenía las características requeridas para ser un líder empresarial "agresivo" y cien por ciento enfocado en su trabajo. La prueba contenía, por tanto, un elemento de género oculto pero determinante, que prácticamente garantizaba que las mujeres obtuvieran resultados más bajos que los hombres.

Los estudiosos del género en el ámbito laboral han encontrado algunos datos útiles para promover la equidad entre los sexos. Según un estudio de 486 grupos laborales en diferentes ramos realizado por el U.S. Employment Service, las mujeres están en desventaja cuando ingresan a cualquier campo de estudio o trabajo mayoritariamente masculino, porque los criterios de reclutamiento y evaluación laboral estarán sesgados hacia los hombres. Además, tienden a ser excluidas de las redes de información y apoyo imprescindibles para el avance profesional. Finalmente, las mujeres en estos campos son juzgadas desde su género: tienden a ser percibidas más como mujeres que como personas, es decir, cualquier falla en su desempeño será atribuida a su género, más que a otros factores. Pero estos esquemas se transforman a partir del momento en que más mujeres ingresan al ramo: cuando menos del 10 por ciento del cuerpo laboral está conformado por mujeres, éstas serán evaluadas como menos competentes que los hombres; su evaluación aumenta cuando son más del 20 por ciento, y supera la de los hombres cuando rebasan el 50 por ciento del personal en un ramo laboral.[134] Esto nos muestra la importancia del contexto en toda apreciación del desempeño de las mujeres y, junto con la his-

---

[134] Valian 2000: 140.

toria de las profesiones, nos recuerda que las mujeres siguen siendo injustamente valoradas en casi todas las áreas de la vida académica y laboral.

El problema aquí no está en las capacidades reales de hombres y mujeres, sino en el machismo, que establece áreas de competencia distintas e incompatibles, y aplica criterios diferentes según el sexo de la persona. Estos elementos no sólo perpetúan la inequidad, sino que representan un enorme desperdicio de talento y capacidad; crean dificultades innecesarias, sobre todo para las mujeres, y promueven, una vez más, la incomprensión entre los sexos.

El que haya cada vez más mujeres en las áreas "masculinas" de estudio y trabajo no bastará, sin embargo. El otro lado de la moneda es que los varones ingresen a los campos considerados como "femeninos". Pero no lo harán si en ellos reciben menos reconocimiento y remuneración. Aquí entran en juego consideraciones políticas y económicas; es necesario promover no sólo el cambio cultural, sino también legislativo. Como lo han demostrado el movimiento de los derechos civiles en Estados Unidos y la creciente aceptación del "matrimonio gay" en varios países europeo, a veces se tiene que empujar el cambio cultural a través de la legislación. El machismo fomenta la desigualdad entre hombres y mujeres, pero también es consecuencia de tal desigualdad y debe atacarse por los dos lados. Para que desaparezca la distinción entre ocupaciones masculinas y femeninas, deberán abolirse las diferencias remunerativas entre ellas. El machismo no despareceré porque haya cada vez más mujeres haciendo un "trabajo de hombres": cederá hasta que haya también más hombres haciendo "trabajo de mujeres".

IX
El machismo y el dinero

Una mujer de cincuenta años, casada desde hace 26 años, ha tenido que dejar de trabajar por razones de salud. Ahora se dedica al hogar que comparte con su marido, un abogado de cierto renombre. Paradójicamente, porque ahora están en mejores condiciones económicas que nunca, están teniendo muchas disputas sobre el dinero. Hilda explica:

Todo ha cambiado desde que yo dejé de trabajar. Antes, yo tenía mi propio dinero para los gastos de la casa y lo que necesitaran nuestros hijos. Si había que comprarles algo o pagar la luz, pues yo sencillamente lo tomaba de mi dinero. Nunca tenía que pedirle nada a Francisco. Él se ocupaba de los gastos mayores, las colegiaturas, los coches, y a mí me correspondía lo que hiciera falta día con día, y así nos arreglábamos sin problema. Cuando yo dejé de trabajar, comencé a tomar dinero de mis ahorros, para no tener que molestar a Francisco. Esto funcionó durante un tiempo. Pero ya se acabaron mis ahorros y desde entonces he tenido que pedirle dinero a él, cosa a la cual yo no estoy acostumbrada y él tampoco. No sabes la que se ha armado. Cada vez que voy al súper le tengo que pedir dinero y para cada cosita hay pleito. Dice que no tiene, que por qué gasto tanto. Le he propuesto que me dé una cantidad fija semanal o mensual, pero no quiere, dice que no le alcanza, que mejor le pida dinero cuando lo necesite. Es horrible tener que perseguirlo de esta manera; para mí es muy molesto, muy humillante. Yo nunca había tenido que pedirle nada a nadie. Además, me da mucha rabia que desconfíe de mí. Me trata como si fuera yo a tirar el dinero, a gastarlo en estupideces, cuando llevo treinta años administrando la casa. ¡Y pensar que estudié economía!

La historia de Hilda nos muestra una dinámica bastante común en las sociedades machistas. Incluso en parejas educadas y prósperas, y aun cuando existe un acuerdo para compartirlo todo, surgen conflictos acerca del manejo del dinero. Saltan a la vista algunos elementos: los conflictos no se deben a una carencia económica, sino a una lucha por el poder. Hilda sabe muy bien que hay suficiente dinero para ir al supermercado. No se trata de cantidades, sino de *control*. Lo que está en juego no es la supervivencia económica, sino la autoridad de su marido en la toma de decisiones. En segundo lugar, observamos que el ingreso de la mujer, cuando lo tiene, se canaliza automáticamente hacia los gastos domésticos: Hilda nunca cuestionó que sus ganancias y ahorros debían ser para la casa y sus hijos. Su marido, en cambio, "no tiene" dinero para los gastos domésticos cotidianos, aunque a todas luces tiene un buen nivel de ingreso. En tercera, vemos una repartición de las tareas según la cual Hilda se ocupa de la microeconomía de la casa, los "pequeños gastos", mientras que su esposo maneja los montos importantes, las grandes decisiones. Finalmente, observamos que cuando Hilda necesita disponer del ingreso que supuestamente es común, se encuentra repentinamente en una posición de desventaja. No puede tomar decisiones autónomas, sino que debe pedirle dinero y autorización a su marido como si éste fuera su padre y ella una niña incompetente e irresponsable.

El manejo del dinero juega un papel central en la relación entre los sexos; junto con el sexo, es una de las áreas más conflictivas en las parejas. Pero lo que cuenta no es su valor monetario, sino simbólico; no es el dinero en sí, sino el acceso a él, la toma de decisiones al respecto, lo que constituye el terreno de conflicto. Además, el dinero es un punto de contacto fundamental entre el mundo privado y el público. En la sociedad capitalista, las familias interactúan con el resto del mundo a través de él. Decidir en qué se gasta, cómo, cuándo y por qué, de qué manera se va a ahorrar o invertirlo, son preguntas centrales para la vida de toda familia. En un entorno machista, la respuesta depende casi exclusivamente de los hombres. Asimismo, en esta área como en tantas otras, las reglas del juego son radicalmente distintas para hombres y mujeres.

En el esquema tradicional, el hombre genera dinero y la mujer lo gasta. Hay una aparente complementariedad en las funciones. Pero detrás de ella existe una relación de poder muy desigual y una serie de reglas del juego que casi nunca se expresan abiertamente, ni se cuestionan, porque parecen naturales. A todo el mundo le parece lógico que los hombres controlen el dinero, puesto que ellos ganan más y saben más de finanzas que las mujeres, aunque esto no sea siempre cierto. A todo el mundo le parece natural que el patrimonio familiar sea manejado por los hombres, aunque las mujeres estén más cerca de los hijos y los conozcan mejor, por haberlos criado. Y a todo el mundo le parece necesario que los hombres controlen el gasto doméstico, aunque no tengan idea alguna de las necesidades de la casa. En suma, el control del dinero es parte medular del machismo. En este capítulo examinaré algunas de las reglas del juego referentes a esto en un entorno machista. Varias de las ideas que presentaré aquí son tomadas del excelente libro *El dinero en la pareja*, de la psicóloga argentina Clara Coria.[135]

EL MANEJO DEL DINERO

En una sociedad capitalista el dinero es el máximo símbolo del poder económico, político y social. Pero también, como lo dijo Marx, representa las relaciones entre las personas y puede hasta sustituirlas. Las relaciones de poder se reflejan en las transacciones monetarias: quién decide qué comprar y vender, y dónde y cuándo y cómo, son preguntas que van más allá de los pesos y centavos. El machismo encuentra una expresión privilegiada en todo lo relacio-

---

[135] Coria 1991.

nado con el dinero, porque hombres y mujeres no tienen la misma posibilidad de generar riqueza, ni el mismo acceso a él, ni el mismo poder de decisión, ni la misma autonomía al respecto, sino que mantienen relaciones muy desiguales frente a él.

En primer lugar, la base de todo el manejo del dinero en una sociedad machista es el sencillo hecho de que los hombres detentan casi toda la riqueza. Ellos son los propietarios de casi todo y eso les da un poder de decisión contundente sobre todas las transacciones. Además y en buena medida gracias a esto, los hombres generan mucha más riqueza que las mujeres, y esto también les da un poder de control y decisión mucho mayor. Podríamos preguntarnos si es justo o necesario que las mujeres posean sólo la centésima parte de la riqueza global, cuando representan más de la mitad de la población. Pero el problema que me interesa aquí no es la distribución desigual de la riqueza entre hombres y mujeres. Lo que me concierne en este ensayo sobre el machismo es el sistema de creencias y costumbres que emana de esta injusta distribución y que sirve a la vez para justificar y mantenerla. ¿Cuáles son las reglas del juego del dinero en una sociedad machista?

LOS EXPERTOS EN EL DINERO

Un principio fundamental en el acercamiento machista al dinero es que sólo los hombres conocen el tema. Ellos son los especialistas en todo lo referente al dinero: por el solo hecho de ser hombres, automáticamente saben de mercados, bancos y bolsas, de tipos de cambio y estados de cuenta, de hipotecas e inversiones... aunque no tengan por qué saber más que una mujer medianamente informada. Pero es parte de la pose masculina frente a las mujeres saber siempre más que ellas al respecto. Este monopolio del saber tiene varias implicaciones. Como lo hemos visto en otros capítulos, cuando los hombres se apropian la exclusividad de un saber o una emoción, es necesario que las mujeres sean completamente ineptas en esa área. Gracias a esta polarización, cultivada por las dos partes, observamos en efecto que en una sociedad machista donde los hombres son los expertos en el dinero, las mujeres deben ser total-

318

mente ignorantes al respecto. Y esto se vuelve parte de las costumbres. Es asombroso escuchar a mujeres educadas, profesionistas, confesar que no entienden un estado de cuenta, ni saben realizar operaciones bancarias, ni tienen idea de las diferentes cuentas que maneja su esposo, "porque no sé de esas cosas". Esta actitud se ha convertido incluso, en algunas mujeres, en una pose de la cual se enorgullecen: "A mí no me interesa el dinero, prefiero dejarle todo eso a mi marido".

Esta ineptitud financiera de muchas mujeres no viene sólo de la división del trabajo polarizada que hemos observado en tantas áreas. Deriva también del cuidadoso *control de la información* que ejercen los hombres. En efecto, aun cuando éstos comparten su ingreso y propiedad con sus compañeras, muy rara vez comparten de la misma manera la información al respecto. En muchos casos, las mujeres no tienen idea de la riqueza de su marido, ni de sus negocios o transacciones. Desgraciadamente para muchas de ellas, cuando se separan de su esposo o éste se muere, quedan desprotegidas por no tener idea del patrimonio ni de las finanzas familiares. A veces esta ignorancia les ha sido impuesta y a veces corresponde a una elección voluntaria. En ésta como en otras áreas prácticas de la vida, gran número de mujeres prefiere dejar a sus maridos el manejo del dinero, por ahorrarse el esfuerzo de aprender a hacerlo ellas mismas. Esta aparente comodidad suele tener un precio altísimo: crea dependencia y ubica a las mujeres en una situación de inseguridad. Tener dinero no significa nada si uno no sabe cuánto es ni dónde está, ni cómo tener acceso a él.

El control del dinero

Esta ocultación de la información suele ir de la mano con el control del gasto. En las sociedades machistas, las mujeres administran el hogar con el dinero que se les proporciona "para el gasto", muy frecuentemente a cuentagotas. Los hombres dan a sus mujeres lo estrictamente necesario para mantener la casa, diaria o semanalmente, lo cual les permite controlar en detalle todo lo que se consume, todo lo que se gasta, así como todas las decisiones tomadas por su esposa. Esto reduce a las mujeres a una postura de petición continua: deben recordarle al marido que deje dinero como si fueran menores de edad, detallar las necesidades de la casa como si fueran las suyas propias, dar explicaciones y justificarse como si se tratara de un favor. Este sistema no sólo infantiliza a las mujeres, sino que las vuelve intrigantes y manipuladoras: se ven obligadas a elaborar estrategias para "sacarle" dinero a su marido, tomando en cuenta su estado de ánimo y el momento del día, buscando la mejor manera de abordar el tema, como si fueran niñas tratando con un padre imprevisible. Así se establece una perpetua lucha en la cual las mujeres piden, exigen y reclaman, mientras que los hombres se muestran benevolentes o no, según su humor y según si quieren recompensar o, al contrario castigar, a su esposa e hijos.

Esta forma de administrar el gasto da lugar, casi inevitablemente, a la mentira. Al saber que no siempre pueden contar con su marido para sus necesidades, muchas mujeres acostumbran sustraer dinero del gasto doméstico y ponerlo de lado, para disponer de un "guardadito" en caso de emergencia o para poder comprar algo sin previa autorización. Porque la gran diferencia entre el dinero de hombres y mujeres es que éstas no pueden ejercer su propio criterio en lo que gastan; para ellas no existen las compras discrecionales más allá de cositas pequeñas. No pueden decidir de manera autónoma tomarse unas vacaciones o comprarse un coche. Ellos, sí: en todo momento, son libres de comprar lo que deseen, invertir en sus pasatiempos favoritos, e incluso ahorrar para el futuro. Pueden *planificar* su porvenir económico, lo cual es imposible para las mujeres que dependen de las decisiones (y la benevolencia) de sus maridos. Todo ello restringe la autonomía de las mujeres, sin hablar de su seguridad económica y emocional. Y afecta las relaciones de pareja, probablemente mucho más de lo que solemos pensar.

Exigir que las mujeres *rindan cuentas* es la esencia del machismo en esta área como en tantas otras. Les impone a las mujeres la obligación de defenderse, justificarse, "portarse bien" para acceder a un capital que supuestamente es compartido. Las modalidades actuales del dinero, como la tarjeta de débito o de crédito, no han ayudado a las mujeres en este sentido. Pudiera parecer que disponen de más libertad para comprar lo que quieran, pero el hecho que sus maridos reciban los estados de cuenta de dichas tarjetas significa que no existe gasto personal que escape a su escrutinio. He conocido a varias mujeres que tuvieron que abandonar su psicoterapia porque sabían que su marido no estaría de acuerdo con ello y no tenían manera alguna de ocultarle el gasto. Nunca disponían de efectivo, sólo podían usar cheques o tarjetas, supuestamente por su propia seguridad. Tener que hacer todos sus pagos de esta manera volvía su vida totalmente transparente para su esposo; no podían hacer nada sin su conocimiento y, por ende, sin su autorización. Los hombres que controlan de esta manera a su esposa no le están demostrando amor, sino una total falta de confianza. Expresan así su convicción profunda de que las mujeres no tienen la madurez ni el sentido común para controlarse solas: no saben "medirse".

Algunos hombres responderían sin duda que sí le tienen confianza a su mujer y que le dan el dinero suficiente para que maneje los gastos del hogar, sin problema alguno. Pero debemos tener en cuenta que este sistema confina a las mujeres en la administración de pequeñas cantidades. El dinero grande, el patrimonio familiar, los ahorros e inversiones, las propiedades inmuebles, quedan fuera del trato y permanecen casi siempre bajo la tutela del hombre. Gastar el dinero no es lo mismo que tener el control de él; disponer de pequeñas cantidades no es lo mismo que tener la información y el poder de decisión sobre las finanzas familiares. La gran diferencia entre la actitud de hombres y mujeres hacia el dinero es que los primeros pueden darse el lujo de ser arbitrarios en el gasto. De repente pueden gastar grandes cantidades o tomar decisiones financieras importantes, que afectarán a toda la familia, sin tener que dar explicación alguna. Incluso pueden ser sumamente generosos; pero, aun en esos casos, las decisiones siguen siendo unilaterales, no compartidas.

Curiosamente, muchas mujeres piensan que tienen resueltos estos problemas a través de la manipulación emocional o sexual. Dicen: "yo sé cómo darle la vuelta", "he aprendido cómo sacarle todo lo que necesito", "es muy codo pero ya lo tengo bien entrenado". En muchas ocasiones, estas mujeres no se dan cuenta de que se están rebajando y que están fomentando una relación de poder, en la cual los hombres recompensan o castigan a sus compañeras según si éstas se portan bien o no. Esta situación no hace más que perpetuar la dependencia, porque ratifica la regla según la cual los hombres tienen la última palabra.

En las buenas familias no se habla del dinero

Quizá lo más sorprendente de todos estos arreglos, referentes a la información, el control y la toma de decisiones, es que se discutan tan poco. Se trata de reglas no escritas que poca gente cuestiona, hasta que ya sea demasiado tarde y surjan repentinamente conflictos largamente incubados en el silencio. Esta reticencia a hablar del dinero "en las buenas familias" es la regla de oro que subyace a todas las demás. Aquí se asoma una forma de pensar que tiene que ver con el amor y la confianza. Las mujeres confían en quienes aman, quizá más que los hombres. Suelen pensar que sus intereses y los de sus hijos coinciden con los de su marido y que éste se ocupará de velar por ellos. Las historias que todos conocemos de parejas que se separan, de las mujeres que quedan desprotegidas cuando sobreviene un divorcio, no parecen influir en esta confianza básica, casi ciega, podríamos decir. Y es que en la concepción romántica del amor no existen intereses personales; todo debe subsumirse al otro, sin barreras ni desconfianza. Hablar del dinero es traicionar esta ilusión de la unión perfecta. Cuestionar a los hombres es una transgresión porque implica que pudieran albergar intereses ajenos a la familia, cosa inconcebible para muchas mujeres. Asimismo, mucha gente considera que las cuestiones de dinero no deben negociarse entre hombres y mujeres, porque los primeros conocen mejor el tema y tomarán las providencias necesarias. En este contexto, querer negociar es una falta de respeto, una ofensa que pocos hombres están dispuestos a tolerar. El problema es que mientras las mujeres guardan silencio, los hombres actúan libremente y hacen lo que quieren con las finanzas familiares. En esta no negociación, las mujeres casi siempre pierden. Cuando se trata de dinero, el silencio rara vez es de oro.

Otro elemento interesante del manejo del dinero es el diferente significado del ingreso masculino y el femenino. Generalmente el ingreso de la mujer es para la casa, mientras que el del hombre es para el hogar pero también para él. Un estudio realizado en la India meridional encontró, por ejemplo, que mientras las mujeres casi no retienen ninguna porción de su ingreso para su uso personal, los hombres se guardan hasta el 26 por ciento.[136] Los hombres suelen jugar más con el dinero, porque lo consideran suyo; las mujeres lo invierten en el hogar porque no piensan que tengan, o deban tener, intereses fuera de su familia.

Todos estos arreglos pueden verse seriamente trastocados cuando una mujer gana más que su marido. Un trato igualitario dictaría que ella, en ese caso, debería tener un poder de decisión mayor que el de él. Pero esto violaría las normas del machismo, al privar al hombre de sus prerrogativas y de su posición de autoridad, cosa inconcebible en una sociedad machista. Antes que cambiar las reglas del juego, para mucha gente la solución es sencillamente que las mujeres sigan ganando menos que sus parejas masculinas. En México, por ejemplo, un 39 por ciento de los hombres y *un 22 por ciento de las mujeres* piensa que no es conveniente que una mujer gane más que su marido, para no poner en riesgo la armonía de la pareja.[137] En una palabra, el hombre debe seguir siendo el jefe, aunque no sea el principal proveedor.

Por supuesto, la base del machismo en las finanzas familiares sigue siendo el hecho de que el trabajo de los hombres fuera de la casa sea remunerado, y el de las mujeres no. Las tareas domésticas que se asignan a las mujeres son absolutamente imprescindibles para la supervivencia de cualquier sociedad: el cuidado de los niños, ancianos y enfermos, la preparación de los alimentos, la organización de la vida diaria del hogar. Todas éstas requieren una enorme inversión de tiempo y esfuerzo. Sin embargo, no se reconocen siquiera como trabajo, por el sencillo hecho de no ser paga-

---

[136] Fondo de Población de las Naciones Unidas (2000): recuadro 24.
[137] Piekarewicz Sigal (comp.), 2000: 129.

das. Y en la sociedad capitalista, sólo se considera como trabajo aquella actividad que sea económicamente remunerada. Este criterio hace invisible la labor que realizan dentro del hogar todas las mujeres. El machismo consiste en dar por sentado, en primer lugar, que todo este trabajo "naturalmente" corresponde a las mujeres y, en segundo término, que no tiene valor económico alguno, cuando constituye en realidad la base misma de todo sistema económico.

Aun cuando las mujeres tienen libre acceso al dinero, en muchos casos no lo gastan como lo haría un hombre. Les causa culpa gastar en ellas, aunque se trate de su propio dinero. En el esquema familiar tradicional, las mujeres no deben tener necesidades ni deseos individuales; lo único que debe interesarles es el bienestar de su esposo y sus hijos. Gastar en ellas mismas es prueba de egoísmo o indulgencia y esto afecta las decisiones de muchas mujeres cuando logran ahorrar dinero o reciben alguna bonificación o herencia. Todo sucede como si las mujeres no se otorgaran el derecho de disponer de su dinero libremente, como si no lo merecieran. De hecho, como lo vimos en el capítulo anterior, varios estudios han mostrado que las mujeres sistemáticamente se pagan menos que los hombres cuando se les pide fijar un precio por realizar una tarea. Esto no debe sorprendernos: la economía siempre ha sido un espacio masculino y las mujeres no están acostumbradas a moverse libremente en él. Tienden a sentirse culpables e inhibidas, restringidas en sus movimientos. Con el tiempo, todo exilio acaba por volverse también un autoexilio.

En una sociedad machista, muchas mujeres no sólo experimentan dificultades en gastar el dinero, sino también en cobrar por su trabajo. He conocido a gran número de mujeres en diversas profesiones, como psicólogas, médicas, traductoras, pequeñas empresarias, que no "saben" cobrar: a sus clientes les dan descuentos, facilidades, horas extra de trabajo gratuitas que sus colegas masculinos no brindarían con la misma facilidad. Cuando se les cuestiona al respecto, explican que sienten la obligación moral de ser "comprensivas", "pacientes", "flexibles", virtudes indudablemente deseables en cualquier ser humano, pero que suelen atribuirse a las mujeres como parte de su naturaleza intrínseca. Mientras tanto, los hombres proceden con menos miramientos y cobran sus servicios de una manera más estricta y profesional.

También observamos una apreciación curiosa del trabajo de las mujeres, según la clase social a la que pertenecen. Cuando las mujeres de clase baja o media trabajan, solemos admirar su esfuerzo por "sacar adelante" a su familia; reconocemos que lo hacen por necesidad. En cambio, suele considerarse que las mujeres de clase alta que se dedican a su profesión lo hacen "por gusto", como una indulgencia personal. Varias psicólogas y médicas me han comentado que sus colegas, sobre todo masculinos, y en ocasiones aun sus pacientes, no las toman en serio, profesionalmente hablando, por considerar que su trabajo es en realidad un *hobby*, algo que hacen para entretenerse. Entonces, cuando las mujeres pobres trabajan, se les respeta por su dedicación; en cambio, las mujeres ricas "se dan el lujo" de tener un pequeño pasatiempo para no aburrirse en su casa, cosa que nunca se diría respecto de un hombre.

Machismo y consumismo

Hemos visto que para muchos hombres hoy la identidad masculina está íntimamente relacionada con el éxito y que éste incluye poder disponer de mucho dinero y muchas mujeres. No es por nada que la publicidad suele atribuirle al hombre "triunfador" las dos cosas, generalmente juntas: el hombre rico automáticamente tendrá todas las mujeres que quiera. El mensaje subyacente es que las mujeres, en especial las que son sexualmente atractivas, se pueden comprar. Existe una enorme presión cultural en este sentido: los medios masivos, la cultura popular, la publicidad, nos asestan esta idea continuamente.

El problema es que ha pasado a formar parte de una visión ya muy generalizada del sexo femenino. Lo que antes se consideraba propio de las prostitutas, estar dispuestas a dar sexo por dinero, ahora se considera probable o por lo menos posible en todas las mujeres. Dos cosas han contribuido a que se difunda esta visión distorsionada. La revolución sexual, el "descubrimiento" de que las mujeres tienen una sexualidad propia con necesidades y deseos tan profundos como los de los hombres, ha sido interpretado por muchos de ellos como una invitación al libertinaje. Por otra parte, el auge de la enorme industria de la pornografía ha contribuido a la idea de que las mujeres están sexualmente disponibles para todo aquel que pueda comprarlas.

De ahí la expresión, tan frecuente, de "gastar en una mujer". Hoy en día, el hecho de invitar a una mujer al cine, a cenar, a bailar, se ha convertido, para muchos hombres, en una transacción implícita: si "sacan" a una mujer y gastan mucho en ella, entonces (como a menudo dicen las mujeres) "se sienten con derecho". Y si logran inducirla a beber mucho, aumentan sus probabilidades de obtener un encuentro sexual, como pago. Esta transacción implícita, que vemos cotidianamente en el cine y la televisión, constituye en realidad una trampa para las mujeres, sobre todo si tienen poca experiencia. Y explica por qué muchas mujeres prefieren no aceptar invitaciones, incluso cuando son perfectamente inocuas, para no dar lugar a malentendidos. Pero el problema no reside en una falta de comunicación a nivel individual, sino en la percepción social de las mujeres como objetos de consumo.

El consumismo embona a la perfección con el machismo; los dos se complementan y refuerzan mutuamente. Quizá esto ayude a explicar que el machismo siga vigente en las sociedades industrializadas. La rivalidad masculina a menudo se traduce en un consumo competitivo: el más fuerte es el que compra más. La competencia que antes se expresaba en los deportes, las peleas, el autoritarismo, la caza y la guerra, ahora se dirime en tener el celular más caro, la computadora más rápida, el coche más cotizado… y la mujer más sexy. No debe sorprendernos, por tanto, que tantos hombres coleccionen a las mujeres junto con sus coches y aparatos electrónicos, y más o menos por las mismas razones.

Ésta es la nueva cara del machismo. Podemos observarlo en la necesidad que tienen muchos hombres de acumular conquistas sexuales en serie, como si las mujeres fueran trofeos. Pero también lo vemos en su forma de descartarlas cuando se vuelven obsoletas. Las mujeres que ya no son sexys o jóvenes, o que pierden el encanto de la novedad, corren el riesgo de ser cambiadas por un modelo más reciente. El problema aquí no es sólo que los hombres vean así a las mujeres, sino que ellas mismas compartan esta visión. De ahí que la publicidad intente vender, a la vez que el éxito masculino, la eterna juventud femenina. En casi todas las sociedades las mujeres hacen lo imposible por mantener una apariencia juvenil, aunque esto signifique a veces poner en riesgo su salud. El hombre exitoso no puede mostrarse en público con una mujer gorda, fea o entrada en años, aunque él mismo lo sea también. En este sentido, machismo y consumismo se han unido en una mezcla malsana que perjudica tanto a los hombres como a las mujeres. Su combinación ha logrado transformarlos, a ambos, en estereotipos inalcanzables, en caricaturas que serían ridículas si no causaran tanto daño. Hoy en día los hombres machistas no sólo se apoyan en sus prerrogativas tradicionales, todas las que he descrito en este libro, sino también en una visión consumista de las mujeres y las relaciones humanas.

IR DE COMPRAS

Una consecuencia lógica de esta combinación de machismo y consumismo es el concepto, tan revelador, de ir de compras, actividad femenina por excelencia. Es importante notar que los hombres no van de compras, en el sentido de pasar horas o días enteros en las plazas comerciales: van a comprarse unos zapatos o a buscar una chamarra o pasan un momento a la tienda. Es más, muchos varones rehúsan en forma categórica ir de compras, precisamente porque se considera una actividad "mujeril" y por tanto indigna de un verdadero hombre. Las únicas personas que van de compras, como una actividad en sí, son las mujeres. ¿Por qué?

Para empezar, es evidente que las mujeres no van de compras sólo para ellas. La mayor parte de sus adquisiciones son para el resto de la familia: compran comida, ropa, zapatos, útiles escolares, equipo deportivo, libros, regalos. Ésta es parte obligada de la maternidad exclusivamente femenina. En general, los hombres no tienen idea de lo que necesitan sus hijos, y mucho menos de sus respectivos gustos y tallas. Pero tampoco conocen la suya propia: en los países machistas, son las mujeres las que les compran sus calcetines, ropa interior, camisas, batas, pijamas, etc. Los hombres no tienen tiempo para esos menesteres, ni les atrae la idea de ir a buscar ropa en las tiendas.

Y aquí está la clave: ir de compras es algo que hacen las mujeres, no porque lo disfruten sino porque nadie más quiere hacerlo. Es en efecto una actividad (y no un entretenimiento) que requiere una enorme inversión de tiempo y esfuerzo. Conocer las tiendas, buscar las ofertas, comparar los precios, pensar en las necesidades y preferencias de cada miembro de la familia, no es cosa fácil. Es una tarea ingrata, poco reconocida, que ha sido vendida a las mujeres como un pasatiempo divertido. Las mujeres que vemos en los anuncios llegando extáticas a su casa después de su día de compras, cargadas de paquetes, no corresponden a la realidad. Las mujeres que pasan un día entero yendo de tienda en tienda, comparando precios y calidad, trajinando bolsas, regresan más bien agotadas y frustradas. Es por ello que la gente rica evita ir de compras lo más posible: encargan la tarea a compradores profesionales o sólo van a boutiques muy selectas en las cuales no tendrán que lidiar con las multitudes.

Y aquí vemos de nuevo una división machista del trabajo: los hombres adquieren las cosas que les dan gusto, de vez en cuando, y dejan la tarea aburrida y obligatoria de "ir de compras" a sus mujeres. Pero el consumismo ha logrado transformar esta tarea en un pasatiempo favorito de las mujeres, como lo ha hecho con las labores domésticas: por eso vemos en la publicidad a mujeres que se deleitan con su nueva aspiradora, se sienten realizadas con su nuevo blanqueador y gozan locamente de su nueva licuadora con diez velocidades. Cuando no están cocinando o limpiando su casa, se van de compras. Mientras tanto, los hombres disfrutan de su tiempo libre.

En diversos sentidos, entonces, el consumismo refuerza el machismo: promueve relaciones humanas utilitarias, vuelve a las mujeres objetos de colección que inevitablemente se vuelven obsoletos y sigue asociando a las mujeres con el trabajo doméstico y el propio consumismo en un círculo vicioso interminable.

En primer lugar, es indispensable explicitar todos los contratos ocultos acerca del dinero en toda relación entre adultos. Esto significa hablar de las expectativas de cada persona, de lo que espera dar y recibir a cambio del dinero, así como de sus proyectos de gasto y ahorro. También es importante negociar la toma de decisiones: no sólo su contenido, sino también su forma, es decir *cómo* se van a tomar las decisiones referentes al dinero. Poner reglas claras *desde el principio* de toda relación sobre el gasto, el ahorro, el manejo del dinero puede evitar muchos conflictos, o por lo menos brindar un marco dentro del cual se pueda negociar cuando surjan las diferencias. Por supuesto, para que esto ocurra es indispensable compartir *toda* la información sobre el ingreso, los ahorros, los bienes, las cuentas bancarias, etcétera.

En mi opinión, en cada relación de pareja debería dividirse todo el ingreso en tres partes, que incluso puedan manejarse en tres cuentas distintas: una individual para cada persona y otra común para todos los gastos que implica la convivencia. Si los dos miembros de la pareja perciben un ingreso, una parte debe depositarse en la cuenta común y parte en las cuentas personales. Si sólo un miembro recibe un ingreso, debe dividirse de todos modos en tres partes. Sólo así se garantiza para las dos personas una mínima autonomía en el manejo del dinero y se les permite disponer de él según sus propios criterios para gastarlo, ahorrarlo o incluso regalarlo libremente. Es indispensable, en la relación de pareja, que cada uno pueda llevar a cabo proyectos personales, ya sean éstos sean de estudio, trabajo o esparcimiento. La autonomía es un requisito indispensable para la dignidad de las personas; implica, asimismo, que debe cesar la vigilancia y el control de una persona por la otra. Esto no debería depender de que exista una plena confianza o no desde un principio: en casi todas las relaciones humanas, la confianza es algo que se gana y se otorga poco a poco. Compartir la información sobre el dinero y todas las decisiones al respecto es lo que crea confianza y consolida la relación, no al revés.

Es indispensable combatir la visión consumista de las relaciones humanas, rechazando toda transacción encubierta de dinero por sexo o compañía. La antigua tradición según la cual los varones deben invitar a las mujeres es absurda en los tiempos actuales y sólo sirve para ocultar la trampa que mencioné arriba, creando expectativas equívocas y malentendidos innecesarios. El elemento económico distorsiona todas las relaciones cuando no es explicitado y negociado abiertamente. Por supuesto, la negociación real de todos estos temas no sucederá hasta que las mujeres tengan las mismas oportunidades educativas, laborales y económicas que los hombres. Pero mientras tanto, deben atreverse a ingresar en el mundo del dinero, exigiendo estar informadas sobre las finanzas familiares y participar plenamente en la toma de decisiones.

X
Los costos del machismo

Con dinero y sin dinero
hago siempre lo que quiero
y mi palabra es la ley
No tengo trono ni reina
ni nadie quien me comprenda
pero sigo siendo el rey
José Alfredo Jiménez ("El rey")

En este libro he descrito algunas de las manifestaciones del machismo en la vida cotidiana. He intentado identificar cierto uso del lenguaje verbal y no verbal y algunas trampas de la comunicación, como el doble discurso, o formas de relación interpersonal y dinámicas familiares que mantienen a las mujeres en una situación de permanente desventaja. He examinado actitudes y conductas en el campo emocional, sexual y económico que constituyen un manejo del poder estrechamente vinculado con el machismo. A esta reflexión le he dado el título *El machismo invisible* por considerar que estos patrones de relación están tan profundamente arraigados en las costumbres, en tantos países del mundo, que muy pocas personas los cuestionan, aun en esta época tan consciente de los derechos humanos. A todos nos indignó el trato de los talibán hacia las mujeres, pues pudimos ver cómo las aprisionaban en sus casas y tras sus *burkas*, prohibiéndoles todo contacto con el mundo social y laboral, y castigando severamente toda transgresión. Pero cuando los hombres ya no golpean, violan ni encierran a las mujeres, dejamos de ver las demás dinámicas de poder más sutiles que subyacen en su trato diario hacia ellas y que se vuelven, por tanto, invisibles.

El machismo no es invisible por ser sutil ni por ser habitual. La reflexión sobre el tema ha decaído junto con el feminismo, que impulsó un profundo cuestionamiento y una enorme transformación social y cultural, y luego declinó en una disciplina académica que la mayoría de las mujeres sienten ajena a sus vidas en muchos países. El desvanecimiento del feminismo como movimiento social es uno de los grandes misterios de las postrimerías del siglo xx. Sus compañeros de armas de los años setenta corrieron con mejor suerte: el movimiento en contra de la guerra de Vietnam alcanzó su meta; la revolución sexual y la liberación gay, de enorme contenido contestatario, lograron avances importantes y siguen evolucionando en tanto movimientos sociales y culturales dinámicos. El feminismo, en cambio, logró poco y desapareció del escenario. El derecho al aborto, la igualdad en los salarios, el reconocimiento del trabajo doméstico, la representación política paritaria, por no mencionar el derrocamiento del patriarcado, siguen siendo ideales remotos.

EL FEMINISMO INVISIBLE

Para muchas mujeres hoy —aun en Inglaterra y Estados Unidos, que dieron origen al feminismo— la palabra "feminista" ha perdido su sentido primigenio y ha adquirido, en cambio, una connotación peyorativa. Para muchos hombres pero también mujeres, ser feminista implica odiar a los hombres, ser lesbiana, ser mala madre y esposa o entregarse al libertinaje sexual. Se ha perdido el significado original del término, que en un pasado no muy distante apuntaba hacia la igualdad de oportunidades para hombres y mujeres en la educación, el trabajo, el salario y en los derechos cívicos como el sufragio y la representación política. Por ello, muchas mujeres se han alejado del feminismo y declaran con una lógica bizantina: "pienso que las mujeres deben tener las mismas oportunidades que los hombres y recibir el mismo pago por su trabajo, pero no soy feminista". ¿Qué ha pasado?

Autoras como Susan Faludi han hablado de una contraofensiva, un vasto movimiento contra el feminismo que desde los años ochenta han llevado a cabo los políticos conservadores, la publicidad, los medios masivos, los intelectuales de derecha y la cultura en general. También es importante recordar que la revolución sexual y la liberación gay, aliados del feminismo en un principio, fueron movimientos encabezados por hombres que paulatinamente fueron cooptados en gran medida por intereses comerciales dirigidos a su gremio: la inmensa industria de la pornografía, por un lado y, por el otro, un creciente mercado gay, dirigido sobre todo a los hombres homosexuales por su alto ingreso. El feminismo nunca tuvo aliados económicos de esta envergadura, y tampoco la difusión masiva que han tenido los dos otros movimientos. No es casualidad: es evidente que un movimiento social que intenta quitarles a los hombres sus grandes prerrogativas, como la autoridad moral, el poder político, económico y social y, además, su tiempo libre, tenía pocas probabilidades de ser adoptado por ellos. Además, los hombres siguen controlando los medios, la publicidad y los gobiernos. El feminismo no ha declinado porque se haya vuelto irrelevante, sino porque el machismo ha logrado borrarlo del mapa cultural.

Por otra parte, los avances indiscutibles de las mujeres desde el siglo XX han hecho pensar a muchas personas que el feminismo ha logrado ya sus metas y que el machismo ha sido derrotado. Nada más inexacto: persiste bajo formas más sutiles, pero igualmente dañinas. Y el hecho de que las mujeres estudien y trabajen fuera del hogar en números cada vez mayores no ha eliminado la doble jornada, los dobles discursos, las formas cotidianas y a veces invisibles del dominio masculino. Por otra parte, la violencia creciente contra las mujeres en casi todo el mundo debería recordarnos que el machismo está lejos de haber desaparecido, como lo veremos en el apartado siguiente.

La declinación del feminismo ha tenido consecuencias importantes. Salvo en las universidades, en buena medida se han perdido las reflexiones tan valiosas de las generaciones anteriores sobre el tema de la desigualdad entre los sexos. De Mary Shelley Wollstonecraft y John Stuart Mill a Germaine Greer, Gloria Steinem y Betty Friedan, pasando por Virginia Woolf y las sufragistas, existe un corpus de reflexión inmenso sobre la desigualdad entre hombres y mujeres, uno de los grandes retos pendientes de la humanidad. Pero muy pocas personas leen estos libros. Es más, a poca gente le interesa el tema, y quienes se preocupan por él son casi todas mujeres. En las sociedades latinas se da por sentado que los hombres son machistas, pero existe poca reflexión sobre las causas e implicaciones de ello. En este sentido también el machismo sigue siendo invisible.

Muchos de los temas que he examinado en este libro fueron ya abordados por los pensadores feministas del pasado y en particular por las autoras feministas de los años setenta. Sin embargo les han parecido novedosos a las mujeres, todas ellas cultas, informadas y politizadas, que leyeron este texto durante su elaboración. Esto no sólo me ha sorprendido, me ha alarmado. Pareciera que cada generación de mujeres parte prácticamente desde cero en cuanto a su conciencia sobre la desigualdad de los sexos. Hay poca acumulación histórica de los conocimientos en este campo, poca transmisión de la experiencia de una generación a otra. Y esto alarga y complica un proceso de cambio cada vez más urgente y necesario.

Ha habido muchos avances, desde luego. Cada vez más mujeres estudian y trabajan fuera del hogar; su remuneración ha ido alcanzando, aunque muy lentamente, la de los hombres; hay cada vez más representantes populares y jefes de Estado y de gobierno femeninos. También, en el ámbito cultural hay una presencia creciente de escritoras, cineastas y artistas que están aportando una nueva visión del mundo. Observamos asimismo —y éste es un paso muy importante— la paulatina incorporación de una perspectiva de género en la reflexión económica y política actual. En efecto, en años recientes tanto los organismos internacionales como los gobiernos han tomado conciencia de los enormes costos económicos y sociales de la desigualdad entre los sexos. Curiosamente, los planteamientos del feminismo, que empezó como una corriente de pensamiento muy minoritaria entre intelectuales y activistas del mundo industrializado, se están integrando cada vez más al análisis económico y social del *establishment* del capitalismo globalizado.

MACHISMO Y VIOLENCIA CONTRA LAS MUJERES

En años recientes, por ejemplo, la violencia contra las mujeres ha llamado la atención ya no sólo de los profesionales de la salud, sino también de los gobiernos en todo el mundo occidental, así como de órganos internacionales como la Organización de las Naciones Unidas, las organizaciones de derechos humanos y los bancos dedicados al desarrollo. Esto se debe a una conciencia cada vez mayor de sus costos para toda la sociedad, en términos no sólo psicológicos y médicos, sino económicos. Por ello, en esta sección examinaré, entre las múltiples facetas del tema, su relación con el machismo. Tratar adecuadamente la violencia contra las mujeres requeriría de muchos tomos y no pretendo cubrir sus innumerables manifestaciones, implicaciones y consecuencias, sino sólo dar algunos ejemplos en el contexto del tema de este ensayo.

El machismo y la violencia no necesariamente van de la mano, pero sí existe entre ellos cierta correlación. La violencia contra las mujeres se da más en las sociedades en las cuales prevalece el machismo, porque éste le sirve de trasfondo ideológico: justifica tal violencia como un castigo merecido y promueve la complicidad del entorno familiar y social, así como la impunidad por parte de las autoridades. Asimismo, facilita el tabú, el que no se hable demasiado del tema por considerarlo como un asunto privado y, además, parte del orden natural. En una sociedad machista, la violencia contra las mujeres suele verse todavía como un asunto meramente personal y no como un crimen contra todo el género, ni contra la sociedad en su conjunto. Eso se debe primordialmente al mismo machismo y ocurre por las razones que se enuncian a continuación.

En una cultura machista, los hombres consideran que las mujeres están para atenderlos y obedecerlos. La mujer independiente, la mujer asertiva, la que no se somete, la que ejerce libremente su sexualidad, aparece como transgresora de esa primera regla del machismo. No sólo ofenden a los varones machistas, sino también a la Iglesia, a los partidos de derecha y a los conservadores en general, tanto mujeres como hombres. Todos ellos participan, lo reconozcan o no, de la violencia contra las mujeres, porque de alguna manera la condonan al oponerse a que tales mujeres gocen de los mismos derechos y libertades que los hombres.

Por otra parte, una de las características del machismo es que los hombres se atribuyan una serie de derechos sobre las mujeres, entre los cuales está la prerrogativa de vigilar, juzgar y, en su caso, castigar las conductas que les parezcan impropias, es decir, las que no concuerden con la imagen de la mujer en la cual fueron educados. En todas las áreas de la vida —emocional, intelectual, sexual, laboral— sienten que no sólo es su derecho, sino también su deber, controlar a "sus" mujeres, trátese de su madre, esposa, hermana, hija o empleada. Asimismo, según esta óptica, los hombres son sujetos que pueden pensar y actuar libremente, mientras que las mujeres son objetos, es decir, personas que no deben pensar, hablar, tomar decisiones, disponer de su ingreso, ejercer su sexualidad ni actuar por voluntad propia, sino en función de las necesidades y deseos de los varones. Esta visión de los géneros, reflejada en las leyes durante casi dos milenios, explica que muchos hombres se apropien el derecho de castigar a las mujeres que se resistan a su control y desde su punto de vista justifica el uso de la fuerza en su contra.

Esta violencia tiende a exacerbarse en épocas de transición, cuando la situación de las mujeres cambia más rápido que las tradicionales formas de pensar: en la medida en la que las mujeres estudian, trabajan, ganan dinero, controlan su fertilidad y adquieren derechos civiles plenos, acceden paulatinamente a esa libertad de movimiento que históricamente se ha limitado a los hombres. Empiezan a tomar decisiones propias; muchas de ellas deciden casarse más tarde o no casarse; tienen menos hijos; cuando son infelices en el matrimonio, se divorcian; cada vez más, defienden sus derechos personales, laborales y políticos. Incurren entonces en una doble transgresión: por un lado, se evaden del control de los hombres y, por el otro, empiezan a competir con ellos por las mismas oportunidades de estudio, empleo, crédito, vivienda, servicios sociales, etc. Es en esa fase de transición que los hombres ven afectados sus intereses, sus privilegios históricos, y muchos de ellos, aun los más liberales, comienzan a protestar. Ahora ya no les parece que las madres de familia trabajen, que las mujeres se divorcien y críen solas a sus hijos; les disgusta recibir órdenes de mujeres, les molesta su presencia en la esfera pública…

Esta fase empezó hace apenas unos treinta años, cuando eran niños los hombres que ahora son adultos, es decir, les tocó todavía esa infancia privilegiada de antaño; pero en su edad madura, ya no alcanzaron todas esas prerrogativas de las que gozaron sus padres. A esta ruptura generacional, tan difícil para muchos hombres, deben añadirse las crisis económicas y sociales y los recortes presupuestales de los últimos decenios, que han reducido plazas, becas, sueldos y servicios sociales. En casi todo el mundo, las familias hoy día requieren de dos ingresos para sobrevivir. De pronto las mujeres que antes se dedicaban a ser esposas, madres e hijas abocadas al cuidado de los hombres se vuelven, por necesidad o por gusto, mujeres que trabajan al igual que ellos y que ya no tienen el tiempo ni la inclinación para seguir realizando sus tareas tradicionales en el hogar y el mundo laboral.

Además, gracias a la emigración y la descomposición social, ya no existen la familia extendida, las vecinas, la comunidad en las que solían apoyarse las mujeres con hijos. De repente la secretaria, que antes se quedaba hasta las nueve de la noche, tiene que irse a las siete porque tiene hijos en casa y no hay nadie que se los cuide. La esposa que antes esperaba a su marido con la cena lista, llega igual de tarde y cansada que él, y no hay nada preparado. Las expectativas tradicionales dejan de cumplirse y los roles de género, que de alguna manera habían estado en equilibrio durante siglos, de pronto dan un vuelco. La balanza se inclina y resulta que los hombres ya no están arriba o, en todo caso, ya no son los únicos. Esto se refleja en la esfera pública, en el trabajo y también en la vida íntima. Las mujeres defienden su tiempo libre, cultivan pasatiempos, al igual que los hombres, y proclaman su derecho al placer, en la cama como en las demás áreas de la vida.

No debemos subestimar el resentimiento que todo esto pueda provocar, aun entre los hombres más ilustrados. He escuchado a docenas de varones quejarse de cómo su esposa, hija, hermana, sirvienta o secretaria ya no los atiende como antes. Algunos de ellos evocan con nostalgia a su madre o a su nana, como ejemplos de la mujer enteramente dedicada a su cuidado, y no entienden por qué las mujeres de su entorno no quieren ya obedecerles, seguir sus consejos, festejarlos, apoyarlos incondicionalmente, hacerse cargo del hogar, resolver los problemas familiares, servirles de secretaria social… Como lo decíamos arriba, muchos hombres que hoy son adultos crecieron todavía en ese suave capullo, rodeados de la atención, paciencia y abnegación de sus abuelas, tías, madre, hermanas, nana, sirvientas, esposa e hijas, y de pronto muchos de ellos se sienten como huérfanos no sólo abandonados, sino traicionados. Éste es el origen de lo que podríamos llamar el *machismo reactivo* en los hombres que siempre fueron machistas, pero que ahora están además resentidos por la paulatina pérdida de sus prerrogativas.

La violencia actual contra las mujeres debe considerarse en este contexto histórico. Si bien siempre ha existido, no siempre ha tenido los mismos motivos ni ha tomado las mismas formas. Si antes, por ejemplo, se golpeaba a las mujeres por considerarlas animales, ahora se les golpea por querer ser como los hombres. El fenómeno se ha expandido: no se limita a los sectores pobres o rurales, como se pensó durante mucho tiempo. El maltrato de todo tipo —físico, sexual, emocional, económico— sucede en todas las clases sociales y en números mucho mayores de lo que se suponía. Entre otras cosas, sirve para perpetuar la dominación del hombre sobre la mujer y la desigualdad de género. Se sabe que la gran mayoría de las agresiones contra las mujeres son cometidas por hombres, sobre todo cercanos (cónyuges o ex cónyuges) y que el abuso del alcohol exacerba tal violencia pero, en sí, no la provoca.

Las cifras reflejan que se trata de un fenómeno no sólo individual, sino familiar y social. En México, por ejemplo, se encontró en una encuesta nacional realizada en 2003[138] que el 46.55 por ciento de las mujeres había sufrido algún tipo de violencia en los doce meses anteriores: el 38.38 fue víctima de al menos un incidente de violencia emocional, el 9.31 por ciento de alguna forma de violencia física, el 7.84 por ciento de al menos un incidente de violencia sexual y el 29.32 por ciento de violencia económica (es decir, su pareja le quitó o usó sus pertenencias en contra de su voluntad o bien la controló al no darle dinero).

Una encuesta publicada por el Instituto Nacional de Salud Pública[139] en 2003 reveló asimismo que una de cada cinco mujeres su-

---

[138] Instituto Nacional de Estadística, Geografía e Informática (INEGI), Instituto Nacional de las Mujeres (Inmujeres), Fondo de Naciones Unidas para el Desarrollo de la Mujer (Unifem), Encuesta Nacional sobre la Dinámica de las Relaciones en el Hogar, 2003. Véase <http://www.inmujeres.gob.mx>.

[139] Véase <http://www.mujerysalud.gob.mx/mys/doc_pdf/encuesta.pdf>.

frió algún tipo de violencia por parte de su pareja en los doce meses anteriores y el 60.4 por ciento ha sido víctima de algún tipo de agresión en el transcurso de su vida, incluyendo la infancia; el 34.5 por ciento ha sufrido violencia por parte de su pareja. Por tipo de violencia, la encuesta arrojó los siguientes datos: en su relación de pareja actual, el 19.6 por ciento de las mujeres ha sufrido de violencia psicológica; el 9.8, violencia física; el 7, violencia sexual, y el 5.1, violencia económica. Por otra parte, el 16.8 por ciento de las mujeres ha sido víctima de abuso sexual en el transcurso de su vida y el 3.5 ha sido violada por un hombre que no era su pareja.

Los costos de tales formas de violencia van mucho más allá de las secuelas inmediatas: afectan de manera durable el bienestar físico y psicológico de sus víctimas. Por ejemplo, se sabe que las mujeres maltratadas sufren en mayor medida de gripe, dolores de cabeza o de articulaciones, cambios de ánimo, ansiedad o angustia, inapetencia sexual, irritabilidad, insomnio, fatiga permanente, autodevaluación y depresión. A esto debemos añadir los daños causados a sus hijos, de los cuales una proporción importante presenta trastornos físicos o psicológicos, así como un bajo desempeño escolar. Por otra parte, la encuesta del Instituto Nacional de la Salud Pública reveló que el 42 por ciento de las víctimas de maltrato jamás lo comentó con sus amistades o familiares, y sólo el 18 por ciento de ellas lo reportó al personal de clínicas u hospitales. Asimismo, la enorme mayoría de los profesionales de salud del sector público, como médicos, enfermeras, psicólogos y trabajadores sociales, a pesar de haber visto numerosos casos de violencia contra las mujeres, no recibe capacitación alguna para detectarlos ni tratarlos.

Por todos estos elementos —la alta incidencia de la violencia contra las mujeres, sus aspectos familiares, culturales y sociales, el tabú que la recubre, la complicidad tácita de las autoridades— podemos decir que tal violencia constituye mucho más que un problema individual y psicológico. Se presenta cada vez más como un problema de salud pública, que requiere de medidas sociales, legislativas y judiciales. En algunos países, la violencia de género se considera ya como uno de los llamados crímenes de odio, que van desde la agresión a personas de distinta etnia, nacionalidad o religión, hasta los crímenes homofóbicos. Todos tienen en común un significado doble: están dirigidos no sólo hacia los individuos, sino hacia todo el grupo al que pertenecen. Por esa dimensión dual, los crímenes de odio suelen castigarse con penas mayores. No todos los países reconocen como tal la violencia contra las mujeres; en muchos lugares ésta sigue percibiéndose como un fenómeno privado e individual. Sin embargo, comparte con los crímenes de odio el hecho de estar dirigida contra todo un grupo de personas —en este caso, el género femenino—. Asimismo, encierra otra característica de tales crímenes: busca ser ejemplar, mandar una advertencia e instilar el miedo en todo el grupo. Por ello, podemos concluir que guarda un vínculo estrecho con esa relación de poder que es el machismo.

Pero los costos de esta violencia van mucho más allá de sus consecuencias físicas y psicológicas. También existen repercusiones económicas importantes: el ausentismo, la baja productividad y los costos médicos asociados con el maltrato hacia las mujeres se han vuelto tema de preocupación para muchos gobiernos y organizaciones internacionales. De hecho, existen ya muchos estudios que cuantifican tales repercusiones económicas, como lo veremos en el apartado siguiente.

Costos económicos del machismo

Un buen ejemplo de este tema se puede encontrar en un proyecto de investigación publicado en 2001 por el Banco Mundial, uno de los baluartes del pensamiento económico neoliberal. Este informe, titulado *Gendered Development*,[140] analiza con detalle los costos de la desigualdad entre hombres y mujeres, en términos de pobreza, desarrollo, productividad, salud y educación. Sus principales conclusiones son, en mi opinión, históricas. Los países que promueven los derechos de las mujeres y facilitan su acceso a la educación y a la riqueza gozan de menos pobreza, menos corrupción, una productividad más alta y un mayor crecimiento económico. Cuando se

---

[140] Banco Mundial 2001.

reducen las diferencias entre hombres y mujeres en áreas como la educación, el empleo y los derechos de propiedad disminuyen las tasas de desnutrición infantil y mortalidad. Además, aumentan la transparencia y la honestidad, tanto en los gobiernos como en el sector privado. Los sistemas de salud y educación, los órganos de gobierno, las instituciones de crédito, funcionan mejor cuando incluyen una fuerte participación femenina. Por lo tanto, la desigualdad entre hombres y mujeres no sólo afecta a éstas últimas sino a toda la sociedad, idea que siempre adelantó el movimiento feminista y que ahora recibe el respaldo de los economistas del desarrollo.

Veamos algunos ejemplos tomados del reporte del Banco Mundial. Se estima que el solo hecho de facilitar el acceso de las mujeres al campo a la educación, a la propiedad de la tierra y al uso de fertilizantes incrementaría la productividad agrícola de África en un *20 por ciento*. En Bangladesh, los microcréditos otorgados a mujeres se traducen en un aumento del ingreso familiar mayor que cuando se otorgan a los hombres. Diversos estudios comparativos muestran que si el Medio Oriente, África del Norte, el sur de Asia y el África sudsahariana hubieran logrado disminuir la diferencia entre la educación de niñas y niños como lo hizo el este de Asia durante el periodo 1960-1990, el PNB per cápita en esas regiones habría crecido *entre 0.5 y 0.9 por ciento más* al año.

Si niños y niñas tuvieran el mismo acceso a la educación en toda África, la mortalidad infantil en ese continente habría sido *25 por ciento menor* en 1990, tomado como ejemplo. Un estudio de 63 países mostró que la educación de las mujeres fue el factor que más contribuyó a reducir la desnutrición entre 1970 y 1995, explicando por sí solo el 43 por ciento de dicha disminución. También se ha observado que cuando suben las tasas de alfabetización femenina, bajan las tasas de infección por VIH. Pero no sólo es importante la educación de las mujeres, también cuentan sus niveles de ingreso. En Brasil, Bangladesh y Costa de Marfil el ingreso de las mujeres redunda en la nutrición de los niños *cuatro veces* más que el mismo ingreso en manos de sus padres. En la República de Georgia, las empresas que poseen o dirigen las mujeres realizan muchos menos actos de corrupción que las empresas cuya posesión o administración está en manos de hombres. Según el Fondo de Población de las Naciones Unidas, si en América Latina se eliminara la discriminación contra las mujeres en el mercado laboral, sus sueldos aumentarían en un 50 por ciento, y el producto nacional en un cinco por ciento.[141] Por todo ello, tanto el Banco Mundial como muchas otras organizaciones internacionales están canalizando cada vez más fondos y apoyos hacia la educación, la salud, el crédito y los derechos de las mujeres.

Por otra parte, que las mujeres no puedan controlar libremente su fertilidad dificulta la llamada "transición demográfica", en la cual bajan significativamente las tasas de fecundidad y mortalidad. Esto permite que el número de niños dependientes disminuya rápidamente en relación con la población en edad laboral, promoviendo la productividad, la inversión y el desarrollo económico. Asimismo, el menor número de hijos mejora su nutrición, su salud y educación, y la calidad del cuidado que reciben.

Muchos gobiernos, así como las principales organizaciones internacionales, han calculado los costos de la violencia contra las mujeres. En un estudio realizado en el Reino Unido, en 2004, se estimaron en 5 800 millones de libras esterlinas anuales los costos directos e indirectos de la violencia doméstica.[142] Una investigación canadiense concluye que la violencia contra las mujeres le cuesta al país alrededor de mil millones de dólares anuales.[143] El Banco Interamericano de Desarrollo (BID) estima que los costos de tal violencia representan entre el 1.6 y el 2 por ciento del PIB de los países latinoamericanos, cifras que reflejan no sólo los gastos médicos y la baja productividad, sino también lo que dejan de ganar las víctimas al no poder trabajar en condiciones normales. Según el informe

---

[141] Véase <http://www.unfpa.org/swp/2000/espanol>.

[142] Véase Sylvia Walby, *The Cost of Domestic Violence* (Londres: Departamento de Comercio e Industria, 2004), citado en el reporte de las Naciones Unidas, "Fin a la violencia contra la mujer: Hechos, no palabras" (9 de octubre, 2006), en <http://www.un.org/womenwatch/daw/vaw>. Véanse especialmente el apartado intitulado "Violencia contra la mujer: formas, consecuencias y costos" y el anexo "Costos de la violencia contra la mujer: selección de estudios en los que se formula una estimación monetaria de los costos".

[143] *Ídem.*

Estado de la población mundial 2005, publicado por el Fondo de Población de las Naciones Unidas, la violencia en el hogar y la violación representan el 5 por ciento del total de problemas de salud entre las mujeres de 15 a 44 años de edad en países en desarrollo y 19 por ciento en países desarrollados. El mismo documento da el resumen siguiente:

> En todo el mundo, una de cada tres mujeres ha sido o bien golpeada, o bien objeto de coacción para entablar relaciones sexuales no deseadas, o bien objeto de sevicias, a menudo perpetradas por un miembro de su familia o una persona que ella conoce. La violencia por motivos de género causa muertes y daños a tantas mujeres de entre 15 y 44 años de edad como el cáncer. El precio que se cobra en la salud de la mujer es superior al de los accidentes de tránsito y el paludismo combinados. Los costos para los países —mayores gastos de atención de la salud, honorarios jurídicos, gastos policiales y pérdidas en el nivel educacional y la productividad— son inconmensurablemente altos. En Estados Unidos, se estima que ascienden a 12 600 000 000 de dólares por año.[144]

HACER VISIBLE LO INVISIBLE

Todos estos estudios vuelven visible algo que ha permanecido oculto durante casi toda la historia de la humanidad: que el dominio del hombre sobre la mujer afecta a todo el mundo, no sólo a las mujeres. También nos ayudan a entender la relación exacta entre machismo y dominación. El machismo, visto como un conjunto de valores y creencias, emana de la desigualdad entre los sexos, pero a la vez la alimenta, al "explicar" por qué los hombres deben tener el mando y por qué son "naturalmente" superiores en casi todas las áreas importantes de la actividad humana. En una palabra, el machismo es la justificación del dominio masculino. Por ello, podemos afirmar sin duda alguna que *el machismo y la desigualdad siempre*

---

[144] Véase <http://www.unfpa.org/swp/2005/presskit/summary_spa.htm>.

van de la mano. Donde observemos el primero, podemos estar seguros de que subsiste la segunda, y viceversa. Dicho de otra manera, *el machismo nunca es inofensivo*, nunca es sólo una costumbre desagradable pero finalmente inocua.

Muchas personas, incluyendo a muchas mujeres, consideran que el machismo no es más que eso, una forma de ser más o menos irritante, sin mayores consecuencias. Cuando observamos a varones jóvenes que están aprendiendo y practicando todas las formas del machismo descritas en este libro, tendemos a restarle importancia. Pensamos que así son los jóvenes, y que ya se les quitará. Curiosamente, pasan los años y no se les quita. Asimismo, solemos perdonar los arranques autoritarios de los padres con sus hijos, porque creemos que un poco de disciplina no les hará daño a estos últimos; sin embargo, los psicólogos vemos diariamente a personas dañadas por un padre distante y represivo. No le damos importancia al hecho que un hombre se la pase gritando e insultando a su esposa o a sus empleados: "Seguramente está muy estresado", decimos, "pero no es mala persona". Tendemos a pasar por alto las manifestaciones del machismo, porque no las identificamos como tales y porque las justificamos de muy diversas maneras. En este sentido también el machismo se ha vuelto invisible.

Es difícil distinguir el carácter social del machismo, cuando estamos tan acostumbrados a verlo como un rasgo personal. Deberíamos sospechar su verdadera naturaleza, al observar que es tan ubicuo e invariable. Demasiados hombres presentan ese "carácter fuerte" propio del machismo, término tan común que debería alertarnos, porque siempre describe a un mismo tipo de individuo exigente, controlador, impaciente y malhumorado. Reconocemos el personaje de inmediato, porque todos hemos padecido sus conductas autoritarias en diversas circunstancias de la vida. Que el machismo haya llegado a considerarse un rasgo personal, como generalmente ocurre, ha contribuido a volverlo invisible en cuanto a su carácter social.

Es imprescindible que dejemos de ver el machismo como un atributo personal, pues esto nos condena a buscarle siempre soluciones personales que no resuelven nada. Por ejemplo, muchas mujeres consideran que su depresión y su frustración en la vida son culpa suya, y que el mal humor y la crítica constante de sus compañeros se deben a sus deficiencias. Se sienten desbordadas por sus responsabilidades domésticas, no logran llevar a cabo sus proyectos personales o profesionales y concluyen que ello se debe a una falta de inteligencia, motivación o disciplina. Piensan que las cosas cambiarían si se organizaran mejor o si fueran menos sensibles... Acuden a terapia, toman cursos de meditación y de superación personal o incluso se hacen cirugía plástica para sentirse mejor... cuando el problema no radica en ellas, sino en la relación desigual en que viven inmersas.

En épocas recientes se ha puesto muy de moda la teoría de la codependencia, derivada del estudio de las adicciones. En este trastorno psicológico, una persona depende en exceso de otra: está siempre pendiente de sus estados de ánimo, se preocupa por sus problemas, deja de cuidarse para cuidarla a ella, deja de estar atenta a sus propios sentimientos por estar siempre atenta a los de la otra persona, abandona sus propios proyectos y paulatinamente pierde el sentido de su propia identidad. Está contenta, enojada o triste según el humor de la otra persona. Deja de vivir su propia vida, porque todas sus emociones, necesidades y deseos están depositados en esta última. En una palabra, se vuelve la *víctima* de la otra persona, a la vez que la persigue e intenta cambiarla. Huelga decir que la gran mayoría de las personas codependientes son mujeres y que los objetos de su obsesión enfermiza suelen ser hombres. Entonces, ¿se trata de una patología personal o social?, ¿cuántas mujeres no se vuelven codependientes, casi inevitablemente, en un entorno machista?

La teoría de la codependencia, aplicada a sociedades en las cuales las mujeres generalmente dependen de los hombres para toda su vida afectiva y económica, falsifica la realidad. Tiende a personalizar un problema general y a olvidar que las mujeres están atrapadas en relaciones de poder muy desiguales no por su personalidad ni porque vengan de familias disfuncionales, sino porque ésas son las reglas del juego en una sociedad machista. La sumisión, la eterna deferencia, la falta de autonomía no constituyen rasgos de carácter en tal entorno: son consecuencias directas de la desigualdad. El tratamiento de la codependencia suele centrarse en la "víctima" y en sus relaciones personales, dejando de lado la importancia central del machismo, que de nuevo permanece oculto. En el esquema del machismo invisible se ha invertido la fórmula clásica del feminismo según la cual "lo personal es político". Ahora resulta que "lo político es personal" y cada mujer habrá de liberarse, por sí sola, de las ataduras del machismo.

¿Hombres "liberados"?

Los hombres que intentan cambiar los esquemas del machismo a nivel individual se topan con los mismos obstáculos. Cada vez más varones desean romper con el machismo; muchos afirman, con toda sinceridad: "quiero ser diferente de mi padre". Y en su juventud lo logran, hasta cierto punto. Mantienen relaciones mucho más íntimas e igualitarias con las mujeres, expresan sus emociones abiertamente, cultivan amistades femeninas y les parecen absurdas las demostraciones de hipermasculinidad de sus congéneres. Quieren casarse con mujeres preparadas, que estudien y trabajen, y tienen toda la intención de ser padres cariñosos, involucrados en el cuidado y la educación de sus hijos. Poco a poco se topan, sin embargo, con que las buenas intenciones no bastan. Cuando empiezan a trabajar se dan cuenta que necesitan invertir todo su tiempo y energía en ello si desean avanzar. Cuando se casan, descubren que es mucho más eficiente que su mujer se encargue de las tareas domésticas, mientras ellos generan el ingreso familiar. Cuando nacen sus hijos, les parece natural que su esposa se quede en casa para cuidarlos, pero si ella deja de trabajar, deben compensar ese ingreso perdido. Entonces deben dedicarle cada vez más tiempo y esfuerzo al trabajo, y se vuelve inevitable que su esposa siga haciéndose cargo del hogar. Paso a paso se insinúan en la casa los roles tradicionales, así como las costumbres y actitudes asociadas con ellos. Los hombres se vuelven esposos distantes, padres ausentes, atrapados a pesar suyo, casi imperceptiblemente, en dinámicas sociales que rebasan por mucho las buenas intenciones de su juventud.

Pero no se trata de modernizar el machismo, sino de eliminarlo. La única manera de hacerlo es atacar a fondo las dinámicas de poder que le subyacen. El joven que realmente desee "ser diferente de su padre" no lo logrará si no está dispuesto a renunciar también a los privilegios que tuvo su padre. Si desea cultivar una relación de pareja igualitaria y estar realmente cerca de sus hijos, tendrá que ceder su posición privilegiada en la familia. Esto significa, muy concretamente, participar de manera igualitaria en todas las tareas domésticas, *todo el tiempo*, no sólo en algunas de vez en cuando. Implica romper el monopolio de la maternidad y asumir, en los hechos, que los hombres son tan capaces como las mujeres de cuidar a los niños. Significa compartir no sólo el dinero y los bienes de la familia, sino también *toda* la información, *todo* el acceso y *todas* las decisiones al respecto; establecer relaciones realmente recíprocas con su esposa, atenderla y apoyarla en sus proyectos personales del mismo modo que él desea ser atendido y apoyado; escucharla plenamente y negociar de verdad, no sólo dar la impresión de hacerlo; respetar su opinión, aunque no esté de acuerdo con ella, y hablar de los problemas que vayan surgiendo en lugar de retraerse en el mal humor o el silencio. Implica educar a sus hijos de una manera mucho menos estereotipada según el sexo, fomentando en los varones sus características "femeninas" y en las niñas sus rasgos "masculinos". Significa renunciar a tener siempre la razón y el control: en una palabra, renunciar a su monopolio del poder.

Muchos autores han señalado que el machismo se relaciona de manera estrecha con una ausencia de padre. Como lo vimos en el capítulo VI, si los niños carecen de un modelo masculino cercano y cariñoso, se volverán a su vez padres distantes y autoritarios. Es vital romper este círculo vicioso y la única forma de hacerlo es a través de una paternidad mucho más presente, constante, comunicativa y amorosa; más *maternal*, por decirlo de alguna manera. Los hombres deben hacer este cambio no para ayudar a su esposa, ni siquiera por ellos mismos, sino para que sus hijos, de los dos sexos, tengan a lo largo de la infancia y adolescencia una presencia masculina fuerte, atenta y cariñosa. Esto, en sí, cambiaría muchas de las formas de relación machistas que he descrito, no sólo en un ámbito familiar sino también social. Algunos antropólogos han observado que en las sociedades donde los hombres mantienen vínculos cercanos con los niños, hay menos demostraciones de hipermasculinidad y menos rivalidad masculina; casi no existen en ellas espacios reservados a los varones. Hombres y mujeres comparten las decisiones, y se consideran unos a otros como iguales.[145] También se sabe que hay menos violencia contra las mujeres y más equidad entre los sexos en las sociedades donde los hombres participan activamente en el cuidado de los niños.[146]

Muchos hombres, sobre todo en el mundo industrializado, están hartos de su exilio doméstico: quieren regresar a casa. Curiosamente, conforme las mujeres intentan salir del hogar, los hombres quieren volver a participar en la vida familiar. Estas tendencias simultáneas crean la posibilidad de una solución. Ni las mujeres ni los hombres están conformes ya con la separación entre la esfera pública y privada que se estableció a partir del siglo XIX. Tener que escoger entre el trabajo y el hogar como dos actividades no sólo separadas sino incompatibles, cosa que han tenido que hacer tantas mujeres, ya no satisface a nadie. Cada vez más hombres y mujeres están buscando la forma de poder hacer las dos cosas: trabajar fuera y dentro de la casa, tener una profesión y tener hijos, integrando las tareas hasta ahora consideradas como propiamente masculinas y femeninas. Esto requerirá un gran esfuerzo de las dos partes, de una alianza verdadera entre hombres y mujeres. No obstante, si bien las metas son compartidas, la labor de unos y otras no será la misma.

Por su parte, las mujeres deben dejar de tolerar el machismo. El primer paso es reconocerlo como tal y dejar de atribuirlo al estrés o al carácter "especial" de sus compañeros. Las mujeres no tienen por qué seguir viviendo este problema de manera individual y solitaria, y para ello deben aprovechar las redes de apoyo que siempre

---

[145] Véase Coltrane 1994.
[146] Véase Kimmel 2000: 53-55.

han cultivado: en una palabra, solidarizarse. En el trabajo, en la familia, entre las amigas, encontrar soluciones compartidas para tener más tiempo libre, para estudiar, para salir de la rutina doméstica. Hay modelos: aparte del movimiento feminista estadounidense y europeo existe el gran ejemplo de las mujeres en las colonias populares de nuestras ciudades. Mujeres que se unen, crean cooperativas, intercambian información y ayuda, exigen servicios públicos y créditos, y rechazan cada vez más todas las manifestaciones del autoritarismo. En las clases medias y altas, es indispensable que las mujeres se solidaricen con las empleadas domésticas. Debe cesar el trato imperial que reciben los varones en su casa, incluyendo, por supuesto, a los hijos. De todos modos, el servicio doméstico tiende a desaparecer en nuestras sociedades, como ha sucedido en el Primer Mundo, merced a la industrialización y la emigración.

Las mujeres deben exigir un trato igualitario en todas las áreas de la vida. Para ello, lo más importante es aprender a poner límites: deben aprender a decir "no" sin sentirse culpables, a enfrentar los conflictos sin miedo, a exigir la información y el acceso a los bienes comunes y a buscar el apoyo de sus congéneres cuando se sientan amenazadas o humilladas. Para retomar una frase clave de Clara Coria, deben "asumir la transgresión". Todo cambio, sobre todo uno tan difícil como éste, crea conflicto. Las mujeres deben aprender a asumir plenamente las consecuencias de sus actos, incluyendo las negativas. Asimismo, si desean ser independientes, deben estar dispuestas a pagar el precio correspondiente, renunciando a la "protección" y la "seguridad" que les ofrecen los hombres. Estos aparentes beneficios siempre crean dependencia, y nunca resultan tan permanentes como las mujeres suponen.

El machismo obsoleto

El machismo no sólo provoca el sufrimiento de hombres y mujeres; es cada vez menos compatible con la vida moderna. La desigualdad entre los sexos, así como el conjunto de creencias que la justifica, va en contra de la tendencia uniformizante de los mercados y gobiernos actuales. La expansión de los mercados requiere consumidores masculinos y femeninos en igualdad de condiciones, capaces de comprar lo que producen. Habrá cada vez menos productos y servicios dirigidos hacia un solo sexo, pues ello cancela la posibilidad de vendérselos a la otra mitad de la población. El auge de las modas *unisex* no es sólo un fenómeno cultural; obedece a los requerimientos de la expansión capitalista. El consumismo tiende a "homogeneizar" a las personas: en una economía globalizada, ya no importa si los productores y consumidores sean hombres o mujeres. El consumismo no excluye a las personas por el color de su piel, su edad, su grupo étnico, su religión, su orientación sexual ni su sexo, sólo le importa su participación en el mercado.

Las economías postindustriales requieren una población de trabajadores cada vez más capacitada, sobre todo en el sector servicios. No pueden permitirse seguir discriminando a las mujeres, sencillamente porque las necesitan. Les conviene disponer de trabajadoras que puedan laborar, desplazarse, tomar iniciativas y decisiones de manera autónoma, sin tener que consultar siempre a los hombres a su alrededor, incluyendo a sus esposos. Además, la educación cada vez más pareja de hombres y mujeres no justifica ya la discriminación: en un número creciente de disciplinas, por cada hombre calificado hay una mujer igualmente calificada.

Algo similar está ocurriendo en el terreno político. La democracia liberal no distingue entre hombres y mujeres: todos tienen un mismo voto, aunque todavía no la misma voz. Hoy, los gobiernos democráticos requieren el voto femenino para mantenerse en el poder; ya no pueden darse el lujo de ignorar las demandas de las mujeres. Además, los avances reales de estas últimas han vuelto mucho más difícil su permanente subordinación. A las mujeres que estudian y generan un ingreso propio, que ejercen un control cada vez mayor sobre su sexualidad y capacidad reproductiva, ya no se les subyuga con tanta facilidad. Por otra parte, en el mundo entero existe un creciente rechazo al autoritarismo bajo todas sus formas. Los ciudadanos exigen de sus gobiernos transparencia y rendición de cuentas, los empleados no aceptan un trato arbitrario, los alumnos no se dejan golpear o insultar por sus maestros, los niños se rehúsan a obedecer ciegamente a sus padres. Frente a todas estas tendencias, cada vez más globalizadas, el machismo crea obstáculos y contradicciones crecientes. En una palabra, se está volviendo obsoleto.

La estructura actual de la familia tampoco requiere ya, ni justifica, una distribución de las responsabilidades según la cual el hombre sale a trabajar mientras que la mujer se queda en casa. Hoy en día, las familias son más pequeñas y la socialización de los hijos ocurre en gran medida fuera del hogar (en la escuela, por ejemplo). Por lo tanto, ya no es necesario que las mujeres dediquen todo su tiempo a los quehaceres domésticos, sobre todo si han estudiado y desean o necesitan trabajar. En el mundo actual, la mayoría de los hogares requieren dos ingresos para subsistir. En dicho contexto, una ideología que busca mantener a la mujer en casa resulta injusta, ineficiente y anacrónica. Los roles que antes eran congruentes con el entorno social y económico, y que por ello parecían "naturales", son cada vez más difíciles de sostener.

En la actualidad, todas las actividades sociales, laborales, económicas y políticas que antes se repartían de acuerdo con el sexo pueden llevarse a cabo tanto por mujeres como por hombres. La antigua división del mundo en una esfera pública propia de los hombres y una esfera privada o doméstica propia de las mujeres ha perdido su sentido. Todos somos capaces de desempeñar los papeles y desarrollar los potenciales que antes se consideraban restringidos a uno u otro sexo. Las formas tradicionales de catalogar a las personas de acuerdo con funciones específicas en la sociedad, según su raza, riqueza o género, no son compatibles con una sociedad cada vez más compleja y tecnológicamente avanzada. Las sociedades del siglo XXI requieren de una flexibilidad mucho mayor para captar a la gente más calificada en todas las áreas, independientemente de su género u otras clasificaciones. Excluir de la vida económica y política a la mitad de la población no es tan sólo injusto e ineficiente: resulta, a todas luces, absurdo.

MÁS ALLÁ DEL MACHISMO

¿Cómo sería un mundo sin machismo? No podemos saberlo a ciencia cierta, porque nunca ha existido una sociedad que estableciera una

351

equidad total entre los sexos. Sin embargo, podemos vislumbrar algunas posibilidades. La primera, basada en una visión simplista del feminismo, es que las mujeres se vuelvan iguales a los hombres. Esta opinión deriva de la confusión muy común entre equidad e igualdad, según la cual dos personas "iguales" serán necesariamente "idénticas". Bajo esta óptica, que suelen manejar los opositores del feminismo, las mujeres dejarían de ser maternales y amorosas y se volverían (malas) copias de los hombres. Abandonarían el hogar, trabajarían en ocupaciones masculinas, se volverían promiscuas e infieles al igual que los hombres, y se daría una competencia feroz entre los sexos, ya que ambos perseguirían las mismas metas en la vida. Los hombres seguirían siendo los de siempre, pero ya no habría mujeres "femeninas" para cuidarlos y para "suavizar" sus características más agresivas. Viviríamos bajo la ley de la selva, en un mundo "desfeminizado". Esta visión catastrófica corresponde a los inicios del movimiento feminista, cuando muchas mujeres en efecto comenzaron a vestirse, a hablar y comportarse como los hombres: de repente vimos a mujeres en pantalón, fumando, bebiendo, diciendo groserías, ejerciendo libremente su sexualidad y haciendo trabajo de hombres. Todo ello correspondió, en su momento, a una etapa histórica del movimiento de liberación de las mujeres. Pero no constituye el resultado ineluctable, ni deseable, de dicho proceso; es sólo una parte —incluso, podríamos decir, la más superficial—. No es necesario que las mujeres se vuelvan "masculinas" y esto tampoco es suficiente para alcanzar la equidad con los hombres.

La equidad significa, ante todo, la igualdad de oportunidades y derechos. Implica que las mujeres puedan tener el mismo acceso a la educación y a la salud, que tengan las mismas posibilidades de empleo con salarios iguales y que alcancen la representación política que les corresponde como la mitad de la población que son. Esto no implica, necesariamente, que se "masculinicen", aunque así ocurra en algunos aspectos de la vida, principalmente en la libertad de escoger su estilo de vida, como siempre lo han hecho los hombres. Además, esta óptica "masculinizante" no basta para lograr la equidad, porque en ella los hombres seguirían siendo los mismos. No debe sorprendernos que sea esta visión del proyecto feminista la que prevalece en nuestro país, por ser la única opción que deja a los hombres como están, con sus prerrogativas de siempre. No: la equidad requiere una redefinición radical no sólo de la feminidad, sino también de la masculinidad.

La segunda hipótesis que mucha gente se plantea, al imaginar un mundo igualitario, gira en torno a la noción de androginia. En esta perspectiva, hombres y mujeres perderían su identidad de género, se desvanecerían las diferencias entre ellos, y viviríamos en un mundo gris de mujeres masculinas y hombres femeninos. Esta visión corresponde asimismo a una etapa histórica, la del *unisex*, que tuvo su origen en los movimientos *hippie* y de liberación gay. Tal como antes mencioné, también refleja los requerimientos del consumismo actual. Pero la tendencia *unisex* ha declinado en años recientes. Ya no está tan de moda en los países industrializados, ni siquiera entre los homosexuales: los hombres gay han adoptado una moda y un estilo de vida contundentemente viriles y las lesbianas se muestran cada vez más femeninas en cuanto a su apariencia. Además, la visión andrógina de la equidad es superficial porque hace caso omiso de las diferencias irreductibles entre hombres y mujeres, en términos biológicos. Estas diferencias, que de ninguna manera justifican la desigualdad, implican que siempre habrá algo llamado masculinidad y algo llamado feminidad, pero no serán lo mismo que ahora. En suma, la equidad no tiene por qué llevarnos a un mundo andrógino.

La equidad debe entenderse de otra manera; significa, en primer lugar una redefinición de lo masculino y lo femenino, pero sobre todo dejar de considerar a los sexos como opuestos: lo masculino no tiene por qué ser lo contrario de lo femenino, ni viceversa. Implica la libertad de adoptar conductas y actitudes del otro género según las circunstancias cambiantes de la vida, y la flexibilidad de poder alternar los roles cuando sea necesario o deseable. No se trata de un cambio de roles definitivo, porque entonces volveríamos a caer en una división sexual del trabajo; antes bien, la meta es la alternancia. En esta perspectiva, los hombres podrían perfectamente ser maternales y domésticos, mientras las mujeres, prácticas y emprendedoras cuando las circunstancias así lo requirieran. Los hombres podrían experimentar y expresar libremente todas sus emociones sin censura, al igual que las mujeres. Los niños podrían tomar clases de ballet y jugar a las muñecas si así lo desean y las niñas jugar futbol. Los jóvenes de ambos sexos tendrían la misma educación y podrían escoger libremente su campo de trabajo. Si ellos quisieran ser modistas o enfermeros y ellas ingenieras o policías, nada lo impediría. De paso, las profesiones se enriquecerían al renovarse su composición tradicional. Ya no habría trabajo de hombres y de mujeres, sino una simple y llana libertad de elección.

El resultado sería una complementariedad bien entendida, según la cual hombres y mujeres aprovecharían la vasta experiencia acumulada por ambos sexos. La humanidad ha vivido hasta ahora una historia dividida, siguiendo caminos paralelos, como si hombres y mujeres constituyeran especies diferentes. Es hora de aprender unos de otros. Se trata de unir los caminos, para que las mujeres tengan acceso al inmenso acervo de conocimientos acumulado por los hombres, y ellos logren aprovechar la sabiduría milenaria de las mujeres. La equidad no es sólo una cuestión de justicia elemental: de ella depende la solución de los problemas que aquejan a la humanidad desde tiempos inmemoriales. A largo plazo, no sólo se trata de cambiar la relación entre hombres y mujeres, sino de ampliar los alcances de la condición humana.

XI

EL MOVIMIENTO #METOO Y EL MACHISMO

En 2017 surgió una fuerte reacción contra una de las múltiples manifestaciones del machismo: el movimiento #MeToo. El término fue creado en Estados Unidos en 2006 por la activista social Tarana Burke, quién abrió la página "Me Too" en MySpace como un foro para que las mujeres acosadas compartieran sus experiencias. Se trataba de que ya no se sintieran solas, sufriendo en silencio, y se dieran cuenta de que muchas de sus congéneres habían pasado por lo mismo; por tanto, no tenían por qué pensar que sólo a ellas les había ocurrido, ni culparse por ello. La meta era volver público lo que muchas mujeres habían vivido en privado y dar voz a lo que habían callado por vergüenza, por temor a represalias, o sencillamente porque nadie les hacía caso cuando intentaban delatar algún incidente de acoso.

Sin embargo, a partir de octubre 2017 a ese propósito inicial se añadió otro, y #MeToo se transformó también en un espacio de denuncia. El movimiento se volvió viral luego de que la actriz estadounidense Alyssa Milano lo subiera a Twitter con el hashtag #MeToo, el 15 de octubre de 2017 al mediodía. Al final de ese día había sido usado más de 200 000 veces; al día siguiente había sido tweeteado 500 000 veces. En Facebook, el término apareció 12 millones de veces en las primeras 24 horas.[1] El hashtag #MeToo

---

[1] Véase https://edition.cnn.com/2017/10/17/us/me-too-tarana-burke-origin-trnd/index.html y https://www.bloomberg.com/graphics/2018-me-too-anniversary/. Consultados el 30 de mayo 2019.

muy rápidamente se volvió viral en Twitter, Facebook y otras plataformas, dando lugar a miles y miles de denuncias de acoso en Estados Unidos y luego en muchos otros países, incluyendo México en 2018, con la creación de espacios dedicados a escritores, artistas, músicos y otras categorías.

El fulgurante éxito de #MeToo se debió en parte al anonimato: por primera vez existía un espacio seguro en el cual las mujeres podían no sólo compartir sus experiencias, sino denunciar a los acosadores. Con ello, hasta cierto punto se desvirtuó la intención original de Tarana Burke, y el movimiento se convirtió en una plataforma extraordinariamente eficaz para delatar a los abusadores sexuales y para avergonzarlos, estigmatizarlos, provocar su despido (Kevin Spacey, estrella de la serie de Netflix *House of Cards*), o bien obligarlos a renunciar a su puesto público (el senador demócrata estadounidense Al Franken). En algunos casos la delación inicial desembocó en acusaciones formales ante las autoridades (como en el caso del productor de cine estadounidense Harvey Weinstein).

Todo esto ocurrió tras una avalancha de acusaciones públicas contra Harvey Weinstein, uno de los principales productores de Hollywood. Docenas de actrices, modelos, productoras y empleadas empezaron a contar cómo había intentado forzarlas a tener relaciones sexuales o a observarlo mientras se masturbaba, a través de la intimidación, la amenaza o la agresión física. Muchas de ellas, al rehusarse, habían sido afectadas en su trabajo o sus aspiraciones profesionales. En todos los casos se habían encontrado de pronto puestas contra su voluntad en situaciones sumamente incómodas o que percibían como peligrosas, ante el dilema de ceder a las exigencias de Weinstein, o bien perder su empleo o sus futuras oportunidades profesionales.

Estas acusaciones —hasta la fecha desmentidas por el propio Weinstein— fueron ampliamente difundidas en los medios internacionales y dieron lugar a que millones de mujeres subieran a #MeToo sus propias experiencias de acoso, la mayoría de las veces de forma anónima. Pero también salieron decenas de miles de mujeres a divulgar bajo su nombre incidentes que habían callado y que involucraban a actores, políticos, músicos… Las cifras fueron abrumadoras, la identidad de los acosadores a veces fue sorprendente: nadie había sospechado que hubiera tal cantidad de incidentes de acoso, ni que involucraran a hombres antes percibidos como intachables o incluso como campeones de la causa feminista.

Es importante contextualizar el movimiento #MeToo, y recordar que no surgió de la nada. En años anteriores habían salido en los medios cada vez más acusaciones de abuso sexual contra hombres conocidos y poderosos en todo el mundo occidental. Quizá el más sonado fue el del director francés del Fondo Monetario Internacional, Dominique Strauss-Kahn, acusado en 2011 de haber intentado violar a una mucama en el hotel Sofitel de Nueva York. Aunque siempre lo negó, el escándalo fue tal que tuvo que renunciar a su cargo y a su esperada candidatura a la presidencia de Francia, así como pagar daños y perjuicio a la mucama en un arreglo privado. Además, al poco tiempo su esposa, la célebre periodista y coleccionista de arte Anne Sinclair, demandó el divorcio.

El caso Strauss-Kahn no sólo fue una demostración contundente de las consecuencias que puede tener una denuncia de acoso sexual. También sirvió para evidenciar que detrás de la acusación presentada por una mujer a título personal suele haber una historia de incidentes múltiples, que van saliendo poco a poco tras la denuncia inicial. Fue surgiendo un *perfil* del acosador, así como un *modus operandi* que hasta entonces se había ocultado —durante décadas, en muchos casos— bajo la forma de un secreto a voces. De esta manera, el movimiento #MeToo fue dando a conocer no sólo incidentes aislados, sino las características psicológicas de los acosadores, así como sus más clásicas formas de manipulación y coerción.

Las ramificaciones fueron múltiples, y poco a poco se extendieron más allá del acoso sexual. La campaña #MeToo abrió una verdadera caja de Pandora, repleta de agravios personales e injusticias históricas. Resultó que en la nueva filmación de varias escenas de la película *All the Money in the World* tras el despido de Kevin Spacey, a la actriz Michelle Williams se le pagaron 1 000 dólares, mientras que a su contraparte masculina Mark Wahlberg se le pagaron 1.5 millones de dólares, aunque los dos jugaban un papel de igual importancia. Resultó que políticos de alto nivel en todo el mundo, incluido el presidente de Estados Unidos, Donald Trump, y múltiples parlamentarios europeos fueron denunciados por acoso sexual en múltiples ocasiones. Resultó que el marido de una mujer miembro de la Academia sueca del Premio Nobel había sido acusado de acoso, por lo cual renunció la esposa y tuvo que cancelarse la entrega del premio de literatura en 2018. Resultó que un músico de rock mexicano fue acusado de acoso sexual por una mujer que era menor de edad cuando supuestamente habían ocurrido los hechos, 12 años antes; a los pocos días, tras recibir una avalancha de insultos en redes sociales, se suicidó (aunque en una carta póstuma explicó que su acto no era imputable a nadie y que se trataba de una decisión propia). Resultó que Joe Biden, vicepresidente de Barak Obama y el precandidato demócrata delantero a la presidencia de Estados Unidos, fue acusado de "tocamientos inapropiados" por una mujer a la cual le había besado el cabello algunos años antes. Así, bajo la misma bandera y con la misma difusión mediática se hicieron públicas denuncias mentirosas, fabricadas, excesivas… y otras plenamente justificadas.

No cabe duda que el movimiento #MeToo ha dado lugar a muchas acusaciones falsas o que no se pueden comprobar. Es muy probable que hayan surgido imputaciones inventadas o exageradas, promovidas por mujeres que, por una razón u otra, buscan venganza, atención o alguna ganancia económica. Sin embargo, las cifras apabullantes de denuncias en el mundo entero han demostrado de manera contundente que no se trata de eventos aislados, ni limitados a una clase socioeconómica o profesión en particular, sino que constituyen un fenómeno muy generalizado en todas partes y en todos los sectores de la sociedad.

Pero el movimiento #MeToo sólo da cuenta de lo que dicen las mujeres acerca del acoso sexual. Para completar el análisis es necesario acercarnos a lo que dicen los hombres al respecto. Ahí es donde encontraremos una manifestación más del machismo en la era del #MeToo. Algunos han negado rotundamente ser acosadores, y en ocasiones han demandado a sus acusadoras por difamación; otros han sido enjuiciados o despedidos de su trabajo; otros lo han reconocido y han renunciado a sus puestos; y otros más, seguramente la gran mayoría, no se sienten aludidos de manera alguna y piensan que se trata de una *vendetta* global por parte de mujeres frustradas o celosas en una ola de "histeria colectiva", como aseveró el cineasta Roman Polanski. A continuación, algunas observaciones personales.[2]

De acuerdo con lo que he escuchado en múltiples conversaciones desde que apareció #MeToo en Estados Unidos, Francia y luego México, la reacción de muchos hombres frente al movimiento es de burla y enojo. Les parece una revancha injusta, que se presta a calumnias y exageraciones. Se ven como víctimas de una conspiración feminista, alimentada por mujeres agraviadas y amargadas. En México, algunos hombres lo critican como una "gringada", una expresión más del puritanismo estadounidense políticamente correcto, radical e hipócrita, que no tiene nada que ver con sus propias vidas.

Una reacción frecuente de estos hombres es declarar, quizás un poco en broma, que a ellos les encantaría que las mujeres les echaran piropos, les chiflaran, les palparan los genitales y los presionaran para tener sexo. Entre risas, proclaman que se sentirían halagados, felices y más que dispuestos. El que las mujeres no vean así el acoso les parece una mera pose, de la misma familia que ese "no" fingido que las mujeres expresan cuando en realidad quieren decir "sí".

Vale la pena examinar de cerca esta postura llena de falacias, aunque se exprese por lo general entre copas y a modo de chiste. En primer lugar, los hombres que supuestamente se sentirían fascinados de ser objetos de acoso instantáneamente se proyectan al centro de una de sus fantasías predilectas: ser perseguidos por una mujer joven, sexy, guapísima y caliente que se les lanzaría encima, presa de un deseo incontrolable —exactamente igual que en las películas pornográficas—. No entienden que una mujer no pueda disfrutar de ese escenario como lo disfrutarían ellos.

Pero ésa no es la película que viven las mujeres acosadas: en la realidad, muy pocas veces son perseguidas por un joven apuesto,

---
[2] A partir de aquí se reproduce un ensayo publicado bajo el título "Los hombres y #MeToo" en la revista *Nexos* en línea de mayo de 2019, a la cual se agradece esta reproducción. Véase https://www.nexos.com.mx/?p=42256.

sexy y hambriento de complacer sus fantasías eróticas. Antes bien, los acosadores suelen ser los que no pueden conseguir los favores de una mujer de otra forma. A veces son hombres viejos, feos o gordos, que por las buenas jamás lograrían seducir a una hermosa joven actriz o modelo. O bien son varones cercanos a ellas (por ejemplo amigos, empleadores, profesores, profesionales de la salud), que abusan de la cercanía o de su poder para presionarlas a tener con ellos una relación sexual indeseada.

Entonces, esos hombres echan mano de las más clásicas maniobras de poder: los piropos cargados de doble sentido; la intimidación o la amenaza implícita; la agresión física; las invitaciones marrulleras, las promesas de fama, dinero o trabajo; las mentiras, las pequeñas trampas, y esa insistencia palurda, ciega y sorda del que no escucha, no acepta y en realidad no cree que las mujeres no quieran acostarse con ellos. Porque en el fondo muchos hombres —a pesar de ser feos, gordos o viejos, a pesar de no lavarse ni afeitarse— están convencidos de que las mujeres son incapaces de resistirse a la supremacía del falo, léase el órgano anatómico, o bien, el falo simbólico que es el dinero, la fama o el poder.

Por todo ello, cuando los hombres se ponen en el lugar de la mujer acosada y proclaman que les encantaría estar en esa posición, caen en dos falacias. Una, que sólo las mujeres guapas y sexis los buscarían. Si se les objeta que quizá no les gustaría tanto si se tratara de una mujer vieja, gorda y desaliñada protestan con horror que por supuesto que no les gustaría; que sencillamente le dirían que no, y punto. Pero, y esto en segundo lugar, no se imaginan que esa negativa podría ser descontada o ignorada. Que dicha mujer recurriría entonces a una insistencia repetida, a una coerción en el ámbito laboral, a la agresión física, a mentiras y engaños. Porque cuando un hombre dice que no, es no; pero cuando una mujer hace lo mismo, para él significa quizá más tarde, quizá otro día… y piensan que sólo es cuestión de tiempo.

Asimismo, muchos hombres creen que el movimiento #MeToo no es más que un pretexto, una forma insidiosa que han encontrado las mujeres para vengarse del género masculino por un sentimiento de agravio generalizado: contra la vida, contra el sexo, contra algún hombre que en el pasado las lastimó. Situación que ahora utilizan, de manera injusta, para buscar su revancha. Como prueba, evocan casos en los que hombres falsamente denunciados perdieron su reputación, su trabajo, su matrimonio. Les parece imperdonable que una mujer utilice la mentira y la calumnia para resarcir un daño personal.

Lo que olvidan es que ellos mismos han calumniado a las mujeres en incontables ocasiones: las que no quisieron acostarse con ellos, las que los dejaron, las que consiguieron un puesto importante por encima de ellos, las que arteramente los desafiaron al volverse independientes. Olvidan todas las veces que repartieron calumnias y rumores falsos acerca de ellas al difundir que eran zorras, infieles, lesbianas, oportunistas o malagradecidas. Insinúan que las mujeres que han alcanzado algún puesto de poder lo lograron acostándose con el jefe, o bien aprovechándose de ser la hija, hermana o esposa de algún hombre importante. Hacen caso omiso del daño que infligieron así a la integridad personal y profesional, a la reputación o al matrimonio de las mujeres que han vuelto objetos de sus chismes, burlas y críticas. Incluso ha habido muchos casos de mujeres hostigadas o arruinadas en las redes sociales a través de fotos o videos comprometedores subidos por examantes o exmaridos resentidos.

Sin embargo, no cabe duda de que el movimiento #MeToo ha incurrido a veces en excesos, como los que se produjeron en los inicios del feminismo histórico. La lucha por el sufragio femenino en Inglaterra, hace un siglo, incluyó actos de vandalismo y violencia: mujeres que organizaban huelgas y manifestaciones, plantaban bombas y se encadenaban a las rejas de edificios públicos. Una de ellas, frente a un público horrorizado, se tiró en el camino de un caballo en el Derby de Epsom, una de las carreras más clásicas de Inglaterra, escogiendo así morir por la causa.

Hoy, por fortuna, el movimiento #MeToo no ha hecho más que acogerse al poder de la palabra. Lo que sucede es que la palabra, en la actualidad, tiene un alcance inmenso a través de las redes sociales. Nada puede ya ocultarse, nadie es inmune, y nadie puede tampoco defenderse. Las redes sociales no perdonan, sobre todo porque no hay forma de borrar lo que se haya subido en ellas. Dicho sea de paso, cabe recordar que tampoco se pueden cancelar las calumnias que alguna vez se hayan propagado, de viva voz, acerca de alguna mujer: la seguirán para siempre, con o sin internet.

Es evidente que el acoso no es meramente un problema de orden psicológico, limitado a unos cuantos hombres patanes y mujeres agraviadas. No: exactamente como el machismo del cual emana, el acoso es un problema de orden social que comprende las dinámicas de poder, las expectativas y las reglas del juego que rigen, desde hace mucho tiempo, la relación entre hombres y mujeres. No es un tema para la psicoterapia, aunque esta última pueda ayudar a las dos partes a entender mejor el motivo de sus conductas y a cuestionar sus reacciones automáticas en ciertas situaciones. Antes bien, será necesario actualizar las formas de interacción entre hombres y mujeres para que reflejen mejor la aspiración de todos, incluyendo a los hombres, hacia una mayor equidad de género. Ya no más máscaras, sino transparencia; ya no más maniobras de seducción manipuladoras, ni de un lado ni del otro; ya no más abusos de poder encubiertos, sino un juego limpio entre iguales.

Creo y espero que se regularán poco a poco los excesos de #MeToo. Habiendo dejado atrás la idea de que el acoso es un problema psicológico de algunos individuos, se perfilan algunas soluciones más amplias, de orden social. El primer paso será regular las denuncias anónimas, de tal manera que en caso necesario se puedan compulsar la identidad y veracidad de los acusadores. El segundo será definir con precisión, en términos jurídicos, lo que es el acoso sexual. Tal definición debe necesariamente incluir dos conceptos: la coerción y el consentimiento. Es evidente que la coerción no es sólo física. Puede ser verbal o emocional, y básicamente significa engañar o manipular a alguien para inducirlo a hacer algo que no quiere hacer, o que normalmente no haría. Incluye el concepto de abuso de poder: aprovecharse de una posición jerárquica superior para influir en el desempeño o el avance de una persona en el área laboral o académica.

Comprende también el concepto de consentimiento: asimilar que cuando una mujer dice que no, o lo expresa a través de sus actos, es no. Y esto implica enseñarles a las niñas y mujeres, desde muy temprana edad, a decir que no a los varones —lo cual sigue siendo muy difícil para la gran mayoría de ellas, incluso en la edad adulta—. El tercer paso es cambiar las leyes y procedimientos para que las mujeres puedan denunciar a los acosadores ante las autoridades sin ser sometidas al viacrucis que les espera incluso en casos de violación.

Dudo que estas medidas sean viables en la situación actual, porque dependen de iniciativas tomadas por las mujeres; por ende lo más probable es que sean criticadas, ridiculizadas o sencillamente ignoradas.

Pero el movimiento #MeToo abre otra posibilidad: que los mismos hombres busquen la forma de defenderse. Que sean ellos los que exijan claridad jurídica, para protegerse de las denuncias injustas y arbitrarias. Que sean ellos los que tengan que limpiar su nombre al reparar el daño cuando hayan abusado de su poder, afectando el empleo, las perspectivas o la reputación de una mujer. Que sean ellos los que tengan que ponerse a salvo de los chismes y la calumnia. Que entiendan, en carne propia y por primera vez, lo que siempre han vivido las mujeres.[3]

Tras examinar, aunque sea de forma indudablemente superficial y anecdótica, la reacción de muchos hombres ante el movimiento #MeToo, podemos concluir que se está configurando una nueva fase del feminismo y de la reacción masculina en su contra. La enorme importancia e influencia de las redes sociales en la época actual han contribuido a hacer visible lo invisible y dar voz a las muchas mujeres que han padecido el acoso sexual, durante tanto tiempo considerado como una prebenda "normal" de la masculinidad. Al igual que muchos grupos minoritarios y largamente silenciados, las mujeres acosadas por fin han encontrado un medio de solidaridad y denuncia, y han descubierto que no están solas frente al machismo imperante en todos los países del mundo. Con todo y sus excesos, #MeToo ha servido para dar presencia y poder a las mujeres que desde siempre habían sufrido en silencio la humillación y las consecuencias de ese privilegio masculino que parecía natural e inmutable, en una manifestación más del machismo.

---

[3] Aquí termina el artículo "Los hombres y #MeToo" publicado en la versión digital de la revista *Nexos* en mayo de 2019.

De nuevo, como lo hemos argumentado a lo largo de este libro, resulta imprescindible analizar no sólo los innegables logros de las mujeres en épocas recientes, sino ese otro lado oculto de la ecuación: lo que al mismo tiempo hacen los hombres para perpetuar sus supuestos derechos frente a madres, esposas, novias, hermanas, hijas y empleadas. En esta área de la vida, como en tantas otras, el esfuerzo de las mujeres por lograr no sólo la equidad, sino sencillamente ser escuchadas y tomadas en cuenta, no es suficiente. Tiene que haber un esfuerzo simétrico por parte de los hombres —por su propio bien, así como por el de las mujeres— para vencer al fin el terrible obstáculo al progreso de la humanidad que ha sido el machismo.

Temas de reflexión para las mujeres

Los hombres referidos en este cuestionario pueden ser tu marido, novio, compañero, padre, hermanos, hijos, amigos, jefe, colegas o subordinados varones.

Comunicación

1. Cuando estás conversando con un hombre, ¿a menudo sientes la necesidad de hablar rápido para decir lo que quieres decir, antes de que te interrumpa?
2. ¿Sueles sentir que el hombre en cuestión no te escucha porque a la vez está ocupado en otra cosa o no te está mirando?
3. Aunque te escuche, ¿tienes la impresión de que en realidad no te está tomando en serio?
4. Cuando quieres hacerle alguna crítica o reclamo, ¿sientes que debes buscar el mejor momento y suavizar tu lenguaje para no molestarlo?
5. En una reunión mixta, ¿tienes a veces la impresión de que los hombres en realidad están hablando entre ellos y que las mujeres sólo se encuentran ahí para servirles y cumplir con el papel de público?
6. ¿Te sientes a veces agredida o castigada por el silencio de los hombres?
7. ¿Estás cansada de ser siempre la que inicia la conversación sobre temas delicados o personales?
8. ¿Sueles ser tú la que aborda los problemas en la relación?
9. Cuando tu marido se pelea con sus hijos, parientes, amigos o vecinos, ¿te sientes obligada a hacer las paces entre ellos?
10. Cuando tu compañero está de mal humor, ¿te sientes obligada a hacer algo al respecto?
11. ¿Tiendes a callar tus opiniones cuando sabes que podrían molestarlo?
12. ¿Te sientes halagada cuando un hombre te habla de sus problemas o preocupaciones, como si te estuviera haciendo un gran favor?

13. ¿Rara vez te hace preguntas acerca de tus preocupaciones o actividades, o deja de escucharte cuando hablas de ellas?

14. Cuando le hablas de tus cosas, ¿sientes que debes hacerle un resumen rápido para que no se aburra?

15. ¿Sueles cederle la palabra para darle su lugar?

16. En caso de desacuerdo, ¿sueles darle la razón para mantener la paz?

17. ¿Lo defiendes frente a otras personas para salvaguardar su imagen como hombre, aunque esté equivocado?

18. ¿Sueles justificar el carácter fuerte de tu marido por su historia familiar (ejemplos: padre ausente o autoritario)?

19. ¿Aceptas que te trate como a una niña porque eso le da seguridad?

20. ¿Suele criticar tu ropa, peinado, maquillaje o peso, al tiempo que te prohíbe hacer lo mismo?

21. ¿Te critica o se burla de ti delante de tus hijos o amistades?

22. ¿Te exige que le adivines el pensamiento, aunque no te diga lo que está pensando o sintiendo?

23. ¿Suele interrumpirte, al tiempo que te prohíbe interrumpirlo cuando está expresando su opinión?

24. ¿Suele corregirte, pero te prohíbe corregirlo cuando incurre en algún error?

25. ¿Te parece normal que te descalifique?

26. ¿Te habla constantemente a tu celular para preguntarte qué estás haciendo o con quién estás, aunque te prohíba hacer lo mismo?

27. ¿Te exige que le des explicaciones de tus actividades fuera del hogar, aunque él se rehúse a hacerlo?

28. Después de una discusión fuerte, ¿sueles ser tú la que pide perdón cuando él también debería hacerlo?

29. ¿A veces aceptas que sea grosero o agresivo contigo porque "así son los hombres" o "así es él"?

30. ¿Consideras normal que no exprese sus sentimientos porque "así son los hombres" o "así es él"?

31. ¿Aceptas como argumento válido que un hombre proclame "es que yo soy así"?

32. Cuando tu marido tiene un problema de salud, ¿te haces cargo de sus citas médicas, dieta y medicamentos?

33. ¿Intentas cuidarlo aunque él no lo desee y se resista a hacerlo?

34. ¿Sueles ocultarle tus propios problemas de salud, para no aburrir o molestarlo?

35. Cuando existe un problema en la relación sexual, ¿tiendes a pensar que es por tu culpa?

36. Si nunca has tenido un orgasmo con él, ¿das por sentado que eres frígida?

37. ¿Has fingido orgasmos para que se sienta buen amante, aunque no lo sea?

38. ¿Has aceptado tener relaciones sexuales sin desearlas para que no se sienta "menos hombre"?

39. ¿Estimas que debes hacer un esfuerzo por ser sexy, aunque él no lo haga?

40. ¿Consideras natural que los hombres tengan relaciones fuera de la pareja, mas no las mujeres?

41. Si él tiene alguna aventura, ¿sientes que es por tu culpa?

42. ¿Te da miedo negarte a tener relaciones, porque eso podría llevarlo a buscar a otra mujer?

43. ¿Tu compañero te exige explicaciones sobre tus amistades o te prohíbe ver a ciertas personas?

44. ¿Te prohíbe tener amigos varones, aunque él tenga amigas mujeres?

DINERO, TRABAJO, ASUNTOS LEGALES Y POLÍTICOS

45. ¿Consideras normal que el hombre controle la información y los documentos sobre cuentas, inversiones, propiedades, etc.?

46. ¿Tienes acceso a esa información?

47. ¿Le dejas tomar las decisiones importantes sobre gastos, inversiones, seguros, etc., porque "los hombres saben más de esas cosas"?

48. ¿Consideras normal que él te pida explicaciones sobre tus gastos, al tiempo que se niega a justificar los suyos?

49. ¿Sueles ocultar tus gastos personales para que no se enoje?

50. ¿Alguna vez has sustraído dinero del presupuesto familiar para tener un guardadito para ti?

51. ¿Consideras normal que tus ingresos extra sean para la familia y los suyos para él?

52. ¿Consideras normal que un hombre gane más que una mujer por el mismo trabajo?

53. ¿Consideras natural que existan profesiones de hombres y otras de mujeres?

54. ¿Te parece incorrecto que una mujer con hijos trabaje de tiempo completo?

55. Si trabajas, ¿te sientes culpable de "desatender" a tu marido e hijos?

56. En tu vida laboral, ¿has tenido que trabajar más que los hombres para ganarte su respeto?

57. ¿Sueles llegar más temprano e irte más tarde que tus colegas varones?

58. ¿Sueles tomar para ti las tareas que tus colegas o subordinados varones no hicieron o hicieron mal?

59. ¿Sueles maternar a tus compañeros de trabajo varones, otorgándoles una consideración y comprensión que ellos no te dan?

60. ¿Tu compañero muestra poco interés o se burla de tu actividad profesional?

61. ¿Se burla de tus convicciones o actividades políticas?

62. ¿Suele callarte cuando expresas alguna opinión política?

Vida cotidiana

63. ¿Te parece normal que tu hombre monitoree tus movimientos bajo el pretexto de protegerte, aunque te prohíba hacer lo mismo con él?

64. ¿Consideras normal que critique a tu familia de origen, cuando la suya es sagrada?

65. ¿Te ha prohibido mantener la relación con tu familia de origen?

66. ¿Sueles hacer para él tareas "femeninas" como plancharle la camisa, prepararle un café o coserle un botón, porque los hombres no tienen por qué saber de esas cosas?

67. ¿A veces te muestras incapaz de hacer "cosas de hombres", aunque sepas hacerlas, para darle su lugar?

68. ¿Consideras que las labores "femeninas" como trapear, limpiar el horno o lavar excusados le corresponden a la mujer, porque los hombres son incapaces de hacerlas bien?

69. ¿Piensas que las mujeres saben más que los hombres sobre el cuidado de los hijos por razones biológicas?

70. ¿Consideras natural que dediques tu tiempo libre a las labores domésticas, mientras que tu hombre ocupa el suyo para descansar?

71. ¿Consideras normal estar siempre pendiente de atender a los hombres de la casa, aunque ellos no te atiendan a ti?

72. Cuando estás ocupada en alguna actividad personal, ¿te parece normal que tu marido te interrumpa, al tiempo que te prohíbe interrumpirlo cuando él está ocupado?

73. ¿Te haces cargo de todo lo tocante a la servidumbre, por tratarse de "cosas de mujeres"?

74. ¿Te parece natural recoger los trastes sucios, ropa tirada o desorden que tu compañero deje en la casa?

75. ¿Le das explicaciones acerca de tus entradas y salidas, aunque él se rehúse a dártelas?

76. ¿Haces un esfuerzo por llegar temprano, aunque tu marido se niegue a hacerlo?

77. ¿Eres la encargada de mantener el contacto con familiares y amigos, incluidos los de tu compañero?

78. Si comparten una computadora, ¿tu marido tiene la prioridad para usarla, aunque sea sólo para su diversión?

79. ¿Él tiene acceso a tu cuenta de correo, tus passwords y archivos, aunque te niegue el acceso a los suyos?

80. ¿Sueles justificar que los hombres sean agresivos o malhumorados porque "así son los hombres"?

81. ¿Consideras que las mujeres no deben enojarse?

82. ¿Consideras que las mujeres son inherentemente más miedosas que los hombres?

83. Cuando tu compañero se enoja, ¿tienes miedo de que vaya a golpearte?

84. ¿Te ha llegado a empujar, golpear o inmobilizar por la fuerza?

85. ¿Te ha encerrado contra tu voluntad?

86. ¿Consideras natural que las mujeres sean más dependientes, en lo emocional, que los hombres?

87. ¿Que sean más sensibles, por el solo hecho de ser mujeres?

88. ¿Piensas que las mujeres tienen el monopolio de la "intuición femenina"?

89. ¿Consideras que pasatiempos como la jardinería, la cocina, el gusto por la música clásica, la ópera, la danza y la poesía sean inherentemente "femeninas"?

90. ¿Te parecería poco femenino ser aficionada del futbol o cultivar pasatiempos como las artes marciales o la carpintería?

Temas de reflexión para los hombres

Las mujeres referidas en este cuestionario pueden ser tu esposa, compañera, novia, madre, hermana, hija, tías, abuelas, amigas, colegas, jefa o subordinadas.

Comunicación

1. ¿A veces usas el silencio para intimidar, ignorar, descalificar o castigar a las mujeres?

2. ¿Te molesta que una mujer te interrumpa, pero te parece normal interrumpirla si su opinión te parece equivocada o irrelevante?

3. En un contexto social o público, ¿te parecen fuera de lugar las críticas u objeciones por parte de una mujer?

4. Cuando una mujer no está de acuerdo contigo, ¿piensas que es porque no está poniendo la debida atención?

5. ¿Te parece una falta de respeto que mantenga su propia opinión?

6. ¿Cuando una mujer te reclama algo, sueles no tomarla en serio?

7. En una discusión, ¿sueles reiterar tus argumentos ("déjame explicarte") en lugar de defenderlos con razones de peso?

8. ¿Consideras un argumento suficiente decir: "es que así soy yo"?

9. ¿Consideras que hablar de ti mismo, exponer tus inquietudes, opiniones o proyectos, sea suficiente como aporte a la comunicación?

10. ¿A veces pretendes saberlo todo o ya saber lo que tu mujer te quiere decir?

11. ¿Consideras poco varonil pedir perdón?

12. ¿Consideras normal que tu mujer se encargue de propiciar, facilitar y mantener el diálogo entre ustedes?

13. ¿Te niegas a hablar con ella de los problemas que puedan existir en la relación?

14. ¿Te sientes abrumado o aburrido cuando una mujer te habla de temas domésticos?

15. ¿Te parece que tu mujer debiera entenderte o adivinarte el pensamiento sin necesidad de explicitar lo que quieres decir?

16. ¿Consideras correcto que un hombre le prohíba cosas a su mujer, pero no viceversa?
17. ¿Te parece normal tener secretos que no compartes con tu mujer, pero no admites que ella los tenga?
18. ¿Sientes que tus necesidades (de sexo, descanso o entretenimiento) deben tener precedencia sobre los de tu mujer?
19. ¿Consideras que tienes el derecho de criticar la ropa, el peinado o el cuerpo de tu mujer, pero ella no?
20. ¿Sientes normal que tú puedas hablar al celular de tu mujer cuantas veces quieras, al tiempo que le prohíbes hacer lo mismo?

Salud, sexo y amistad

21. Cuando tienes problemas de salud, ¿esperas de tu mujer que haga las citas con el médico, te acompañe, te recuerde tus medicamentos y cuide tu dieta?
22. ¿Te niegas a ir con el médico a menos que ella haga la cita y te acompañe?
23. ¿Te aburre escucharla hablar de sus propios problemas de salud?
24. ¿Sueles acompañarla a sus chequeos o citas con el médico?
25. ¿Sería inconcebible para ti acudir a una uróloga mujer, pero te parece recomendable que tu compañera consulte a un ginecólogo hombre?
26. ¿Le tienes más confianza a un médico hombre?
27. ¿Te parece natural que tu mujer se haga cargo de todo lo relacionado con la salud de tus hijos?
28. Cuando tienes un problema en la relación sexual (disfunción eréctil, eyaculación precoz), ¿consideras que sea su responsabilidad hacer algo al respecto?
29. Si una mujer tiene más experiencia sexual que tú, ¿la consideras promiscua?
30. ¿Te molesta que una mujer tenga más experiencia sexual que tú?
31. ¿Piensas que los hombres tienen derecho a mantener relaciones fuera de la pareja, pero las mujeres no?
32. ¿Consideras que los hombres tienden a ser infieles y las mujeres fieles por su naturaleza biológica?

33. En la relación sexual, ¿piensas que la simple penetración debería ser suficiente para ella?

34. ¿Te parece correcto despertar a tu mujer para tener relaciones sexuales, aunque esté profundamente dormida?

35. ¿Le pides practicar actos sexuales que le son desagradables?

36. ¿Le exiges que sea sexy para ti, aunque tú no hagas el mismo esfuerzo para ella?

37. Cuando existen problemas en la relación de pareja, ¿te parece normal que ella sea la encargada de buscar e iniciar alguna forma de terapia?

38. ¿Consideras que las mujeres son poco deseables después de los cuarenta, pero que tú lo seguirás siendo a cualquier edad?

39. Si una mujer te rechaza en el área sexual, ¿te sientes ofendido?

40. ¿Estimas que tú puedes tener amigas, pero que tu mujer no debe tener amigos?

41. ¿Consideras que tienes el derecho de saber quiénes son las amistades de tu mujer, mientras que tú no tienes por qué hablarle de las tuyas?

42. ¿Le prohíbes mantener amistades que te disgustan, pero sostienes tu derecho a tener los amigos que quieras?

DINERO, TRABAJO, ASUNTOS LEGALES Y POLÍTICOS

43. ¿Consideras normal que sea el hombre el que tenga toda la información y documentos relacionados con cuentas, propiedades, negocios o inversiones?

44. ¿Te parece deseable que tu mujer no sepa demasiado sobre tu ingreso, cuentas, propiedades e inversiones?

45. ¿Alguna vez le has ocultado a tu compañera el monto de tus ingresos, para que no vaya a aprovecharse de ti?

46. ¿Consideras que te pertenece tomar las decisiones importantes sobre gastos, inversiones, cuentas, seguros, propiedades, sin consultar a tu mujer?

47. ¿Exiges que te dé explicaciones sobre sus gastos personales, sin considerar que tú debas hacer lo mismo?

48. ¿Consideras que tu mujer deba consultarte cualquier gasto fuerte, pero que tú no tienes por qué hacerlo?

49. ¿Te parece normal que tu compañera dedique sus ingresos extra a la familia, mientras que tú gastas los tuyos en lo que quieras?

50. ¿Consideras normal que un hombre gane más que una mujer por el mismo trabajo?

51. ¿Consideras natural que existan profesiones de hombres y otras de mujeres?

52. ¿Le pides a tu secretaria tareas o favores que jamás le pedirías a un ayudante hombre?

53. ¿Te parece incorrecto que una mujer con hijos trabaje de tiempo completo?

54. ¿Alguna vez le has prohibido a tu mujer aceptar un trabajo?

55. ¿Piensas que sabes más de política que las mujeres, por el solo hecho de ser hombre?

56. ¿Te molesta que las mujeres opinen sobre política?

57. ¿Sabes cuánto cuesta un litro de leche, un kilo de pollo, una docena de huevos, un tanque de gas?

58. ¿Te sientes calificado para opinar de la situación económica del país, aunque no conozcas esos datos?

59. ¿Consideras a las mujeres poco aptas para ocupar puestos políticos de primer nivel?

60. ¿Sientes que pueden dejarse influir por sus hormonas y los hombres no?

Vida cotidiana

61. ¿Consideras que las labores "sucias" como trapear, limpiar el horno o lavar excusados le corresponden a la mujer, por ser indignas de un hombre?

62. ¿Te declaras incapaz de hacer "cosas de mujeres" (coser un botón, planchar una camisa) por considerar que no te corresponden?

63. ¿Piensas que las mujeres saben más que los hombres sobre el cuidado de los hijos por razones biológicas?

64. ¿Consideras natural que dediquen su tiempo libre a las labores domésticas, mientras que los hombres lo ocupan para descansar?

65. ¿Consideras normal ser atendido por las mujeres, mas no viceversa?

66. ¿Te parece normal interrumpir a tu mujer en sus actividades personales, pero le prohíbes interrumpirte cuando tú estés ocupado?

67. ¿Consideras correcto que tu mujer se haga cargo de todo lo tocante a la servidumbre, por ser "cosa de mujeres"?

68. ¿Acostumbras dejar trastes sucios, ropa tirada o desorden en la casa, porque estás seguro de que alguna mujer los recogerá detrás de ti?

69. ¿Le exiges a tu mujer explicaciones sobre sus entradas y salidas de la casa, pero te niegas a dárselas a ella?

70. ¿Le exiges a tu mujer que llegue temprano, pero te molesta que ella te pida lo mismo?

71. ¿Esperas de ella que se ocupe de mantener el contacto con amigos y parientes, incluidos los tuyos?

72. ¿Le has prohibido mantener la relación con su familia de origen?

73. ¿Le has prohibido cultivar pasatiempos que pudieran llevarla a "desatender" la casa?

74. Si comparten una computadora, ¿sientes que tienes la prioridad para usarla o cambiar su configuración cuando quieras?

75. ¿Consideras que tienes el derecho de conocer sus passwords o revisar su correo, pero que ella no tiene por qué meterse en tus cosas?

VIDA EMOCIONAL

76. ¿Tiendes a ocultar los sentimientos considerados femeninos como el temor, la inseguridad, la tristeza, la duda, la vergüenza, el arrepentimiento, la ternura, la soledad, por pensar que el expresarlos te evidenciarían como "poco hombre"?

77. ¿Consideras normal que los hombres se enojen, mientras que es poco femenino en las mujeres?

78. ¿Has llegado a empujar, golpear o inmovilizar por la fuerza a alguna mujer?
79. ¿Has encerrado a tu mujer?
80. ¿Has amenazado con hacer alguna de estas cosas?
81. Cuando pierdes el control sobre ti mismo, ¿le echas la culpa a tu mujer?
82. ¿Consideras natural que las mujeres sean más dependientes, en lo emocional, que los hombres?
83. ¿Que sean más sensibles, por el solo hecho de ser mujeres?
84. ¿Sientes que los hombres son inherentemente más valientes que las mujeres?
85. ¿Piensas que las mujeres tienen el monopolio de la llamada "intuición femenina"?
86. ¿Consideras que pasatiempos como la jardinería, la cocina, el gusto por la música clásica, la ópera, la danza y la poesía sean propios de las mujeres y poco varoniles?
87. ¿A menudo sientes la necesidad de demostrar que eres un "verdadero hombre"?
88. ¿Has tomado riesgos innecesarios (en la carretera, en el deporte) por no mostrarte débil?
89. ¿Has llegado a los golpes con otro hombre por sentirte ofendido en tu virilidad?
90. ¿Te preocupa que tus congéneres te consideren poco hombre?

BIBLIOGRAFÍA

Adler, Alfred
   1984 *El carácter neurótico*, Barcelona, Paidós [1912].

Aguayo Quezada, Sergio, ed.
   2000 *El almanaque mexicano*, México, Grijalbo/Hechos Confiables/Comunicación e Información.

Alduncin, Enrique, comp.
   2001 *Encuesta Nacional de Valores de los Mexicanos*, México, Banamex.

Angier, Natalie
   2000 *Woman: An Intimate Geography*. Nueva York, Anchor Books-Random House.

Ariès, Philippe
   1973 *L´Enfant et la vie familiale sous l´ Ancien Régime*, París, Éditions du Seuil.
   1975 *Essais sur l´histoire de la mort en Occident*, París, Éditions du Seuil.

Badinter, Elisabeth

1980 *L'Amour en plus: histoire de l'amour maternel, XVIIe-XXe siècle,* Paris, Flammarion.

1992 *XY, de L'identité masculine,* París, Éditions Odile Jacob.

1993 *XY La identidad masculina,* Madrid, Alianza Editorial, 1993.

Banco Mundial

2001 *Engendering Development: Through Gender Equality in Rights, Resources, and Voice,* Oxford University Press, World Bank. Un resumen se encuentra en <http://www.worldbank.org/gender/prr/>.

Bateson, Gregory

1972 *Toward an Ecology of Mind.* Nueva York, Ballantine Books.

Bourdieu, Pierre

2001 *Masculine Domination,* trad. de Richard Nice, Palo Alto, Calif., Stanford University Press.

Brod, Harry y Michael Kaufman, eds.

1994 *Theorizing Masculinities,* Thousand Oaks, Calif., Sage.

Castañeda, Marina

1999 *La experiencia homosexual,* México, Paidós.

Connell, R. W.

1995 *Masculinities,* Berkeley, University of California Press.

Chodorow, Nancy

1999 *The Reproduction of Mothering,* 2a. ed. Berkeley, University of California Press [1978].

Coria, Clara

1991 *El dinero en la pareja,* México, Paidós.

Dentan, Robert K.

1979 *The Semai: A Nonviolent People of Malaya,* Nueva York, Holt, Rinehart and Winston.

Division for the Advancement of Women, Naciones Unidas
    2006 "Fin a la violencia contra la mujer: hechos, no pala-
    bras", en <http://www.un.org/womenwatch/daw/vaw>.

Faludi, Susan
    1992 *Backlash*, Nueva York, Anchor Books-Doubleday.
2000 *Stiffed: The Betrayal of the American Man*, Nueva York, Harper
    Collins.

Fausto-Sterling, Anne
    1992 *Myths of Gender*, 2a ed., Nueva York, Basic Books.

Fondo de Población de las Naciones Unidas (UNFPA)
    2000 "Estado de la Población mundial 2000", en
    <http://www.unfpa.org/swp/2000/espanol>.
    2005 "Estado de la Población Mundial 2005", en
    <http://www.unfpa.org/swp/2005/espanol>.

Forward, Susan y Joan Torres
    1988 *Men Who Hate Women and the Women who Love Them*,
    Nueva York, Bantam Books.

Freud, Sigmund
    1973 *Obras completas*, 3ª. ed., trad. Luis López-Ballesteros y de
    Torres. Madrid, Biblioteca Nueva.

Gilligan, Carol
    1982 *In a Different Voice: Essays on Psychological Theory and
    Women's Development*, Cambridge, Harvard University Press.

Gilmore, David D.
    1994 *Hacerse hombre: concepciones culturales de la masculinidad*,
    Barcelona, Paidós.

Goleman, Daniel
    1995 *Emotional Intelligence*, Nueva York, Bantam Books.

Gray, John
    1992 *Men Are from Mars, Women Are from Venus*, Nueva York,
    Harper Collins.

Gutmann, Matthew C.
    2000 *Ser hombre de verdad en la Ciudad de México*, México, El
    Colegio de México.

Hammeken, Adriana
2001 "Papá, ese extraño", *Reforma*, 17 de julio.

Hofstede, Geert H. *et al.*
1998 *Masculinity and Femininity: The taboo dimension of national cultures*, Thousand Oaks, Calif., Sage Publications.

Horner, Matina S.
1972 "Toward an Understanding of Achievement-related Conflicts in Women", *Journal of Social Issues*, núm. 28: 157-175.

Horney, Karen
1967 *Feminine Psychology*, Nueva York, W. W. Norton.

Instituto Nacional de Estadística, Geografía e Informática (INEGI), Instituto Nacional de las Mujeres (Inmujeres), Fondo de Naciones Unidos para el Desarrollo de la Mujer (Unifem)
2003 "Encuesta nacional sobre la dinámica de las relaciones en el hogar", en <http://www.inmujeres.gob.mx/>.

Irigoyen, Marie-France
1999 *El acoso moral*, trad. de Enrique Folch González, Barcelona, Paidós.

Jackson, Don D.
1968a *Communication, Family and Marriage*, Palo Alto, Science and Behavior Books.
1968b *Therapy, Communication and Change*. Palo Alto, Calif., Standford University Press, Science and Behavior Books.

Jamieson, Kathleen Hall
1995 *Beyond the Double Bind*, Nueva York, Oxford University Press.

Kimmel, Michael S.
2000 *The Gendered Society*, Nueva York, Oxford University Press.

Laplanche, Jean y Pontalis, J.-B.
1984 *Vocabulaire de la psychanalyse*, París, Presses Universitaires de France.

Levy, Robert I.
1973 *Tahitians: Mind and Experience in the Society Islands*, Chicago, Chicago University Press.

Malone, Gary L. y Susan Mary Malone
1999 *Five Keys for Understanding Men*, Irving, Texas, Authorlink Press.

Martin, Alfred von
1963 *Sociology of the Renaissance*, Nueva York, Harper & Row.

Melhuus, Marit y Kristi Anne Stolen, comps.
1996 *Machos, Mistresses, Madonnas*, Londres, Verso.

Michael, Robert T., John H. Gagnon, Edward O. Laumann y Gina
    Kolata
1995 *Sex in America*, Nueva York, Warner Books.

Miedzian, Myriam
1991 *Boys Will Be Boys*, Nueva York, Anchor Books-Doubleday.

Mirandé, Alfredo
1997 *Hombres y machos*, Boulder, Colo., Westview Press.

Mondimore, Francis Mark
1996 *A Natural History of Homosexuality*, Baltimore, The Johns
Hopkins University Press.
1998 *Una historia natural de la homosexualidad*, trad. Mireille
Jaumá, Barcelona, Paidós.

Park, Alice
1999 "The Real Truth About the Female Body", *Time Canada*,
8 de marzo.

Paz, Octavio
1991 *El laberinto de la soledad*, México, Fondo de Cultura
Económica [1950].

Piekarewicz Sigal, Mina, comp.
2000 *México. Diccionario de Opinión Pública*, México, Grijalbo-
Hoja Casa Editorial.

Pinker, Steven
1998 *How the Mind Works*, Londres, Penguin Books.

Ramírez, Santiago
1977 *El mexicano: psicología de sus motivaciones*, México, Grijalbo.

Ramos, Samuel
2001 *El perfil del hombre y la cultura en México.* México, Planeta
[1934].

Rhode, Deborah L.
1997 *Speaking of Sex: The Denial of Gender Inequality*, Cambridge, Mass., Harvard University Press.

Rosario, Vernon A., comp.
1997 *Science and Homosexualities*, Nueva York, Routledge.

Szasz, Ivonne y Susana, Lerner, comps.
1998 *Sexualidades en México*, México, El Colegio de México.

Seidler, Victor J.
1994 *Unreasonable Men: Masculinity and Social Theory*, Londres, Routledge.

Tannen, Deborah
1990 *You Just Don't Understand: Women and Men in Conversation*, Nueva York, Ballantine.
1994 *Talking from 9 to 5*, Nueva York, Avon Books.

Tannen, Deborah, comp.
1993 *Gender and Conversational Interaction*, Nueva York, Oxford University Press.

Valdés, Teresa y Olavarría, José, eds.
1998 *Masculinidades y equidad de género en América Latina*, Santiago, Flacso-Chile.

Valian, Virginia
2000 *Why So Slow?*, Cambridge, MIT Press [1998].

ÍNDICE ANALÍTICO

Capacidad eréctil; 254.

Capacidad para imponer los temas; 128.

Capacidad primaria para la intimidad; 81.

Carácter mexicano; 88-89.

Carácter social del machismo; 344.

Causa feminista; 357.

Celos; 47, 68, 240, 260, 270, 273.

Clases sociales; 22, 115, 226, 286, 338.

Clítoris; 62, 248, 252.

Códigos culturales; 107.

Coerción; 49, 136, 251, 252, 357, 360, 362.

Coerción sexual; 252.

Coito; 16, 252, 255, 257, 259.

Compañerismo masculino; 258.

Competencia entre los hombres; 46.

Competitividad; 25, 97, 99, 157.

Complementariedad; 70, 113, 162, 317, 354.

Comunicación afectiva; 81, 274.

Comunicación entre mujeres; 112, 276.

Comunicación patológica; 145.

Comunicación simétrica; 114.

Comunicación verbal; 126, 129.

Concepción machista del sexo; 248.

Conciencia de género; 83.

Condón; 258.

Conflicto; 38, 51, 55, 68, 89, 99, 124, 139, 156, 162-163, 199, 201-202, 221, 233-234, 239-240, 243, 262-263, 266, 270, 277, 287, 290, 294, 296, 316, 349.

Conexión horizontal; 110.

Conexiones afectivas; 234.

Conquistas sexuales; 32, 47, 58, 62, 87, 93, 102, 326.

Consumismo; 43, 80, 226, 279, 288, 290, 325-328, 350, 353.

Contacto sexual; 264.

Contracepción; 50, 65.

Control; 20, 24, 128, 138-139, 157, 192, 198-199, 201, 212, 247, 258, 274, 287, 316-319, 321-322, 329, 336, 347, 350, 376.

Control del dinero; 317, 319.

Controlar los impulsos; 200.

Correlación entre la testosterona y la agresividad; 59.

Crianza de los hijos; 53, 82, 209-211.

Crítica; 11, 21, 40, 42, 67, 70, 80, 88, 143, 155, 158-159, 192, 345, 355, 361, 365, 371

Cromosoma Y; 56.

Cualidades viriles; 284.

Cuestión sexual; 272.

Cultura machista; 74, 182, 186, 335.

Chantaje; 251, 264-265.

Debate democrático; 155.

Declinación del feminismo; 333.

Democracia liberal; 14, 350.

Demora de la gratificación; 201.

Demostrar su hombría; 27, 46, 72.

Demostrar su virilidad; 279, 281.

Dependencia emocional; 73, 163, 189, 265, 275.

Dependencia femenina; 187.

Dependencia psicológica; 188-189.

Derecho de rehusarse al sexo; 251.

Derechos conyugales; 251.

Descalificación; 21, 136-137, 139-141, 146, 169, 192, 241.

Descomposición social; 337.

Desconfianza; 38, 73-74, 87-88, 122, 132, 145-146, 272-273, 277, 322.

Desempeño sexual; 247, 254.

Deseo sexual; 58, 167, 183-184, 193, 249.

Deseos sexuales; 201, 277.

Desigualdad; 13, 35, 112, 206, 213, 227, 238, 244, 277, 313, 333-334, 338, 340-341, 343, 346, 349, 353.

Detentar el poder; 47.

Devaluación de las ocupaciones femeninas; 308.

Devaluación del trabajo femenino; 308.

Diferencia anatómica; 75-76, 78, 94, 242.

Diferencias biológicas; 75, 266, 277.

Diferencias orgánicas; 263.

Dignidad; 329.

Dimorfismo sexual; 54.

Dinámicas de poder; 331, 347, 362.

Discriminación; 26, 33, 304-305, 342, 350.

Disfunción sexual; 254, 257, 266.

Dismorfia muscular; 289.

Disponibilidad afectiva ilimitada; 130.

Disponibilidad sexual; 283.

Disponibles para "atenderlos"; 141.

Distancia emocional; 268.

Distorsión comunicativa; 146.

División del trabajo entre hombres y mujeres; 25, 162.

División entre los sexos; 90, 97, 125, 162, 273, 294.

División machista del trabajo; 328.

División sexual del trabajo; 68, 305, 307, 353.

Divorcio; 24, 26, 167, 207, 269, 272, 278, 322, 357.

Doble discurso; 43, 136, 142, 158-160, 179, 302, 331.

Doble jornada; 16, 268, 333.

Doble moral; 62, 136, 149-151, 153, 160-162, 190, 263-264, 266, 277, 286-287, 296-297.

Doble vínculo; 23, 145-147, 149, 159.

Dobles vínculos; 136, 146, 148-149, 163, 256.

Dominación sobre las mujeres; 46, 96.

Dominar a las mujeres; 49, 52.

Dominar la comunicación; 129.

Eje afectivo de la familia; 234.

El hogar; 15-17, 19-20, 22, 24-26, 69, 90-91, 118, 125, 142, 151, 204-206, 212-213, 221-222, 225, 227-228, 231-232, 235-237, 244, 268-270, 293-294, 299, 304, 309, 319, 321, 323-324, 333-334, 337-338, 343, 346, 348, 351-352, 366.

El modelo de la familia; 310.

El poder en la comunicación; 126, 128.

Embarazo; 64-66, 208, 302, 306.

Emigración; 337, 349.

Empatía; 81, 112, 194, 197, 199, 201-202.

Hombre(s) caliente(s); 249, 256.

Hombre soltero; 24, 271.

Hombre(s) casado(s); 214, 220, 267, 269.

Hombres gay; 24, 40, 62, 74, 100, 241, 253, 291, 353.

Hombres hipersexuados; 254.

Hombre irresistible; 249.

Hombres ineptos; 144.

Hombres "objetivos"; 189, 191.

Hombres polígamos; 64.

Hombres subordinados; 239.

Homicidio de mujeres; 224.

Homofobia; 31, 79, 175, 248, 274, 277.

Homosexuales; 39-40, 57, 61, 71, 100, 118, 174, 195, 244-248, 250, 253-254, 273, 277, 291, 333, 353.

Homosexualidad; 30-31, 50, 57, 70-71, 100, 175, 178, 195, 275.

Honor masculino; 97, 183, 263.

Hormonas femeninas; 58.

Hormonas masculinas; 57-58, 85.

Identidad de género; 82, 211, 277, 279, 353.

Identidad femenina; 77, 176, 295.

Identidad machista; 174, 183, 187.

Identidad masculina; 75, 77, 79, 82, 84, 92-93, 100, 157, 174, 176, 237, 247, 253, 274, 288, 295, 301, 310, 325.

Identificación primaria; 210-211.

Igualdad; 37, 40, 49-50, 52, 96, 112-113, 241-243, 285, 302, 332, 350, 352.

Imagen machista; 279, 287.

Imagen masculina; 175, 280, 285, 289-290.

Impotencia; 254, 257.

"Inconsciente colectivo"; 84.

Independencia masculina; 187, 189.

Independencia psicológica; 310.

Ineptitud financiera; 319.

Infantilización; 123, 139, 150, 192.

Infección vaginal; 258.

Inferioridad orgánica; 86.

El machismo invisible de Marina Castañeda
se terminó de imprimir en octubre de 2019
en los talleres de
Impresora Tauro, S.A. de C.V.
Av. Año de Juárez 343, col. Granjas San Antonio,
Ciudad de México